Paul Michael Lützeler
Geschichte in der Literatur

SERIE PIPER
Band 758

Zu diesem Buch

Wie werden historische Erfahrungen in der Umbruchszeit vom späten 18. bis zur Mitte des 19. Jahrhunderts dichterisch verarbeitet? In der deutschen Geschichte dürfte es bisher keinen Zeitraum gegeben haben, in dem die Literatur einen solch hohen gesellschaftlichen Stellenwert hatte wie in dem Jahrhundert zwischen 1750 und 1850, also in der Zeit zwischen Lessing und Hebbel. Das europäische bürgerliche Zeitalter beginnt, und jene Autoren, von deren Werken hier die Rede ist, verstehen sich mit ihrer Kritik und ihren Utopien als Avantgarde einer neuen Zeit.

Nicht mit verallgemeinernden literarischen Überblicken, sondern mit detaillierten Analysen einzelner klassischer Werke wie Lessings »Emilia Galotti«, Lenz' »Soldaten«, Goethes »Hermann und Dorothea«, Kleists »Kohlhaas« und Hebbels »Agnes Bernauer« wird dieser Frage nachgegangen.

Paul Michael Lützeler untersucht die literarische Darstellung historischer Vorgänge bzw. gesellschaftlicher Wandlungen, die Wirkungsabsicht und die geschichtsphilosophische Perspektive der Autoren sowie die Rezeptionsgeschichte der einzelnen Werke.

Aufsätze zu Stichworten wie »Europa« und zu legendären Persönlichkeiten wie Napoleon ergänzen die Interpretationen und lenken den Blick auf die gesamteuropäische literarisch-politische Diskussion jener Epoche.

Paul Michael Lützeler, geboren 1943 im Rheinland. Studium der Literaturwissenschaft und Geschichte in Berlin, Edinburgh, Bloomington, Wien und München. Seit 1973 Professsor für deutsche und vergleichende Literaturwissenschaft an der Washington University in St. Louis. Veröffentlichungen u. a.: Hermann Broch: Ethik und Politik. Studien zum Frühwerk und zur Romantrilogie »Die Schlafwandler«, München 1973; Romane und Erzählungen der deutschen Romantik. Neue Interpretationen (Hrsg.), Stuttgart 1981; Hermann Broch. Eine Biographie, Frankfurt/M. 1985; Western Europe in Transition. West Germany's Role in the European Community (Hrsg.), Baden-Baden 1986.

Paul Michael Lützeler

Geschichte in der Literatur

Studien zu Werken von
Lessing bis Hebbel

Piper
München Zürich

ISBN 3-492-10758-3
Originalausgabe
Oktober 1987
© R. Piper GmbH & Co. KG, München 1987
Umschlag: Federico Luci
Gesamtherstellung: Clausen & Bosse, Leck
Printed in Germany

Für Ingrid

Inhalt

Vorwort

Interpretatorische Arbeit besteht aus der Vermittlung einer
Vielzahl literarischer und nicht-literarischer Reihen. Ist der Re-
flexionsgegenstand eine Geschichtsdichtung, dann zeichnen
sich im schier unendlichen Raum verbindungsfähiger Gebiete
einige Felder ab, die sich gleichsam magnetisch anziehen. Zu
nennen wären die Gegenwartssituation des Lesers bzw. Zu-
schauers, die geschichtliche Zeit des Dichters und der historische Moment bzw. der gesellschaftliche Ort des geschilderten
Vorfalls. Das gegenwärtige Interesse des Lesers verbindet ihn
mit Fragestellungen des Autors während der Abfassung des
Textes und bringt ihn ferner in Beziehung zu der vom Schriftsteller behandelten historischen oder zeitgeschichtlichen Problematik. Jede dieser nicht-literarischen Reihen zieht ein Bündel von literarischen an – etwa die Rezeption innerhalb eines
dichterischen Wirkungsprozesses, das Werk des Autors als Teil
einer Kunsttradition und die Überlieferung des historischen
Geschehens, sei sie legendenhafter, literarischer oder historiographischer Natur. In ihrer Koppelung verstärkt sich noch die
Adhäsionskraft dieser Bündel, die auch philosophische und
politische Reihen anziehen: In jeder Phase ästhetischen oder historischen Interesses am ursprünglichen Vorfall machen sich
geschichtsphilosophische Perspektiven, politische Vorstellungen
und gesellschaftliche Wirkungsabsichten bemerkbar. Es wäre
eine wissenschaftliche Leistungskraft übersteigende Aufgabe,
nähme man sich vor, alle Reihenverschränkungen bis ins letzte
Detail durchsichtig zu machen. Im Fall der hier vorgelegten
Interpretationen und Studien sollen jene Koppelungsaspekte
besondere Berücksichtigung finden, die eine Geschichtsdichtung konstituieren: die literarische Darstellung historischer
Vorgänge bzw. gesellschaftlicher Wandlungen, die Wirkungsabsicht und die geschichtsphilosophische Perspektive des Autors
sowie die Rezeption durch Leser und Publikum.

Literarhistorische Kompendien wollen normalerweise möglichst viele Werke in ihren geschichtlichen und künstlerischen Zusammenhängen erfassen. Dabei besteht die Gefahr, daß man vor lauter Wald den einzelnen Baum nicht mehr sieht, daß die singuläre Dichtung in einem Gestrüpp von Vernetzungen verschwindet, daß sie reduziert wird zu einem Moment inmitten geschichtlicher Konstellationen und historiographischer Rekonstruktionen. Dieser Weg zum Verständnis literarischer und gesellschaftlicher Entwicklungen ist seit Bestehen der Literaturwissenschaft kräftig ausgeschritten worden. Aus einem ehemals dem Dschungel abgerungenen Trampelpfad ist inzwischen eine breit angelegte Autobahn geworden, auf der man im Eiltempo dahinrauschen kann, und an deren Raststätten die auswechselbaren Schilder mit Epochen- und Trendbezeichnungen zum Verweilen einladen. In jeder Wissenschaft ist das Mißtrauen gegenüber tradierten Schemata und automatisch sich einstellenden Deduktionsbegriffen angebracht. Das induktive, von der einzelnen Dichtung ausgehende Verfahren, das in den Beiträgen zu diesem Band praktiziert wurde, ist ein Korrektiv der tendenziell deduktiv orientierten Literaturgeschichtsschreibung.

In der deutschen Geschichte dürfte es bisher keinen Zeitraum gegeben haben, in dem die Literatur einen solch hohen gesellschaftlichen Stellenwert hatte und ein so großes internationales Ansehen genoß wie in dem Jahrhundert zwischen 1750 und 1850, also in der Zeit zwischen Lessing und Hebbel. Das europäische bürgerliche Zeitalter beginnt, und jene Autoren, von deren Werken hier die Rede ist, verstehen sich mit ihrer Kritik und ihren Utopien als Avantgarde einer neuen Epoche. Lessing, Lenz und der junge Schiller sind mit ihrer literarischen Bildung, ihrem Kosmopolitismus und ihrer Sensibilität für die sich andeutenden gesellschaftlichen Veränderungen auf der Höhe der Zeit. Ohne selbst im engeren Sinne Revolutionäre zu sein, erfassen sie seismographisch genau die Erschütterungen, die der Revolution von 1789 in Europa vorausgehen. Bei ihnen wird das aufklärerische Instrumentarium überprüft, mit dem man bisher in Gesellschaftslehre, Moralphilosophie und Politik ein Auskommen gefunden hatte. »Aufgeklärter Absolutismus« ist bei Lessing – wie sein Stück *Emilia Galotti* demonstriert – ein Widerspruch in sich selbst. Lenz räumt mit einer Lieblingsvorstellung aufgeklärter Moralphilosophie auf, wenn er in *Die Soldaten* den Zusammenhang von Tugend und Glück negiert. Und Schiller warnt in den vorrevolutionären Jahren des Brutuskults und der Republikbegeisterung im *Fiesco* vor dem Tyrannen hinter der Maske des Republikaners. Wie reflektiert die drei Autoren vorgehen, zeigen die ästhetischen und gesellschaftskritischen Schriften, mit denen sie ihre dichterischen Arbeiten ergänzen und begründen. Bezeichnend ist, daß sie der traditionellen Gattung der Tragödie neue Impulse geben und unbekannte Möglichkeiten abgewinnen. Das ist am deutlichsten bei Lenz der Fall, der das überlieferte Komödien-Tragödien-Schema hinter sich läßt und mit realistischem Zugriff das moderne deutsche Drama konstituiert, an dem sich Büchner, Hauptmann, Brecht und Dürrenmatt schulen werden.

Zu neuen epischen Gattungsformen gelangen Goethe mit *Hermann und Dorothea*, Kleist mit *Michael Kohlhaas* und Achim von Arnim mit *Die Kronenwächter*. Diese drei Erzählwerke sind so signifikant für die nachrevolutionären Jahrzehnte wie die genannten Dramen es für die Dekaden vor 1789 waren. Hier nämlich wird die historische Erfahrung vom Beginn, Höhepunkt und Ende der Napoleonischen Ära verarbeitet. Goethe und Kleist verzichteten darauf, ihre Werke mit Gattungsetiketten zu versehen. Bei *Hermann und Dorothea* handelt es sich weder um eine Idylle noch um ein Epos, sondern um etwas ästhetisch Neues, das idyllische, epische und geschichtliche Elemente in sich vereinigt. Kleists *Michael Kohlhaas* ist keine Chronik, keine Novelle und kein historischer Roman, vielmehr ein dichterischer Solitär, der Tendenzen vieler Gattungen aufnimmt. Originell ist auch Arnims *Kronenwächter*-Buch. Es hätte als Kunstsage oder Sagenroman ein neues literarisches Genre begründen können, wäre ihm nicht in Walter Scotts historischem Roman ein Konkurrent erwachsen, der mehrere Schriftstellergenerationen hindurch Nachahmer fand. Bei Goethe, Kleist und Arnim werden die Fragen der Zeit gleichzeitig energisch und subtil angegangen. Goethe geht es um eine Synthese von revolutionären Ideen mit evolutionärer Politik; bei Kleist steht im Mittelpunkt das Problem des politischen Widerstandes (was während der Napoleonischen Besatzungszeit ein brisantes Thema ist), und bei Arnim ist es u. a. die damals aktuelle Neudefinition der Stände (vor allem des Adels und des Bürgertums), die bei ihm romanhaft behandelt wird. Wie im Fall der Dramen von Lessing, Lenz und Schiller besteht auch die Stärke dieser epischen Dichtungen in der Problematisierung und aspektereichen Darstellung der Zeitprobleme und nicht in einfachen Lösungsvorschlägen.

Simplizität ist ein charakteristisches Merkmal von Ideologie. Und Ideologisches begegnet einem auf Schritt und Tritt beim Gang durch das literarische Museum der großen Themen und Namen der Vergangenheit. Eines dieser Themen zur Zeit der Romantik hieß »Europa«, und ein Name, bei dessen Nennung sich für ein halbes Jahrhundert die Gemüter erhitzten, war »Napoleon«. Was Begriffe wie »Genie« oder »Prometheus« im achtzehnten, das waren Schlagworte wie »Europa« und »Napoleon« im neunzehnten Jahrhundert: Themen und Namen, an denen in Deutschland und Europa sich die Epochenprobleme gleichsam kristallisierten. In die neuen Napoleonbilder gehen die alten Genie- und Prometheus-Ideen ein. Die Analyse der politischen, geschichtsphilosophischen und religiösen Europa-Vorstellungen der romantischen Dichter zeigt, daß der Kosmopolitismus in der europäischen und deutschen Romantik nicht unterschätzt werden darf. Durch die chauvinistische Romantik-Rezeption im späten 19. und im frühen 20. Jahrhundert ist jene Tendenz der Romantik vergessen gemacht worden, und hier soll diese zum Teil verschüttete Traditionslinie wieder freigelegt werden. Die positiven und negativen Napoleon-Legenden sind literarische Vexierbilder, die oft mehr über die politischen Einstellungen und Wünsche des Autors als über Bonaparte selbst aussagen. Allerdings gibt es ausgesprochen hellsichtige Analysen Napoleons und seiner Politik, etwa von Ernst Moritz Arndt in dem bereits 1803 erschienenen Buch *Germanien und Europa*. Kaum ein europäischer Autor von Rang, der nicht an den Europa- und Napoleon-Diskussionen zwischen 1800 und 1835 teilgenommen hätte. Zur Europadebatte tragen Novalis, Chateaubriand, die Brüder Schlegel, Coleridge, Arndt, Gentz, Wordsworth, Jean Paul, Madame de Staël, Hazlitt, Görres, Baader, Mazzini, Heine und Hugo bei, und fast alle diese Autoren äußern sich auch zu Napoleon. Es ist eine eindrucksvolle Galerie von Napoleon-Enthusiasten, wie sie sich uns von Hölderlin über Hazlitt bis Goethe und Heine darbietet. Nicht minder prominent sind mit Kleist, Arndt, Byron, Wordsworth und Chateaubriand die Namen seiner Gegner.

Als Hebbels Tragödie *Agnes Bernauer* 1852 uraufgeführt wurde, hatte sich im Zuge der kontinental-europäischen bürgerlichen Revolution von 1848 in Frankreich erneut der Bonapartismus durchgesetzt. Auch in Deutschland hörte in der Folge die Verfassungsdiskussion nicht auf. Die Frage eines Bürger-Kaisertums in Deutschland ist durch die 48er Revolutionäre gestellt worden, und sie beschäftigt auch Hebbel in seinem Drama. Albrecht, der junge, und Ernst, der alte Herzog vertreten gegensätzliche Staats- und Gesellschaftsauffassungen. In Albrechts Pläne projiziert Hebbel die Utopie des Bündnisses zwischen Fürst und Volk, wie es vergleichbar in der Frankfurter Paulskirche diskutiert worden war.

In den meisten der hier vorgelegten Studien wird auf die Rezeption der behandelten Werke ausführlich eingegangen. Das war besonders wichtig bei Werken wie Goethes *Hermann und Dorothea* oder Kleists *Michael Kohlhaas*, wo die Rezeptionsgeschichte sich aus einer Serie ideologisierter Vereinnahmungen zusammensetzt und somit der Blick auf das Werk verstellt wurde. Rezeptionsgeschichte ist kein Phänomen, dem man quasi schicksalhaft ausgeliefert ist. Zwar gibt es keine unabhängig von Vorverständnissen, d. h. unabhängig von Rezeptionsprozessen geprägte Auseinandersetzung mit Literatur, aber man kann sich durch Detailanalysen von Fehlurteilen und ideologischen Verblendungen freimachen.

Wie entstand dieses Buch? Zum Teil weit zurückliegende Lese- und Theatererlebnisse, Hinweise von Freunden, systematische Lektüre oder die Diskussion mit Studenten in Seminaren führten dazu, daß ich mich auf die Werke bzw. Themen im einzelnen einließ. Die für diesen Band ausgewählten exemplarischen Einzelanalysen ergänzen sich zu einer Art induktiver

Literaturgeschichte von Lessing bis Hebbel, wobei das Augenmerk immer auf die dichterische Auseinandersetzung mit Historie und Zeitgeschichte gerichtet ist. – Für die Genehmigung zum erneuten Abdruck bereits erschienener Studien danke ich den Zeitschriften und Verlagen, bei denen sie erstmals publiziert wurden. Ein Hinweis auf die ursprüngliche Veröffentlichung erfolgt jeweils am Schluß der Anmerkungen.

P. M. L.

Gotthold Ephraim Lessing
EMILIA GALOTTI (1772)

I.

Eine sozioliterarische Studie über Lessings Dramen verfassen, heißt einen Streit mit verschiedenen Germanistik-Fraktionen eröffnen. Zwei Gruppen sind es vor allem, die einem solchen Versuch mit Mißtrauen begegnen. Da ist zum einen die Phalanx jener Interpreten, denen die Analyse der in den Stücken behandelten gesellschaftlichen Probleme von vornherein als abwegig erscheint, weil sie den Dramen jede politische Wirkungsabsicht absprechen.[1] Die andere Partei besteht aus solchen Lessing-Forschern, die jene Werke zu Exempeln bürgerlich-revolutionären Engagements erklären.[2] Die Ergebnisse der hier praktizierten sozio-literarisch orientierten Methode geraten in Gegensatz zu den Resultaten jener beiden germanistischen Richtungen. Dabei geht es nicht um eine »Total«-Analyse, weil eine solche in der Gefahr stünde, auf eine soziologische Reduktion hinauszulaufen. Es sollen lediglich Aspekte zur Beantwortung von Fragen, die diese Dramen aufwerfen, beigetragen werden, Aspekte, die bei anderen Methodenansätzen nicht in den Blickwinkel geraten.

Vom literatursoziologischen Standpunkt aus betrachtet, sind Lessings *Emilia Galotti* und *Minna von Barnhelm* Dramen, deren Spannung aus der Darstellung von Konflikten der spät-absolutistischen Gesellschaft im 18. Jahrhundert lebt. Problematisiert werden die Gegensätze zwischen dem in Abhängigkeit geratenen Adel und einem absolutistischen Fürsten, der die gesamte Staatsmacht verkörpert. In diesen Werken geht es um die Auseinandersetzung mit der französischen bzw. der preußischen Variante absolutistischer Herrschaftsform. Während in Versailles und seinen Ablegern es vor allem der Hof[3] ist, der als Machtzentrum das Mittel der Indienstnahme des Adels darstellt, spielt in Preußen das Heer eine vergleichbare Rolle. Entsprechend steht in der *Emilia* das Geschehen am Hof im Mittelpunkt, wohingegen die Forderungen des Militärs es sind, die in der *Minna* die Handlung in Gang setzen. Nicht von ungefähr ist der Ort der Tragödie im romanischen Kultur- und Gesellschaftsbereich angesiedelt, während die Komödie sich in der preußischen Metropole abspielt. Lessing ist gut bekannt mit Hof und Heer, mit diesen beiden Säulen des fürstlichen Absolutismus in Europa. Er weiß nach eigener Aussage, »was an einem Hofe vorgeht«[4] und ist sich darüber klar, »daß der Hof der Ort eben nicht ist, wo ein Dichter die Natur studieren kann«. »Aber wenn Pomp und Etikette aus Menschen Maschinen macht«, so fährt er fort, »so ist es das Werk des Dichters, aus diesen Maschinen wieder Menschen zu machen.«[5] Hinter dieser dramaturgischen Absicht steht das allgemeine Programm der Aufklärer, den Bereich der Politik den Gesetzen und Maßstäben der Moral unterzuordnen. Ihr erklärtes Ziel ist die Umkehr des Hobbesschen Absolutismus-Grundsatzes: »Auctoritas, non veritas facit legem.«[6] Die nicht-höfischen Schichten sind daran interessiert, den König als »Menschen« zu entlarven, ihm Quasi-Göttlichkeit zu bestreiten, um ihn entweder als Tyrannen angreifen oder als Protektor der Humanität feiern zu können. Seit der Mitte des 18. Jahrhunderts setzt sich als Ergebnis dieser Bestrebungen die Staatstheorie des Aufgeklärten Absolutismus durch. Das säkularisierte Herrscherverständnis des Aufgeklärten Absolutismus wird damals bereits Bestandteil der Fürstenerziehung. Der Theorie nach – die Praxis sieht freilich anders aus – steht der Herrscher nicht mehr als ein von Gott Auserwählter der Masse seiner Untertanen gegenüber. Sein Selbstverständnis wird folgerichtig nicht durch die Vorzüge der Geburt, sondern durch die Erfüllung der Pflichten begründet, die ihm sein Amt auferlegt.[7]

In den Anfangsszenen der *Emilia Galotti* scheint Lessing auf den ersten Blick einen Fürsten vorzustellen, der geprägt ist durch die sensualistische Strömung der Aufklärung, und der sich ihrer rationalistischen Bewegung, der kritischen Philosophie, nicht verschließt. Zum einen wird Gonzaga geschildert als ein Kind der Empfindsamkeit, und zum anderen umgibt er sich mit aufgeklärten Räten wie Camillo Rota. Der Prinz von Guastalla verstößt gegen eine Reihe höfischer Konventionen, überrennt soziale Barrieren und scheint alles in allem ein Beispiel entcharismatisierter

Herrschaft par excellence abzugeben.[8] Schaut man genauer hin, so fällt auf, daß Lessing die Schilderung des Prinzen als empfindsam Liebenden von Anfang an mit der Beschreibung Gonzagas als nicht-empfindsamen, in Mätressenwirtschaft verwickelten absolutistischen Herrscher verbindet. Gonzagas Empfindsamkeit, die Wahrhaftigkeit seiner Liebe zu Emilia Galotti wird zwar als echt geschildert, aber sie wird von vornherein relativiert durch die Darstellung des Verhältnisses zur Gräfin Orsina, eine Beziehung, die die inhumanen Züge des Prinzen offenbart. Lessing porträtiert in Gonzaga sowohl einen Vertreter der antihöfischen Empfindsamkeit als auch den höfischen Typus des Rokoko-Fürsten aus der Epoche Ludwig XV. Dieser Herrschergeneration drohen die Zügel des komplizierten Ordnungssystems absolutistischer Politik zu entgleiten.[9] Mit der regierungsmäßigen Unsicherheit gehen politische Verantwortungslosigkeit und Libertinage einher. Gonzagas Emotionen scheinen ihn anfänglich aus der Bahn des absoluten Herrschers zu werfen. Doch schon am Ende des ersten Aktes weichen sie dem rationalen Kalkül höfischer Politik. Damit findet der Prinz zumindest formal wieder in seine Herrscherrolle zurück.[10] Der Inhalt seiner Aktionen aber diskreditiert ihn als aufgeklärt-absolutistischen Regenten genau so wie sein voraufgegangenes formales Preisgeben von Etikette, Gefühlskontrolle und Distanz. Lessing läßt nämlich den Prinzen die Rolle des Intriganten im Stück übernehmen bzw. mitspielen. Das konventionelle Trauerspiel der Zeit weist ja die Charge des Intriganten einem Höfling, dem Herrscher aber die Rolle des letztlich Nichtschuldigen oder des Unwissenden zu. In *Emilia Galotti* aber macht der Prinz die Sache der Intrige zu seiner eigenen und sucht sie dritten gegenüber zu vertuschen. Marinelli vertraut er an:

»Ein Graf mehr in der Welt, oder weniger! Denke ich Ihnen so recht? – Topp! auch ich erschrecke vor einem kleinen Verbrechen nicht. Nur, guter Freund, muß es ein kleines stilles Verbrechen, ein kleines heilsames Verbrechen seyn. Und sehen Sie, unseres da, wäre nun gerade weder stille noch heilsam. Es hätte den Weg zwar gereinigt, aber zugleich versperrt. Jedermann würde es uns auf den Kopf zusagen.« (IV, 1)

Dieses Geständnis verdeutlicht, daß der Prinz nur scheinbar mit Prinzipien der Aufklärung übereinstimmt. Einerseits weiß er sich zwar von einem aufgeklärt-moralischen Räsonnement kontrolliert, aber andererseits versucht er, dieses Prinzip Öffentlichkeit zu unterlaufen mit dem alten absolutistischen Grundsatz der Staatsarkana und deren Praktiken.

Gonzaga selbst denkt nicht daran, die aufgeklärte Umkehrung des absolutistischen Prinzips »Auctoritas, non veritas facit legem« gelten zu lassen. Aber er verschließt sich dem Rechtsdenken der Aufklärer auch nicht völlig. Denn sonst könnte er nicht einen Rat wie Camillo Rota in seinen Diensten haben und würde nicht versuchen, einen Mann wie Appiani an seinen Hof zu holen (I, 6). Im Gegensatz zum Prinzen ist Camillo Rota der Vertreter einer aufgeklärten Rechtslehre. Für ihn besitzt das juristische Prinzip »veritas facit legem« bereits Geltung. Rota verhindert, daß der Prinz ohne Prüfung des juristischen Falles ein Todesurteil unterschreibt. Während der Rokoko-Fürst vor seiner Aufgabe als aufgeklärter Herrscher versagt, nimmt ein Repräsentant der Hofbürokratie das öffentliche Interesse wahr. Nicht der Regent, sondern seine Verwaltung wird als Ausführungsorgan aufgeklärter Politik geschildert, womit erneut auf eine Realität des europäischen Aufgeklärten Absolutismus verwiesen wird.[11]

Im Gespräch mit dem Maler Conti zeigt sich Gonzaga wiederum als empfindsam Liebender, der seine »Seele« ganz in den »Augen« (I, 4) hat. Vielleicht wählte Lessing den Namen des Malers »Conti« bewußt, um eine Assoziation zu jenem Prinzen von Conti herzustellen, in dem sich – ähnlich wie bei dem »gemischten Charakter« Gonzaga – die gegensätzlichen Strömungen des Rokoko-Absolutismus und der Aufklärung kreuzten. Conti galt einerseits als der typischste Vertreter des Pariser Rokoko und seiner Hofhaltung; andererseits begeisterte er sich für Rousseau, lud Mozart ein, unterstützte Diderot und ergriff gar für Beaumarchais Partei.[12]

Das Ziel Lessings, aus den »Maschinen« des Hofes wieder »Menschen« zu machen, scheint am Schluß der Tragödie erreicht. Dem überführten fürstlichen Verbrecher wird das Eingeständnis seiner »Menschlichkeit«, seiner Nicht-Göttlichkeit abgerungen. Aber auch dieses Eingeständnis des Prinzen, »daß Fürsten Menschen« (V, 8) sind, trägt den Makel des Machiavellismus. Denn Gonzaga leitet aus diesem Bekenntnis nicht – was logisch wäre – seine Unterwerfung unter die geltende Gesetzesnorm ab. Das nämlich käme einem Schuldspruch über sich selbst gleich. Die »Menschlichkeits«-These wird prostituiert zur Abschirmung absolutistischer Herrschaft. Sie dient nicht, was der Absicht der Aufklärer entspräche, als Mittel dazu, die Politik der Moral unterzuordnen. Im Gegenteil wird sie als Alibi des Herrschers benutzt, sich einer allgemein geltenden Gesetzesnorm zu entziehen und die Verantwortung auf Marinelli als dem Sündenbock abzuwälzen. Das »Menschliche« des Prinzen besteht seiner Aussage nach darin, jemanden, der sich als »Freund« ausgab, nicht als »Teufel« durchschaut zu haben. Der Machiavellismus dieses Arguments liegt offen zutage, da Gonzaga sich zuvor mit der Intrige Marinellis identifiziert hatte.

Durch die Darstellung des Prinzen wird die Unversöhnbarkeit der Prinzipien von Absolutismus und Aufklärung vor Augen geführt. »Aufgeklärter Absolutismus« erweist sich als contradictio in adiecto. Gonzaga verkörpert die Unmöglichkeit der Synthese von Machiavellismus und Empfindsamkeit, von Skrupellosigkeit und Sensibilität, von Mätressenwirtschaft und Liebe, von Arkanpolitik und öffentlicher Kritik, von Höfischem und Anti-Höfischem, von auctoritas und veritas, von Quasi-Göttlichkeit und Menschlichkeit, in einem Wort von Absolutismus und Aufklärung.

Die Erziehungsliteratur für den Adel aus der Mitte des 18. Jahrhunderts wurde weitgehend von Aristokraten verfaßt. Sieht man diese pädagogischen Schriften durch, so fällt auf, wie stark hier die moralische Argumentationsstrategie der Aufklärer gewirkt hat. Johann Michael von Loen entwirft z. B. das Bild einer Aristokratie, die in sich die Tugenden der Aufklärung mit dem absolutistischen Standesdenken vereint. Das Kennzeichnende dieser Schriften ist ihre ausgesprochen anti-machiavellistische Tendenz. Sie wird besonders deutlich in der immer wieder erhobenen Forderung an den Herrscher, keine Intriganten an seinem Hof zu dulden. »Ein Fürst«, so schreibt von Loen, darf

»keine Schmeichler, keine Ohrenbläser, keine Verleumder und keine Pratickenmacher an seinem Hof leiden, sondern, wann er ein rechter Fürst seyn will, mit David aus dem 101. Psalm sagen können: Ein verkehrt Hertz muß von mir weichen, den Bösen leide ich nicht.«[13] Lessing übernimmt den bereits aus dem barocken Trauerspiel bekannten Intriganten in sein Drama. Damit verdeutlicht er, wie sehr der Prinz in seinem Stück der Praxis des Früh-Absolutismus verhaftet ist, wie wenig Einfluß die Tugendprinzipien der Aufklärer auf ihn haben. Das literarisch Überholte der Figur Marinelli entspricht dem politisch Reaktionären, wofür sie steht. Lessing macht durch die Figur Marinelli indirekt klar, daß er die aufgeklärt-absolutistischen Adelsschriften für apologetische Wunschbilder hält. In der Tat ist es ja so, daß der Hofadel sich objektiv in Abhängigkeit vom Fürsten und damit in einer starken Konkurrenzsituation befindet. Moral und Religion können ihm deshalb kaum Richtlinien für das gesellschaftliche Überleben an die Hand geben. Der absolutistische Fürst bewahrt die Aristokratie vor dem sozialen Abstieg, indem er ihr das Monopol über die Hofämter bzw. Militärstellen überläßt. Dies geschieht aber um den Preis der ökonomisch-politischen und moralischen Selbständigkeit des Adels. Seine Indienstnahme bedeutet, daß der einzelne Aristokrat nur insofern etwas ist, als er im Verhältnis zum Fürsten steht.[14] Marinelli ist ein typischer Vertreter dieses abhängigen und domestizierten Adels.

Graf Appiani ist in manchem das Gegenteil des Marchese Marinelli. Appiani erwägt, Dienst beim absolutistischen Herrscher zu nehmen. Aufgrund seiner Besitzungen braucht er allerdings den Hof nicht als Versorgungsanstalt zu betrachten. Der Prinz selbst bezeichnet Appiani als »reichen Mann« (I, 6). In ihm steht der selbstsichere und unabhängige Vertreter des Hofmanns vorabsolutistischer Prägung dem Typus des geschmeidigen, unterwürfigen, auf die Gnade des absolutistischen Souveräns angewiesenen Höflings gegenüber. Den Unterschied zwischen seiner und Marinellis gesellschaftlicher Position streicht Appiani während seines Wortwechsels mit dem Marchese heraus:

»Ich gebe zu, daß Sie dem Prinzen unbedingtern Gehorsam schuldig wären. Aber nicht ich. – Ich kam an seinen Hof als ein

Freywilliger. Ich wollte die Ehre haben, ihm zu dienen: aber nicht sein Sklave werden.« (II, 10)

Appianis Unabhängigkeitsstreben und seine anti-höfische Orientierung kommen auch in seiner Einstellung zum Duell zum Ausdruck. Für den absolutistischen Herrscher stellte das Duell als Inbegriff persönlicher Ehrenwahrung eine Gefährdung der staatlichen Rechtsautorität dar.[15] Entsprechend verfolgte er seine Ausübung mit drakonischen Strafen. Lessing ist, wie er in der *Hamburgischen Dramaturgie* zeigt, über das »Edict wider die Duelle«[16] informiert. In seiner Tragödie läßt er den auf Unabhängigkeit vom Hof bedachten Appiani auf dem Duell bestehen, während sich der Höfling Marinelli nicht darauf einlassen kann und sich ihm mit vordergründigen Ausflüchten entzieht.

Bei Appiani verbinden sich die Adelstugenden aus vor-absolutistischer Zeit mit moralischen Prinzipien der Aufklärung. Er wird als ein »Empfindsamer« geschildert, der aus »Liebe« eine Heirat eingehen will. »Tugend und Gefühl« (I, 6) sind es, die ihn für Emilia Galotti einnehmen. Ihretwegen ist er bereit, ein »Mißbündniß« einzugehen, eine Heirat also mit einer im Adelsrang wesentlich niedriger Stehenden. Empfindsamkeit, Tugendglaube und überständisches Denken weisen Appiani als Kind der Aufklärung aus. Gerade dieser aufgeklärte Aristokrat wendet dem absolutistischen Hof den Rücken, womit einmal mehr die Grundthese des Stückes von der Unversöhnlichkeit von Aufklärung und Absolutismus unterstrichen wird.

Die ideologische Position Appianis läßt sich aber noch genauer bestimmen und damit problematisieren. Er schwärmt von Emilias »Locken, wie sie die Natur schlug« (II, 7), und er gedenkt sich mit seiner Gattin in eine Natur-Idylle zurückzuziehen. An Appiani verdeutlicht Lessing also Rousseaus Wirkung innerhalb der Welt des Adels. Man wird diese Wirkung Rousseaus innerhalb der »monde« kaum verstehen können, wenn man sie nicht auch als genuin aristokratische Bewegung gegen die höfische Rationalität, gegen die Zurückdrängung des »Gefühls« durch die höfische Etikette versteht.[17] Literaturgeschichtlich gesehen, bedeutet Appianis Flucht in eine Idylle den Rückgriff auf eine bereits überholte dichterische Form.[18] Wie im Falle Marinelli dürfte auch hier die Überholtheit der Form Aufschluß geben über die – freilich nur partielle – Rückständigkeit der ideologischen Position der durch sie gekennzeichneten dramatis persona.

Appianis Untergang und das Ende der Karriere Marinellis zeigen, daß weder adlige Abstammung noch ein Hofamt, sondern nur die Gnade des Fürsten eine aristokratische Lebensführung garantieren. Marinelli ist sich der existentiellen Bedeutung des fürstlichen Wohlwollens bewußt, wenn er von der »unschätzbaren, nie zu verscherzenden Gnade« (IV, 1) seines Prinzen spricht. Der Günstling und die Mätresse sind es deshalb, die als die typischen Sozialfiguren des Hofes bezeichnet werden können.[19] Die höfische Etikette ist ein sensitiver Anzeiger und ein zuverlässiges Meßinstrument für den Prestigewert des einzelnen im Netzwerk des höfischen Beziehungsgeflechts. So wird schon in der ersten Szene der *Emilia Galotti* bei der nachlässigen Behandlung des Briefes der Orsina durch den Prinzen deutlich, daß die Gräfin in Ungnade gefallen und als Mätresse entlassen ist. Das »Wegwerfen« (I, 1) des Briefes der Orsina deutet die bevorstehende Verbannung der Gräfin vom Hofe an. Die Orsina ist eine Mätresse, die sich der Würdelosigkeit ihrer Rolle bewußt geworden ist. Sie durchschaut die Hohlheit ihres »lustigsten Schlaraffenlebens« (IV, 7) und empört sich über die ihr aufgezwungene Funktion »nichts als lachen« zu müssen, »um immerdar den gestrengen Herrn der Schöpfung bey guter Laune zu erhalten«, ohne »mitdenken [zu] dürfen« (IV, 3). Die Beschäftigung mit »Büchern« ist es, die den Prinzen »vornehmlich [...] von ihr entfernt hat« (I, 6). Eine »philosophierende« Mätresse ist in den Augen Gonzagas und Marinellis eine »Närrinn« (I, 6; IV, 2). Gonzagas anti-aufklärerisches Ressentiment bringt die Orsina auf die zutreffende Formel: »Wie kann ein Mann ein Ding lieben, das, ihm zum Trotze, auch denken will? Ein Frauenzimmer, das denket, ist eben so ekel als ein Mann, der sich schminket« (IV, 3). Mit ihrer Kritik an der höfischen Gesellschaft ist die Gräfin eine Vorläuferin der Lady Milford in Schillers *Kabale und Liebe*. Ihre intellektuelle Selbständigkeit läßt sie das »nachplaudernde Hofmännchen« Marinelli verachten, dessen »vielen Worten« gleich »viele Lügen« (IV, 3) entsprächen. Auf die Gefahr hin »sich um den Hals [zu] reden« (IV, 5), will sie die Mordtat des Prinzen und seines »Spießgesellen« ans Licht der Öffentlichkeit bringen, sie »auf dem Markte ausrufen« (IV, 5). In mythischen Ausmaßen träumt sie von ihrer Rache an Gonzaga: Als Furie möchte sie ihn in bacchantischem Taumel »zerreißen«, »zerfleischen« und seine »Eingeweide durchwühlen« (IV, 7). Mit dem Konflikt, in den Lessing die Orsina zum Hof geraten läßt, wird im Drama erneut die bis zum gegenseitigen Vernichtungswillen führende Unversöhnlichkeit von Aufklärung und Absolutismus beschrieben. Die philosophierende Orsina verficht jenes fundamentale Postulat der Aufklärung, den Mut zu haben, sich des eigenen Verstandes zu bedienen.[20] Damit gerät sie in Gegensatz zu den Rollenerwartungen des Hofes, der die Gefahr ihrer intellektuellen Selbständigkeit erkennt, sie als »Närrin« zu diffamieren und aus seinem Bereich zu verbannen sucht. Ein Kind der Aufklärung ist sie auch insofern, als sie mit dem Mittel der Öffentlichkeit den Prinzen moralisch diskreditieren will.

Damit ist die Orsina freilich nicht hinlänglich charakterisiert. Denn anders als im Falle ihrer Nachfahrin Lady Milford werden bei ihr Distanz, Kritik und Angriff erst deutlich bzw. wirksam, als ihre Entfernung vom Hof bereits beschlossene Sache ist. Offenbar sind es nicht lediglich ihre Tugendprinzipien, die sie das Vokabular der Aufklärer in den Mund nehmen lassen, sondern vor allem ein privater Racheakt. Von hier aus gesehen, ist sie ihrem ehemaligen Liebhaber und jetzigem Gegner Gonzaga nicht unähnlich, der auch die Rolle des empfindsam Aufgeklärten so lange zu spielen vermag, als sie seinen privat-egoistischen Neigungen nicht im Wege steht.

Anders als Appiani und die Orsina gehören die Galottis dem niederen Landadel an. Mit Hilfe von Hof und Heer ist es dem absolutistischen Herrscher ein Leichtes, diesen Adel politisch zu enteignen und seine ständischen Freiheiten weitgehend einzuschränken. Die ehemaligen homines liberi[21] werden vom Staat voll in Anspruch genommen, drohen zu »Sklaven« des Absolutismus zu werden, wie Appiani es treffend ausdrückt. Die ständischen Adelsfreiheiten werden beseitigt, ohne daß ein neuer Freiheitsraum an ihre Stelle tritt. Genau hier aber, nämlich zwischen

ständischer Libertät und persönlicher Freiheit begann das Di-
lemma des aufgeklärten Absolutismus.[22] Der Adlige, der seiner
korporativen Libertät verlustig gegangen ist, sucht eine Sphäre
persönlicher Freiheit zu retten. Der absolutistische Herrscher
aber erachtet aufgrund seiner Staats-Ideologie diesen persönlichen Freiheitsraum für überflüssig. In jener Situation findet der
domestizierte Adel sein neues, persönliches Libertätsstreben artikuliert in dem von Rousseau propagierten Freiheitsideal, in
einem Ideal, das ineins gesehen wird mit dem Rückzug in die
Naturenklaven.[23] Appiani und Odoardo sind es, die im Stück à la
Rousseau von einer vita beata fern von der Welt des Hofes
schwärmen und sie zu realisieren trachten.

Bis zu einem gewissen Grade zeigt sich auch Odoardo als ein
Anhänger politisch-aufklärerischer Ideen. Angesichts der Ent-
führung seiner Tochter plant er zunächst, Rache am Prinzen zu
nehmen. Er rechtfertigt sie mit dem juristischen Grundsatz:
»Wer kein Gesetz achtet, ist eben so mächtig, als wer kein Gesetz
hat« (V, 4). Odoardo formuliert hier eines der Prinzipien aufgeklärter Rechtsprechung, denn er sieht den Herrscher nicht als
über dem Gesetz stehend, sondern als ihm unterworfen an. Die
Grundthese des Absolutismus »Auctoritas, non veritas facit legem« wird hier im Sinne der Aufklärer verkehrt. Das geschieht
im Falle Galottis jedoch nur in der Theorie. Odoardos weiteres
Verhalten zeigt, daß er diese Aufklärungsmaxime in der Praxis
des Absolutismus nicht zu realisieren vermag. Das liegt zum
einen an der objektiven Struktur des Hofes, zum anderen aber
auch an der Ideologie Odoardos selbst. Sein rousseauistisch ge-
prägtes persönliches Freiheitsstreben geht nämlich mit der bei
ihm fortwirkenden Vorstellung von ständischer Libertät eine eigenartige Synthese ein. Anders als Appiani kann der vom Hof
abhängige Odoardo seine sezessionistischen Bestrebungen nicht
wirklich in die Tat umsetzen. Als Oberst ist er Mitglied der Mili-
tärhierarchie des absolutistischen Staates und somit eingeglie-
dert in den Bereich herrscherlicher Indienstnahme. Da er sich
nicht faktisch-politisch vom Hof abzusetzen vermag, sucht er es
zumindest auf ideologische Weise zu tun. Dies geschieht dergestalt, daß er die alten, aus vorabsolutistischer Zeit tradierten

Adelsideale aristokratischer Ehre und Loyalität verabsolutiert und ideeisiert. Mit dem Bekenntnis zu ihnen setzt er sich vom Machiavellismus und der Libertinage des Rokoko-Hofes ab. Diese ideologische Abgrenzung zieht einen permanenten Konflikt zwischen den beiden von Odoardo verabsolutierten Tugenden der Ehre und Loyalität nach sich. Die Ehre nämlich verbietet die Treue zu einem Hof, an dem die alte Adelsmoral keinerlei Wirkung mehr hat. Seine Tätigkeit im Dienste des Herrschers stellt, wie er selbst sagt, eine solche »Ehre« dar, »die für ihn keine« (II, 4) ist. Die Loyalität gegenüber seinem Fürsten hinwiederum ist ebenfalls integrierender Teil der Adelsehre. Die Ausweglosigkeit dieser Konfliktsituation wird am Schluß des Dramas deutlich.

Die beiden Möglichkeiten des niederen landsässigen Adels, sich vor dem sozialen Abstieg und einer Gleichstellung mit dem Bürgertum zu bewahren, hat Lessing in *Emilia Galotti* erfaßt: Einerseits versucht diese »Zweifrontenschicht«[24], ihr Glück am Hof zu machen, will sich durch die höfische Privilegierung jene Exklusivität sichern, die sie gegen die bürgerliche Statuskonkurrenz abschirmt. Andererseits aber rettet sich der anti-höfische Teil dieses niederen Adels in den Kodex der alten adligen Normen, um sich, wenn schon nicht politisch bzw. wirtschaftlich, so doch ideologisch gegenüber dem Hofadel und dem Bürgertum zu behaupten. Während diese letztere Möglichkeit von Odoardo ergriffen wird, faßt Claudia erstere ins Auge. Claudia ist für alles Höfische empfänglich. Anders als ihr Gatte, der sich auf ein Landgut fern vom Hofe zurückgezogen hat, lebt sie in der Stadt, jenem »Affen« des Hofes, wie man im Ancien Régime zu sagen pflegte.[25] Claudia verkörpert jenen Teil des ländlichen Adels, der höfisch orientiert ist und wegen der gesuchten Nähe zur Residenz sich als städtischer Adel zu verstehen lernt. Der städtische Adel hält »Haus«, wobei es nicht eines gemeinsamen Hausstandes der Ehepartner bedarf. Auch Odoardo und Claudia leben getrennt. Ihre verschiedenen Wohnorte geben Auskunft über ihre unterschiedlichen Aspirationen und ihre voneinander abweichenden Standesideologien. Die Innerlichkeit des bürgerlichen Familienlebens ist beim städtischen Adel verpönt[26]; statt im Kreise der

Familie trifft man sich in den außerfamilialen Sphären der Salons und der höfischen Abendgesellschaften. Odoardo ist »mit dieser Stadterziehung« seiner Tochter Emilia keineswegs einverstanden. »Diese Stadt« und »diese Nähe des Hofes« mit ihrem »Geräusch« und der »Zerstreuung der Welt« sind seiner »strengen Tugend [...] verhaßt« (II, 4). Er ist darauf bedacht, daß Emilia gemäß der alten Adelsideale, aus der Vor-Rokoko-Zeit, also im Sinne von Ehre und Religiosität erzogen wird. Claudia dagegen bezieht Emilia in das gesellschaftliche Leben des Hofes ein, klärt sie über die »Sprache der Galanterie« (II, 6) auf und führt sie zu den Abendfesten im Palais des Kanzlers Grimaldi. Zugang zum Haus des Kanzlers bedeutet gleichzeitig Kontakt zum Mätressenliebhaber Gonzaga. Die auf sozialen Aufstieg bedachte Claudia hält sich etwas darauf zugute, die Aufmerksamkeit Gonzagas auf Emilia gelenkt zu haben; der antihöfisch gesonnene Odoardo dagegen empört sich über diese »ganz besondere Ehre« (IV, 7), dem »Wollüstling« (II, 4) Gonzaga vorgestellt zu werden und höhnt über das Haus des Kanzlers und seiner stadtbekannten »liebenswürdigen Töchter«, daß es wohl eine »Freystadt der Tugend« (V, 5) sei. Mit Claudia führt Lessing eine Vertreterin jener Adelsgruppe vor, die sich unter Preisgabe der alten Adelsnormen an das Hofleben des Rokoko zu assimilieren sucht, die aber bei diesem Versuch an der Machtmechanik des Hofes scheitert.

Wie Appianis und Odoardos, so wird auch Emilias Verhalten bestimmt durch ihre adlige Ehrauffassung. Gleich ihnen hält sie an den Vorstellungen von ständischer Libertät fest. An die korporative Libertät ihres Adelsgeschlechts mahnt sie Odoardo, wenn sie sich über den Prinzen empört, der sie behandle »als ob wir, wir keinen Willen hätten, mein Vater!« (V, 7) Das Nebeneinander von ständischen und persönlichen Freiheitsvorstellungen ist auch bei ihr festzustellen, denn sie argumentiert mit dem Vokabular der egalitären »Menschheits«-Philosophie der Aufklärung für ihre persönliche Freiheit. Beim Pochen auf das Recht ihrer persönlichen Freiheit beruft sie sich nicht auf ein korporatives »wir«, sondern auf das »ich«, das qua Menschsein allen anderen Staatsmitgliedern ebenbürtig ist. Sie verteidigt sich gegen die Eingriffe in ihre persönliche Freiheit mit den Worten: »Ich will doch sehn, wer mich hält, – wer mich zwingt, – wer der Mensch ist, der einen Menschen zwingen kann« (V, 7). Der Fürst wird auch hier als »Mensch« und nicht als quasi gottähnlicher Herrscher apostrophiert. Damit wird erneut die anti-absolutistische Grundthese der Aufklärer im Drama wiederholt. Emilias Aufklärungsprinzipien geraten ebenfalls mit der Praxis des Absolutismus in Konflikt. Zu konkreten Maßnahmen gegen den Herrscher führt ihre moralische Kritik so wenig wie die Appianis oder Odoardos.

Lessing rückt durch die Darstellung des Todes der Emilia sein Drama in die Nähe des christlichen Trauerspiels. Emilia beruft sich auf die »Religion«, wenn sie, um der »Verführung« zu entgehen, den Tod erbittet. »Nichts Schlimmers zu vermeiden, sprangen Tausende in die Fluthen, und sind Heilige!« (V, 7), so rechtfertigt sie den Entschluß, ihrem Leben ein Ende zu setzen. D. h. sie versteht sich als Märtyrerin einer religiös fundierten Moral. Lessing erwartet in der »Hamburgischen Dramaturgie« von den Verfassern der Märtyrerdramen, daß sie ihren Helden und Heroinen die »lautersten und triftigsten Bewegungsgründe«[27] für den Märtyrertod geben. Diese Gründe liegen bei Emilia vor. Denn sie ist nach jenen Moralprinzipien erzogen worden, wie sie für den Adel aus der Vor-Rokoko-Zeit galten und wie sie von Odoardo aus Gründen der Abgrenzung vom Hofe verabsolutiert worden sind. Die christliche Religion prägt diese adlig-ständische Moral und bestimmt die Auffassung von der Frauenehre, wie Emilia sie gegen den Hof bzw. den Fürsten verteidigt. Lessing selbst aber hat deutlich gemacht, daß er das christliche Trauerspiel für unzeitgemäß und überholt betrachtet, und er ist weit davon entfernt, *Emilia Galotti* insgesamt als Märtyrertragödie zu konzipieren. Nur bewußt ausgewählte Elemente dieser Gattung gehen in die Todesszene am Schluß des Trauerspiels ein. Emilia ist nicht nur christliche Märtyrerin. So wie sich bei ihr das Berufen auf die alte ständische Libertät mit dem neuen Bestreben nach der Sicherung persönlicher Freiheit verbindet, so geht auch ihre alte religiöse Moral eine Fusion mit einer neuen politischen Ethik ein. Neben die religiöse Motivierung des Quasi-Selbstmordes als Märtyrer-Freitod tritt eine politische, nämlich die Rechtfertigung des Todes durch die Identifikation mit dem Schicksal der römischen Virginia. Das in der zeitgenössischen Kunst häufig auftretende Motiv vom Tode der Virginia [28] signalisiert die potentielle oder tatsächliche Revolutionsbereitschaft anti-höfischer Schichten. In der *Emilia Galotti* verbindet sich das Virginia-Motiv aber gerade nicht mit dem zu erwartenden Fanal zum Aufstand gegen den tyrannischen Herrscher: Die Revolutionsspitze ist dem Motiv gleichsam gebrochen. Das religiöse Märtyrerthema läßt sich mit dem politischen Virginia-Motiv nicht verbinden, ohne daß das eine Motiv das andere verformt. Einerseits verdeutlicht die Virginia-Anspielung, daß das Märtyrer-Motiv nicht einfach im Sinne des christlichen Trauerspiels zu verstehen ist. Andererseits aber entschärft, ja verkehrt die religiös-moralische Märtyrerhaltung die politischen Implikationen des Virginia-Motivs. Nur der Teil des Motivs, der sich mit dem Märtyrerthema verbinden läßt, nämlich der Tod Emilias, wird gestaltet, nicht zur Ausführung kommt der politisch-revolutionäre Aspekt. Die Entschärfung des politischen Motivs demonstriert die Unfähigkeit der Vertreter der verabsolutierten Adelsmoral, die Tyrannei zu beseitigen.

Dem Paradox der Synthese von Märtyrer- und Virginia-Motiv entspricht die zweifelhafte Vermengung von adlig-ständischer Libertät und persönlicher Freiheit. Zum einen macht der Aspekt persönlicher Freiheit deutlich, daß die ständische Libertät nicht im alten feudalen Sinne, sondern bereits als ideeisierte zu begreifen ist. Und zum anderen wird durch ihre Liäson mit korporativer Libertät die persönliche Freiheit bis zur Unkenntlichkeit entstellt. Während die konsequente Verfechtung der persönlichen Freiheit zur gewaltsamen Beseitigung des Tyrannen führen würde, verbietet das ständische Libertätsdenken wegen der mit ihr untrennbar verbundenen Loyalitätshaltung dem Herrscher gegenüber eine solche Lösung des Konflikts. Was Odoardo und Emilia am Ende verteidigen, ist nicht mehr eine durch die politische Moral der Aufklärung fundierte persönliche Freiheit, sondern ein abstraktes, verabsolutiertes und ideeisiertes Ideal aristokratischer Ehrauffassung. Ihre korporative Libertät haben die Galottis de facto längst eingebüßt, und den Schritt zur effektiven

Wahrung ihrer persönlichen Freiheit haben sie kaum und viel zu zaghaft unternommen. In der Zwischensituation des Nicht-mehr der ständischen und des Noch-nicht der persönlichen Freiheit haben sie die Ideale der korporativen Libertät verding-licht und sich damit in eine ausweglose Lage manövriert. Eine Realisierungsform dieser Freiheit bleibt am absolutistischen Hof unmöglich, und das Behaupten dieser Freiheitsidee hat tra-gische Konsequenzen. Durch den Tod Emilias erfährt das stän-disch-aristokratische Ehrideal seine äußerste Verabsolutierung und Ideeisierung. Im Rahmen des Stückes ist es nur konse-quent, wenn Odoardo, der Verfechter der verabsolutierten Adelsideale, den Tod seiner Tochter herbeiführt.

Wie vereinbart sich die hier vorgetragene sozio-historische Deutung des Dramenschlusses mit Lessings politischen An-schauungen? In keinem seiner Texte hat Lessing die von ihm verfochtene gesellschaftliche Moral und politische Utopie so klar umrissen wie in »Ernst und Falk. Gespräche für Freymäurer«. Hier werden die Abschaffung der Stände und der Sinn des Staa-tes überhaupt diskutiert. Die Ständebarrieren sollen idealiter auf einen Nullwert reduziert werden, wobei Lessing sich bewußt ist, daß ein Restbestand an gesellschaftlichen Schranken als quasi ontologische Gegebenheit zu akzeptieren ist. Als so veränder- und reduzierbar er die Standesschranken betrachtet, als so histo-risch relativ durchschaut er auch die Verfassungen der Staaten. Lessing macht klar, daß ihm die absolutistische Staatsverfassung seiner Zeit keineswegs als die beste aller möglichen erscheint. Im Gegenteil polemisiert er gegen die Staatsvergottung des Absolu-tismus, nach dessen Ideologie die Menschen für die Staaten er-schaffen seien. Genau das Umgekehrte müsse der Fall sein: Die Staaten seien für die Menschen da, d. h. zur Garantie der Glücks-maximierung eines jeden Staatsbürgers. Wo dieses von den Auf-klärern ganz allgemein propagierte Prinzip der Glücksmaximie-rung des einzelnen [29] keine Anwendung finde, herrsche Tyrannei. Mit dieser Vision einer Gesellschaft, in der die Ständeschranken weitgehend abgebaut sind, und in der der Staat seine Kraft auf die Maximierung des Glücks der einzelnen konzentriert, weist Lessing weit über das etatistische Konzept des Aufgeklärten Absolutismus hinaus. Voraussetzung für die Verwirklichung der von ihm angestrebten Staatsform ist nach Lessing die Leistung des sogenannten »opus supererogatum«, das für die Tugenden des Weltbürgertums, der religiösen Toleranz, einer selbstkritischen Einstellung und des überständischen Denkens steht.

Diese von Lessing postulierte Skala praktisch-politischer Tugenden gilt es im Auge zu behalten, wenn man die Dramenfiguren in *Emilia Galotti* analysiert. Den Protagonisten dieser Tragödie müssen jene Tugenden abgesprochen werden. Die von Lessing geforderte Moral impliziert eine gesellschaftsverändernde Aktion im Sinne des Abbaus der Ständeschranken und der Glücksmaximierung des einzelnen. Die von Odoardo, Appiani und Emilia vorexerzierte moralische Position dagegen läuft letztlich hinaus auf den Rückzug in eine Idylle, auf Flucht aus der Gesellschaft, Selbstaufgabe und Selbstzerstörung. Ruft man sich die politische Aussage der Studie »Ernst und Falk« in Erinnerung, so scheint die Annahme berechtigt, daß es in *Emilia Galotti* um eine Bewußtmachung der Problematik jener Synthese von Absolutismus und Aufklärung geht, die das politisch-zeitgenössische Denken beherrscht. Die Unmöglichkeit dieser Synthese wird zum einen durch die Figur des Prinzen deutlich, und zum anderen durch das Verhalten Appianis, Odoardos und Emilias. Letztere schreiten den Bereich des ihnen möglichen moralischen Protestes gegen das absolutistische System bzw. seinen Repräsentanten aus. Dies geschieht jedoch bei gleichzeitiger unbedingter politischer Anerkennung dieser Staatsverfassung. Diskreditiert wird in der Tragödie also nicht nur der Absolutismus, sondern auch jene *bestimmte* Form moralischer Kritik[30], die kein gesellschaftsveränderndes Ziel besitzt. Die Tyrannei des Prinzen und Marinellis provoziert bei den Anhängern der Aufklärung gegenteilige Vorstellungen von einem Staate, der das Glück des einzelnen sichert. Und die Hilflosigkeit der ständisch-moralischen Rückzugsgefechte Galottis mahnen an die gegensätzlich überständisch-ethischen Absichten der Aufklärer, an Intentionen also, die letztlich die Auflösung des absolutistischen Staates zum Ziele haben.

II.

Eine Antwort auf die gesellschaftlichen Fragen, die seine Zeit an die Gelehrten stellt, versucht Lessing ebenfalls in seiner Komödie *Minna von Barnhelm* zu geben.[31] Auch hier geht es um eine Auseinandersetzung mit dem Thema Aufklärung und Absolutismus.

Der Major Tellheim durchlebt nach der Entlassung aus der preußischen Armee eine doppelte Krise, nämlich eine patriotisch-nationale und eine adlig-ständische. Tellheim ist kein Preuße, sondern ein Adliger aus dem Herzogtum Kurland.[32] Diese baltische Provinz gehörte nicht zu Preußen. Zur Zeit des Siebenjährigen Krieges wurde sie vielmehr vom Sohn jenes sächsischen Kurfürsten regiert, der gleichzeitig König von Polen war. Das erklärt die besondere Skepsis der preußischen Militärbürokratie Tellheim gegenüber. Man vermutet, daß er mit dem sächsischen Kriegsgegner kollaboriert hat, und zwar aus Gründen der Loyalität gegenüber seinem kurfürstlichen Protektor. Tellheims patriotische Identitätskrise wird offenbar, wenn er sich mit dem vaterlandslosen Othello vergleicht, der wie er »seinen Arm und sein Blut einem fremden Staate [...] vermiethen« (IV, 6) mußte. Diese patriotische Krise hängt eng zusammen mit der fundamentalen Standeskrise, durch die Tellheim als in höfische Abhängigkeit geratener Adliger geht. Um ein aristokratisches Leben führen zu können, ist der aus niederem Adel stammende Tellheim gezwungen, militärische Dienste zu nehmen. Die Abhängigkeit vom königlichen Dienstherrn spürt Tellheim doppelt stark, da er nicht Mitglied des preußischen Adels ist. Bei den Angehörigen der preußischen Aristokratie wird das Gefühl der Unterdrückung durch den König ausbalanciert durch das Bewußtsein, vom Fürsten als privilegierter Stand erhalten zu werden. Dieses Bewußtsein der Sicherheit fällt bei Tellheim fort. Tellheim ist Major in einem jener ausländischen Freibataillone, die am Ende des Krieges aufgelöst werden, wobei man Offiziere und Mannschaften entschädigungslos abdankt.[33] Die Distanz, die Tellheim zum Preußenkönig und dessen Kriegsideologie hält, ist groß. Er bekennt: »Ich weiß selbst nicht für welche politische Grundsätze [...] ich Soldat ward« (V, 9). Indem er nach der

Ursache für seine Teilnahme am Kriege fragt, wendet er sich gegen das Kriegsverständnis des absoluten Herrschers. Für diesen nämlich hat der Krieg einen keine Legitimation erforderlichen Zweck in sich selbst. Tellheims Standeskrise und sein damit zusammenhängender Konflikt mit dem preußischen Absolutismus wird noch deutlicher durch die Untersuchung seiner Auffassung von adliger Ehre.

Auf den ersten Blick betrachtet, scheinen Tellheim und Minna ganz unterschiedliche Auffassungen von »Ehre« zu vertreten. Bevor auf die Differenzen eingegangen wird, soll zunächst das Gemeinsame ihrer Anschauung herausgestellt werden. Tellheim und Minna entstammen dem nicht-preußischen Provinzadel. Der sozialen entspricht ihre weltanschauliche Ähnlichkeit. Beide verfechten ein paternalistisches Adelsideal des Schutzes, der Sorgepflicht und der Hilfe gegenüber den Untertanen. Das belegen Tellheims zahlreiche ritterliche Taten, etwa für die Witwe Marloff, für Just und Werner. Diese Adelstugend der Ritterlichkeit war es, die Minna für Tellheim einnahm, noch bevor sie ihn persönlich kennenlernte. Seine Hilfsbereitschaft den im Kriege unterlegenen sächsischen Ständen gegenüber sicherte ihm ihre Liebe. Paternalismus, Mitleid und Treue sind jene Tugenden, die im Zentrum der Ehrauffassungen Tellheims und Minnas stehen. Das Unzeitgemäße, d. h. das Nicht-Höfische dieses Ehrbegriffs erklärt sich aus ihrer sozialen Herkunft. Denn einen größeren Unterschied der Adelsideale und Ehrvorstellungen, wie sie am Hofe des Absolutismus einerseits und auf den Gütern des Landadels der Provinz andererseits vermittelt werden, kann man sich kaum vorstellen. Lessing kontrastiert Tellheim sowohl mit Vertretern der Militärbürokratie Preußens als mit einem Repräsentanten des französisch geprägten Rokoko-Hofes. Am preußischen Hof zählt militärische Pflichterfüllung und unbedinger Gehorsam, und Riccaut steht für einen Hof, an dem Galanterie, Opportunismus und Vabanque-Spiel gedeihen. Beim Landadel dagegen wird auf die Erziehung des Nachwuchses im Sinne der alten Adelsideale der Ritterlichkeit, Hilfsbereitschaft und Treue Wert gelegt. Der Versuch der Aufrechterhaltung dieses ritterlichen Standesethos im absolutistischen Staat ist meistens zum

Scheitern verurteilt.[34] In dieser Situation des möglichen tragischen Scheiterns befindet sich Tellheim.

Mit der Indienstnahme des Adels durch Hof und Militär wandelt sich der alte adlige Ehrbegriff zu dem der höfischen bzw. militärischen Reputation. Der Fürst besitzt jetzt das Verteilungsmonopol über die sozialen Chancen der Aristokratie. Entsprechend definiert sich die Ehre als Reputation durch die Nähe des einzelnen zum Thron.[35] Die Reputation ist konstituierender Bestandteil der neuen aristokratischen Identität. An Tellheim exemplifiziert Lessing, wie die alte ritterlich-adlige Standesehre überlagert wird durch die höfisch-militärische.[36] Wie sehr Tellheim den preußischen Ehrenkodex im Sinne des militärisch-staatlichen Pflichtethos bereits verinnerlicht hat, geht aus einer Reihe von Szenen hervor. Vom Standpunkt der Reputation aus sieht er sich als »armen«, »unglücklichen«, »elenden«, »gekränkten« Mann, als »Bettler«, »Krüppel« und »abgedankten Officier«, der seiner »Ehre« verlustig gegangen sei. Dem durch die militärische Konvention festgesetzten neuen Ehrbegriff steht Tellheim gegenüber wie der gehorsame Offizier seinem befehlenden König. Er will nichts tun, als was ihm »die Ehre befiehlt« (IV, 6). Diese Ehre definiert er exakt als höfische Reputation, wenn er räsoniert, daß »die Ehre nicht die Stimme unsers Gewissens, nicht das Zeugniß weniger Rechtschaffenen« sei, sondern das Bild einer Person, gesehen mit »den Augen der Welt« (IV, 6). Tellheims Problem besteht darin, daß er sich mit der Anerkennung der absolutistischen Reputation und mit dem Urteilsspruch der »monde« nicht abfinden kann. In ihm geraten jene beiden aristokratischen Ehrauffassungen miteinander in Konflikt, von denen schon anläßlich der *Emilia Galotti* die Rede war, nämlich der alte ständisch-libertäre Ehrbegriff und die neuere höfisch-militärische Reputation. Obgleich sich Tellheim in diesen Szenen verstandesmäßig dem Verdikt höfisch-militärischer Reputation unterwirft, sind seine Taten im Gegensatz dazu emotional bestimmt durch die Orientierung am ritterlichen Standesethos aus vor-absolutistischer Zeit. Die »Lektion«, die ihm Minna erteilt, besteht im Nachweis der Hohlheit und Lächerlichkeit der äußeren höfischen Ehre. Am Ende des von Minna dirigierten Lernprozesses sieht Tellheim ein, daß »die große Welt« »klein« und »armselig« (V, 9) ist, daß er dem »Unrecht«, welches ihm zugefügt wurde, »nichts als Verachtung« (V, 5) entgegensetzen will. Die eigenen Augen (V, 5) sind nun wichtiger als »die Augen der Welt«, d. h. die höfische Reputation wird gegenüber Tellheims eigenem alt-ständischen Ehrbegriff abgewertet. Indem Tellheim sich auf diese Weise vom Prestigedenken der absolutistischen Gesellschaft löst, ist die Kette gebrochen, die ihn an den Monarchen bindet. So ist es nur konsequent, wenn er am Schluß der Komödie bereit ist, den erneuten Gnadenbeweis des Herrschers auszuschlagen und den weiteren Militärdienst abzulehnen. Sein erklärtes Ziel ist es jetzt, sich dem »Zwang und der Erniedrigung« zu entziehen, die jene »Dienste der Großen« mit sich bringen (V, 9).

Ähnlich wie bei Appiani, Odoardo und Emilia wird auch im Falle Tellheims und Minnas in den Kategorien der alten ständischen Ehre für persönliche Freiheiten gefochten, für die Autonomie des Individuums gegen die Beschränkung des Freiheitsraumes durch den absolutistischen Staat. Doch die Art und Weise, wie dies im einzelnen geschieht, ist bei den Protagonisten der Komödie eine andere als bei den Helden der Tragödie. Tellheim praktiziert tatsächlich noch jene alten Ehrideale der Ritterlichkeit, Fürsorge- und Hilfsbereitschaft. Das belegen seine zahlreichen, im Wortsinne »noblen«, fürsorglichen Taten. Bei Odoardo und Appiani dagegen ist die alte korporative Ehrauffassung zur Ideologie erstarrt. Ihre gesellschaftlichen Zielvorstellungen erschöpfen sich in Wunschträumen vom Rückzug in eine sterile Idylle. Die Versuchung zur Flucht in eine idyllische Enklave ist auch bei Tellheim vorübergehend gegeben. Doch Minna ironisiert Tellheims Vorstellung vom Leben im »stillsten, heitersten, lachendsten Winkel« und verhindert, daß »der ruhmvolle Krieger in einen tändelnden Schäfer ausarte« (V, 9). Wie Tellheim und Minna protestieren zwar auch Odoardo und Appiani im Namen der alten Adelsideale gegen den absolutistischen Hof, doch ist ihr Freiheitsverständnis einseitig negativ ausgerichtet auf eine passive Freiheit von Bindungen. Tellheims Freiheitsbegriff dagegen involviert zugleich ein Moment des Aktiven, wird sozial fruchtbar. In diesem Sinne hat nicht zuletzt am Schluß der Komödie Tellheims Übernahme der »Vormundschaft« für Werner und Franziska symbolischen Verweisungscharakter. Wie Appiani zieht sich Tellheim aus dem Machtbereich absolutistischer Herrschaft zurück, aber anders als Appiani flieht er nicht aus der Gesellschaft überhaupt. Odoardos ständische Libertät ist reine Ideologie und daher nicht in der Lage, persönliche Freiheit zu begründen. Tellheims alte Adelsethik kann dagegen aufgrund ihrer sozialen Wirkungsmächtigkeit mit den aufklärerischen Vorstellungen von persönlicher Freiheit eine Verbindung eingehen. Während Odoardos ständische Ideologie jene Tugenden ausschließt, die Lessing als Voraussetzung für die Schaffung einer zukünftigen nicht-ständischen Gesellschaft betrachtet, kommt Tellheims Adelsmoral diesen in Lessings Begriff des »opus supererogatum« zentrierten politisch-ethischen Vorstellungen nahe.

Einerseits geht es Lessing im Gegensatz zu vielen anderen Vertretern der zeitgenössischen philosophischen und literarischen Intelligenz nicht mehr um eine Synthese von Aufklärung und Absolutismus im Sinne eines Glaubens an die Moralisierung und Humanisierung fürstlicher Herrschaft. Andererseits steht er mit seinen Zweifeln an der Möglichkeit dieser Synthese nicht allein. Von vielen Aufklärern wird damals bereits die Nichtbereitschaft des absolutistischen Staates begriffen, sich auf Reformen einzulassen.[37] Lessing scheint sich in seiner Adelskritik also eher jener Richtung anzuschließen, die – vertreten etwa durch J. J. Möser und Justus Möser – das Gleichgewicht der Stände innerhalb des Staates hergestellt wissen wollen und deshalb unter Berufung auf die altdeutschen Rechtsquellen und Herrschaftsverträge der Rechtssetzungsgewalt der absolutistischen Regenten entgegentreten. Das Ideal des Aufgeklärten Absolutismus, wie es so einflußreiche Adelskritiker wie J. H. G. von Justi und F. C. von Moser aufrichten, wird dagegen von Lessing bereits in Frage gestellt. Wie sich Lessing von überlieferten moralisch-politischen Vorstellungen löst, so läßt er auch die üblichen literarischen Klischees der Zeit hinter sich. Denn der anti-höfisch gesonnene Landadel findet in der zeitgenössischen Literatur durchweg starke Sympathien, weil er die gängigen Idealvorstellungen von einem zurückgezogenen Leben in der Idylle verkörpert.[38] Von

Lessings eigener ethischer Position aus läßt sich also verstehen, warum er den Konflikt mit dem absolutistischen Herrscher im Falle der *Emilia Galotti* tragisch-negativ, im Falle der *Minna von Barnhelm* aber lustspielhaft-positiv ausgehen läßt: Versteht man *Minna von Barnhelm* als das »Aufklärungsmärchen vom [...] Sieg einer zur Anmut gewordenen Vernunft«[39], so kann man analog sagen, daß es sich bei *Emilia Galotti* um die Aufklärungstragödie vom Scheitern einer zum Idyllentraum verblaßten Räson handelt. So gesehen, könnten Lessings Tragödie und Komödie als Reflex zweier Schritte der Dialektik der Aufklärung verstanden werden. Den Weg dieser Dialektik durch einige sozioliterarische Streiflichter dergestalt erhellt zu haben, daß die Bedeutung von höfischer wie nichthöfischer adliger Argumentation und Aktion für einen Vertreter der Aufklärung deutlich wurde, will als Ergebnis dieser Studie festgehalten werden. Lessings Kritik am Absolutismus, wie sie in den diskutierten Dramen zum Ausdruck kommt, ist mit dem Begriff »bürgerlich« nur ungenau bestimmt. Diese Kritik ist anti-höfisch; aber anti-höfische Strömungen finden sich im 18. Jahrhundert beim Adel wie bei nicht-adligen Gesellschaftsgruppen. Eine Gleichsetzung von anti-höfischer mit bürgerlicher Kritik, wie sie noch in der jüngsten Lessing-Forschung vorgenommen wird[40], erweist sich als revisionsbedürftig.

Anmerkungen

1 Vgl. K. S. Guthke, Der Stand der Lessingforschung, Stuttgart 1965; und R. Meyer, Hamburgische Dramaturgie und Emilia Galotti, Frankfurt/M. 1973, Abschnitt »Die idealistisch orientierte Literatur«, S. 250ff. Meyer weist auch überzeugend nach, wie dubios die Versuche sind, Lessings inkonsistente Tragödientheorie aus der »Hamburgischen Dramaturgie« bei der Interpretation der »Emilia Galotti« hinzuzuziehen. Auf einen solchen Versuch wird hier verzichtet. Vgl. ferner das »Emilia Galotti«-Kapitel in G. Grimm, »Rezeptionsgeschichte«: Grundlegung einer Theorie, München 1977.

2 Vgl. P. M. Lützeler, Die marxistische Lessing-Rezeption. Darstellung und Kritik am Beispiel von Mehring und Lukács, in: Lessing Yearbook, III, 1971, S. 173-193 und P. M. Lützeler, Die marxistische Lessing-Rezeption (II). Darstellung und Kritik am Beispiel der »Emilia-Galotti«-Interpretation in der DDR, in: Lessing Yearbook, VIII, 1976, S. 42-60. Die in dieser

Studie angewandte Methode orientiert sich am funktionalen Begriff von Literatursoziologie, wie er von Norbert Fügen entwickelt wurde, d. h. es geht um die Klärung der Frage, welche gesellschaftlichen Normen in den beiden Dramen Lessings gestützt bzw. geschwächt werden und welchen sie zur Durchsetzung verhelfen. Vgl. N. Fügen (Hrsg.), Wege der Literatursoziologie, Neuwied und Berlin 1968, S. 11–35 (Einleitung).

3 Vgl. J. v. Kruedener, Die Rolle des Hofes im Absolutismus, Stuttgart 1973, S. 49 ff., S. 78 ff. Ferner: A. Goodwin, The European Nobility in the Eighteenth Century, London 1953. Zum Thema preußischer Militäradel vgl. G. Birtsch, Zur sozialen und politischen Rolle des deutschen, vornehmlich preußischen Adels am Ende des 18. Jahrhunderts, in: R. Vierhaus (Hrsg.), Der Adel vor der Revolution, Göttingen 1971, S. 77 ff.; O. Büsch, Militärsystem und Sozialleben im alten Preußen 1713–1807, Berlin 1962; H. Rosenberg, Bureaucracy, Aristocracy, Autocracy. The Prussian Experience 1660–1815, Cambridge/Mass. 1958; R. Augstein, Preußens Friedrich und die Deutschen, Frankfurt/M. 1968; D. Gerhard (Hrsg.), Ständische Vertretungen in Europa im 17. und 18. Jahrhundert, Göttingen 1969.

4 Hamburgische Dramaturgie, 85. Stück. Zitiert wird in der Folge nach Lachmann / Muncker; hier Bd. 10, S. 146.

5 Hamburgische Dramaturgie, 59. Stück, Bd. 10, S. 32.

6 R. Koselleck, Kritik und Krise, Frankfurt/M. [2] 1973, S. 23 ff., 99 ff., 126 ff.

7 K. O. v. Aretin (Hrsg.), Der Aufgeklärte Absolutismus, Köln 1967, S. 15 ff. (Einleitung). Ferner: W. Hubatsch, Das Zeitalter des Absolutismus 1600–1789, Braunschweig 1962, S. 181 ff.

8 J. Schulte-Sasse, Literarische Struktur und historisch-sozialer Kontext. Zum Beispiel Lessings »Emilia Galotti«, Paderborn 1975, S. 63.

9 N. Elias, Die höfische Gesellschaft, Neuwied und Berlin [2] 1975, S. 202. Ferner: W. Lepenies, Melancholie und Gesellschaft, Frankfurt/M. 1969; F. Blei, Der Geist des Rokoko, München 1923; N. Naumann / G. Müller, Höfische Kultur, Halle 1929; A. v. Gleichen-Russwurm, Das galante Europa, Stuttgart 1910.

10 J. Schulte-Sasse, Literarische Struktur, S. 64 ff.

11 Zu Preußen vgl. H. Rosenberg, Bureaucracy, S. 175 ff.; zu Frankreich vgl. R. Nürnberger, Das Zeitalter der Französischen Revolution und Napoleons, in: Propyläen Weltgeschichte, hrsg. v. Golo Mann, Bd. 8, Berlin, Frankfurt, Wien 1960, S. 59 ff.

12 A. v. Gleichen-Russwurm, Das galante Europa, S. 389 ff.

13 M. v. Loen, Der Adel, Ulm 1752, S. 267.

14 N. Elias, Die höfische Gesellschaft, S. 227. Ferner: J. Meyer, Noblesses et Pouvoir dans l'Europe d'Ancien Régime, Paris 1973.

15 Artikel »Adel« in: O. Brunner, W. Conze, R. Koselleck, Geschichtliche Grundbegriffe, Bd. 1, Stuttgart 1972, S. 41.

16 Hamburgische Dramaturgie, 56. Stück, Bd. 10, S. 19.

17 Über den Rousseauismus des Adels vgl. A. v. Gleichen-Russwurm, Das galante Europa, S. 392 ff.

18 J. Schulte-Sasse, Literarische Struktur, S. 79.

19 J. v. Kruedener, Die Rolle des Hofes, S. 58.

20 Vgl. I. Kant, Beantwortung der Frage: Was ist Aufklärung? (1784).

21 J. M. v. Loen, Der Adel. S. 248 f.

22 K. O. v. Aretin, Der Aufgeklärte Absolutismus, S. 18.

23 K. v. Raumer, Absoluter Staat, korporative Libertät, persönliche Freiheit, in: Historische Zeitschrift, 183, 1957, S. 60.

24 N. Elias, Die höfische Gesellschaft, S. 380.

25 Ebd., S. 62.

26 J. Habermas, Strukturwandel der Öffentlichkeit, Neuwied und Berlin 1963, S. 56.

27 Hamburgische Dramaturgie, 1. Stück.

28 Vgl. meinen Aufsatz über Schillers »Fiesco« in diesem Band.

29 Ähnliche Gesellschaftsvorstellungen entwickelten in den Jahrzehnten vor der Französischen Revolution adlige und nicht-adlige Zeitgenossen Lessings. Vgl. J. Schultze, Die Auseinandersetzung zwischen Adel und Bürgertum in den deutschen Zeitschriften der letzten drei Jahrzehnte des 18. Jahrhunderts 1773–1806, Berlin 1925. Zu »Ernst und Falk« sei verwiesen auf: E. Bahr, Lessing: ein konservativer Revolutionär? in: E. Harris u. a. (Hrsg.), Lessing in heutiger Sicht, Wolfenbüttel 1977, S. 299–306.

30 J. Schulte-Sasse, Literarische Struktur, S. 87 ff. Schulte-Sasse vertritt die Ansicht, daß in »Emilia Galotti« die moralische Fürstenkritik überhaupt diskreditiert werde.

31 Auf die realistische Wirklichkeitserfassung dieser Komödie verweist auch W. Hinck, Das deutsche Lustspiel des 17. und 18. Jahrhunderts und die Italienische Komödie, Stuttgart 1965, S. 289.

32 Darauf aufmerksam macht auch H. C. Seeba, Die Liebe zur Sache. Öffentliches und privates Interesse in Lessings Dramen, Tübingen 1973, S. 11. Vgl. ferner: P. Demetz, Die Folgenlosigkeit Lessings, in: Merkur, Nr. 25, 1971, S. 738.

33 W. Barner u. a., Lessing-Arbeitsbuch, München ² 1976, S. 225.

34 N. Elias, Die höfische Gesellschaft, S. 292.

35 J. v. Kruedener, Die Rolle des Hofes, S. 51 ff.

36 Vgl. auch die Interpretationen des Ehrbegriffs in »Minna von Barnhelm« bei H. Schlaffer, Tragödie und Komödie. Ehre und Geld. Lessings »Minna von Barnhelm«, in: Der Bürger als Held, Frankfurt/M. 1975, S. 86–125; P. Weber, Lessings »Minna von Barnhelm«, in: H. G. Thalheim / U. Wertheim (Hrsg.), Studien zur Literaturgeschichte und Literaturtheorie, Berlin (Ost) 1970, S. 10–34.

37 Vgl. F. Valjavec, Geschichte der abendländischen Aufklärung, Wien u. München 1961, S. 310 ff.

38 Vgl. J. Jacobs, Prosa der Aufklärung, München 1976, S. 17; W. Martens, Die Botschaft der Tugend, Stuttgart 1971, S. 382.

39 G. Lukács, Minna von Barnhelm, in: Akzente, Nr. 2, 1964, S. 188.

40 Vgl. z. B. die ansonsten weiterführende Studie von K. Scherpe, Historische

Wahrheit auf Lessings Theater, besonders im Trauerspiel »Emilia Galotti«, in: E. Harris (Hrsg.). a. a. O., S. 259–277.

Erstveröffentlichung: Legitimationskrisen des deutschen Adels 1200–1900, hrsg. v. Peter Uwe Hohendahl und Paul Michael Lützeler (Stuttgart: Metzler, 1979), S. 101–118, unter dem Titel »Lessings Emilia Galotti und Minna von Barnhelm: Der Adel zwischen Aufklärung und Absolutismus«.

Jakob Michael Reinhold Lenz
DIE SOLDATEN (1776)

I.

»Marie Wesener oder Das Soldatenunglück« wäre – in Anspielung auf Lessings Komödie *Minna von Barnhelm oder Das Soldatenglück* – ein passender, wenn auch nicht sonderlich origineller Titel für Lenzens Drama gewesen. Marie, die Soldaten und das Unglück sind die Hauptakteure; aus ihrer Dreierbeziehung resultiert die Handlung und ihr trauriges Ende. Fortuna – in ihrer Doppelgestalt von Glück und Unglück – ist in jeder Szene anwesend. Sie lockt mit Schönheit, sexuellem Genuß und sozialem Aufstieg, doch entzieht sie sich jeder Verpflichtung, wandelt abrupt und brutal illusionäre Glückshoffnungen in die Gewißheit des Unglücks. Baron Desportes, Maries adliger Verführer, sucht mit Formeln wie die vom »Glück«, Marie »sehen« zu dürfen (I,3) [1] die bürgerliche Schöne zu betören und beschwört sie, ihr »Glück« nicht mit einem bourgeoisen »Lümmel« wie Stolzius zu machen, da sie zu Höherem bestimmt, »für keinen Bürger« gemacht sei (II,3). Im Gefängnis von Armantieres erkennt Desportes, daß sein »ganzes Glück verdorben« (IV,4) ist, wenn er sich Marie, die lästige Klette, nicht vom Halse schafft. Der Feldprediger Eisenhardt, ein Sittenapostel im frivolen Offizierskorps, geißelt die betrügerischen Verführungspraktiken seiner Kameraden, gibt zu bedenken, daß durch sie die »ganze künftige Glückseligkeit« bürgerlicher Mädchen zerstört und »Unglück und Fluch« in ihre Familien gebracht werde. Stolzius rächt sich an Desportes, weil er seine Braut »unglücklich« (V,3) gemacht habe. Eisenhardt hatte dies vorausgesehen, als er warnte, daß die leichtsinnigen Kavaliere »Eifersucht und Argwohn in zwei Herzen« würfen, die »vielleicht auf ewig einander glücklich gemacht« hätten. Wesener, Maries Vater, irrt, wenn er zu wissen glaubt, was der Tochter zu ihrem »Glück dient« (I,6): hatte er der Tochter zunächst strenge Tugend als Garant bürgerlichen Glücks gepriesen, weist er sie bald auf die riskante Bahn eines dubiosen sozialen Aufstiegs: »Kannst noch einmal gnädige Frau werden, närrisches Kind. Man kann nicht wissen, was einem manchmal für ein Glück aufgehoben ist« (I,6). Dieser Rat, den »Papa selber« ihr gibt, kommt Marie gelegen, und schon lockt die Illusion, daß sie ihr »Glück besser« mit dem Offizier Desportes als mit dem Tuchhändler Stolzius »machen kann« (I,6). Wie kein anderer der Beteiligten ist sich Marie aber von Anfang an instinktiv über die Gefahren des Weges, den sie einschlägt, im Klaren. Sie ist bereit, alles auf eine Karte zu setzen, um den beengenden und beklemmenden bürgerlichen Verhältnissen, die ihr »Angst« (I,3) bereiten, zu entkommen. Ihren möglichen Untergang vor Augen, offenbart sie schon in den ersten Szenen: »Trifft mich's, so trifft mich's, ich sterb nicht anders als gerne« (I,6). Ihre Großmutter und die gräfliche Gönnerin nennen beim Namen, worum auch Marie weiß: daß ihr Verhalten einem Glücksspiel gleicht, bei dem es wahrscheinlicher ist, alles zu verlieren als viel zu gewinnen. Weseners alte Mutter singt vom »Mädele jung«, das »ein Würfel ist, / Wohl auf den Tisch gelegen« und sieht während Maries und Desportes »Geschrei«, »Gejauchz« und »Geschecker« die »tausend Tränelein« voraus (II,3). Die Gräfin de la Roche verwendet die Fortunametapher gleich in potenzierter Form, wenn sie Marie vorhält, daß sie dem »unglücklichen Hazardspiel« der »Standesüberschreitung« zu Gefallen ihr »ganzes Glück« gefährdete, daß sie »eines elenden Glückes« wegen ihre »ganze Ehre« und ihr »Leben selber« aufs Spiel gesetzt habe. Sie ist vom »Unglück« Maries »schmerzhaft« berührt, da sie es nicht als Resultat eines »Lasters« sieht, sondern auf ihre mangelnde Weltkenntnis, ihre Naivität zurückführt (III,10). Maries »Unglück« ist es, das auch den Sohn der Gräfin rührt; er bestärkt seine Mutter in dem Plan, sich des »unglücklichen Mädchens« (III,8) anzunehmen. Das versucht die Gräfin auf ihre Weise, und sie warnt Marie, daß sie es ihr »niemals verzeihen« werde, wenn sie erneut gegen ihr »eigen Glück handle« (IV,3). Der Rat ist vergeblich. In der letzten Szene werden die »Unglücklichen« (V,5), erwähnt, wobei sowohl die beiden Toten (Stolzius und Desportes) wie die beiden Überlebenden (Wesener und Marie) gemeint sein können.

Das »Glück« ist es auch, das im Zentrum von Lenzens Schrift »Über die Soldatenehen« steht. Er verfaßt den Traktat zur Reform des Heeres- bzw. Soldatenwesens in der »Hoffnung«, dem »künftigen Glück« seines Volkes zu dienen, wobei »glückliche Soldaten« und »glückliche Bürger« (152, 153)[2] das Ziel seiner Vorschläge sind. Das vorhandene Militärsystem, das Lenz einer massiven Kritik unterzieht, greife dagegen die »Glückseeligkeit« der Bürger »an ihren Wurzeln an« und führe wegen der Ehelosigkeit der Soldaten und Offiziere zu »sitzengebliebenen Jungfrauen«, »Buhlerinnen«, zu »Diebstälen, Giftmischereyen«, zur Stockung des Handels und anderen »schröcklichen Geschichten« (151), also zu all dem, was Lenz an Unglück in seinem Soldatendrama ausbreitet.

Diese Konzentration auf das Glücksthema ist bezeichnend für die Intelligenz des 18. Jahrhunderts. Anfänglich werden im aufklärerischen Räsonnement – so bei Christian Thomasius, Christian Wolf, Johann Georg Walch und Christian August Crusius – das Streben nach Sittlichkeit und Glückseligkeit im Zusammenhang gesehen, zwischen ihnen eine Abhängigkeit, eine Interrelation konstruiert: Sittlichkeit wird in der ersten Hälfte des 18. Jahrhunderts als die Bedingung eines glückseligen Lebens betrachtet; die Tugend als Beförderungsmittel des Nutzens verstanden. Die Klugheit gebietet, Affekte und Triebe zu disziplinieren, sich eines sittlichen Lebenswandels als Garant des Glückes zu befleißigen. Der Feldprediger Eisenhardt und die Gräfin de la Roche in Lenzens Drama sind solchen Vorstellungen noch verhaftet. Aber wie das Verhalten der übrigen Protagonisten zeigt, ist diese Überzeugung zur Ideologie geworden und bestimmt nicht mehr die existentiellen Entscheidungen der Figuren. Sie sind nicht mehr in der Lage, das auf sozialen Aufstieg und sexuelle Freiheiten gerichtete Begehren im Zaum zu halten. Während in den Aufklärungskomödien von Schlegel über Gellert bis Lessing sich das alte Tugend-Glück-Ideologem behauptet hatte, läßt es sich bei Lenz höchstens noch negativ erschließen: das Abweichen von den alten Tugendnormen und Moralvorschriften führt nicht zum erhofften Glück, sondern zu Untergang, Zerstörung und Tod. Die Selbstverständlichkeit des aufklärerischen Tugendoptimismus ist dahin, aber noch – zehn Jahre vor Kants *Grundlegung zur Metaphysik der Sitten* – ist man nicht bereit, das moralisch Gute von vorgesetzten Zwecken zu lösen. Erst Kant weist jeden Versuch zurück, Sittlichkeit aus dem Streben nach Glückseligkeit zu begründen; erst er sieht Sittlichkeit als Selbstgesetzgebung eines freien Willens, der sich an universalen, rational begründbaren Normen überprüft. In diese Zwischen- und Krisenphase der aufklärerischen Sittlichkeitslehre fällt Lenzens Stück. Seine Figuren unterscheiden sich von jenen des Kant-Schülers Schiller durch das Fehlen einer autonomen Sittlichkeit, entsprechend auch durch das Fehlen von tragischen Situationen. In der Übergangsphase des Nicht-mehr des heteronom begründeten Tugendoptimismus und des Noch-nicht der Kantschen Sittlichkeits-Autonomie demonstriert Lenz, was in seiner historischen Situation aus einem Drama wird, das sich auf das Personal, die Thematik und die Leichtgewichtigkeit bzw. Eindimensionalität der Charakteren einer Komödie einläßt: Da sie bei ihren Eskapaden nicht mehr von einem aus »common sense« und Optimismus gewirkten Netz aufgefangen werden, fallen sie in eine trostlose Leere.

II.

Die Sittlichkeits- und Glücksdebatte bezeichnet in der Aufklärung nur den geistesgeschichtlichen Aspekt des spezifisch krisenhaften Zwischenzustands, mit dem sich die Autoren der siebziger Jahre des 18. Jahrhunderts konfrontiert sahen. Was ins Auge fällt, ist die gegenseitige Bedingung von sozialer Veränderung und moralischer Auffassung. Das Ende des Siebenjährigen Krieges hatte nach 1763 in Europa zu einer relativen politischen Stabilität geführt, die einen wirtschaftlichen Aufschwung mit sich brachte. Große Teile der Mittelschicht konnten ihr Vermögen mehren, was ein stärkeres Besitzstandsdenken und eine neue Aufstiegsmentalität nach sich zog.[3] Im Konflikt zwischen überlieferter Sittlichkeit und neureichem Ehrgeiz wurden viele Ohren taub für die Botschaft der Tugend. In Lenzens Stück scheint die jüngere Generation sie nie vernommen zu haben; Vater Wesener dagegen wird hin- und hergerissen zwischen seiner heteronom bestimmten, von sozialen Normen geprägten Moralität und den Sirenentönen von der lockenden Standeserhöhung. Armantieres und Lille, wo Lenz das Stück spielen läßt, sind aufstrebende Manufaktur- und Handelsstädte; beide besitzen eine bedeutende Leinenindustrie. In Armantieres beliefert Stolzius die Regimenter mit Tuch, und Wesener führt in Lille ein Galanteriewarengeschäft. Sie gehören also dem Handelsbürgertum an, einer Klasse, deren Mentalität durch Expansion und Zugewinn bestimmt wird. Das Bürgertum beginnt, sich an die Rokoko-Kultur des Adels zu assimilieren. Galanteriewaren sind jetzt nicht nur beim Adel, sondern auch beim städtischen Bürgertum gefragt.

Die Ausrichtung auf die neuen Leitbilder des Rokoko-Adels ist bei Marie Wesener schon festzustellen. Zwar hapert es bei ihr an der Bildung (beim Briefeschreiben wird ihr Defizit an stilistischen und orthographischen Kenntnissen offenbar), doch versteht sie sich bereits gut auf die Variation der leichten Tonarten vom Verfänglich-Unverfänglichen bis zum Ironisch-Herablassenden, auf gespielte Ablehnung, lockende Abweisung sowie – das vor allem – auf neckisch-erotische Tändeleien.[4] In ihrem Äußeren gibt sie sich keineswegs bürgerlich zurückhaltend-sittsam, vielmehr erscheint sie »ganz geputzt« (I,5). Sie spielt die »Staatsdame« (V,1), und zuweilen ist sie von einer höfischen Kokotte kaum zu unterscheiden, so wenn sie ihre adligen Verehrer im »dünnen Röckchen von Nesseltuch« empfängt, durch »das ihre schönen Beine durchscheinen« (V,3). Den Kontakt zum Offizier Baron Desportes hat sie offenbar schon in Armantieres während des Besuches bei Stolzius hergestellt. Ihre Schwester Charlotte berichtet eingangs, daß die beiden »immer Heimlichkeiten miteinander gehabt« hätten (I,5). Desportes folgt ihr nach Lille, macht ihr Geschenke, lädt sie zu Theaterbesuchen ein und schreibt ihr Liebesverse. Marie ist leicht zu erobern, und sie verbündet sich sogar mit Desportes gegen Stolzius, dem sie »schon so gut als halb versprochen« war (II,3). Man kann das Begehren Maries weder allein auf das Erotische noch lediglich auf die sozialen Aufstiegswünsche reduzieren.[5] Beides ist untrennbar miteinander verbunden. Wie auch ihr späteres Verhalten Mary und dem jungen Grafen de la Roche gegenüber zeigt, wird ihr Eros stimuliert im Umgang mit Vertretern einer höheren sozialen Schicht, während der bürgerliche Stolzius sie offenbar langweilt und ihre sinnliche Phantasie nicht beflügelt. Marie ist sich zwar der Risiken ihres Überschreitens der Standesschranken bewußt, aber – anders als bei ihrem Vater – gibt es bei ihr keinen Konflikt zwischen bürgerlicher Moral und Aufstiegswillen.

Ihr Vater ist ganz verwirrt, hält ihr zunächst eine Moralpredigt, wie sie jedem beliebigen Aufklärungsdrama entnommen sein könnte: Die väterliche Warnung vor dem standeshöheren Verführer findet sich ja bis hin zu Lessings *Emilia Galotti*. Mit Kraftausdrücken wie »tausend Hagelwetter« und »Potz Mord« (I,6) ergießt sich der väterliche Zorn über die Tochter, die gegen das Verbot des Vaters mit dem Baron »die Komödie« besucht hat und Geschenke akzeptierte. Plötzlich aber bricht die bürgerliche Abwehrstellung Weseners zusammen. Zu stark drängen sich ihm die Träume von der Aristokratisierung der Tochter auf. Die alten Moral- und Tugendregeln, die sich am Begriff der Arbeit orientieren (I,3), werden verbannt und vergessen. Aus dem polternden bürgerlichen Tugendwächter wird der töricht-opportunistische Taktierer: Seine Tochter solle einerseits die Verbindung mit Stolzius – sicher ist sicher – durchaus nicht aufgeben, aber andererseits böten sich eventuell großartige Heiratschancen mit dem Herrn Baron. Wesener will dabei den Schein bürgerlicher Reputation aufrecht erhalten, indem er zwar nicht die *liaison dangereuse* zwischen Marie und Desportes verbietet, das weitere Annehmen von »Präsenten« (I,6) aber untersagt: das soll den Ruf seiner Tochter schützen. An die Stelle der ›inneren Ehre‹ ist – im Gegensatz zum Verhalten von Lessings Tellheim – die scheinhafte äußerliche Reputation getreten. Die bürgerlichen Weseners sind aber keine geübten höfischen Intriganten, und das plumpe Doppelspiel läßt sich nicht lange durchhalten. Desportes verläßt Marie schon bald, setzt sich ab, ohne seine diversen Schulden zu begleichen. Wesener ist derart von allen guten Geistern kaufmännischer Vorsicht verlassen, daß er dem Heiratsversprechen des Barons Glauben schenkt und für dessen Schulden aufkommt. Vater und Tochter wollen sich nicht eingestehen, daß der Traum von der »gnädigen Frau« wie eine Seifenblase zerplatzt ist. Indem sie sich an ihn klammern, betreiben sie ihren endgültigen moralischen, finanziellen und physischen Ruin. Im Aufstiegswunsch der Weseners spricht sich allerdings kaum eine »jakobinische Forderung nach gesellschaftlicher Revolution«[6] aus, sondern eher ein soziales Fehlverhalten. Die Weseners sind nicht an einer Abschaffung des Adels interessiert, vielmehr spekulieren sie auf eine Assimilation an ihn. Ihre Aufstiegsbemühungen entbehren nicht der Komik[7] und enden in einem eklatanten gesellschaftlichen Abstieg. Auch Stolzius ist kein Revolutionär. An keiner Stelle verfolgt er Ziele, die über einen privaten Racheakt hinausgehen. Wäre Desportes ein bürgerlicher Nebenbuhler, so hätte Stolzius den Mordplan wohl ähnlich langfristig angelegt und überlegt exekutiert. Vorübergehend scheint es, als ob sich Maries Wünsche nach einem Glück durch Aristokratisierung doch noch erfüllen: Sie wird von der Gräfin de la Roche aufgenommen. Aber der Einzug ins adlige Haus bedeutet gerade das Gegenteil von sozialem Aufstieg, denn hier soll sie zum Verzicht auf ihre Träume erzogen werden, soll lernen, die bestehenden Standesschranken zu akzeptieren. So verwundert es nicht, daß Marie diesem Nobel-Gefängnis entflieht, um sich auf die Suche nach ihrem Geliebten Desportes zu machen. Der aber stößt sie nicht nur zurück in ihre bürgerliche Schicht, sondern sogar in den Bereich des Ehrlos-Asozialen, wenn er sie seinem Jäger zutreibt. Das Drama endet zwar nicht mit der physischen Zerstörung Weseners und Maries, aber es ist – trotz der finanziellen Hilfe durch den Oberst von Spannheim – um die bürgerliche Ehre von Vater und Tochter geschehen. Die Nichtbeachtung ihres Verhaltenskodexes hat die Weseners in den Augen der Gesellschaft diskreditiert. Lenz zeigt mit dem Blick des Realisten einen gesellschaftlichen Mechanismus auf: Die Ständegesellschaft ist nicht bereit, Überläufer und Grenzüberschreiter zu dulden.

Wenn Lenz auch keineswegs die Jakobiner-Dramen vorwegnimmt, so beschreibt er doch Zustände, die er beklagt und verändert haben möchte. In einem Brief an Herder betont er, daß er das Stück »gerade von der Seite« des »Politischen (…) empfunden wünschte«[8]. Genau besehen, zeigt Lenz eine Gesellschaft, deren Stände sich in einer Art kaltem Bürgerkrieg bekämpfen. Hier wird das Hobbessche Prinzip gleichsam verkehrt: Sollte es nach Hobbes nur noch den Krieg *inter civitates* geben und sollte jener *infra civitates* durch die Macht des Souveräns gebannt sein, so herrscht nun nach dem Frieden von Hubertusburg zwar zwischen den mitteleuropäischen Staaten Kriegsruhe, doch innerhalb der Einzelstaaten geraten die sozialen Schichten in Bewegung. Das Bürgertum drängt nach Erweiterung und Lockerung seiner Standesgrenzen, aber die privilegierten Schichten suchen sich der Grenzüberschreiter zu erwehren. In dieser Krisensituation begeben sich die Vertreter des Bürgertums wie Wesener bewährter Verhaltensregeln, und Angehörige von Adel und Offizierkorps wie Desportes suchen die Ambitionen der Mittelschicht für sich auszunutzen. Ein Verfall der Sitten ist in diesem unerklärten (nur unterhalb der Oberfläche der bestehenden sozialen Ordnung geführten) Krieg allenthalben festzustellen. Die Verrohung der Umgangsformen ist die Komplementärerscheinung der heuchlerischen Galanterie im Rokoko. Einerseits drechseln Desportes und seine Kameraden die artigsten Komplimente, aber unter sich beschimpfen sie sich als »verfluchte Arschgesichter« und »dumme Teufel« (II,2). Desportes tituliert Marie als »göttliche Mademoiselle« (I,3), und später zieht er über sie als »Hure«, »Sauleder« und »Knochen« (V,3) her. In den Unterhaltungen der Offiziere wimmelt es nur so von »Maulhalten«-Phrasen. »Impertinenter Flegel« oder »verfluchtes Maul« sind noch die mildesten Ausdrücke, deren man sich im Verkehr miteinander bedient. Das ist auf bürgerlicher Seite nicht viel anders. Charlotte beschimpft ihre Schwester Marie als »gottvergeßne Allerweltshure« bzw. »Canaille« (I,5 und III,3), und Stolzius' Mutter führt mit »Soldatenhure« und »Metze« (III,2) ein ähnliches Vokabular im Munde. Der Sohn Karl ist ihr ein »Narr« und »gottloser Mensch« (III,2). Wenn sich ein Adliger (wie Desportes) über einen Bürger (wie Stolzius) äußert, kommt auch nichts sonderlich Vornehmes heraus: »Esel«, »Hundejunge« und »Lumpenhund« (II,3) sind jene Ehrentitel, mit denen man die Angehörigen der niederen sozialen Schicht auszeichnet. Wie bei einem Kriegsspiel entwerfen die Offiziere eine

Strategie, um den Bürger Stolzius zu verhöhnen und in seiner Ehre zu kränken. Stolzius durchschaut die Taktiken und verfolgt kühl seinen eigenen Racheplan an Baron Desportes.

In die Ständekonflikte ist auch die Geistlichkeit mit einbezogen. Die Sittenlosigkeit des adligen Offizierskorps wird im Stück vom Feldprediger Eisenhardt gegeißelt, und es kommt deswegen zu einem Streit zwischen ihm und Haudy, der sich gegen die Moralpredigten des »verfluchten Schwarzrocks« (I,4) verwahrt. Von seinem Obersten Spannheim erhält Haudy dafür einen Verweis. Spannheim und Frau de la Roche gehören dem Grafenstand an, also der höchsten Adelsschicht, die im Drama repräsentiert ist. Die beiden versuchen auf paternalistische Weise, den Konflikten zu steuern und durch Verweise und Ermahnungen die alte Ordnung zu sichern. Wie der Graf den Riß zwischen Offiziersstand und Geistlichkeit kitten will, indem er dem Offizier eine Rüge erteilt, so hält die Gräfin der bürgerlichen Marie Wesener eine Strafpredigt, weil sie sich unterfing, »die Welt umzukehren«, den »Unterschied« nicht zu beachten, »der unter den verschiedenen Ständen herrscht« (III,10). Bei dieser Kritik an Marie handelt es sich um einen exemplarischen Disziplinierungsversuch. Die Diagnose ist nicht falsch, trifft aber nur einen Aspekt des Problems, und so kann die darauf aufbauende Therapie nicht anschlagen. Die Gräfin sieht Maries Krise nur unter dem Aspekt des sozialen Aufstiegs, verkennt dessen Verklammerung mit dem Bereich des Erotischen. Die Gräfin ist eine gute Sozial- aber eine schlechte Sexualpsychologin. Sie analysiert und doziert:

»Es fanden sich Leute über Ihren Stand, die Ihnen Versprechungen taten. Sie sahen gar keine Schwürigkeit, eine Stufe höher zu rücken, Sie verachteten ihre Gespielinnen, Sie glaubten nicht nötig zu haben, sich andre liebenswürdige Eigenschaften zu erwerben, Sie scheuten die Arbeit, Sie begegneten jungen Mannsleuten Ihres Standes verächtlich, Sie wurden gehaßt. Armes Kind! wie glücklich hätten Sie einen rechtschaffenen Bürger machen können« (III,10).

Mit Sprüchen wie »Es ist nie zu spät, vernünftig zu werden« zeigt die Gräfin, daß sie die Irrationalität und sinnliche Vehemenz von Maries Sehnsüchten nicht begriffen hat. Auch hat sie kein Gespür für Maries rätselhafte Tendenz zur Selbstvernichtung, die gleich am Anfang des Stückes deutlich wurde, und die Maries spezifischer Versuch ist, rational nicht lösbaren Gefühlskonflikten zu entkommen. Der Offizier Mary berichtet Stolzius von Maries »schwermütigen Gedanken« und Selbstmordabsichten (IV,1). Am Ende des Dramas sagt die völlig erschöpfte Marie: »Ich will kriechen, so weit ich komme, und fall ich um, desto besser« (V,2). Mit ihrem ungebrochenen Vernunftoptimismus und ihrem Glauben an die unbefragbare Richtigkeit der Ständeordnung zeigt die Gräfin, daß sie einer bereits überholten Phase der Aufklärung zugehört. Als ihr Experiment scheitert, bricht für sie die moralische Weltordnung zusammen. Das ist zu viel, und sie muß sich »zu Bett legen vor Alteration« (IV,10). Hätte sie Einblick in das Leben des Offizierskorps, so würde sie sich wahrscheinlich nicht mehr erholen, denn im Vergleich zu dessen Sittenverfall ist die bürgerliche Marie von geradezu klösterlicher Einfalt. Hier sind nicht nur Betrug, Verstellung, Fluchen und Verführung an der Tagesordnung, hier werden auch Morddrohungen offen ausgesprochen. Desportes vertraut seinem Kameraden Mary beim Gespräch über das Thema Mesalliance mit einer Bürgerlichen an: »Sobald mein Vater sie [Marie] zu sehen kriegte, wäre sie des Todes« (V,3).

III.

Die letzten Jahrzehnte des 18. Jahrhunderts sind gekennzeichnet durch die große europäische Adelskrise. Als Lenz seine *Soldaten* schrieb und seine Reformschrift »Über die Soldatenehen« entwarf, veröffentlichte Johann Christian Majer 1774 in Wielands *Teutschem Merkur* (den Lenz las) seine »Beyträge zur Geschichte der Menschheit«. Hier wurde ein völlig neuer Adelsbegriff gefordert. Dem Adel mit überlieferten Privilegien wird die Idee einer Elite entgegengesetzt, die den »verständigsten und edel gesinntesten Teil der Nation« ausmachen solle, und die sich durch eine Leistungs- und Charakterauslese herauskristallisieren müsse. Zur Zeit von Lenz waren solche Postulate noch nicht allgemein typisch für das europäische Bewußtsein – am wenigsten für das deutsche –, aber diese Ideen von einem neuen Adel sollten die Argumente der bürgerlichen Intelligenz in ihren Emanzipations- bemühungen während der nächsten fünfzig Jahre beflügeln.[9] Die Kritik am Adel – an sich ein altes Phänomen – intensiviert sich im 18. Jahrhundert. Sie setzte ein mit vereinzelten Beschwerden über die unnütze Existenz der Hofleute – etwa bei Johann Georg Leib in seiner 1708 erschienenen Schrift »Von Verbesserung Land und Leuten«[10] –, und sie gipfelte im Jakobinismus. Ein wichtiger Aspekt der immer pointierter vorgetragenen Adelskri- tik war jene am Militärwesen. Sie betraf das ganze absolutistisch- aristokratische System inklusive der monarchischen Spitze. Pro- minenter und einflußreicher Wortführer der Militärkritik war Montesquieu. In seinem *L'esprit des lois* von 1748 hatte er den Zusammenhang von absolutistischer Staatsgewalt und stehen- dem Heer analysiert. Er wies auf die unerträglichen Kosten der Heereshaltung hin, auf Belastungen, die zu einer Krise der Wirt- schaft führen müßten. Zudem seien die modernen stehenden Heere ein Fremdkörper in der Nation: Montesquieu wünscht die Identität von Volk und Heer. Rousseau griff diese Thesen auf und verschärfte sie. In seinem 1755 für die *Encyclopédie* geschrie- benen Artikel »Économie politique« stellt er den Waffendienst des freien Bürgers dem stehenden Heer im absolutistischen Re- gime entgegen. Von Friedrich Carl von Moser, Johann Jacob Moser, Schlözer, Herder und Schubart bis zu Kant, Schiller und Fichte werden von nun an bei der kritischen literarischen Intelli- genz in Deutschland ähnliche Argumente vorgebracht gegen das Militärsystem der absolutistischen Fürsten und für das vernunft- begründete Rechts- und Friedensdenken. Der amerikanische Freiheitskampf seit 1773 lieferte der Kritik neuen Zündstoff. Als Teil dieser Diskussion sind sowohl das Drama *Die Soldaten* von Lenz wie auch seine Reformschrift *Über die Soldatenehen* zu betrach- ten.[11] In Deutschland hatte vor allem Thomas Abbt, Professor der Philosophie in Frankfurt an der Oder, die Vorstellungen Montes- quieus und Rousseaus von einem Bürgerheer aufgegriffen und sie in seiner Abhandlung *Vom Tod fürs Vaterland* (1761) propagiert. Jeder Bürger soll Soldat und jeder Soldat Bürger sein. Es scheint, als habe Lenz unter dem direkten Einfluß Abbts gestanden. Bei Lenz werden die Grundgedanken des Bürgerheeres zum Ausdruck gebracht, wie sie dreißig Jahre danach im revolutionären Frankreich und fünfzig Jahre später im Preußen der Reformer zum Tragen kommen. Was der Heereskritik letztlich zugrunde lag, war die seit der Bill of Rights von 1689 in Europa immer wieder auftauchende Forderung nach der Überordnung der zivilen über die militärische Gewalt. Fürstenautorität und stehendes Heer war ein Gesamtkomplex, gegen den man vorging; die Heere wurden als unkontrollierbares Machtinstrument der absoluten Herrscher begriffen. Hobbes Legitimation des absolutistischen Staates als Verhinderer des Bürgerkrieges und als Garant des inneren Friedens wurde nicht mehr anerkannt, seitdem dieser Friede als despotische Unterdrückung diskreditiert war. Die Aufklärer sahen, daß die Funktion des absolutistischen Staates nicht darin bestand, den Krieg zu liquidieren, sondern ihn zu verursachen. Den Bürgern ist, da sie normalerweise nicht Offiziere werden können, der Einfluß auf die Heere versagt. Für sie wird die Idee des Bürgerheeres Teil der Argumentationsstrategie im Emanzipationsprozeß gegen Adel und absolutistischen Staat. Preußen stellt seit dem Ende des Siebenjährigen Krieges einen prägenden Machtfaktor in Deutschland und Zentraleuropa dar. Gerade hier ist die Ausschließung des Bürgertums aus dem Offiziersstand perfektioniert worden. Nach dem Allgemeinen Landrecht liegt die Verteidigung des Staates bei der Aristokratie: Der preußische Monarch rekrutiert seine Offiziere aus dem landsässigen Adel.

Lenz projektierte seine Reformschrift *Über die Soldatenehen* parallel zum Drama *Die Soldaten*. Das Stück verstand er als Illustration seines Traktats, worauf er selbst hinweist (152). Wie einige Jahre zuvor Justus Möser in seinen *Patriotischen Phantasien* von 1768 beruft Lenz sich auf die altgermanische Verfassung und stellt sie dem modernen Staatsabsolutismus entgegen. Er sehnt »die alten glücklichen Zeiten« herbei, »da der Soldat auch zugleich Bürger war« (147). Im Rückgriff auf vorabsolutistische *Societas*- und *Civis*-Vorstellungen wird an einen Bürger erinnert, der noch nicht *subditus*, noch nicht Untertan war, und zu dessen

Freiheit und Pflicht die Verteidigung des Landes gehörte. In Lenzens Schrift wird nicht zur Revolution aufgerufen, sondern eine Reform vorgeschlagen; es handelt sich nicht um einen Aufruf an das Volk, sondern um eine Petition an die Herrscher. Die Tonlage ist keineswegs untertänig; ein leichtes vorrevolutionäres Grollen schwingt bereits mit. Da heißt es z. B.: »Ich schreibe dieses für die Könige, ohne zu wissen, ob jemals einer von ihnen mich lesen wird. Unglück für sie, wenn sie mich nicht lesen, denn ich schreibe um ihrent- nicht um meinetwillen« (138). Als Adressaten hatte Lenz an Karl August, den Herzog von Sachsen-Weimar, und an Ludwig XVI. von Frankreich gedacht. Die Schrift wurde aber zu Lenzens Lebzeiten nicht gedruckt und fand keine fürstlichen Leser. In *Dichtung und Wahrheit* (III, 14) meinte Goethe, daß Lenzens Vorschläge lächerlich und unausführbar gewesen seien. Das waren sie nicht; sie waren vielmehr weitsichtig und sind später ähnlich zum Teil verwirklicht worden: Volk und Heer, Bürger und Soldat, Militär und patriotische Begeisterung – all das wird sich nach 1792 dem Heer absolutistischer Staaten gegenüber als überlegen erweisen.

Drei Themen sind zentral in Lenzens Schrift: Erstens will er die Ersetzung des stehenden Söldnerheeres durch ein Bürgerheer; zweitens strebt er – damit zusammenhängend – ein bürgerliches Offizierskorps an, was die Abschaffung einer rein adligen Offizierskaste nach sich zieht; und drittens – das vor allem – plädiert er für die Abschaffung des Zölibats im Militär. In Preußen hatte Friedrich II. nachdrücklich die Ehelosigkeit im Heer gefordert. Jungen Offizieren wurde die Heiratserlaubnis erst gar nicht erteilt. Das Offizierskorps sollte sich mit ganzer Kraft und ohne Familien- und Haushaltssorgen seinem militärischen Beruf widmen. Offiziersfamilien brachten eine Belastung der Garnisonsstädte mit sich, verursachten Schwierigkeiten bei der Mobilmachung, und ferner scheute der König die Kosten der vielen Witwenpensionen. Eheversprechen von Offizieren ohne vorher eingeholte Erlaubnis wurden mit Festungsarrest oder Kassation bestraft. Mit seinen Wünschen setzte der König sich durch: Für die weit überwiegende Zahl der Offiziere war Ehelosigkeit die Regel.[12] Die Folge allerdings war das Halten von Mätressen. Lenz tritt nicht einfach im Gegenzug zu diesen Praktiken für die Heirat der adligen Offiziere ein. Er strebt eine tiefgreifende Reform an: Im Bürgerheer soll die Idee der bürgerlichen Ehe und Familie gefördert und gestützt werden. »Die üblen Folgen der Ehlosigkeit der Soldaten gehen da ins Unendliche, und nur ein Menschenfeind könnte die mit kaltem Blut herzählen« (151), schreibt Lenz. Er weiß von Folgen zu berichten wie den »verdorbenen Sitten«, die »Bürger und Soldaten (...) entnerven« und von der darniederliegenden Industrie (145). Den verheirateten »Offizieren und Soldaten«, so meint er, müßten hingegen »wunderthätige Kräfte« zuströmen, weil »sie für Weiber und Kinder fechten« würden (146). Vom reformierten Heer verspricht er sich eine Hebung der Sitten und des allgemeinen Wohlstands.

Vergleicht man Lenzens Reformideen über das Militär mit jenen, die er dem bramabarsierenden Obersten Spannheim am Ende seines Dramas in den Mund legt, ist der qualitative Unterschied nicht zu übersehen. Man hat bisher den Fehler begangen, die Vorstellungen des Grafen für jene von Lenz selbst zu halten.[13] Tatsächlich haben sie nichts miteinander gemein. Spannheim ist eine Dramenfigur, dessen Unverständnis und Versagen im Stück hinlänglich deutlich geworden ist: Er hat keine Ahnung von den Vorgängen in seinem Regiment. Die Schlußdebatte über mögliche Militärreformen ist kein »Appendix«, der »zu wenig im Drama verankert«[14] wäre. Graf und Gräfin treten nicht aus dem Stück heraus[15], sondern agieren ganz in seinem Kontext. Spannheim macht – in den Augen von Lenz – geradezu lächerliche Vorschläge. Mit dem Reformprogramm des Grafen zielt Lenz nicht »am Stück vorbei«[16], sondern er intensiviert mit ihm den Eindruck, den es insgesamt macht: den der traurig-komischen Trostlosigkeit. Was der Oberst am Schluß als Neuerung ausgibt, ist nicht »einsichtig«[17], sondern lieblos, absurd und reaktionär, und es steht dem, was Lenz anstrebt, diametral entgegen. Während Lenz durch die Militärreform letztlich eine Staatsreform in Gang setzen will, während er den mündigen Staatsbürger mit den Freiheiten und den Pflichten der Staatsverteidigung ausgestattet sehen will, vermag der Oberst über den Status quo des absolutistischen Staates und seiner Heeresordnung nicht hinauszudenken.

Spannheim will das bestehende Übel der Mätressenwirtschaft eigentlich nur rationalisieren, möchte sozusagen ein Zwischending zwischen öffentlichem Hurenhaus und staatlicher Zuchtanstalt für Soldaten und Offiziere einrichten, was die Nationalsozialisten unseligen Angedenkens anderthalb Jahrhunderte später mit ihrer berüchtigten Aktion ›Lebensborn‹ verwirklichten. Lenz will ja gerade keine »Frauenzimmer«, die »ewigen Verbindungen (…) entsagen«, keine »Märtyrerinnen für den Staat«, keine »Pflanzschule von Soldatenweibern« (V, 5) wie der Oberst, sondern das Gegenteil: die bürgerliche Familie als Kern des Staates, die verheirateten Offiziere und Soldaten als Garanten der Verteidigung des Landes. Der Oberst will seinen Offizieren »unglückliche Frauenzimmer freiwillig aufopfern« (V, 5), Lenz dagegen möchte gerade dies durch die Ermöglichung der Ehe für Offiziere verhindern. Lenzens Sarkasmus wird unüberhörbar, wenn der Oberst den Vorteil vorrechnet, den die Staatskasse von der Einrichtung der »Pflanzschulen« haben würde: Der König »ersparte die Werbegelder« (V, 5) für Soldaten, denn die Kinder dieser Zuchtanstalt würden zu Kriegern bzw. »Amazonen« erzogen. Man stelle sich vor, was für die beteiligten *dramatis personae* in den *Soldaten* bei der Verwirklichung solcher Ideen herausschaute: Desportes, Mary und der junge Graf träfen Marie nicht im Schauspielhaus, sondern in einem kasernierten Bordell mit der Aufschrift »Zugang nur für das Offizierskorps«. Die Gräfin, die in der ersten Fassung des Stückes ähnlich absurde Ideen äußert wie der Oberst, protestiert in der zweiten Version zwar nicht ausdrücklich gegen die Utopie der militärischen Brunst- und Brutanstalt, aber immerhin gibt sie zu bedenken: »Wie wenig kennt ihr Männer doch das Herz und die Wünsche eines Frauenzimmers« (V, 5). In dieser zweiten Fassung behält die Gräfin also die Rolle der empfindsam-vorsorglichen Aristokratin bei.

IV.

Krisensymptome der Aufklärung zeigen sich auch in Lenzens Dramentheorie. Hatte Lessing die Autorität des Aristoteles auf dem Gebiet der Poetik noch anerkannt, so wird sie von Lenz mit Nachdruck in Frage gestellt. Seine »Anmerkungen übers Theater« von 1774 stellt er unter das Horazische Motto: »Nec minimum meruere decus, vestigia graeca ausi deserere« – »Nichts haben unerprobt unsre Dichter gelassen, haben nicht geringen Ruhm sich erworben, als sie es wagten, die Spuren der Griechen zu verlassen«.[18] Hier klingt noch einmal die große Auseinandersetzung zwischen den Anhängern der antiken und der modernen Kunst und Literatur aus dem Frankreich des 17. Jahrhunderts nach, und es ist offensichtlich, daß Lenz das Programm der Moderne fortsetzen will. In der Auseinandersetzung mit Aristoteles kristallisieren sich drei Aspekte heraus, die den Beginn der modernen anti-aristotelischen Dramentheorie markieren. Es handelt sich um einen poetologischen, einen mimetischen und einen wirkungsästhetischen Aspekt. Wenn Lenz definiert: »Die Hauptempfindung in der Komödie ist immer die Begebenheit, die Hauptempfindung in der Tragödie ist die Person«[19], dann kehrt er die Aristotelische Bestimmung um, nach der – siehe Paragraph sechs der *Poetik* – die (schicksalhafte) Handlung im Zentrum der Tragödie steht. Lenz fährt fort: »Meiner Meinung nach wäre immer der Hauptgedanke einer Komödie *eine Sache*, einer Tragödie *eine Person*«. Mit dem Postulat, daß in der Komödie »die Personen (…) für die Handlung da« seien (38), wird diese Gattung als Handlungsdrama bestimmt. Lenz wendet sich von der überlieferten Charakter- bzw. Typenkomödie des 18. Jahrhunderts ab. Damit stellt er sich bewußt gegen Lessing, der in der *Hamburgischen Dramaturgie* Aristoteles dahingehend ausgelegt hatte, daß in der Komödie die Charaktere die Hauptsache seien.[20] Die Gewichtsverlagerung ist auch insofern deutlich, als bei Lenz – im Gegensatz zu Aristoteles und seinen affirmativen Interpreten des 18. Jahrhunderts (Lessing, Gerstenberg, Goethe, Herder) – nicht die Tragödie, sondern die Komödie im Mittelpunkt des Interesses steht. Hier wird die Sonderstellung von Lenz innerhalb des Kreises der Sturm-und-Drang-Dramatiker klar. Anders als bei ihnen gibt es bei Lenz nicht die Prometheus-figuren, die »großen Kerls«. Es sind nicht die aktiven, gottähn-lichen, himmelstürmenden tragisch-idealistischen Titanen, die gestaltet werden, sondern die realistisch gezeichneten Durch-schnitts- und Alltagsmenschen, die den Zwängen der Ständege-sellschaft zum Opfer fallen.[21] Wenn man nach Einflüssen auf Lenz suchen will, sind sie eher in Frankreich zu finden. Bei Mer-cier fand Lenz die ausgesprochen sozial-politische Färbung im Drama vor, und von Diderot konnte er lernen, wie man nicht einzelne Persönlichkeiten, sondern ganze Gesellschaftsklassen darstellt.[22]

Diese Neudefinition der Komödie gibt Lenz die Möglichkeit, den sozialen bzw. gesellschaftskritischen Inhalt seiner Stücke zu betonen: Nicht ein kurioser Einzelcharakter – wie etwa bei Mo-lière – wird der Lächerlichkeit preisgegeben, sondern ganze Teile des gesamtgesellschaftlichen Lebens. Mit dieser Umorientierung hängt auch der mimetische Aspekt von Lenzens Komödientheo-rie zusammen. Lenz nämlich geht es in den »Anmerkungen übers Theater« darum, daß der Dichter einen »Standpunkt« (13) bzw. einen »Gesichtspunkt« (19) einnehmen müsse. Er vergleicht sich hier mit dem Schifferjungen des Kolumbus, der auf den Mast klettere, um zu sehen, »wo es hinausgeht«. Wie dieser Schiffer-junge wisse er zwar noch nichts Genaues über das zu entdeckende Land, aber das Neuland selbst »wittere« er bereits (13). Hier wird der individuelle Blickwinkel, die subjektive Sicht abgegrenzt von der suspekt gewordenen idealistischen Totalitätsvorstellung.[23] Lenz bekennt, daß es ihm nicht darum gehe, ein »Ideal« zu kon-struieren; seiner subjektiven Sicht entspreche vielmehr der »Kari-katurmaler« (18). Dieses neuartige Realismuskonzept verdeut-licht Lenz in der ein Jahr nach den »Anmerkungen übers Theater« verfaßten Selbstrezension zum *Neuen Menoza*. Er stellt dort fest: »Ich nenne durchaus Komödie nicht eine Vorstellung die bloß Lachen erregt (…). Komödie ist Gemälde der menschlichen Ge-sellschaft, und wenn die ernsthaft wird, kann das Gemälde nicht lachend werden.«[24]

Mit Lenzens gesellschaftskritischer Perspektive hängt auch der wirkungsästhetische Aspekt seiner Komödientheorie zusammen. »Tragödie ist nur für den ernsthafteren Teil des Publikums« heißt es in der erwähnten Selbstrezension, für ein Publikum, das imstande sei, die »Helden der Vorzeit in ihrem Licht anzusehn und ihren Wert auszumessen«. Das sei im antiken Griechenland, nicht aber im Deutschland der Gegenwart der Fall. Hier müsse »der komische Dichter dem tragischen sein Publikum« erst noch schaffen, d. h. bei dem gegebenen »Mischmasch von Kultur und Rohigkeit, Sittigkeit und Wildheit« bleibe dem »deutschen Komödienschreiber« nichts übrig, als »komisch und tragisch zugleich [zu] schreiben«. Die angestrebte gesellschaftliche Utopie besteht in jenem Zustand, in dem »Kultur« und »Sittigkeit« allgemein einen solch hohen Grad erreicht haben, daß dem »Karikaturmaler«, dem »Komödienschreiber« der Stoff ausgeht. Dann erst wird der Tragödienschreiber jene »idealistischen Helden« vorführen können, an denen das Publikum sich wie in der Antike erbaut. Der Komödie selbst ist die kritische Aufgabe zugewiesen, die gesellschaftlichen Zustände als brüchig, transitorisch, als reformier- und veränderbar darzustellen. So ist denn aus letztlich gesellschaftlichen Gründen die Komödie für Lenz die wichtigste dramatische Gattung, eine Gattung allerdings, der ein ganz anderes ästhetisches Konzept zugrundeliegt als der bisherigen Aufklärungskomödie: In ihrer antiaristotelischen Ausgerichtetheit[25] steht sie den Dramen eines Brecht und Dürrenmatt im zwanzigsten Jahrhundert näher als denen eines Schlegel, Gellert oder Lessing im achtzehnten.[26] Lenz nennt sein Stück zwar eine Komödie, aber mit den herkömmlichen Auffassungen dieser Gattung hat es wenig zu tun. Es ist auch keine Tragödie im üblichen Sinn; das hat schon Hebbel richtig erkannt.[27] Weder die Lessingschen noch die Schillerschen Tragödienkategorien sind hier anwendbar. Mit den *Soldaten* liegt ein Stück vor, das eine Gattung sui generis ist – ein Solitär in der Geschichte des Dramas.[28] Es ist so sehr eine Anti-Komödie wie eine Anti-Tragödie. Es eine Tragikomödie zu nennen, hieße, zu sehr mit den üblichen Gattungsmaßstäben zu arbeiten.

Lenzens neue Komödientheorie beeinflußte also die Konzeption der *Soldaten*. Hier wird ein Ausschnitt aus dem sozialen Leben der Zeit vor Augen geführt. Daß Lenzens Zeichnung zur Karikatur gerät, liegt nicht an überlieferten Gattungsvorschriften – von ihnen hat der Autor sich emanzipiert –, sondern am Realismus der Darstellung. Das Karikaturistische scheint schon in der Namensgebung durch: Desportes leitet sich ab aus Französisch *déportements*: »schlechter Lebenswandel«. Karl Stolzius weist sich mit seinem Vornamen als »frei«, mit seinem Nachnamen als »stolz« aus. Bei Wesener denkt man an »wesen«, was so viel wie »überpersönliches Dasein haben« bedeutet – er ist (im Sinne von Lenzens Theorie) kein Einzelcharakter, sondern steht mit seinem Verhalten für einen sozialen Sachverhalt: für den Bürger im Konflikt zwischen überlebter Moral und neuem Aufstiegsehrgeiz. Bei Marie muß man wohl ironisch gemeinte Assoziationen an die Jungfrau Maria mitdenken, und eine ähnlich ironische Verbindung ist offenbar beim unverheirateten Offizier Mary mit Französisch *mari* (»Ehemann«) zu sehen. Nicht anders ist es bei Frau Bischof, die ihrem frommen Namen keine Ehre macht; sie ist »Aufseherin« über eine nicht gerade geistlich zu nennende Gemeinde. Der Name des Grafen Spannheim läßt mit »spannen« bzw. »einspannen« an seine kuriosen Ordnungs- und Disziplinvorstellungen denken. Bei Pirzel, der seine kleine Denkkraft in fruchtlosen philosophischen Schlüssen verausgabt, setzt sich der Name zusammen aus Französisch *pire* (»schlimmer«) und *zèle* (»Eifer«). Eisenhardt ist der prinzipienstrenge Feldprediger, der entweder »eisenhart« ist oder ein »Eisenherz« besitzt. Der Offizier Haudy ist ein Haudegen; Rammler ein »Rammel« (»Tölpel«), und als »Rammler« erinnert er gleichzeitig an ein männliches Kaninchen, dessen sprichwörtliches »rammeln« in der Jägersprache »decken« bedeutet – auf die vergleichbare menschliche Tätigkeit ist Rammler (jedenfalls in seiner Phantasie) fixiert. Die Gräfin de la Roche hat Lenz auch wegen des Namens, der den »Felsen«, den rettenden, versinnbildlichen soll, ins Figurenkabinett übernommen. Sogar die Ortsnamen sind mit anspielungsreicher Bedeutung gefüllt. Armantieres, die Garnisonsstadt klingt waffenklirrend nach »armement«; Lys (der Fluß) und Lille (die Stadt) erinnern an Lilien mit ihrer – wiederum ironisch zu verstehenden – Unschuld der (Jungfrau) Marie; und Philippeville ist die Stadt des *phi-*

lippos (des Ritterlichen und Mutigen), also – unüberbietbarer Sarkasmus – des Desportes.

Daß Lenz sich nicht nur von der bieder-didaktischen Komödie der deutschen Aufklärer, sondern auch von der seichten Rokoko-Komödie französischen Ursprungs absetzt, wird deutlich durch die in das Drama eingeflochtene Diskussion über die Komödie. In der Garnison geraten sich der Feldprediger Eisenhardt und der Offizier Haudy über Nutzen und Nachteil der Komödie in die Haare (I, 4). Eisenhardt kann nicht sehen, »wo der Nutzen stecken sollte«, da durch die Komödie nur »Unordnungen (…) unter die Officiers« gebracht werde. In den »neuesten Komödien« nämlich würden »die gröbsten Verbrechen gegen die heiligsten Rechte der Väter und Familien unter so reizenden Farben vorgestellt, den giftigsten Handlungen so der Stachel genommen, daß ein Bösewicht dasteht, als ob er ganz neulich vom Himmel gefallen wäre. Sollte das nicht aufmuntern, sollte das nicht alles ersticken, was das Gewissen aus der Eltern Hause mitgebracht haben kann.« Und wenn der Feldprediger fortfährt: »Einen wachsamen Vater zu betrügen, oder ein unschuldig Mädchen in Lastern zu unterrichten, das sind die Preisaufgaben, die dort gelöst werden«, dann gibt er eine Inhaltsangabe der Handlung an, die sich nun im Stück entfalten wird. Die ironische Brechung, die diese Komödiendiskussion in der Komödie verursacht, wird dem Zuschauer bald deutlich. Eisenhardts These von dem moralisch-negativen wirkungsästhetischen Einfluß der zeitgenössischen Komödie stellt Lenz das Gegenargument des Haudy von der harmlosen Unterhaltsamkeit der Gattung entgegen. Während Eisenhardt im Ton einer Kapuzinerpredigt gegen die Komödie wettert, die »Unglück und Fluch in die Familien« bringe, verteidigt Haudy sie als einen »Zeitvertreib«, in dem er »zehnmal mehr Nutzen« sehe als in »allen Predigten«, die Eisenhardt in seinem »ganzen Leben gehalten« habe. Mary sekundiert dem Offizierskameraden, wenn er betont, daß man sich schließlich »amüsieren« müsse. Für die Offiziere fällt der Aspekt des *delectare* mit dem des *prodesse* zusammen; Eisenhardt dagegen interessiert nur der eine Horazische Grundsatz, der des *prodesse*. Mit seinem Realismusprogramm will Lenz selbst beides, Vergnügen und

Nutzen, hinter sich lassen. Die im Offizierskasino geführte Gattungsdiskussion zeichnet sich natürlich nicht durch sonderliche Subtilität aus; sie wird in Lenzens *Soldaten* integriert, um die reflektierte Distanz zur alten Komödienform deutlich werden zu lassen. Dieser Abstand wird zusätzlich dadurch vergrößert, daß Lenz innerhalb seiner Komödie die Figuren in »die Komödie« (also ins Schauspielhaus) schickt, sie selbst Komödien und Farcen arrangieren läßt, und indem er schließlich seinem Stück ein Ende gibt, das allen Erwartungen, die man mit dieser Gattung verbindet, widerspricht. »Die Komödie«, das Schauspielhaus, ist für Desportes die Lokalität, in der sein Verführungsspiel erst beginnen kann. Es sind nicht die dort gebotenen Stücke, die verwirrend und entmoralisierend wirken (wie es sich der Feldprediger vorstellt), sondern die Schaubühne selbst, der soziale Ort, gilt als unmoralische Anstalt. Hier nämlich kann der Baron unbeobachtet intimen Kontakt zu einer Bürgerlichen aufnehmen. Die Stücke, die man sich anschaut, sind teils harmlos-unterhaltend und anspruchslos (wie Favarts *La chercheuse d'esprit*) oder ernst-gesellschaftskritisch (wie Merciers *Le déserteur*). Maries Vater interessiert auch gar nicht, welches Drama gespielt wird. Die Tatsache allein, daß der Baron seine Tochter ins Schauspielhaus führen will, bringt ihn auf. Er will den Besuch unterbinden, da er das »Gerede bei den Nachbarn« (I, 3) fürchtet. Desportes hat sich wie ein Komödiant auf den Gang in die Schaubühne vorbereitet: Er ist als Bürger verkleidet. »Sie sehen, ich bin im Bürgerskleide, wer kennt mich« (I, 3), hält er Wesener entgegen. Wesener pariert mit einem »Tant pis!« – nein, es »schicke sich« nicht für Marie, mit einem »jungen Herren« (also einem Adligen) »in die Komödie« zu gehen, um dort »die Staatsdame« (I, 3) zu spielen, mit anderen Worten, »die Mätresse vom Baron« (I, 5) zu werden. Wesener macht dann noch im gefährlichen Spiel der Komödianten mit und findet Gefallen an seiner Rolle als Aufstiegsspekulant. Jeder spielt Komödie mit jedem: Desportes gaukelt der Marie Liebe und Heiratsabsicht vor, die Offiziere wollen mit Stolzius, Rammler und Aaron Farcen aufführen, Marie spielt mit Mary und der Jungfer Zipfersaat, und Stolzius tarnt sich in der Rolle des subalternen Offiziersburschen. Immer wieder tauchen die Begriffe »Spiel« (II, 2; V, 3), »Streich spielen« und »Finten« (II, 2) auf. Die Unwirklichkeit der Verhältnisse mit ihren Verlogenheiten und Vorspiegelungen wird allerdings offenbar und im Stück nicht durch harmonische Hilfslösungen und überraschende Rettungskonstruktionen verdeckt oder beseitigt.

V.

Ähnlich wie der Feldprediger Eisenhardt, glaubt auch die Gräfin de la Roche an die unmittelbare Wirkungsmacht der Literatur. Sie meint, Marie habe »die Pamela gelesen«, das »gefährlichste Buch, das eine Person aus Ihrem Stande lesen kann«. Marie entgegnet aber wahrheitsgemäß, daß sie diesen Roman »ganz und gar nicht« kenne (III, 10). Soziale Verhaltensweisen werden weder bei den adligen Offizieren noch bei den Bürgerlichen durch literarische Verhaltensmuster gesteuert. Das Pamela-Zitat sagt mehr über die Gräfin als über Marie aus. Nicht Marie, sondern die Frau de la Roche versucht, einem bestimmten Vorbild aus der Literatur im Leben nachzuspielen. Absichtlich hat Lenz dieser Figur den Namen der damals bekanntesten deutschen Dichterin verliehen, den der Romanschriftstellerin Sophie von La Roche, mit der Lenz korrespondierte. Die Autorin hatte mit ihrem wenige Jahre zuvor erschienenem Roman *Geschichte des Fräuleins von Sternheim* reüssiert, und jeder Literaturkenner der Zeit verband ihren Namen mit diesem Werk. Hier aber wird just jene aufklärerisch-optimistische Idee des unbedingten Zusammenhangs von Tugend und Glück suggeriert, die Lenz als konservativen Traum dekuvriert. Sophie wird – wie Marie – von einem adligen Casanova verführt und verlassen, aber am Schluß endet sie nicht in der Gosse, sondern wird (dank ihrer unerschütterlichen Sittlichkeit) die Gattin eines Lords. Das literarische Traum- und Erfüllungsschema ist das gleiche wie bei der von der Gräfin zitierten *Pamela* von Richardson, einem Roman, der ja bezeichnenderweise im Untertitel »Virtue Rewarded« heißt. Dieser europäische Bestseller war auf Deutsch erst 1772 erschienen, mehr als dreißig Jahre nach der englischen Erstveröffentlichung. Hier ist Pamela, die Arme-Tugendsame, sogar in der Lage, aus ihrem potentiellen Verführer (einem ausgesprochenen Wüstling) einen Tugendbold zu machen, der in reiner Liebe zu ihr entflammt und sie heiratet. Pamela schafft das, was Marie nicht erreicht, nämlich durch Heirat sozial aufzusteigen. Die Gräfin de la Roche möchte – wie die Autorin des *Fräulein von Sternheim* – einem jungen bürgerlichen Mädchen den »Roman« (IV, 3), die Illusion von der Standeserhöhung nicht zerstören: »Was behält das Leben für Reiz übrig, wenn unsre Imagination nicht welchen hineinträgt«, räsoniert sie. Sie sucht nach einem Mittel, Maries »Phantasie« und »Herz« mit ihrem »Verstand« und ihrer »Klugheit« zu vereinigen (IV, 3). Was herausschaut, ist gelebte Literatur, ein weltfremder Kompromiß. Der Traum vom sozialen Aufstieg soll Marie ermöglicht werden, indem die Gräfin sie in ihr Haus, das für Marie nur ein goldener Käfig ist, aufnimmt. Die Anspielungen auf *Pamela* und das *Fräulein von Sternheim* schillern vor Ironie. Sophie von La Roche war selbst außerordentlich abhängig von Richardson, und gerade dessen Roman bzw. seine Rezeption wird hier kritisiert. Lenz wiederum hatte nach Lektüre des *Fräulein von Sternheim* an die Autorin geschrieben: »Ich hoffe es werden Zeiten erwachen die itzt unter dem Obdach göttlicher Vorsehung schlummern, in denen Leserinnen von Ihnen Ihr Buch das sie jetzt noch als Ideal ansehen, zur getreuen Copey machen werden« [29]. Das liest sich auf den ersten Blick wie ein höfliches Kompliment, aber diese Sätze (wie auch die Anspielungen im Drama) besagen eigentlich, daß Lenz den Roman für schlicht wirklichkeitsfremd hält.

Auch im Formalen spielt Lenz in seinem Stück auf *Pamela* und das *Fräulein von Sternheim* an. Beide Werke kann man als Briefromane bezeichnen, da ihre Werkstruktur durch Briefe bestimmt wird. Sieht man sich genauer an, was für eine entscheidende Rolle die Briefe in Lenzens *Soldaten* spielen, ist man fast geneigt, von einem ›Briefdrama‹ zu sprechen. Es sind nämlich immer Briefe, die das Unglück auslösen. Das Stück fängt an mit Maries Brief an Stolzius; Desportes ›hilft‹ ihr bei der Abfassung des zweiten Briefes, mit dem Stolzius der Korb gegeben werden soll; dieser Brief löst bei Stolzius den Racheplan aus. Nachdem Marie sich von Desportes verlassen fühlt, will sie Stolzius erneut schreiben, aber bei dem hilflosen Versuch scheitert sie; Desportes schickt seine Lügenbriefe an Marie; und Weseners Briefe an Desportes Vater kommen nie an.

Bezeichnend für Romane wie *Pamela* oder für jene zeitgenössischen Dramen, in denen das Verführungsmotiv eine große Rolle spielt – man denke an Goethes Gretchentragödie im *Urfaust* sowie an Lessings *Miss Sara Sampson* und *Emilia Galotti* – ist die Tatsache, daß keine Rache am Verführer geübt wird, bzw. daß sie einem himmlischen Richter überlassen wird. Das ist in den *Soldaten* anders. Stolzius ist zwar keine stürmerisch-drängerische Prometheus-Figur, aber er ist ein Selbsthelfer wie Goethes Götz und Schillers Karl Moor.[30] Er verzweifelt an einer göttlichen Gerechtigkeit auf Erden und sieht sich zur Rache berechtigt. Was die Bergpredigt Christi an himmlischer Kompensation für auf Erden erlittenes Unrecht in Aussicht stellt, soll seiner Meinung nach schon auf Erden verwirklicht werden. Er begehrt auf: »Und müssen denn die zittern, die Unrecht leiden, und die allein fröhlich sein, die Unrecht tun!« (IV, 11). Jesus hatte in der Bergpredigt versprochen: »Selig, die Verfolgung leiden um der Gerechtigkeit willen, denn ihrer ist das Himmelreich« (Matth. 5, 10). Stolzius' Denken und Handeln ist ein Protest gegen die Bergpredigt und ihre Botschaft der Sanftmut und des Verzeihens. Er widerlegt sich insofern, als er sich selbst – den reuelosen Rächer – mitvernichtet. Zwar stirbt er mit den Worten »Gott kann mich nicht verdammen« (V, 3), aber das ist eine theologisch schwer zu erhärtende Vermutung. Stolzius – *nomen est omen* – frönt – wie viele Selbsthelfer – dem Laster der *superbia*.

Von Reue und Verzeihung geprägt ist dagegen die Wiedererkennungsszene zwischen Vater Wesener und seiner Tochter Marie. Hier wird die Jesus-Parabel vom verlorenen Sohn abgewandelt. Auf dieses Gleichnis war schon früher angespielt worden. Marie, der die Neigung des Baron Desportes zu Kopf gestiegen ist, beschwert sich über den »groben Flegel« Stolzius, der sich mit ihr gemein mache, als ob sie »die Säue mit ihm gehütet hätte« (II, 3). Der verlorene Sohn im biblischen Gleichnis hütet die Schweine, nachdem er in einem »ausgelassenen Leben« (Lukas 15, 13ff.) sein Vermögen verhurt und verpraßt hat. In eine vergleichbare Situation gerät auch Marie. In ihrer »Bettelmensch«-Not erinnert sie sich an die Tage, als sie – die Kokotte – sich »in der Hitze die Hände« mit Wein wusch, den sie dann »aus dem Fenster geworfen« (V, 2) habe. Marie nähert sich ihrem Vater halb verhungert. Der erkennt sie zunächst nicht, schimpft sie eine »lüderliche Seele« und will sie mit einem »lauft Euern Soldaten nach« abwimmeln. Erst als er sie erkennt, fallen sie sich mit einem »Ach meine Tochter!« und mit »Mein Vater!« (V, 4) um den Hals. Das Verzeihen Weseners ist noch höher als das des Vaters in der neutestamentlichen Parabel zu veranschlagen. Denn dort hatte der Sohn nur sein eigenes Vermögen vergeudet; Marie hat nicht nur sich selbst zugrunde gerichtet, sondern auch Ruf und Existenz Weseners. Diese Szene ist der Lichtblick in einer ansonsten durch Lüge, Intrige, Verführung, Mord und Rache bestimmten trostlosen Welt. Hier zündet ein Funke Menschlichkeit auf. Nicht aus der idealistisch-aufklärerischen Konstruktion der Interdependenz von Tugend und Glück wächst dem Zuschauer Hoffnung zu, sondern aus dem uneingeschränkten Sich-Akzeptieren nach dem vollkommenen Scheitern, in der tiefsten existentiellen Not und Verzweiflung. Und hierin zeigt sich schließlich doch, wie sehr Lenz ein Kind seiner Zeit ist, wie sehr er der Protest- und Auflehnungsstimmung der Sturm-und-Drang-Periode verhaftet ist. Nicht in der Gestaltung von Prometheus- und Titanenfiguren wirkt sich bei ihm die Tendenz jener Epoche aus, sondern im Anti-Programm seiner Gattungsästhetik und seiner Moral. Konstitutiv für das Geniedenken seiner Zeit ist die *inventio*, das neuartig Subjektiv-Radikale, das sich prinzipiell über die tradierten Normen hinwegsetzt. In den *Soldaten* wie in den »Anmerkungen übers Theater« herrscht die strikte Subjektivität vor, ein Individualismus, der alle übergeordneten Verbindlichkeiten (ob sie von Aristoteles oder von Lessing herstammen) zerstört. Alle idealisierenden und stilisierenden Tendenzen werden im Namen des Genies – zu dessen Paradigma im Gebiet des Dramas Shakespeare erklärt wird – unterlaufen. Dabei wird ein Realismus erreicht, der keine Tabus mehr kennt. Lenzens normenzersprengendes realistisches Programm wird sich als zukunftsträchtig erweisen: Büchner hat als erster von ihm gelernt.[31]

Anmerkungen

1 Zitiert wird in der Folge nach: Jakob Michael Reinhold Lenz, Die Soldaten. Eine Komödie. Mit einem Nachwort von Manfred Windfuhr. Stuttgart 1957. Die römischen Ziffern stehen für die Akte, die arabischen für die Szenen.

2 Jakob Michael Reinhold Lenz, »Über die Soldatenehen«, in: Edward McInnes, Jakob Michael Reinhold Lenz. Die Soldaten. Text. Materialien. Kommentar. München 1977, S. 138–168.

3 Curt Hohoff, Jakob Michael Reinhold Lenz in Selbstzeugnissen und Bilddokumenten. Reinbek 1977, S. 72.

4 Walter Höllerer, »Lenz. Die Soldaten«. In: Das deutsche Drama vom Barock bis zur Gegenwart. Hrsg. v. Benno von Wiese. Düsseldorf 1960, S. 132 f.

5 Höllerer (siehe Anm. 4) faßt das Problem psychologisch auf (S. 144), Hausdorff sozial. Vgl. Georg Hausdorff, Die Einheitlichkeit des dramatischen Problems bei Jakob Michael Reinhold Lenz. Würzburg 1913, S. 42.

6 Werner Hermann Preuß, Selbstkastration oder Zeugung neuer Kreatur. Zum Problem der moralischen Freiheit in Leben und Werk von J. M. R. Lenz. Bonn 1983, S. 70.

7 Bruce Duncan, »The Comic Structure of Lenz ›Soldaten‹«. In: Modern Language Notes 91, 1976, S. 516.

8 Brief an Herder vom 20. 11. 1775. Zitiert nach: Erläuterungen und Dokumente. J. M. R. Lenz. Die Soldaten. Hrsg. v. Herbert Krämer. Stuttgart 1974, S. 32.

9 Vgl. zu dieser Thematik allgemein: Legitimationskrisen des deutschen Adels 1200–1900. Hrsg. v. Peter Uwe Hohendahl und Paul Michael Lützeler. Stuttgart 1979.

10 Vgl. dazu Werner Conze, »Adel, Aristokratie«. In: Geschichtliche Grundbegriffe. Historisches Lexikon zur politisch-sozialen Sprache in Deutschland. Band 1. Hrsg. v. Otto Brunner, Werner Conze, Reinhart Koselleck. Stuttgart 1972, S. 1–48.

11 Vgl. Klaus Scherpe, »Dichterische Erkenntnis und ›Projektemacherei‹. Widersprüche im Werk von J. M. R. Lenz«. In: Goethe Jahrbuch 94, 1977, S. 206–235.

12 Curt Jany, Geschichte der Preußischen Armee vom 15. Jahrhundert bis 1914. Dritter Band 1763–1807. Osnabrück 1967, S. 233.

13 Ottomar Rudolf, Jacob Michael Reinhold Lenz. Moralist und Aufklärer. Bad Homburg v. d. H. 1970, S. 181. – Curt Hohoff (siehe Anm. 3), S. 72. – Edward McInnes (siehe Anm. 2), S. 107. – Klaus Scherpe (siehe Anm. 11), S. 216 f.

14 Herbert Haffner, Lenz. Der Hofmeister. Die Soldaten. Mit Brechts ›Hofmeister‹-Bearbeitung und Materialien. München 1979, S. 90.

15 Walter Höllerer (siehe Anm. 4), S. 143.

16 Ibid, S. 144.

17 Curt Hohoff (siehe Anm. 3), S. 76.

18 Horaz, Epist. II, 3, 286f. Übersetzung von E. Schäfer.
19 Jakob Michael Reinhold Lenz, Anmerkungen übers Theater. Shakespeare-Arbeiten und Shakespeare-Übersetzungen. Hrsg. v. Hans-Günther Schwarz. Stuttgart 1976, S. 36.
20 Andreas Huyssen, Drama des Sturm und Drang. Kommentar zu einer Epoche. München 1980, S. 114.
21 Manfred Windfuhr (siehe Anm. 1), S. 63. – Walter Höllerer (siehe Anm. 4), S. 137.
22 W. H. Preuß (siehe Anm. 6), S. 67.
23 Vgl. dazu Jochen Schmidt, Die Geschichte des Genie-Gedankens in der deutschen Literatur, Philosophie und Politik 1750–1945. Band 1. Darmstadt 1985, S. 175 ff.
24 Die folgenden Zitate nach: Erläuterungen (siehe Anm. 8), S. 78.
25 Vgl. Helga Stipa Madland, Non-Aristotelian Drama in Eighteenth Century Germany and its Modernity: J. M. R. Lenz. Bern 1982.
26 Bruce Duncan (siehe Anm. 7), S. 523. – Walter Höllerer (siehe Anm. 4), S. 127. – Edward McInnes (siehe Anm. 2), S. 119.
27 Erläuterungen (siehe Anm. 8), S. 57.
28 Karl S. Guthke, »Lenzens ›Hofmeister‹ und ›Soldaten‹. Ein neuer Formtypus in der Geschichte des deutschen Dramas«. In: Wirkendes Wort 9, 1959, S. 281 f.
29 Brief vom 1.3.1775 an Sophie von La Roche. In: Briefe von und an J. M. R. Lenz. Gesammelt und herausgegeben von Karl Freye und Wolfgang Stammler. 1. Band. Leipzig 1918, S. 98.
30 Ottomar Rudolf (siehe Anm. 13), S. 161.
31 Zur Rezeption des Dramas – und auch zu seiner Entstehung – vgl. Erläuterungen (siehe Anm. 8), S. 51 f. und S. 40 f.

Friedrich Schiller
Die Verschwörung des Fiesco zu Genua (1783)

I.

»Szenen aus dem nervigten Altertum« (II, 17)[1] werden in dem
Jahrzehnt vor der Französischen Revolution von den bildenden
Künstlern wie den Schriftstellern allenthalben gestaltet. Die
junge bürgerliche Intelligenz[2] fühlt sich republikanischer Tradition verpflichtet. Mit Vorliebe aktualisiert sie jene Stoffe aus römischer Sage und Geschichte, in denen die moralische Überlegenheit republikanischer Heroen über Despoten und Tyrannen
überliefert ist. Es ist nicht von ungefähr, daß die Sagen vom Tyrannenmord des Virginius und vom Sturz der Tarquinier-Mon-
archie durch Junius Brutus zu den beliebten Motiven der neuen
Künstlergeneration gehören. »Der Tod der Virginia« ist damals
ein häufiges Thema des Malers Friedrich Heinrich Füger;[3] Lessing verarbeitet das Motiv in der *Emilia Galotti*, Schiller greift es
im *Fiesco* auf, und Alfieri gestaltet es in seiner Tragödie *Virginia*
(1788). Ähnlich wie Virginios Fanal zum Tyrannenmord »Appio
è tiranno; muoja« bei Alfieri[4] klingt Verrinas »Nieder mit Doria!« (II, 17) bei Schiller. Zwar geht es bei Lessing nicht um den
Sturz des Tyrannen, wohl aber um die moralische Diskreditie-
rung des Fürsten. Während Jacques Louis David an seinem Ju-
nius-Brutus-Gemälde arbeitet, stellt Alfieri sein Drama *Bruto
Primo* (1788) fertig.[5] Alfieris Werk wie die Junius-Brutus-Tragö-
dien Salomon Herzels, Johann Jakob Bodmers und Johann Elias
Schlegels[6] sind Voltaires *Brutus* (1730) verpflichtet. So wichtig
wie der Sagenstoff vom legendären Begründer der römischen Republik Junius Brutus (dem sogenannten »ersten Brutus«) war für
die künstlerische Intelligenz jener Zeit die historische Überlieferung des Lebens von Marcus Brutus (dem sogenannten »zweiten
Brutus«), der als letzter Verteidiger der römischen Republik galt,
weil er durch den Anschlag auf Julius Cäsar die republikanische
Verfassung Roms zu retten trachtete. Das Leben Marcus Brutus'
– wie das Cäsars und anderer römischer Staatsmänner – kannte

man durch Plutarchs *Biographien*, die zur Standardlektüre der Zeit gehörten. Schiller trieb den Plutarch-Kultus offenbar am weitesten, und Plutarchs *Brutus* »scheint seine Lieblingslektüre abgegeben zu haben.«[7] Plutarch hatte auch auf die Verbindung zwischen den beiden Lebensläufen des »ersten« und »zweiten« Brutus hingewiesen: Wegen seiner angeblichen Abstammung von Junius wird Marcus immer wieder zur Teilnahme an der republikanischen Verschwörung gegen Cäsar aufgefordert. Auch im Falle des Marcus-Brutus-Stoffes ist die Anregung Voltaires entscheidend. Denn in seinem Cäsar-Drama (*Mort de César*, 1736) – nicht in dem Shakespeares – geht es um »eine Allegorie zu Ehren der republikanischen Freiheit.«[8] Brutus ist Voltaires Sprachrohr, wenn er deklamiert: »Je déteste César avec le nom de roi / Mais César citoyen serait un dieu pour moi« (III, 4). Die gleiche politische Aussage ist in Herders Dramentext *Brutus* (1774) und in Alfieris *Bruto Secundo* (1789) enthalten. Brutusverehrung und auf Cäsar bezogener Tyrannenhaß zeichnen ferner die Cäsar- bzw. Brutus-Tragödien Bodmers[9] aus. Seinen Freiheitshelden mit Brutus vergleicht auch Lessing im *Samuel Henzi* (1749). Durch Klopstocks Vorbild wird schließlich der »Tyrannenhaß und Brutuskult Gemeingut politischer Lyrik.«[10] Dieser Kult ging zeitweise offenbar so weit, daß F. L. Stolberg angeblich »kein B sehen konnte, ohne an Brutus zu denken«.[11] Die zunehmende Häufung dieser republikanischen Motive signalisierte einen Wandel der politischen Moral des Bürgertums zur Zeit der Aufklärung. »Freiheits- und Vaterlandsliebe, Heldenmut und Opferbereitschaft, spartanische Härte und stoische Selbstüberwindung werden jetzt an die Stelle jener Moralbegriffe gesetzt, die das Bürgertum im Laufe seines wirtschaftlichen Aufstiegs entwickelt hat«,[12] nämlich an die Stelle von empfindsamer Tugendpflege innerhalb der privaten Sphäre, an die Stelle der Abstinenz von politisch-öffentlicher Wirksamkeit.[13]

Die anti-tyrannische Parole läßt Schiller im *Fiesco* Verrina ausgeben vor einem Bilde, das den »Tod der Virginia« darstellt. Dies geschieht nicht nur deshalb, um das revolutionär-republikanische Thema des Dramas erneut zu unterstreichen, es hat vielmehr mit dem Selbstverständnis politischer Malerei im letzten Viertel des 18. Jahrhunderts zu tun. In den Jahren vor und wäh-

rend der Französischen Revolution stellen gerade die Maler »die
Kunst noch vollkommen naiv in den Dienst« der republikanischen Bewegung.[14] Im gleichen Jahr 1784, in dem Schillers *Fiesco*
erstmals aufgeführt wird, beginnt Davids »Der Schwur der Ho-
ratier« seinen Siegeszug, den es im vorrevolutionären Paris fort-
setzt.[15] Schillers Maler Romano ist eine Art Jacques Louis David, der mit seinen Bildern auf die politischen Strömungen seiner
Zeit reagiert und sie durch seine Kunst mitzuprägen trachtet.[16]
Romano in Schillers Trauerspiel sucht die »Linie zu einem Brutuskopfe« (II,17), und David beginnt 1787 sein Brutus-Ge-
mälde, das – gemeinsam mit den Aufführungen von Voltaires
Brutus-Drama – 1790 die revolutionären Wogen in Paris erneut
aufpeitscht.[17] Virginius und Brutus – der »erste« wie der
»zweite« – werden in der Kunst der Zeit als Inkarnationen bür-
gerlich-politischer Moral verstanden. An den republikanischen
Tugenden des Marcus Brutus werden die Protagonisten von
Schillers *Fiesco* gemessen. Romano und sein Freund Verrina glauben zunächst, die »große Linie zu einem Brutuskopfe« im Profil
Fiescos erkennen zu können. Doch spätestens bei der Vorführung
des Bildes vom Tode der Virginia erweist sich dieses Wunschdenken als Illusion. Nicht den »Römerkopf« des Virginius bewundert Fiesco. Für ihn hat er nur ein »Weg mit ihm« übrig. Was
Fiesco fesselt, sind die »Anmut« der Gestalt und die »Wollust im
verlöschenden Blick« der Virginia, die er mit einer »Nymphe«
(II,17) vergleicht. Das heißt, er verkennt bewußt das revolutionäre Motiv des Bildes und genießt es wie ein erotisches Rokoko-
Gemälde in der Manier eines François Boucher. Fiesco bleibt der
»genießende Epikureer«.[18] Bei der Romano-Szene dürfte ein Einfluß Lessings vorliegen. Wie Fiesco ist auch der Prinz in *Emilia
Galotti* während des Gesprächs mit dem Maler Conti fixiert auf
die Reize »der weiblichen Schönheit« (I, 4). Fiescos Verständnis
von Kunst ist wie das Gonzagas ein aristokratisch-genießeri-
sches: Die Malerei hat als Ornament, zur Untermalung und Ver-
schönerung des Hoflebens zu dienen. Fiesco ist durchgehend als
höfischer Aristokrat geschildert. Julia streicht zu Recht heraus,
daß er »Person«, »Welt« und »Geschmack« (II,2) besitze, jene
Eigenschaften also, die Gracian im Ideal des höfischen Men-

schen vereint sieht.[19] Im Personenverzeichnis charakterisiert Schiller Fiesco als »höfisch-geschmeidig«. Durch die Konfrontation mit Romanos Gemälde wird deutlich, daß Fiescos »Rolle« des genießenden Hofmannes nur zum Teil gespielt war. Er ist kein Republikaner, der sich lediglich als Höfling maskiert, um unter diesem Gewande desto besser für die Sache der politischen Freiheit arbeiten zu können. Gespielt sind lediglich das Interesse an den Gelagen und Hofbällen, ansonsten ist er tatsächlich der bindungslose und egoistische Aristokrat, den er nur zu imitieren vorgibt. Verrina und Romano dagegen teilen die politisch-ästhetischen Auffassungen der Generation des jungen Schiller, nach der das Kunstwerk Partei ergreifen soll für die republikanischen Tugenden. Von ihrem Standpunkt aus betrachtet ist es verfehlt, der Malerei – wie Fiesco das tut – vorzuwerfen, daß sie Republiken »mit einem Pinsel« (II,17) freizumachen suche. Die Kunst wird von Romano eben nicht als Ersatzhandlung betrachtet, sondern als Mittel zur Propagierung politischer Freiheit. Wie stark das Virginia-Bild auf die Republikaner wirkt, zeigt Verrinas Verhalten, der vor ihm die anti-tyrannische Parole »Nieder mit Doria! Nieder! Nieder!« (II,17) ausgibt. Wenn Fiesco »das Tableau umwirft«, verwirft er gleichzeitig die im Bild gestalteten politischen Tugenden. Seine »mit Größe« geäußerte Behauptung gegenüber Romano: »*Ich habe getan*, was du – nur maltest« (II,17), trifft keineswegs zu, denn sein geplanter Staatsstreich hat nicht die Etablierung der Republik, sondern der Monarchie zum Ziele.[20]

Fiesco orientiert sich nicht an den republikanischen Idealen des Brutus. In seinem Handeln läßt er sich vielmehr von cäsaristischem Ehrgeiz leiten. Die »mißvergnügten« Bürger Genuas bestürmen ihn, Maßnahmen gegen die Tyrannei zu ergreifen, da »die republikanische Freiheit einen Todesstoß« (II,5) erhalten habe. Fiesco unternimmt nichts in ihrem Sinne, vergleicht vielmehr die Situation in Genua mit der Roms zu Beginn der Cäsarenzeit. Sich selbst sieht er als Oktavian. »Genua ist da«, so lautet das Fazit seiner Analyse, »wo das unüberwindliche Rom wie ein Federball in die Rakete eines zärtlichen Knaben Oktavius sprang« (II,5). Die monarchische Staatsform preist er als Heilmittel zur Kurierung der kranken Republik an: »Genua muß von einem Monarchen erwärmt werden. Genua braucht einen Souverän« (II,5). Wie sehr Fiesco sich als Ordnung bringenden genuesischen Cäsar Augustus sieht, macht seine Lektion deutlich, die er den »Mißvergnügten« bei der Betrachtung der »Venus von Florenz« erteilt. Indirekt schimpft er hier die vor ihm versammelten Bürger Genuas politische Phantasten, die zu ihrem hohen und abstrakten republikanischen Ideal eine konkrete Entsprechung suchen. Sowenig wie sich »unter allen lebendigen Abdrükken des weiblichen Modells« eine Frau findet, die dem in der Venus von Medici inkarnierten Schönheitsideal entspricht, sowenig wird sich nach Fiescos Meinung ein Politiker einstellen, der jene reinen und uneigennützigen republikanischen Ideale verficht, für die nach Ansicht der Bürger gekämpft werden soll. Da müßten sie »durch alle Weltteile« reisen »und suchen«, wobei sicher sei, daß derweil »Genuas Freiheit zu Trümmern geht!« (II,5). Vollends zutage tritt Fiescos politischer Ehrgeiz im anschließenden Selbstgespräch, in dem er mit geradezu neronischem Entzücken über die Zerstörung der Republik äußert: »Das Stroh der Republik ist in Flammen. … Immer zu! Allgemein werde der Brand, der schadenfrohe Wind pfeife in die Verwüstung« (II,6). Die kurz darauf folgende Fabel, die er vor den Handwerkern Genuas zum Besten gibt, beschließt er mit den Worten: »Laßt uns einen *Monarchen* wählen« (II,8).[21] Vorübergehend hat es den Anschein, als trüge Fiesco in sich den Konflikt zwischen Republikanismus und Cäsarismus aus. Aber ergreift er – zumindest momentan – wirklich wie Brutus Partei für die Sache des Republikanismus? In der Sekundärliteratur ist öfters die Ansicht vertreten worden, daß Fiesco zugleich »Züge eines Caesar und Brutus«[22] trage, daß er ein Mann sei, »der beides werden« könne, »Volksbeglücker oder Tyrann.«[23] Diese These läßt sich kaum halten. Fiesco räsoniert: »*Republikaner Fiesco? Herzog Fiesco?* … Ein Diadem erkämpfen ist *groß*. Es wegwerfen ist *göttlich*. … Geh unter, Tyrann! Sei frei, Genua, und ich… dein *glücklichster* Bürger!« (II,19). Bei diesem »ausführlich zelebrierten Verzicht« auf das »Diadem« geht es Fiesco vor allem um »Selbstbewunderung und Selbstgenuß«.[24] Schiller spielt hier auf jene Stelle in Plutarchs *Caesar*-Biographie an, in der geschildert wird, wie An-

tonius das Königsdiadem Cäsar anbietet und wie Cäsar es zu-
rückweist.[25] Nach Plutarch war Cäsars monarchistischer Ehrgeiz allgemein bekannt.[26] Sowenig wie die eigentlichen politischen Ziele seines römischen Vorbildes durch die Abweisung
des Diadems zum Ausdruck kamen, sowenig geschieht dies in
Fiescos Nachinszenierung. In den »Akademiereden« hat der
junge Schiller öfters seiner ausgesprochenen Abneigung gegen
die Tyrannei cäsaristischer Provenienz Ausdruck gegeben. Hier
greift er den »großen Julius« an, weil »Herrschsucht... seine Neigung« und »Ehrgeiz die Quelle seiner Tat« gewesen sei,[27] und
vergleicht »einen Regulus« und »Seneca«, die »den Schrecknis-
sen eines barbarischen Todes heiter« entgegensahen, mit den
»Cäsaren«, die »unter blutig errungenen Diademen zittern«.[28]
Ehrgeiz und Herrschsucht sind auch die Triebfedern Fiescos.
»Jahre voraus« (V,13) hatte er den Plan gefaßt, Herzog von Genua zu werden. Die Entscheidung Fiescos, den Griff nach der
Monarchenkrone zu wagen (III,2), bedeutet somit keine plötz-
liche Wendung weg von den republikanischen Idealen des Brutus, sondern bezeichnet den Beginn der Abschlußphase des bereits von langer Hand vorbereiteten Kampfes Fiescos um die
Herzogswürde in Genua. In der Forschungsliteratur ist Fiesco
öfters mit Catilina verglichen worden.[29] Man hat sich dabei
durch das Zitat aus Sallusts *De coniuratione Catilinae* leiten lassen,
das Schiller als Motto seinem Drama voranstellte.[30] Fiesco ist
aber keine Catilinarische Existenz, die eine Revolte wagt, weil sie
nichts zu verlieren hat. Ein verarmter Patrizier wie Catilina ist in
Schillers Trauerspiel nicht Fiesco, sondern Sacco. Sacco ist »ein
Bettler, wenn die itzige Verfassung nicht übern Haufen fällt«
(I,3). Befreit ihn der Umsturz nicht von seinen Schulden, droht
ihm die Deklassierung.[31] Fiesco aber steht – wie seine Vorbilder
Cäsar und Augustus – an der Spitze eines der mächtigen Häuser
der Republik. Sein Streben nach der Krone hat andere Gründe
als die des Catilinariers Sacco.

Ähnlich dem Republikaner Cicero, der als einer der ersten hinter der freundlichen Maske des Patrioten den Monarchisten Cäsar erkannte,[32] durchschaut Verrina den Fiesco. »Der Mann,
dessen Lächeln Italien irre führte«, so fragt er seinen Gesin-

nungsgenossen Bourgognino, »wird er seines Gleichen in Genua
dulden?« Daß Fiesco die Fähigkeit besitzt, »den Tyrannen« Gianettino zu »stürzen«, wird von Verrina nicht bezweifelt. Wohl
aber ist für ihn gewiß«, daß Fiesco danach selbst »Genuas gefähr-
lichster Tyrann werden« (III,1) wird. Verrina weiß, daß es
Fiesco – ähnlich wie seinen cäsaristischen Idolen – nur darum
geht, die Konkurrenten beim Kampf um die Monarchenmacht
auszuschalten, nicht aber die republikanische Staatsform zu
schützen bzw. wiederherzustellen. Verrina ist nicht die einzige
ausgesprochen anti-tyrannische Figur des Dramas. Auch Leonore, die Gattin Fiescos, steht auf der Seite der Republikaner,
auch sie hofft, daß Fiesco »*Genua von seinen Tyrannen erlösen*« (I,1)
werde. Zu spät erkennt sie, daß ihr Gemahl kein Brutus, sondern
ein Cäsar ist. Wie Cäsars Frau Calpurnia während der Nacht vor
dem Attentat die Ermordung ihres Mannes in Angstträumen
vorausahnt,[33] so hat Leonore die Vision, ihren Gemahl »an tiefen
tödlichen Wunden zu Boden fallen« (IV,14) zu sehen. Leonore
beschwört Fiesco, von einem Staatsstreich abzulassen, dessen
Ziel die Erlangung der Monarchenwürde ist. Im Personenverzeichnis charakterisiert Schiller Fiescos Frau als »empfindsam«.
Die Argumente, die Leonore ins Feld führt, um Fiesco von seinen
Putschplänen abzubringen, sind die der Aufklärung und Empfindsamkeit. Ihre Gegenspielerin Julia Imperiali, die, wie ihr
Name schon andeutet, dem Cäsarismus Fiescos nahesteht, ver-
höhnt diese »grämliche Empfindsamkeit«, von der sie nicht ganz
zu Unrecht behauptet, daß sie Fiesco »anekle« (II,2). Für Leonore hingegen gilt, daß dort, wo »ewig nie die Empfindung
perlt«, nämlich in der »stürmischen Zone des Throns«, die Liebe
»verdorren« (IV,14) muß. Ihre moralisch-empfindsame Fürstenkritik gipfelt in der Anklage: »*Fürsten*, Fiesco? Diese *mißratenen
Projekte* der wollenden und nicht könnenden Natur – sitzen so
gern zwischen Menschheit und Gottheit nieder –; heillose
Geschöpfe. Schlechtere Schöpfer« (IV,14). Der moralischen Argumentationsstrategie der Aufklärung entsprechend wird hier –
ähnlich wie in *Kabale und Liebe* – mit dem Vokabular der »Herzens«-Metapher die private persönliche Beziehung gegen die
Unmenschlichkeit des politischen Machtzentrums Hof ausge-

spielt: »Mein Gemahl ist hin, wenn ich den Herzog umarme. ...
Kann mein *Herz* deinen ungeheuren Hunger nicht stillen – o
Fiesco, das *Diadem* wird noch ärmer sein« (IV,14). Dem »rasseln-
den Kettenhaus« der Tyrannei setzt sie das Bild eines utopischen
Arkadien entgegen: »Laß in den Staub uns werfen all diese prah-
lende Nichts, laß in romantischen Fluren ganz der Liebe uns leben! ... Unser Leben rinnt dann melodisch wie die flötende
Quelle zum Schöpfer –« (IV,14). Leonorens Kritik am Fürstentum kann man nicht entgegenhalten, sie sei unpolitisch und laufe
auf Eskapismus hinaus. Das Bild des »locus amoenus« wird eingeführt, um den Hof als »locus terribilis« so negativ wie möglich
erscheinen zu lassen. Leonore beurteilt die politische Lage nüchterner und richtiger als Fiesco, wenn sie diesen warnt: »Republikaner aus ihrem Schlaf aufzujagen, das Roß an seine Hufen zu
mahnen, ist kein Spaziergang, Fiesco. Traue diesen Rebellen
nicht. Die Klugen, die dich aufhetzen, fürchten dich« (IV,14).
Ihr an Brutus orientiertes Wunschbild vom Politiker Fiesco erweist sich als Illusion. Die Erkenntnis, daß ihr Gemahl ein von
Herrschsucht besessener Politiker mit cäsaristischem Ehrgeiz ist,
gerät in Konflikt mit ihrer persönlichen Neigung und Liebe zu
Fiesco. Die Krise führt zur Geistesverwirrung. In ihren Wahn
rettet sie die Fiktion von Fiesco als republikanischem Helden.
»Schwärmend« und »wild phantasierend« nennt sie ihn »mein
Brutus« und sieht sich selbst als Brutus' Gemahlin, als »Porcia«
(V,5). Wie Porcia fällt sie bei Beginn des Staatsstreiches in Ohnmacht (IV,15).[34] Die Brutus-Verehrerin Leonore läßt Schiller im
Stück ermorden durch den Cäsar-Anhänger Fiesco. Als politische Personen gerieten die beiden Ehegatten in einen unaus-
gleichbaren Gegensatz. Dieser Antagonismus war deshalb nicht
mehr durch eine persönlich-private Beziehung aufzuheben, weil
– aus der Sicht Leonorens – Fiescos Entscheidung für den Cäsarismus notwendigerweise jede persönliche Liebesbeziehung zerstören mußte.

II.

Auf die Bedeutung Rousseaus für den jungen Schiller ist in der Forschung häufig hingewiesen worden.[35] Als wissenschaftlich gesichert kann angenommen werden, daß das eigentliche Rousseau-Studium Schillers zu der Zeit begann, als er anfing, am *Fiesco* zu arbeiten.[36] Rousseaus Schrift *Du Contrat Social* dürfte nicht ohne Einfluß auf die Konzipierung der politischen Figuren in Schillers *Fiesco* gewesen sein. Für das Verständnis jener Protagonisten des Stückes, gegen die sich der Aufstand der Genueser richtet, nämlich der Vertreter des Hauses Doria, scheint die politische Theorie Rousseaus wichtig zu sein. Der Haß der Republikaner richtet sich gegen den »frechen« und »hochmütigen« (I,1) jungen Prätendenten und Neffen des regierenden Dogen Andreas Doria, Gianettino. Die Bürger Genuas beschimpft Gianettino als »Lumpenrepublikaner« und »Hunde« (I,5). Nach dem Tode seines Onkels will er »einen Galgen aufpflanzen«, an dem die »genuesische Freiheit sich zu Tod zappeln soll« (I,5). Nichts Geringeres hat er vor, als »Genuas ganze Adelschaft in alle Lüfte zu schnellen« bzw. »in die Hölle« zu senden (I,5). Der Mord an den Mitgliedern der Signoria, also des Senats, ist für ihn beschlossene Sache, und seine Ernennung zum Monarchen hat er sich für die Zeit nach dem Staatsstreich durch außenpolitische Zugeständnisse an Kaiser Karl V. gesichert. Das »Joch« (V,4), das früher auf Genua gelastet hatte, und das Andreas Doria brach, indem er die Unabhängigkeit von Frankreich erkämpfte,[37] will Gianettino dem Stadtstaat wieder auferlegen. Die Abschaffung der demokratischen Institution des Senates ist für den jungen Schiller die politische Sünde *kat' exochen*. In dem Aufsatz »Die Gesetzgebung des Lykurgus und Solon« stellt er als die größten gesetzgeberischen Leistungen der beiden Griechen die Einführung des Senates heraus.[38] Die Anarchie, die »dissolution de l'Etat«, d. h. die Auflösung des Gesellschaftsvertrages, beginnt nach Rousseau dann, »quand le Prince n'administre plus l'Etat selon les loix et qu'il usurpe le pouvoir souverain«.[39] Dies geschieht in Genua als Folge der Machtanmaßungen des Prätendenten Gianettino. Die Ausführungen Rousseaus zum Thema Despotismus lesen sich wie ein Kommentar zu Gianettinos Taten und Plänen. »Au lieu de gouverner les sujets pour les rendre heureux«, schreibt Rousseau, »le despotisme les rend misérables pour les gouverner.«[40] Wie kommt es, daß der junge Doria so viel Einfluß besitzt, das politische System des Stadtstaates zu zerschlagen und die Macht zu usurpieren? »Jener sanftmütige Andreas«, so artikuliert Leonore die Meinung der genuesischen Republikaner, »mag immer Herzog von Genua heißen« (I,1). Billigte Andreas die Machenschaften Gianettinos, so würde er kaum von den Genuesern verehrt werden. An dem Tag, an dem Gianettino die Vorbereitungen zum Umsturz trifft, zitiert ihn Andreas zu sich. Der alte Doria nennt den Neffen einen »Buben«, »Rebellen« und »Hochverräter des Staats« (II,13) und beschuldigt ihn, »ein Gebäude umgerissen« zu haben, das er »in einem halben Jahrhundert sorgsam zusammenfügte«, das »der Vergänglichkeit spotten sollte« und ihm »die Liebe der Genueser« (II,13) eingetragen habe. Sich selbst beschuldigt Andreas der »gottlosen Liebe« zu Gianettino als einem Mitglied seines Hauses. Wie Verrina und Leonore überprüft und mißt Andreas sein politisches Verhalten an den mit den Brutus-Figuren verbundenen republikanischen Idealen. Junius Brutus ließ nach einem von ihm verlangten öffentlichen Verfahren seine beiden Söhne hinrichten, als sie sich an der monarchistischen Verschwörung gegen die Republik beteiligten. Auch Andreas weiß, daß sein Neffe vom »Herzog und seiner Signoria« verhört werden müßte und macht es sich zum Vorwurf, daß er »den Kopf des Empörers« Gianettino »dem beleidigten Staat nicht – vom Blutgerüste zuwerfe« (II,13). Was ist das für eine Staatsform, die Andreas begründete und geschützt wissen will? Der alte Doria ist kein Tyrann, denn die demokratische Institution der Signoria wird von ihm anerkannt. Es scheint sich bei ihm vielmehr um jene vom jungen Schiller propagierte Art von »verständigem Fürsten«[41] zu handeln, der die Herstellung des »glücklichen Gleichgewichtes der gesellschaftlichen Kräfte«[42] im Auge hat und damit »das höchste mögliche Ideal bürgerlicher Glückseligkeit für sein Zeitalter«[43] zu erreichen trachtet. Ist aber eine »fürstliche Republik« oder ein »republikanisches Fürstentum« – einem solchen steht Andreas Doria offenbar vor – nicht eine *contradictio in adiecto*? Rousseau würde diese Frage verneinend beantworten. Nicht die äußere Form des Staates macht nach ihm die Republik aus: ihr Kriterium ist vielmehr der Vollzug der »volonté générale«. Zur Definition der Republik schreibt Rousseau:

»Je n'entends pas seulement par ce mot une Aristocratie ou une Démocratie, mais en général tout gouvernement guidé par la volonté générale, qui est la loi. Pour être légitime il ne faut pas que le Gouvernement se confonde avec le Souverain, mais qu'il en soit le ministre: alors la monarchie elle-même est république. ...J'appelle donc République tout Etat régi par des loix, sous quelque forme d'administration que ce puisse être: car alors seulement l'intérêt publique gouverne, et la chose publique est quelque chose. Tout Gouvernement légitime est républicain.«[44]

Gianettino und Fiesco wollen in sich Regierung (»le Gouvernement«) und Staatsoberhaupt (»le Souverain«) vereinen, wollen ihren je besonderen Willen an die Stelle des »allgemeinen« setzen.[45] Andreas dagegen versteht sich nicht als »Staatsoberhaupt«, sondern lediglich als Regierender, d. h. als Diener des »allgemeinen Willens«, und das macht ihn nach Rousseau zum Republikaner.[46] Andreas unterwirft nicht den allgemeinen seinem besonderen Willen, vielmehr besteht seine politische Leistung darin, daß er seinen besonderen mit dem allgemeinen Willen in Übereinstimmung gebracht hat. Er regiert zwar – gemeinsam mit der Signoria – wie ein konstitutioneller Monarch, doch verkörpert er *realiter* den Republikanismus Genuas. In der Terminologie Schillers ist Genua zwar als »monarchischer Staat« aufzufassen, doch besitzt dieser Staat unter Andreas Doria eine »liberale Regierung«, und zwar deshalb, weil »der einzelne Bürger... nach seinem eigenen Sinne leben und bloß seiner Neigung gehorchen« kann, »obgleich alles nach eines einzigen Willen geht«.[47] Andreas' »Hauptfehler aber ist zweifelsohne die ›gottlose Liebe‹ zu seinem Neffen.«[48] Durch sie weicht er von seinen republikanischen Prinzipien ab, und er gerät in Gefahr, selbst den »*ersten Feuerbrand*« (II,13) in das von ihm errichtete Staatsgebäude zu werfen. Nach dem Sturz Gianettinos und Fiescos besteht aber für die Republikaner Genuas kein Grund mehr, nicht auf jene Regierungsform zurückzugreifen, die sich unter der Herrschaft des Andreas als republikanische bewährt hat. So gesehen, wäre in der Forschungsliteratur zu

Schillers *Fiesco* das Ende des Trauerspiels häufig mißverstanden worden. Denn Verrinas Entschluß »Ich geh' zum Andreas« (V,17) ist von den Interpreten durchweg als »Resignation«[49] oder »Kapitulation«[50] eines Republikaners gewertet worden, aus der »Pessimismus«[51] und »Hoffnungslosigkeit«[52] sprächen. Weil Andreas Doria jeder Cäsarismus fernliegt, weil er – trotz einer Herrschaftsform mit monarchischen Zügen – der Garant des Republikanismus ist, kann sich Verrina zu ihm bekennen. Das »Lamm Republik« konnte dem Andreas, nicht aber dem »Wolf« (V,16) Gianettino oder dem »Souverän« Fiesco anvertraut werden.

Ähnlich wie vorher Leonore, beschwört am Ende des Dramas Verrina mit moralischen Argumenten Fiesco, von seinem Plan, »Fürst« zu werden, abzulassen. Leonore warf ihre persönliche Liebe zu Fiesco in die Waagschale, und Verrina führt seine »brüderliche« (V,16) Freundschaft an. Die scharfe Fürstenkritik Verrinas übertrifft noch die Leonorens, wenn es heißt: »Der erste Fürst war ein Mörder und führte den Purpur ein, die Flecken seiner Tat in dieser Blutfarbe zu verstecken« (V,16). Verrina beruft sich auf die »römische Tugend«, »Gesetz« und »Freiheit« zu schützen, um Fiesco die Verwerflichkeit seines Cäsarismus vor Augen zu führen. Erst als seine beschwörenden Bitten erfolglos bleiben, wird Verrina zum genuesischen Brutus. »Wo ein Brutus lebt, muß Cäsar sterben« hatte Schiller in seinem Erstlingsdrama verkündet,[53] und diese Losung gilt auch im *Fiesco*. Der »starrköpfigste Republikaner« (I,5) tötet den »gesunkenen Sohn der Republik« (I,7). Wie Marcus Brutus den Tod Cäsars mitherbeiführte, obwohl er ihn hochschätzte und durch Freundschaft mit ihm verbunden war, entschließt sich auch Verrina ohne persönlichen Haß aus republikanischer Staatsräson zum Mord an Fiesco. »Die Tugend handelt groß um des Gesetzes willen«, schreibt der junge Schiller, und dieser Klasse der Tugendhaften sollten seiner Meinung nach »Gesetzgeber, Richter, Könige« entstammen.[54] Verrina ist einer dieser »großen Tugendhaften« im Sinne Schillers; sein Profil weist am Ende des Trauerspiels jene »große Linie zu einem Brutuskopfe« auf, nach der zu Beginn des Dramas von den Republikanern Ausschau gehalten worden war. So wie Genua sich durch Andreas Doria der äußeren Feinde entledigt hatte, befreit Verrina die Republik von seinen inneren Gegnern. Durch Verrinas »Ich geh' zum Andreas« wird die Gleichheit und Gleichrangigkeit dieser beiden Politiker unterstrichen. Jene optimistische Überzeugung, der Schiller wenige Jahre später in seiner Abhandlung über den »Abfall der Niederlande« als Historiker Ausdruck verlieh, daß nämlich »gegen die trotzigen Anmaßungen der Fürstengewalt endlich noch eine Hilfe vorhanden ist, daß ihre berechnetsten Pläne an der menschlichen Freiheit zu Schanden werden, daß ein herzhafter Widerstand auch den gestreckten Arm eines Despoten beugen, heldenmütige Beharrung seine schrecklichen Hilfsquellen endlich erschöpfen kann«,[55] diese Überzeugung hat er als Dramatiker in seinem »republikanischen Trauerspiel« gestaltet. Auch bei der Konzipierung von Fiescos Ende dürfte Rousseaus Staatsphilosophie eine Rolle gespielt haben. In *Du Contrat Social* liest man:

»D'ailleurs tout malfaiteur attaquant le droit social devient par ses forfaits rebelle et traître à la patrie, il cesse d'en être membre en violant ses loix, et même il luit fait la guerre. Alors la conservation de l'Etat est incompatible avec la sienne, il faut qu'un des deux périsse, et quand on fait mourir le coupable, c'est moins comme Citoyen que comme ennemi.«[56]

Mit den Worten »die Leichenöffnung seines Lasters unterrichtet vielleicht die Menschheit« umschrieb der junge Schiller die Absicht, die ihn bei der Publikation der Erzählung über den »Verbrecher aus verlorener Ehre« geleitet hatte.[57] Eine ähnliche Intention dürfte seiner Bearbeitung des Fiesco-Stoffes zugrunde gelegen haben, wie schon das Sallust'sche Motto andeutet. Das »Laster« und die »Frevel der Mächtigen« vor den »schrecklichen Richterstuhl« der »Schaubühne« zu »reißen«, hatte der frühe Schiller als wichtigen Punkt seines wirkungsästhetischen Programms ausgegeben.[58] Jene Fürstenkritik, die Schiller im Stück Leonore und Verrina in den Mund legt, formuliert der Autor hier als seine eigene: »Eine merkwürdige Klasse von Menschen«, so führt er aus, habe »Ursache, dankbarer als alle übrigen gegen die Bühne zu sein.« Denn »hier nur hören die Großen der Welt, was sie nie oder selten hören – Wahrheit; was sie nie oder selten sehen,

sehen sie hier – den Menschen«.[59] Da Schiller den »Schaubüh-
nen«-Vortrag nur kurze Zeit nach der ersten Aufführung des
Fiesco hielt, ist es möglich, daß er sich auf Charaktere wie Fiesco
bezieht, wenn er weiter ausführt:

»Mit diesen Lasterhaften, diesen Toren müssen wir leben. Wir
müssen ihnen ausweichen oder begegnen; wir müssen sie unter-
graben oder ihnen unterliegen. Jetzt aber überraschen sie uns
nicht mehr. Wir sind auf ihre Anschläge vorbereitet. Die Schaubühne hat uns das Geheimnis verraten, sie ausfündig und un-
schädlich zu machen. Sie zog dem Heuchler die künstliche
Maske ab und entdeckte das Netz, womit uns List und Kabale
umstrickten.«[60]

»Kunst und Kabale«, die »erfinderische Intrige« der »kalten,
unfruchtbaren Staatsaktion«[61] waren im *Fiesco* das »Netz«, womit die Republikaner »umstrickt« werden sollten. Ein politisches
Lehrstück hatte Schiller durchaus im Sinn, als er die Verschwörung des Fiesco dramatisierte. Er unterstreicht den politisch-di-
daktischen Zug seiner frühen Ästhetik, wenn er in dem zitierten
Vortrag die »Schaubühne« als »Wegweiser durch das bürgerliche Leben« definiert.[62] Im Falle des *Fiesco* scheint die politische
Wirkungsabsicht in der Unterstützung der republikanischen Bewegung zu liegen.

Mit dem Wahlspruch »aut Brutus aut Caesar« könnte man die
Losung jenes Teils der künstlerischen Intelligenz in den Jahren
vor der Französischen Revolution umreißen, dem auch der junge
Schiller angehörte. Bewußt wird von ihm die Verbindung zur
republikanischen, nicht zur cäsaristischen Tradition römischer
Geschichte gesucht. Die Dialektik der bürgerlichen Emanzipa-
tionsbewegung, innerhalb deren die Arbeit jener Generation zu
sehen ist, verläuft freilich so, daß am Ort ihrer fortgeschrittens-
ten Entwicklung, im Paris der Revolutionszeit, Ausschau gehalten wird nach einer Cäsar-Figur, die man dann in Napoleon zu
finden glaubt. Das sind jene Jahre, in denen der ehemalige Bru-
tus-Maler Jacques Louis David mit seinen Bildern Napoleon als
dem neuen Cäsar Augustus huldigt.[63] Das ist jene Zeit auch, in
der der »neue Caesar«[64] Goethe ersucht, Julius Cäsar dramatisch als »Menschheitsbeglücker«[65] darzustellen. Goethe erwog

vorübergehend, den alten Plan eines Cäsar-Stückes aus den Straßburger Jahren wieder aufzugreifen. Der Cäsarismus Napoleons prägt auch das positive Cäsar-Verständnis von Schelling und Hegel.[66] Schiller vollzieht diese Wende vom Republikanismus zum Cäsarismus, wie sie in der Kunst und Philosophie seiner Zeit als Folge der politischen Veränderungen auftaucht, nicht mit. Friedrich Schlegels Abhandlung »Caesar und Alexander«,[67] in der Cäsar als »der größte aller Herrscher« gefeiert wird, lehnt er konsequenterweise für eine Publikation in den *Horen* ab.[68] Zwar muß er unter den Bedingungen seiner Zeit von der auf direkte politische Resultate bedachten frühen Wirkungsästhetik Abstand nehmen, aber der nunmehr vom Kantianer Schiller angestrebte »ethische Staat«[69] ist *eo ipso* ein republikanischer und soll durch den »ästhetischen Staat« vorbereitet und möglich gemacht werden.[70] Auf dem Gebiet des Dramas gestaltet der »klassische« Schiller mit *Wilhelm Tell* einen politischen Stoff, der mit dem Brutus-Thema in engem Zusammenhang steht. Auch hier geht es um den Sturz einer despotischen Monarchie durch Republikaner. Der Anti-Cäsarismus zielt nicht zuletzt gegen den neuen Empire-Begründer Napoleon, der, bei bewußter Anknüpfung an den cäsaristischen Imperialismus Roms, Europa zu erobern sucht. *Tell* macht zugleich den politischen Lernprozeß deutlich, den Schiller seit dem *Fiesco* durchlaufen hat. Während er in seinem Jugenddrama Monarchismus und Republikanismus noch nicht als notwendig antagonistische politische Bewegungen beschreibt, zeigt der *Tell* Schiller als antimonarchistischen Verfechter eines demokratischen Republikanismus. Diese in jenem Spätwerk zu Tage tretende politische Perspektive deutet eine Emanzipation von der Staatsphilosophie Rousseaus an, eine Emanzipation, die Schiller auf dem Gebiet der Geschichtsphilosophie schon einige Jahre zuvor vollzogen hatte.[71] Konnte der junge Schiller 1782 noch sinnvoll mit politischen Vorstellungen Rousseaus gegen Tyrannei und Despotismus streiten, so war dies 1804 nach der diskreditierenden Inanspruchnahme der »volonté générale« durch Robespierre und Napoleon nicht mehr möglich.

Anmerkungen

1 Zitiert wird in der Folge nach der Säkular-Ausgabe (SA): Schillers sämtliche Werke in 16 Bänden, Stuttgart und Berlin o. J. Um den Benutzern anderer Schiller-Ausgaben die Arbeit zu erleichtern, wird nicht mit Seiten-, sondern mit Akt- und Szenenangaben zitiert. Dabei stehen für die Akte römische, für die Szenen arabische Ziffern. Der Studie zugrunde gelegt ist die erste Fassung des Fiesco, die sog. »Buchfassung«, die 1782 entstand und 1783 erstmals publiziert wurde. Für die Interpretation der übrigen Fassungen des Trauerspiels sei auf die Arbeit von Frank M. Fowler verwiesen: »Schiller's Fiesco reexamined«, Publications of the English Goethe-Society, 40 (1970), S. 1–29.

2 Vgl. dazu im einzelnen Hans J. Haferkorn, »Zur Entstehung der bürgerlich-literarischen Intelligenz und des Schriftstellers im Deutschland zwischen 1750 und 1800«, in Deutsches Bürgertum und literarische Intelligenz 1750–1800, hrsg. v. Bernd Lutz, Stuttgart 1974, S. 113–275.

3 Vgl. Richard Hamann, Die deutsche Malerei vom Rokoko bis zum Expressionismus, Leipzig und Berlin 1925, S. 70, 81, 82.

4 Tragedie di Vittorio Alfieri, Vol 1, Firenze 1891, S. 489.

5 Vgl. Robert L. Herbert, David, Voltaire, Brutus and the French Revolution. An Essay in Art and Politics, London 1972.

6 Herzel, Junius Brutus, 1761. Bodmer, Tarquinius Superbus, 1768. Vgl. bei Bodmer auch die Brutus-Gespräche in: Gespräche im Elysium und am Acheron, 1763. Schlegel, Lucretia (erschienen 1773).

7 Karl Fries, »Schiller und Plutarch«, Neue Jahrbücher für das klassische Altertum, 1898, S. 353.

8 Friedrich Gundelfinger, Caesar in der deutschen Literatur, Berlin, 1904, S. 88.

9 J. J. Bodmer, Julius Caesar, 1763, Marcus Brutus, 1768, Brutus und Cassius Tod, 1782. Diese Dramen, besonders der Marcus Brutus, sind auch stark durch Shakespeare beeinflußt. Vgl. dazu Wolfgang Bender, J. J. Bodmer und J. J. Breitinger, Stuttgart 1973, S. 56.

10 Gundelfinger, S. 108.

11 Ibid. Eine schwache, kaum ins Gewicht fallende Gegenströmung machte sich bei Autoren wie Uz und Ramler bemerkbar, die wie ihr Preußenkönig Friedrich II. ausgesprochene Cäsar-Verehrer waren. Vgl. dazu Gundelfinger, S. 101.

12 Arnold Hauser, Sozialgeschichte der Kunst und Literatur, München 1967, S. 662.

13 Vgl. Reinhart Koselleck, Kritik und Krise. Eine Studie zur Pathogenese der bürgerlichen Welt, Frankfurt am Main 1973.

14 Hauser, S. 665. Unverständlich ist Günthers Behauptung, daß »Verrinas Einfall«, Fiesco mit Hilfe eines Gemäldes in seinen Handlungen zu beeinflussen, »drollig wirke«. Vgl. Gerhard Günther, »Der Cäsar und die Republik. Der politische Gehalt von Schillers Fiesco«, Deutsches Volkstum, 1929, S. 100.

15 Hauser, S. 662.

16 Der italienische Maler Giulio Romano (1492–1546), der vorübergehend in Genua lebte, wählte gerne – wenn auch nicht mit republikanischer Wirkungsabsicht – Motive aus der römischen Sagenwelt. Vgl. Frederick Hartt, Giulio Romano, New Haven 1958, 2 Bde.

17 Herbert, S. 15.

18 Benno von Wiese, Friedrich Schiller, Stuttgart 1959, S. 187.

19 Walter Hinderer, »»Ein Augenblick Fürst hat das Mark des ganzen Daseins verschlungen«. Zum Problem der Person und der Existenz in Schillers ›Die Verschwörung des Fiesco zu Genua‹«, Jahrbuch der deutschen Schillergesellschaft, 14, 1970, S. 266.

20 Ähnlich argumentiert auch Fowler, S. 27.

21 Zur Deutung der Fabel vgl. Charlotte Craig, »Fiesco's Fable – A Portrait in Political Demagoguery«, Modern Language Notes, 86, 1971, S. 393–399.

22 Vgl. Gundelfinger, S. 107 und ähnlich Hermann Nohl, Friedrich Schiller, Frankfurt am Main 1954, S. 33.

23 Karl Berger, Schiller. Sein Leben und seine Werke. In zwei Bänden, München 1905, Bd. 1, S. 275.

24 Hinderer, S. 242.

25 Plutarch, Caesar, Kapitel LXI. Vgl. auch W. Shakespeare, Julius Caesar, 1,2 und III,2.

26 Vgl. Plutarch, Caesar, Kapitel LX und LXI.

27 Schiller, »Gehört allzuviel Güte, Leutseligkeit und große Freigebigkeit im engsten Verstand zur Tugend?«, SA. Bd. 11, S. 5.

28 Schiller, »Die Tugend in ihren Folgen betrachtet«, SA, Bd. 11, S. 17.

29 Berger, S. 279; Hagen Müller-Stahl, »Brutus oder Katilina? Über die Fassungen des ›Fiesco‹ von Friedrich Schiller«, Theater der Zeit, 8/2, 1953, S. 9; René Cannac, Théâtre et Révolte, Essai sur la Jeunesse de Schiller, Paris 1966, Abschnitt: »Brutus ou Catilina?«, S. 148–154.

30 Sallust, De coniuratione Catilinae, § 15. In der Übersetzung lautet das Zitat bzw. Motto: »Denn dieses Unternehmen ist wohl ganz besonders denkwürdig wegen des ungewöhnlichen Maßes von Ruchlosigkeit und Gefährlichkeit«

31 Ibid, § 5.

32 Plutarch, Caesar, Kapitel IV.

33 Ibid, Kapitel LXIII.

34 Plutarch, Brutus, Kapitel XV.

35 Alexander Abusch, Schiller. Größe und Tragik eines deutschen Genies, Berlin und Weimar [5]1975, S. 25; Berger, S. 273 f; Hans Heinrich Borcherdt, Schiller. Seine geistige und künstlerische Entwicklung, Leipzig 1929, S. 53; Fries, S. 359; J. Minor, Schiller. Sein Leben und seine Werke, Berlin 1890, 2. Bd. S. 46; Müller-Stahl, S. 8.

36 Wolfgang Liepe, »Der junge Schiller und Rousseau«, Zeitschrift für deutsche Philologie, 51, 1926, S. 313. Wieso sich Phelps auf Liepe beruft, wenn er behauptet, daß auch beim Fiesco noch kein Rousseau-Einfluß vorliegen

könne, ist unverständlich, denn Liepe setzt den Beginn der Primärlektüre Rousseaus bei Schiller mit den Jahren 1781/1782 an. Vgl. Reginald H. Phelps, »Schiller's Fiesco – A Republican Tragedy?«, PMLA, 89, 1974, S. 449.

37 Berger, S. 275.

38 Schiller, »Die Gesetzgebung des Lykurgus und Solon«, SA, Bd. 13, S. 69 und 98.

39 Jean-Jacques Rousseau, Du Contrat Social, Livre III, Chapitre X, S. 422. Zitiert wird nach der Pléiade-Ausgabe, Oeuvres complètes, Band III, Paris 1964.

40 Ibid, Chapitre VIII, S. 415.

41 Schiller, »Geschichte des Abfalls der vereinigten Niederlande von der spanischen Regierung«, SA, Bd. 14, S. 52.

42 Schiller, »Die Gesetzgebung«, S. 82.

43 Schiller, »Briefe über Don Carlos«, SA, Bd. 16, S. 82 (8. Brief).

44 J.-J. Rousseau, Contrat, Livre II, Chapitre VI, S. 379–380.

45 Daß Fiescos Regierung mit der Gianettinos strukturell identisch wäre, stellt auch Minor, S. 46, heraus.

46 Auch Hinderer, S. 269, und Phelps, S. 447, sehen in Andreas Doria einen vorbildlichen Politiker im Dienste der Republik Genua.

47 Schiller, »Über Anmut und Würde«, SA, Bd. 11, S. 211.

48 Hinderer, Fußnote S. 232.

49 Berger, S. 284 und Günther, S. 101.

50 Ursula Wertheim, Schillers ›Fiesco‹ und ›Don Carlos‹. Zu Problemen des historischen Stoffes, Berlin und Weimar 1967, S. 102.

51 Abusch, S. 56.

52 Erläuterungen zur deutschen Literatur: Klassik, Berlin 1974, S. 155; ähnliche Äußerungen bei Borcherdt, S. 56; Helmut Koopmann, Friedrich Schiller. I. 1759–1794, Stuttgart 1966, S. 31; Müller-Stahl, S. 9; Fritz Strich, Schiller. Sein Leben und Werk, Leipzig 1912, S. 92. Lediglich Bellermanns Interpretation überschneidet sich mit meiner Deutung; vgl. Ludwig Bellermann, Schiller; Leipzig, Berlin, Wien 1901, S. 72.

53 Schiller, Die Räuber, IV,5.

54 Schiller, »Briefe über Don Carlos«, S. 89 (11. Brief). Verrina ist zu Recht in der Sekundärliteratur öfters mit Brutus verglichen worden; siehe; Berger, S. 28; Reinhard Buchwald, Schiller. Leben und Werk, Wiesbaden 1959, S. 336; Erläuterungen, S. 155; Fries, S. 360; Günther, S. 97; Phelps, S. 450; Wertheim, S. 102.

55 Schiller, »Geschichte des Abfalls«, S. 3.

56 J.-J. Rousseau, Contrat, Livre II, Chapitre V. S. 376.

57 Schiller, »Der Verbrecher aus verlorener Ehre«, SA, Bd. 2, S. 194.

58 Schiller, »Die Schaubühne als eine moralische Anstalt betrachtet«, SA, Bd. 11, S. 91.

59 Ibid, S. 96.

60 Ibid, S. 94.

61 Schiller, »Vorrede« zum Fiesco, SA, Bd. 16, S. 42.

62 Schiller, »Die Schaubühne«, S. 94.

63 Vgl. Charles Saunier, Louis David, Paris o. J., S. 112: »La cérémonie du sacre de Napoléon« und S. 116: »La distribution des aigles.«

64 F. Gundelfinger, S. 123.

65 Adolf Schöll, Goethe in Hauptzügen seines Lebens und Wirkens, Berlin 1882, S. 476.

66 Vgl. Gundelfinger. S. 123.

67 Friedrich Schlegel, »Caesar und Alexander«, in Kritische Friedrich-Schlegel-Ausgabe, hrsg. v. Ernst Behler et al., Bd. 7: Studien zur Geschichte und Politik, München 1961, S. 26–55.

68 Gundelfinger, S. 121 f.

69 Schiller, »Über die ästhetische Erziehung des Menschen in einer Reihe von Briefen«, SA, Bd. 12, S. 117 (27. Brief).

70 Klaus L. Berghahn, »Schiller und die Tradition«, Monatshefte, 67, 1975, S. 415.

71 Vgl. Schiller, »Über naive und sentimentalische Dichtung«, SA, Bd. 12, S. 204.

Erstveröffentlichung: Monatshefte 70/1, 1978, S. 15–28, unter dem Titel »Die große Linie zu einem Brutuskopfe. Republikanismus und Cäsarismus in Schillers ›Fiesco‹.«

Johann Wolfgang von Goethe
HERMANN UND DOROTHEA (1797)

I.

Dieses Büchlein war einmal ein deutscher Bestseller, und heute ist es ein Ladenhüter, der auf den Regalen der Buchhandlungen verstaubt. Der Rezeptionsverlauf von *Hermann und Dorothea* erinnert eher an die Struktur der klassischen Tragödie als an die einer bürgerlichen Epopöe: Nach hoffnungsfrohen Anfängen und berauschenden Triumphen erfolgt der unaufhaltsame Niedergang mit katastrophalem Ende. Ob deswegen beim derzeitigen Publikum mit Katharsis samt Furcht und Mitleid zu rechnen ist, bleibt zweifelhaft. Der heutige Leser erinnert sich mit einer Intensität und Teilnahme an das Buch, wie man sie etwa für entfernte, längst – sicherlich vor 1918 – verstorbene Verwandte aufbringt. Dabei gäbe die Geschichte seiner Verbreitung während der ersten hundertzwanzig Jahre Stoff ab für eine so erinnerungswürdige wie imponierende Success-Story. *Hermann und Dorothea* war das rechte Lieblings-, Volks- und Schulbuch des deutschen Bürgertums im 19. Jahrhundert. Als Goethe im Sommer 1797 nach etwa einjähriger Arbeit an dem Werk von seinem Berliner Verleger Friedrich Vieweg dreihundert kaiserliche Dukaten als Honorar erhielt,[1] war noch nicht abzusehen, daß dieser relativ kleine Betrag der Schneeball sein würde, welcher sich in der Zirkulation der Kulturindustrie zu einer riesigen Kapitalslawine akkumulieren sollte. Oder hatte Goethe einen solchen Erfolg doch geahnt? Noch während der Niederschrift der letzten Gesänge spricht er in einem Brief vom 28. April 1797 an seinen kunsthistorisch versierten Freund Heinrich Meyer davon, daß er diesmal den »Gegenstand [...] äußerst glücklich« gewählt habe, daß hier ein »Sujet« vorliege, »wie man es in seinem Leben vielleicht nicht zweimal findet«.[2] Goethe konnte bekanntlich von der Entstehungszeit bis ins hohe Alter nie ohne große Rührung aus dem Werk vorlesen, aber diese gefühlsmäßige Involviertheit schloß eine kühle Kalkulation der zeitgenössischen Leserreaktion keineswegs aus. Schiller vertraute er ein Vierteljahr nach Erscheinen des Buches an:

»In Hermann und Dorothea habe ich, was das Material betrifft, den Deutschen einmal ihren Willen getan, und nun sind sie äußerst zufrieden. Ich überlege jetzt, ob man nicht auf eben diesem Wege ein dramatisches Stück schreiben könnte? das auf allen Theatern gespielt werden müßte und das jedermann für fürtrefflich erklärte, ohne daß es der Autor selbst dafür zu halten brauchte.«[3]

Auf diese Briefstelle mit dem Erfolgsrezept kommt Schiller wenige Monate später zurück, wenn er am 18. Mai 1798 angesichts der »ungeheuren Ausbreitung« des Buches Goethe zustimmt: »Sie haben sehr recht gehabt, zu erwarten, daß dieser Stoff für das deutsche Publikum besonders glücklich war, denn er entzückte den deutschen Leser auf seinem Grund und Boden.«[4] Der Verleger Vieweg tat das Seine, damit gleich die erste Auflage unters Volk kam. Zur Michaelismesse von 1797 brachte er es »in Taschenformat mit einem Kalender für 1798« heraus, »mit und ohne Kupfer in Bänden von gewirkter Seide, von Maroquin oder auch bloß geheftet«, auf daß es für jede Geldbörse und besonders für die Damen, »in allen soliden Buchhandlungen zu haben seyn« werde.[5] Die Feuilletonisten der zeitgenössischen Gazetten priesen das Werk als »goldenes Sittenbüchlein«, als »unübertreffliches Meisterstück« angesichts des »herrlichen deutschen Mädchens« und des »kräftigen deutschen Jünglings«, die hier in »homerischer Einfalt« geschildert würden.[6] Hie und da meldete sich zwar auch Kritik, aber insgesamt wurde das Büchlein, wie ein damaliger Rezensent feststellte, »von allen Freunden neuer Lectüre begierig gelesen«.[7] Die Großschriftsteller und Meisterdenker der Zeit hielten ebenfalls mit ihrem Lob nicht zurück. Schiller soufflierte dem Kunst-Meyer schon vor der Veröffentlichung in einem Brief vom 21. Juli 1797 die Stichworte zur künftigen Rezeption: »Sie werden gestehen, daß es der Gipfel seiner und unsrer ganzen neueren Kunst ist«.[8] Wilhelm von Humboldt stellt in seiner theoretischen Abhandlung über *Hermann und Dorothea* das Buch den großen Epen seit der Antike an die Seite: Homers *Ilias* und *Odyssee*, Ariosts *Orlando furioso*, Tassos *Gerusalemme liberata,* Miltons *Paradise Lost* und Klopstocks *Messias.*[9] August Wilhelm Schlegel, der damals – wie sein Bruder Friedrich – Goethe noch als Kronzeugen der kommenden romantischen Dichtung mißverstand, resümiert in seinem Essay zu dem Buch: »Hermann und Dorothea ist ein vollendetes Kunstwerk im großen Stil, und zugleich faßlich, herzlich, vaterländisch, volksmäßig; ein Buch voll goldner Lehren der Weisheit und Tugend.«[10] Herder las den Text »mit großer Freude«[11], und Hegel bezeichnet ihn in seiner *Ästhetik* stets als »Meisterwerk«[12]. Sieht man vom *Werther* ab, ist keine von Goethes Dichtungen gleich anfangs so positiv aufgenommen worden wie *Hermann und Dorothea,* und es wurde sein populärstes Werk. Anders als *Werther* war es nicht lediglich für eine gebildete Oberschicht gedacht. Auch in den folgenden Jahren blieb dem Buch die Gunst der Kritiker wie des breiten Publikums treu. Madame de Staël lobt den »Zauber«, der »in diesem Werke waltet«, und sie fährt fort: »Vom ersten bis zum letzten Vers fühlt man eine süße, aber unausgesetzte Erregung, und in den geringsten Einzelheiten zeigt sich eine natürliche Würde, die selbst den Helden Homers nicht zur Unzierde gereichen würde.«[13] Ab und an übt ein sensibler Ästhet wie August Graf von Platen Kritik an den Hexametern, die noch Fontane als »schaudervoll«[14] bezeichnen wird. Aber auch in Platens Epigramm von 1829 herrscht das Lob vor, wenn es heißt: »Holpricht ist der Hexameter zwar; doch wird das Gedicht stets / Bleiben der Stolz Deutschlands, bleiben die Perle der Kunst.«[15] Gegen die verbreitete Kritik an Goethes sogenannten »unreinen« Hexametern hatte sich 1797 schon Friedrich Schlegel im *Lyceum der schönen Künste* gewandt, als er, noch ganz Goethe-Verehrer, fragte: »Sollten aber die Gesetze der deutschen Hexameter wohl so consequent und allgemeingültig sein, wie der Charakter der Götheschen Poesie?«[16] Dazu, daß *Hermann und Dorothea* schon bald als eine Art säkularisiertes Gebetbuch zur quasi-metaphysischen Stärkung der deutsch-bürgerlichen Seele fungierte, gibt es viele Anekdoten. Theodor Storms Vater zum Beispiel besaß nur ein einziges Buch, eben *Hermann und Dorothea,* das er ständig griffbereit auf seinem Nachttisch liegen hatte. Und bei den Mendelssohns war es üblich, daß jeder Sprößling das ganze Buch auswendig lernte.[17] Die Jungdeutschen sorgten allerdings mit ihrer durchwegs ablehnenden Haltung gegenüber Goethe für einen leichten Knick in der Erfolgskurve des Buches, doch wurde diese Baisse durch eine steile Hausse in den folgenden Dekaden mehr als wettgemacht. Die eigentliche Massenverbreitung von *Hermann und Dorothea* fängt in den 1850er Jahren an. Goethe-Forscher wie Karl Rosenkranz, Literarhistoriker wie Georg Gottfried Gervinus oder Hermann Hettner und Ästhetiker wie Friedrich Theodor Vischer loben das Buch als das vollendetste von Goethes Werken. Jetzt beginnt *Hermann und Dorothea* seinen Platz auf den obersten Rängen der Pflichtlektüre-Listen deutscher Schulbehörden zu behaupten, wo es in erhabener Höhe nur noch mit Schillers *Glocke*, mit dem *Tell* oder dem *Faust* von gleich zu gleich verkehrt. Die Schulbuchindustrie nimmt sich des Büchleins an, und zahllose kommentierte, um die »bedenklichen Stellen« gereinigte Schulausgaben erblicken das Licht der vor Patriotismus dampfenden deutschen Klassenzimmer. Nicht erst die älteren, sondern bereits die mittleren Jahrgänge der Gymnasien werden – so im Königreich Bayern – durch Ministerialbeschluß instruiert, sich mit *Hermann und Dorothea* zu befassen.[18] Die Aufsatzthemen, mit denen jene Mittelklässler gequält werden, lauten etwa: »Wie sah das Städtchen aus, das Goethe zum Schauplatz seines Gedichtes ›Hermann und Dorothea‹ erwählt hat?«[19] Die didaktische Nutzung des Werkes war durchaus in Goethes Sinne. Nachdem er im Sommer 1814 die in Wiesbaden nach Pestalozzischem Muster errichtete Schule De l'Aspées besucht hatte, schickte er den Zöglingen eine Anzahl von Exemplaren.[20] Die Art und Weise, wie dann ein halbes Jahrhundert später die Wilhelminischen Schulmänner das kleine Werk zum »eisernen Bestand der Schullektüre« bzw. zum »Eckstein des deutschen Unterrichts« und zum »Grund humaner deutscher Geistesbildung« überhaupt[21] erklärten, wäre ihm allerdings wohl kaum geheuer gewesen. Den Deutschlehrern wollten die Lateinpauker der Jahrhundertwende in Sachen Nationalismus nicht nachstehen, und so gehörte es, wie sich Lion Feuchtwanger erinnert, zu den ausgeklügelten Martern für Primaner, Goethes deutsch-klassische Hexameter ins klassische Latein zu übersetzen.[22]

Die Vorliebe der Pädagogen für *Hermann und Dorothea* blieb nicht auf Deutschland beschränkt. Während der Dekaden vor der Jahrhundertwende herrschte in den USA eine deutschlandfreundliche Stimmung, und entsprechend populär waren die Werke der Weimarer Klassiker, die von zahllosen deutschen Kulturvereinen und Schiller- bzw. Goethe-Societies unters Volk und an die High Schools bzw. Colleges gebracht wurden. Bis zum Eintritt der USA in den Ersten Weltkrieg war kein Buch im amerikanischen Deutschunterricht so beliebt wie *Hermann und Dorothea*.[23] Man verband mit dem Namen Goethe vor allem diese Dichtung und den *Faust*[24]. Die Übersetzung des Werkes in alle europäischen Sprachen sicherte ihm eine internationale Verbreitung und Anerkennung, wenn auch von einer vergleichbaren Wirkung wie im Deutschen Reich und in den USA in anderen Ländern nicht die Rede sein konnte. Nach dem Deutsch-Französischen Krieg von 1870/71 mochte man sich in Frankreich, wo das Werk vorher sehr beliebt gewesen war, nicht mehr so recht für einen Hermann erwärmen, der kriegsbereit die Wacht am Rhein hält. Hatte früher der französische Kritiker und Schriftsteller Charles Augustin de Saint-Beuve die Dichtung noch »die erste aller Idyllen und die göttlichste« genannt, so erklärte sein Kollege und Landsmann Paul Binsse de Saint-Victor nach dem verlorenen Krieg in seiner Schrift *Barbares et Bandits* (1871): »Wir werden nie mehr in den Wald der deutschen Idylle gehen, seine Vergißmeinnicht sind mit Blut bespritzt; wir wissen jetzt, wie Hermann, von den Preußen in ein Regiment gesteckt, sich im besetzten Land aufführt.«[25] Briefe eines fiktiven preußischen Besatzungs-Hermanns an seine Verlobte Dorothea in Berlin erschienen 1872 in der *Revue des deux Mondes*. Dieser Briefwechsel, der sich vom Sommer 1870 bis zum Frühjahr 1871 erstreckt, schließt mit Hermanns Ausruf: »O grande Allemagne, patrie de l'idéal, ô Vaterland!«[26]

Wen wundert es, wenn bei einer derartigen Bekanntheit das Werk zu Nachdichtungen aller Art inspirierte? Von den zahlreichen Dramatisierungen der Dichtung sei vor allem jene des Karl Töpfer erwähnt, deren Uraufführung am 20. Oktober 1823 in Berlin stattfand und die Goethe sich ein Jahr später am 2. Okto-

ber 1824 in Weimar anschaute.[27] Um Anverwandlungen und Va-
riationen handelt es sich bei Eduard Mörikes *Idylle vom Bodensee*
(1846), Friedrich Hebbels *Mutter und Kind* (1859), Ferdinand von
Saars *Hermann und Dorothea* (1902) und Gerhart Hauptmanns
Anna. Ein ländliches Liebesgedicht (1921). Einen Abglanz von Dorothea und Hermann tragen ferner Nathalia Tarona und Heinrich
Drendorf in Adalbert Stifters *Nachsommer* (1857). In diesem Roman schenkt Mathilde Tarona ihrem Sohn Gustav eine Gesamtausgabe der Werke Goethes, und sein Ziehvater und Lehrer, der
Freiherr von Risach, soll für Gustav das Passende aussuchen:
seine Wahl fällt auf *Hermann und Dorothea.* Auch in anderen europäischen Ländern fand Goethes Werk Anklang, und seine Spuren lassen sich leicht in folgenden Dichtungen nachweisen: beim
dänischen Autor Jens Baggesen: *Parthenais* (1803)[28], bei dem fin-
nisch-schwedischen Schriftsteller Johan Ludvig Runeberg:
Hanna (1836)[29], bei dem russischen Dichter Nikolai Gogol; *Ganc
Kjuchel'garten* (1829) sowie bei den Polen Kasimir Brodzinski:
Wieslaw (1820) und Adam Mickiewicz: *Pan Tadeus* (1834)[30]. In
Frankreich hat *Hermann und Dorothea* Einfluß gehabt auf George
Sand: *André*, Jacques Jasmin: *Marthe l'inoucènto* (1847), Fréderic
Mistral: *Mirèio* (1859) sowie auf *Jocelyn* (1836) von Alphonso de
Lamartine, der so begeistert war, daß er 1859 verkündete:»Wenn
ich Regierungsgewalt hätte, würde ich Millionen Exemplare von
Hermann und Dorothea drucken lassen, und ich würde sie kostenlos
in allen Städten und auf dem Lande verbreiten.«[31] In den USA
verdankt Henry Wadsworth Longfellows *Evangeline* (1847) dem
Goetheschen Vorbild einiges.

Die beiden Opern, die im 19. Jahrhundert nach dem Werk
komponiert wurden (von Frédéric Le Rey, E. Schönfeld) sind
heute vergessen. Robert Schumann hatte in der Jahrhundert-
mitte mit der Opernvertonung des Buches begonnen, doch blieb
das Werk Fragment; nur die Ouvertüre für Orchester (von 1851,
Opus 136) wurde vollendet. Auffallend ist, wie diese Ouvertüre
im Thema ganz von der Marseillaise bestimmt ist. Bekannter
sind die Illustrationen geblieben, wie sie uns von Daniel Chodo-
wiecki, Joseph Führich, Artur von Ramberg, Benjamin Vautier
und Ludwig Richter überliefert sind.

Die einzige Nachdichtung, die sich als wirkliche Neufassung von Goethes Werk versteht, ist das »Idyll in fünf Gesängen« *Hermann und Dorothea* des österreichischen Schriftstellers Ferdinand von Saar. Es wurde konzipiert in den Jahren um die Jahrhundertwende, als die deutschsprachige Oberschicht der Donaumonarchie angesichts der Nationalitätenkämpfe und Souveränitätsbestrebungen in den Einzelländern um ihre Privilegien und um den Bestand des Staates zu fürchten begann. Hermann Mattusch, Sohn begüterter deutschstämmiger Eltern, hat seine militärische Dienstpflicht beendet und kehrt in seinen mährischen Heimatort zurück. Im Gespräch mit der verwitweten Mutter fallen herabsetzende Worte über das »slavische Wesen«; und beim »Fest der Deutschen« bahnt sich die »rechte« Ehe an, als Hermann die Wiener Lehrerin Dorothea Grosser kennenlernt. »Umbraust von tschechischer Hochflut« rezitiert Dorothea Goethes Epos. Mit dem Fahrrad eilt von Saars Held zu seiner Verehrten und gesteht ihr am Waldesrand seine Liebe. Mattusch ist Landwirt, und die stadtüberdrüssige Dorothea folgt ihm auf die heimische Scholle. Sowohl Held wie Heldin wurden in einer früheren Liebe zu Menschen tschechischer Herkunft enttäuscht. Deutschtümelei verbindet sich hier mit Restaurationsideologie und Technikfeindschaft. Wenn *Hermann und Dorothea* auch das einzige Buch Goethes ist, das hinübergeht in Ehe und Heim, so bleibt doch die Saarsche »Idylle« eine äußerst simplifizierte und ideologisierte Interpretation bzw. Variation des Goetheschen Werkes.

Deutschtümelei, engstirniger Nationalismus und bürgerlich-antirevolutionäre Besitztumsideologie haben von Anfang an die Rezeption von *Hermann und Dorothea* bestimmt, und daran ist Goethe bis zu einem gewissen Grade selbst schuld. Nicht nur, daß er in den Schlußversen glaubt festlegen zu müssen, was »dem Deutschen geziemt« (9,305) [32], er hat auch Anfang 1814, als sich der Erfolg im Befreiungskrieg gegen Napoleon abzeichnete, Heinrich Eichstädt, den Herausgeber der *Jenaischen allgemeinen Literatur-Zeitung*, gebeten, auf die angeblich prophetisch-patriotischen Stellen in seinem Epos hinzuweisen. Im Brief an Eichstädt heißt es: »Man hat *Hermann und Dorothea* dem Zeitgeist auch als ein Opfer darbringen wollen. Ich kann es nicht mißbilligen; denn ich wundre mich selbst, da ich das Büchlein lange nicht angesehen, wie genau nach so großen Veränderungen der Sinn noch paßt und zutrifft. Mag einer Ihrer würdigen Mitarbeiter in dieser Rücksicht etwas darüber sagen, so wird es mir sehr angenehm sein. Ich lege deßhalb ein Exemplar zu beliebigem Gebrauche bei.«[33] Der beliebige Gebrauch wurde gemacht. Im März 1814 erschien in Eichstädts Zeitung unter der Rubrik »Schriften über die Tagesgeschichte in Deutschland« eine politische Würdigung von *Hermann und Dorothea*. Goethe wurde als »ein *Deutscher* und *welcher*!« gefeiert, der »glühend den Wunsch für die deutsche Nation« fühle und daß »sie als solche aufstehen und sich herrlich beweisen möchte. Unerlöschlich schlägt dieser Wunsch aus seinem Gesang hervor; und *jetzt* endlich ist er über alle Erwartung in Erfüllung gegangen«.[34] Goethe, der bisher im Geruch unpatriotischer Napoleon-Verehrung gestanden hatte, schrieb daraufhin erleichtert und verbindlich an Eichstädt: »Danken Sie dem Verfasser auf's schönste; ich lasse keines seiner Worte weder jetzt noch künftig unbeachtet.«[35] Für die jungen Befreiungskrieger wurde *Hermann und Dorothea* eine Saison lang zum Kultbuch. Der Historiker Karl Ludwig von Woltmann erinnert sich aus eigenem Erleben an die Situation von 1814: »Hermanns Worte am Schluß des Gedichtes sind fast sprichwörtlich in Deutschland geworden, und tausende jener Heldenjünglinge, die gegen den Feind Hermanns erlagen und kämpften, trugen sie glühend in ihrer Brust.«[36] Wann immer der deutsche Nationalismus im 19. Jahrhundert Höhepunkte erreichte, wurden *Hermann und Dorothea*-Zitate wie Losungen des Tages ausgegeben. Als die Frankfurter Nationalversammlung im Frühjahr 1849 die Wahl Friedrich Wilhelms IV. zum deutschen Kaiser beschloß, war es erneut die »dem-Deutschen-geziemt«-Stelle (nämlich nicht »zu wanken hierhin und dorthin«), die Martin Eduard von Simson, Präsident der Versammlung, in seiner Rede zitierte.[37] Daß nach dem Sieg über Frankreich im sogenannten »Heldenjahr« 1871 die Schlußworte Hermanns als prophetisch, als Plädoyer für das Nationalitätenprinzip ausgelegt wurden, versteht sich von selbst.[38] Das Buch wird nun als ideologischer »Damm« verstanden, der »geeignet erscheint«, die »von Frankreich hereindringende, alles

Bestehende erschütternde Bewegung abzuwehren«,[39] es wird als »Bibelwerk deutscher Religion und Tugend«[40] gefeiert. Hermann, so will es Wilhelm Scherer, vertritt »die ungebrochene Volkskraft der Deutschen« und sein »Appell« zünde »in allen patriotischen Herzen«[41]. Gegen Ende des Jahrhunderts wurden die nationalistischen Interpretationen immer einseitiger und aggressiver: »Kein vaterlandsloser ›Kosmopolitismus‹, sondern eine Erhebung des deutschen Volkstums zu seinem Weltberuf« sei die Botschaft des Werkes.[42] Man wird an die chauvinistischen Reden eines Diederich Heßling aus Heinrich Manns *Der Untertan* erinnert, liest man von Hermanns »Mannes- und Bürgertugend, die den Gewalten des Umsturzes wie den der äußeren Feinde mit gleicher Tapferkeit die Brust entgegenzustellen bereit ist«.[43] Den Jugendlichen an den Schulen wird zur gleichen Zeit eingebleut, daß es sich bei *Hermann und Dorothea* um ein »deutsches Epos« handle, das gewachsen sei »auf deutschem Grund«, auf »deutscher Erde« und von einer »deutschen Familie« handle, kurz ein Buch sei »von deutscher Gesinnung«.[44] Die Formulierung Viktor Hehns, der gleichermaßen Nationalismus und Besitztumsideologie predigte, war repräsentativ für seine Zeit: »*Hermann und Dorothea* ist das Epos von der deutschen Bürgertugend, das Epos von der Familie und dem Privatbesitz, dieser Substanz des deutschen Geistes.«[45]

Was die Einzelinterpretation betrifft, werden die für den Positivismus des 19. Jahrhunderts typischen Fragen nach den Quellen, Vor- und Urbildern gestellt. In den meisten Aufsätzen wird darum gestritten, wo der ursprüngliche Schauplatz des Geschehens gelegen, welche Kleinstadt Goethe im Auge gehabt habe, als er das Werk schrieb. Die Germanisten überprüften Goethes Briefe und Tagebücher nach Hinweisen auf Orte mit Gaststätten zum Goldnen Löwen, Engelapotheken, Weinbergen, mit Törchen in Stadtmauern, überdeckten Wasserläufen, Brunnen und Birnbäumen,[46] und sie wurden durchaus fündig. Folge dieser Forschungen war, daß Städte wie Artern, Ilmenau, Gera und Pößneck in Thüringen, Bad Elster im Vogtland, Auerbach in Hessen und Emmendingen in Baden um die Ehre stritten, Goethe inspiriert zu haben. In Bad Elster entwickelte sich ein regel-

rechter *Hermann und Dorothea*-Tourismus mit einer Festspielauf-
führung auf der Freilichtbühne als Mittelpunkt. An dieser Art
von Rezeption wäre Goethe nicht gelegen gewesen. Schon zu seinen Lebzeiten fing man mit solchen Spekulationen an, und der
Dichter reagierte verärgert: »Da wollen sie wissen, welche Stadt
am Rhein bei meinem Hermann und Dorothea gemeint sei. Als
ob es nicht besser wäre, sich jede beliebige zu denken! Man will
Wahrheit, man will Wirklichkeit und verdirbt dadurch die Poesie.«[47] Beliebt waren auch die detektivischen Suchspiele nach
den Vorbildern der Protagonisten. Man glaubte sicher zu sein,
daß Goethes Mutter für die Wirtin Modell gestanden habe, und
erkannte den Vater des Autors im Löwenwirt wieder. Für die
Gestaltung des Hermann habe der Dichter sich in seine eigenen
Jugendjahre zurückversetzt,[48] und mit Dorothea sei Goethes ehe-
maliger Verlobten Elisabeth (Lili) Schönemann ein literarisches
Denkmal errichtet worden. Wie die Heldin der Dichtung sei sie
vor den französischen Revolutionsheeren ins Rechtsrheinische
geflohen.[49] Andere entdeckten dagegen in Minchen, der schnip-
pischen Kaufmannstochter, Züge von Lili.[50] Zu den Vorbildern
Dorotheas wird auch Helene Elisabeth Jacobi gezählt, die Goethe im Haus seines Düsseldorfer Bekannten Fritz Jacobi kennenlernte. Eben hier habe er auch Jacobis Schwager Johann Arnold
von Clermont getroffen, der für den weltbürgerlichen Richter
Pate gestanden habe.[51] Allgemein stimmt die positivistische Forschung darin überein, Herder als Urbild des Pfarrers anzunehmen.[52] Nicht nur konkrete Personen, sondern auch literarische
Figuren werden zu Vorbildern ernannt. So weise Hermann frap-
pierend viele Züge eines jungen Mannes auf, der in Johann Heinrich Mercks novellistischer Skizze *Geschichte des Herrn Oheim*
(1778) vorkomme.[53] Ein anderer Forscher entdeckt in Christian
Gotthilf Salzmanns Conrad Kiefer einen Vorläufer Hermanns
und in Kiefers Braut Mariechen die literarische Vorlage zu Dorothea.[54] Die Vergleiche sind oft an den Haaren herbeigezogen und
tragen wenig zum Verständnis der Dichtung bei.

Nach dem Ersten Weltkrieg wurde es eigenartig ruhig um dieses Werk Goethes. Während der Zeit der Weimarer Republik beschränkt sich die Forschung vor allem auf stilistisch-metrische

Untersuchungen.[55] In den dreißiger Jahren erlebt hie und da die alte chauvinistische Interpretation Neuauflagen, wenn etwa die Rede ist vom »Hort deutscher Art und einem Bollwerk gegen welschen Wahn«[56] bzw. von der »beharrenden Staatsgesinnung« und der Entschlossenheit ›dem‹ Feind bewaffnet die Brust entgegenzustellen«[57]. Aber die Zeit war vorbei, daß man sich in den Protagonisten des Buches wiedererkennen zu können glaubte. Robert Petsch erklärt *Hermann und Dorothea* zwar 1935 zur »heldischen Idylle«[58], aber die ansonsten vom Heroischen schwärmenden Nationalsozialisten beachteten das Werk trotzdem nicht. Rudolf Alexander Schröder stellte 1941 mit Recht fest, daß einem aus dieser Dichtung das »Gesicht eines früheren Deutschland entgegenblickt«.[59] Ein Jahr später wünschte sich Melitta Gerhard – sie tat dies im antifaschistischen Sinne –, daß *Hermann und Dorothea* wieder »Wegweiser« werden möge.[60] Ein Volksbuch aber ist die Dichtung nie mehr geworden, und als solche sind ihre Tage gezählt. Zum Scheitern verurteilt sind Aktualisierungsversuche wie die von Anton Lübbering, der meint, in Zeiten, in denen man ein Weltflüchtlingsjahr begehe und in denen die UNO einen Weltflüchtlingskommissar eingesetzt habe, solle man sich doch dieser Dichtung mit dem Vertriebenenthema erinnern.[61] Das gilt auch für Ferdinand Bergenthals etwas peinliches Bestreben, mit *Hermann und Dorothea* den Abtreibungsparagraphen 218 zu verteidigen.[62] Oskar Seidlin hat so unrecht nicht, wenn er feststellt, daß man heute mit dieser Dichtung »keinen Hund […] hinter dem Ofen hervorlockt«.[63] Die chauvinistische Vereinnahmung des Buches im 19. Jahrhundert hat den Blick auf die Qualitäten und für die Nuancen des Werks verstellt und getrübt, und es ist an der Zeit, es wieder unbefangen zu lesen. Gerade die Tatsache, daß es so gut wie vergessen ist, daß es zur Stützung von keinerlei Legitimationsideologie herhalten muß, erleichtert die neue Lektüre.

II.

Schon vor der Publikation wurde *Hermann und Dorothea* im Freundeskreis mit der Idylle *Luise* (1795) von Johann Heinrich Voss verglichen. Goethe selbst machte keinen Hehl daraus, daß er Voss entscheidende Anregungen verdankte. In seiner Ende 1796 geschriebenen, aber erst im Jahre 1800 veröffentlichen Elegie »Hermann und Dorothea« – die in späteren Ausgaben oft als Vorrede abgedruckt wurde – heißt es verbindlich und kollegial: »Uns begleite des Dichters Geist, der seine Luise/Rasch dem würdigen Freund, uns zu entzücken, verband«.[64] Bald setzte in den Feuilletons ein Streit darüber ein, ob *Luise* oder *Hermann und Dorothea* die bedeutendere idyllische Dichtung sei. Gleim und Klopstock nahmen für ihren Freund Voss Partei. Klopstock wurde gar ausfällig und meinte, Goethes Werk gehöre »auf den Jahrmarkt«.[65] In holprigen Versen versicherte Gleim dem Verfasser der *Luise* im Januar 1798 seine Sympathie:

»Luise Voß und Dorothea Goethe/Schön, beyde, wie die Morgenröthe,/Stehn da zur Wahl,/Und Wahl macht Qual;/–Hier aber, seht! ist nichts zu quälen!/Hier kann die Wahl nicht fehlen./ Luise Voß ist mein, im Lied und im Idill,/Die andre nehme, wer da will.«[66]

Gleim griff damit folgende Zeile aus dem an ihn gerichteten Brief Vossens vom 24. September 1797 auf: »Aber ebenso ehrlich denke ich für mich, und sage es Ihnen: die Dorothea gefalle, wem sie wolle, Luise ist sie nicht.« Aus dem gleichen Schreiben geht aber auch hervor, daß Voss seinen Autorenneid auf ein Minimum zu reduzieren trachtete. Es heißt nämlich weiter: »Ich werde mich herzlich freuen, wenn Griechenlands Geist uns Deutschen ein vollendetes Kunstwerk gewährt, und nicht engherzig nach meiner Luise mich umsehen«.[67] Im Kritikergefecht brach August Wilhelm Schlegel eine Lanze für Goethe. Er prophezeite: »Bey der Nachwelt wird es Luisen empfehlen, daß sie Dorotheen zur Taufe gehalten hat.«[68] Gleim, dem die positiven Besprechungen ein Dorn im Auge waren, blieb bei seiner Haltung. Am 22. März 1799 schreibt er an Voss: »Mögen sie versuchen, so viel sie wollen, sie werden doch eine Dorothea nicht unter die Sterne versetzen!«[69] Goethes Werk trat schon bald seinen Siegeszug um die Gunst des Publikums an und lief Vossens Idylle den Rang ab. In den ersten Monaten und Jahren war jedoch die Meinung der Leserschaft noch geteilt. Eine Stellungnahme wie jene in der *Neuen allgemeinen deutschen Bibliothek* von 1799 war durchaus typisch:

»Ob Luise oder Hermann und Dorothea vorzüglicher sey, –
wer mag es entscheiden, und wozu bedürfte es der Entscheidung?
Der Rec. gesteht unverholen, daß die patriarchalische Einfalt,
die sich in dem Vossischen Gedicht so mannigfaltig schön offenbart, ihn mit stärkeren Banden anzieht, als das bunte Leben des
Göthischen.«[70]

Gleims Opposition war verständlich. Als anakreontischer
Idyllen- und Romanzenliebhaber spürte er gleich, daß Goethe
etwas ganz anderes im Sinne hatte als Voss. Auch Schiller stellte
– in einem Brief an seinen Freund Christian Gottfried Körner
vom 28. Oktober 1796 – fest, daß *Hermann und Dorothea* »Voß völlig entgegengesetzt« sei.[71] Schiller hatte die Idyllenauffassung in
seiner Schrift *Über naive und sentimentalische Dichtung* zu revolutio-
nieren getrachtet, indem er diese Gattung aus ihrer Vergangen-
heitsorientierung, aus ihrer Arkadien-Verhaftung zu befreien
wünschte und ihr mit der Devise ›vorwärts nach Elysium‹ eine
von der Gegenwart ausgehende, auf die Zukunft zielende »sentimentalische«, d. h. utopische Richtung zuweisen wollte. Damit
befand Schiller sich im Gegensatz zu Autoren der älteren Generation wie Salomon Geßner, der die Idylle traditionell definiert
hatte als eine Dichtung, die »uns ein goldnes Weltalter [schil-
dert], das gewiß einmal da gewesen ist, denn davon kann uns die
Geschichte der Patriarchen überzeugen, und die Einfalt der Sitten, die uns Homer schildert«.[72] Geßner knüpfte an die Idyllen-
tradition bukolischer Dichter der Antike wie Theokrit und Vergil
an. Mehr noch als Theokrit und Vergil, die Trauer, Leidenschaft
und Tod aus ihren Eklogen nicht völlig ausschließen,[73] ging es
Geßner um die Darstellung einer konfliktlosen Welt, einer im
Sinne der Empfindsamkeit des 18. Jahrhundert graziös-inner-
lichen Schäferdichtung. Was die Dimension der Zeit betrifft, so
flieht man aus der geschichtlichen Gegenwart in ein nebulös-my-
thologisches Es-war-einmal; und für die Raumgestaltung der
Idylle ist charakteristisch die Eingegrenztheit und Abgeschlos-
senheit, die Abgesichertheit gegen die Außenwelt. Dieses Refu-
gium, dieses Wunschbild von einem in sich ruhenden, ungefähr-
deten Dasein, war bei Geßner im Stil antiker Arkadiendichtung
in einer harmonischen Naturszenerie angesiedelt. Voss über-

nahm in seiner »bürgerlichen« bzw. »deutschen« Idylle *Luise* die Prämissen und Zielrichtungen der Geßnerschen Dichtungen, nur wählte er als Kulisse nicht die arkadische Landschaft, sondern den deutschen Wald, nicht die Schäferhütte, sondern ein protestantisch-bürgerliches Pfarrhaus. Zeit und Ort waren damit aus ihrer Unbestimmtheit herausgelöst, nämlich in das Jetzt und Hier transponiert worden. So wurde der spielerische, bewußt imaginäre bzw. traumhafte Charakter der traditionellen Idylle zerstört. Was Voß wollte, war zu widersprüchlich, um auf die Dauer überzeugen zu können: zeitlose Gegenwart, Prosa der Verhältnisse im Gewand der Poesie, Statik in der Dynamik der Geschichte, das Bürgerhaus als Insel der Ruhe inmitten der bürgerlichen Revolution. Mit diesem Konzept artikulierte Voss zwar das Wunschdenken bestimmter bürgerlicher Schichten im Deutschland der Revolutionsjahre, aber das Idyllische in *Luise* ist zu künstlich angestrengt, gewollt und verkrampft, als daß es mehr als eine Lesergeneration hätte ansprechen können. Bei Goethe wird das Idyllische in seiner massiven Gefährdung gezeigt, hier gibt es keine Flucht aus der Historie, vielmehr werden Idylle und Geschichte in einer spannungsvollen Dialektik gezeigt[74]: Ohne Störung und Gefährdung würde die Idylle platt, steril und leblos, und ohne jene Vorstellungen von Friede und Harmonie, wie sie sich mit der Idylle verbinden, würde die Geschichte ziellos, chaotisch und unmenschlich. *Hermann und Dorothea* ist weder reine Idyllen- noch bloße Geschichtsdichtung; sie ist beides. Disharmonie und Schöpfungsriß werden deutlich durch Revolution und Krieg, aber zu Wort kommen auch Hilfsbereitschaft, Freundschaft und Liebe. Dem Schrekken von Flucht und Verfolgung stehen gegenüber Momente idyllischer Harmonie. Nichts lag Goethe ferner als eine bloße »Verklärung und Steigerung der idyllischen deutschen Zustände« – hier irrte Gundolf.[75]

Wenn *Hermann und Dorothea* auch nicht einfach mit dem Gattungsetikett »Idylle« versehen werden kann, so steckt das Werk doch voller idyllischer Momente. Goethe verzichtet – im Gegensatz zu Voss – auf die bekannten Waldensklaven, und eins der beliebtesten Versatzstücke idyllischer Dichtung, die Grotte, wird nicht im üblichen Sinn eingesetzt. Ausgerechnet der Apotheker, der Spießbürger, die komische Figur in der Dichtung, hat sich vor Jahr und Tag eine künstliche Grotte errichtet, aber niemand interessiert sich mehr für diese Mode von gestern: »Ja, wer sähe das jetzt nur noch an!« (3,98). So verkommt die Grotte unbesucht und unbeachtet, ist schon »verstaubt und halb verfallen« (3,91). Das Überholte und Weltfremde der üblichen Idylle wird hier durch die Karikierung ihres prominenten Requisits deutlich gemacht. Aber es gibt echte, durch keine Ironie relativierte idyllische Momente, bei deren Gestaltung Goethe auf das Repertoire bewährter Idyllenmetaphern wie Baum und Brunnen zurückgreift. Man denke an Dorothea, die »unter dem Apfelbaum sitzt und Kindern Kleider verfertigt« (6,174), oder an Hermann, der mit seiner Mutter bzw. mit Dorothea unter dem Birnbaum sitzend die sein Schicksal bestimmenden Gespräche führt (4,65; 8,52). Baum- und Brunnenmotive werden im 5. und 7. Gesang gekoppelt. Der Brunnen vor der Stadt ist »von dem würdigen Dunkel erhabener Linden umschattet« (5,151). Hier wartet Hermann auf die Nachricht der beiden Nachbarn, und hier findet die zweite Begegnung zwischen Hermann und Dorothea statt. Nicht von ungefähr wird dieser *locus amoenus* als Stelle der Erquickung, als »Lustort« mit einer Quelle bezeichnet, »die immer lebendig hervorquoll« (5,154.157). Dorothea wird hier geschildert als »den größeren Krug und einen kleinern am Henkel / Tragend in jeglicher Hand« (7,12f.). So erinnert sie an die im Buch Mose erwähnten jungen Frauen Rebecca und Rahel, um die ebenfalls am Brunnen geworben wird.[76] Goethe hat übrigens diese Szene der Stelle in einer von Geßners Idyllen nachgebildet.[77] In den idyllischen Teilen von *Hermann und Dorothea* werden momenthaft Verwüstung, Krieg, Chaos und Flucht vergessen. Bezeichnenderweise sind sie situiert zwischen der Stadt mit ihrer bürgerlichen Normalität und dem Lager der Flüchtlinge, der Entwurzelten. Die idyllische Episode schildert zum einen konventionell die augenblickhaft-zeitvergessene Begegnung der Liebenden, aber sie stellt zum anderen – und das ist neu – auch den Kreuzungspunkt und Versöhnungsort jener geschichtlichen Gegebenheiten und Tendenzen dar, deren Repräsentanten bzw. Opfer Hermann und Dorothea sind, d. h., sie ist im Sinne von Schillers Idyllendefinition zukunftsorientiert.

Goethe spricht zwar zu Beginn der Arbeit an *Hermann und Dorothea* von dem Werk als einer »Idylle«, aber in der Folge nennt er es meistens nur sein »Gedicht« bzw. »episches Gedicht«.[78] Daß er von Anfang an nicht daran dachte, eine Idylle im Geßnerschen Stil zu schreiben, versteht sich von selbst. Bereits im August 1772 hatte er in einer Rezension für die *Frankfurter gelehrten Anzeigen* die Geßnerschen Idyllen als leblose Naturmalereien bezeichnet, die mit »Schattenwesen« bevölkert seien, welche kein »wahres Interesse an- und miteinander« hätten.[79] Goethe gab seinem Werk keinen Untertitel, aus dem die Gattungszugehörigkeit zu entnehmen wäre. Es ist weder ganz Idylle noch eindeutig Epos, sondern weist sowohl idyllische wie epische Züge auf. Mit dem Hexameter wurde für *Hermann und Dorothea* ein Versmaß gewählt, das für beide Dichtungsgattungen kennzeichnend war. Von Theokrit und Vergil bis Ewald von Kleist und Johann Heinrich Voss waren in diesem Versmaß Idyllen geschrieben worden, aber gleichzeitig assoziierte man mit dem Hexameter das klassische Epos Homers wie das zeitgenössische Klopstocks. Der Philologe Friedrich August Wolf hatte 1795 (also im gleichen Jahr, als Vossens *Luise* erschien) dem Geniekult um den »göttlichen« Homer die Basis entzogen. In seinen *Prolegomena ad Homerum* bestritt er die Existenz des *einen* Dichters Homer und vertrat die Theorie, daß dessen Epen von mehreren Rhapsoden, verschiedenen Einzelschöpfern, sogenannten Homeriden, stammten. Darauf bezieht sich Goethe in seiner Widmungs-Elegie, wenn er Wolf hochleben läßt:

»Laß im Becher nicht fehlen den Wein! Gesprächige Freunde, / Gleichgesinnte, herein! Kränze, sie warten auf euch. / Erst die Gesundheit des Mannes, der endlich vom Namen Homeros / Kühn befreiend, uns auch ruft in die vollere Bahn. / Denn wer wagte mit Göttern den Kampf? und wer mit dem Einen? / Doch Homeride zu sein, auch nur als letzter, ist schön.«[80]

Bereits in den frühesten Rezensionen wurde nicht nur der Bezug zu Vossens Idylle, sondern auch zum Homerischen Epos hergestellt.[81] Von Homer übernahm Goethe den Musenanruf, der zwar nicht – wie bei dem griechischen Dichter – am Anfang, sondern am Ende von *Hermann und Dorothea* vorkommt. Die Grammatiker hatten nicht nur die Geschichte Herodots nach der Zahl der Musen in neun Bücher geteilt, sondern auch den Homer nach neun Gesängen geordnet und jedem Gesang eine Überschrift gegeben, die dessen Inhalt andeuten sollte.[82] Vergleichbar verfährt Goethe in seinem Werk. Die Musennamen stehen so assoziativ in inhaltlicher Beziehung zu den einzelnen Gesängen.[83] Wieviel Aufmerksamkeit die Zeitgenossen der Benennung der Gesänge nach Musen schenkten, geht aus Karl Varnhagen von Enses Epigramm hervor: »Goethe'n empfing gastfreundlich der Chor süßtönender Musen; / Diese Gesänge darauf ließ er zum Danke zurück.«[84] Der erste Gesang ist Kalliope, der Muse der epischen Dichtung, in den Mund gelegt, womit ein Hinweis auf die Gattungszugehörigkeit gegeben wird. Kalliope singt von »Schicksal und Anteil«, vom Geschick der Flüchtlinge und der (nicht ganz unproblematischen) Hilfe durch die Bürger. Terpsichore, die Muse des Tanzes und Führerin der Chorreigen, stellt »Hermann« vor. So wie beim Tanz die erotische Annäherung der Verliebten beginnt, fängt im zweiten Gesang Hermanns Werbung um Dorothea an. »Die Bürger« werden von Thalia, der Muse des Lustspiels, vorgestellt. An Spott und Ironie läßt Goethe es bei der Darstellung seiner Kleinstadtbewohner nicht fehlen. Den Gesang »Mutter und Sohn« gibt auf ihrer Doppelflöte Euterpe, die Erfreuende, zum besten. Im Gespräch mit der Mutter legt sich Hermanns Zorn und gesteht er seine Liebe zu Dorothea. Polyhymnia, die Muse des ernsten Gesanges, stellt den »Weltbürger«, den Richter, vor, dem es aufgegeben ist, die Flüchtlinge zu führen. Klio, die Muse der Geschichtsschreibung, verzeichnet in ihrer Buchrolle Geschehnisse aus dem wichtigsten Ereignis des »Zeitalters«, aus der Französischen Revolution. Sie läßt darüber den Weltbürger berichten. Als Muse der Liebesdichtung ist es Erato aufgetragen, mit ihrer Kythara den Gesang von »Dorothea« zu begleiten, in dessen Mittelpunkt die idyllische Begegnung der Liebenden am Brunnen steht. Melpomene, die Leiterin der düsteren Chöre, hält ihre tragische Maske vors Gesicht, wenn sie »Hermann und Dorothea« rezitiert. Dieser Gesang der

Mißverständnisse und Irrtümer droht in tragischen Verwicklungen zu enden. Zu einem solchen Schluß kommt es aber nicht. Urania, die Muse der Astronomie, singt von der »Aussicht« der Verlobten. Als Sterndeuterin entläßt sie den Zuhörer mit viel- und mehrdeutigen Hinweisen: die Zukunft ist offen.

Die Homer-Nachahmung Goethes in *Hermann und Dorothea* ist im 19. Jahrhundert überschätzt worden. Den deutschen Hexameter hatte Goethe ja nicht von Homer, sondern von Voss übernommen, und die Benennung der Gesänge nach den neun Musen kommt bei Homer selbst nicht vor. Nach Goethes eigener Aussage stand ihm bei der Gestaltung seines Werks weniger die *Ilias* als die *Odyssee*, also Homers weniger heroisches Epos, vor Augen.[85] Schon dieser Hinweis läßt die Gleichsetzung der Goetheschen Protagonisten mit den Helden der *Ilias* als fragwürdig erscheinen. Während der Wilhelminischen Ära wurde der Löwenwirt mit Agamemnon, seine Frau mit Thetis, Hermann mit Achilles, der Pfarrer mit Nestor verglichen und der Disput im Wirtshaus dem Fürstenstreit im achäischen Lager parallelisiert.[86] Ein andermal steht Hermann für Telemach, Dorothea für Andromache, der Pfarrer für den Seher Kalchas[87] oder die Mutter für Hermes.[88] Die patriotischen Eiferer meinten, Goethe habe die Dichtung gleichsam auf einem antiken Palimpsest geschrieben, in dem der Homersche Text noch durchscheine. Der Bürger sah sich als Heros, und im Revolutionskrieg zwischen Frankreich und den deutschen Ländern erkannte man den Krieg zwischen Achäern und Troern wieder.[89] Solche Analogien sind zwar nicht immer von der Hand zu weisen, aber insgesamt sind es weniger inhaltliche Details als formale Züge, die man als episch im Sinne Homers bezeichnen kann. Der Epiker schafft Distanz zum Erzählten, und um diese epische Distanz, die schon August Wilhelm Schlegel auffiel, bemüht sich auch Goethe in seinem Werk. Im griechischen Epos schafft der Rhapsode die Distanz. »Wie ein bloß beschauendes Wesen steht er über seinen Helden und über seinen Göttern« heißt es bei Schlegel.[90] Einen Erzähler gibt es auch in *Hermann und Dorothea*, aber so unbewegt und so unengagiert wie der antike Rhapsode ist er nicht. Das wird besonders zu Beginn des letzten Gesanges deutlich, wenn er die Musen um Hilfe für die Protagonisten anruft. Goethes Erzähler findet aber ebenfalls ein Mittel wirkungsvoller Distanzierung: Er erteilt das Wort ständig anderen Erzählern, nämlich dem Wirt und der Wirtin, Hermann, dem Pfarrer, dem Richter, dem Apotheker und schließlich auch Dorothea. Direkte Aktion schildert der Erzähler der Dichtung selten; er delegiert diese Aufgabe vielmehr an die übrigen Figuren, die vor allem berichtend auftreten. Ob es sich um die Ankunft der Flüchtlinge, um die erste Begegnung zwischen Hermann und Dorothea, um den Brand in der Stadt, Dorotheas Vergangenheit oder um die Auswirkungen der Revolution handelt: ständig wird Bericht erstattet, wird in der Gegenwart über Vergangenes erzählt und damit Distanz zu den erinnerten Vorfällen geschaffen. Ein weiteres konstituierendes Merkmal des antiken Epos ist das »Wunderbare«, das sich im direkten Eingriff der Götter bemerkbar macht. Schon Humboldt[91] hat darauf hingewiesen, daß es der »Zufall« ist, der in *Hermann und Dorothea* an die Stelle des Wunderbaren tritt, und nach ihm haben noch viele Interpreten diese These wiederholt.[92]

Hegel hat als erster erkannt, daß die idyllische und die epische Gattung in Goethes Werk eine Symbiose eingegangen sind, und er belegte die Dichtung daher mit der Bezeichnung »idyllisches Epos«.[93] Weder die alte Idylle noch das »echte Epos« sind für Hegel im nachantiken Weltzustand möglich. Hegel kritisiert die »Süßlichkeit und weichliche Schlaffheit« der zeitgenössischen Idylle und macht sich über die »Wohlbehäbigkeit eines guten Kaffees im Freien« in Vossens *Luise* lustig.[94] In der Gegenwart ist aber nach Hegel eine Erneuerung des Epos nur durch die Idylle und eine Renaissance der Idylle bloß durch das Epos möglich. Die Idylle ohne epische, d. h. welthistorische Dimension habe sich »in ihrer süßlichen Sentimentalität und Verwässerung zugrunde gerichtet«,[95] und das Epos wiederum vermöge in der Neuzeit nur dann Totalität darzustellen, wenn es sich bei seiner Schilderung auf jenen Bezirk ländlicher Insellagen beschränke, der üblicherweise Gegenstand der Idylle sei. Nur hier hätten gesellschaftliche Ordnungen und geistige Dispositionen überwintert, in denen der an sich antike Zustand der

Entsprechung zwischen Subjektivität und Objektivität noch zu finden wäre. In dieser Mischgattung »idyllisches Epos« – wofür Hegel Goethes *Hermann und Dorothea* als prominentestes Beispiel anführt – wird durch die episch-welthistorische Spannweite dem Werk just jene Naivität wieder genommen, die an sich Voraussetzung für seine Totalitätsgestaltung war. So spiegelt auch das idyllische Epos im Sinne Hegels – ähnlich wie (und nur auf andere Weise als) der Roman – den in sich gespaltenen Zustand der modernen Welt.[96] Als Hegelianer sah es auch Friedrich Theodor Vischer so, daß Goethe in *Hermann und Dorothea* »die Idylle in den Styl des Epos gehoben« habe.[97] Das Ineinanderspiel von Idyllischem und Epischem, von Statischem und Fortschreitendem, von Idealität und Geschichte meinte Goethe, als er der Herzogin Louise am 13. Juni 1797 mitteilte, daß er in seiner neuen Dichtung »die zwey Gesinnungen in die sich beynahe die ganze Welt theilt neben einander« darstelle.[98]

August Wilhelm Schlegel entwickelte schon vor Hegel eine neue Epos-Theorie am Beispiel von *Hermann und Dorothea*. Den Mythos (und damit auch das »Wunderbare«) des antiken Epos sieht Schlegel hier nicht wie Humboldt durch den »Zufall«, sondern durch »die großen Weltbegebenheiten im Hintergrunde« ersetzt, d. h. durch das Einbeziehen von Geschehnissen im Umkreis der Französischen Revolution. »In einem Epos aus unserer Zeit«, argumentiert Schlegel, dürfe kein mythisches Sujet der Antike aufgenommen werden, vielmehr müsse es »das Gepräge des ewig denkwürdigen Jahrhunderts« tragen und »eine Aufforderung zur Theilnahme, an die Menschheit gerichtet« enthalten.[99] Der antike Mythos habe keine Wirk- und Überzeugungskraft mehr; die großen Menschheitsideen der Neuzeit fänden ihren Ausdruck im weltgeschichtlichen Ereignis der Französischen Revolution. Ihr wird also von Schlegel quasi-mythische Qualität zugesprochen. Dies tut auch Goethe selbst in *Hermann und Dorothea*. Den Richter, einen Moses, einen Patriarchen der Gegenwart (5,210), läßt er sagen:

»Wahrlich, unsere Zeit vergleicht sich den seltensten Zeiten, / Die die Geschichte bemerkt, [...] wir [...] dürfen uns wohl mit jenen vergleichen, / Denen in ernster Stund' erschien im feurigen

Busche / Gott der Herr; auch uns erschien er in Wolken und Feuer« (5,229–237).

Anders als Hegel sieht Schlegel Goethes Werk nur im Kontext der epischen Dichtung und geht auf seine idyllischen Züge nicht ein. Der Doppelaspekt von idyllischer Idealität und epischer Historizität, der in Goethes Werk so zentral ist, klingt bereits an in den Eklogen Vergils, deren Idyllen sich vor dem Hintergrund der römischen Revolution abspielen. Das Thema der ersten Ekloge ist die Begegnung des Vertriebenen mit dem Seßhaften, der dem Flüchtling Zuflucht gewähren will. Was aber bei Vergil relativ peripher ist, wird bei Goethe ins Zentrum der Dichtung gerückt.

Aber nicht nur Strukturmerkmale der Idylle und des Epos weist *Hermann und Dorothea* auf, sondern auch solche des Dramas. In ihrem Briefwechsel kommen Goethe und Schiller häufig auf die für die nachantike Dichtung bezeichnenden Mischformen zu sprechen, und sie entdecken sie in ihren eigenen Werken. So meint Schiller, daß Goethes *Iphigenie* zum Epos tendiere, und bei *Hermann und Dorothea* stellt er eine »Hinneigung zur Tragödie« fest.[100] Als Element des Dramas sind leicht die knappe Fabel mit ihrer dramatischen Bewegungslinie, der szenenhafte Aufbau, die Dialoge, die Spannung auf das kausal bedingte und potentiell tragische Ende hin sowie die aristotelische Einheit von Ort, Zeit und Handlung zu erkennen. Bei der Diskussion über das Epos entdeckten Goethe und Schiller, daß die Selbständigkeit der Teile ein Hauptcharakteristikum des Epos ausmache. Aber gerade in *Hermann und Dorothea* fehlt diese Eigenständigkeit; vielmehr schreitet die Handlung rasch – wie im Drama – auf das Ende zu.[101] Goethe und Schiller hatten in ihrer Skizze *Über epische und dramatische Dichtung* gemeint, daß »der Epiker die Begebenheit als vollkommen *vergangen* vorträgt und der Dramatiker sie als vollkommen *gegenwärtig* darstellt«.[102] *In Hermann und Dorothea* liegt auch bezüglich dieser epischen bzw. dramatischen Ausdrucksweisen eine Mischform vor: die Begebenheiten werden zum großen Teil erzählt, also episch-distanziert als vergangen vorgeführt, aber dieses bereits Geschehene ragt unmittelbar in die ebenfalls gestaltete Gegenwart hinein. Goethe hat hier Elemente der erinnernden rhapsodisch-epischen mit der vorstellenden mi-

misch-dramatischen Tradition verschmolzen. So sind auch die Dialoge nicht rein dramatisch, sondern kommen nur in episierter Form vor, da sie durch ganz undramatische rhapsodische Formeln eingeleitet werden. Ferner sind auch die Szenen ohne Rücksicht auf ein bühnenmäßiges Gleichgewicht aufgebaut.[103] Das Verhalten und die Entwicklung der Protagonisten erinnert wiederum sehr viel mehr an das neuzeitliche Drama als an das klassische Epos. Denn es werden nicht – mit Goethe und Schiller zu sprechen – »außer sich wirkende«, sondern »nach innen geführte Menschen«[104] vorgeführt. In einem Brief an Schiller vom 23. Dezember 1797 stellt Goethe unter ausdrücklichem Hinweis auf *Hermann und Dorothea* fest, daß »wir Moderne die Genres so sehr zu vermischen geneigt sind, ja daß wir gar nicht einmal imstand sind, sie voneinander zu unterscheiden«.[105]

Wilhelm von Humboldt aber hielt an der Gattungsbezeichnung »Epos« für Goethes Werk fest. Er sah durchaus die Einflüsse anderer Dichtungsformen, aber er vermochte sie aufgrund seiner Epos-Definition als untergeordnet zu betrachten. Humboldt schreibt:

»In der Epopöe werden [...] nacheinander alle Arten der Empfindung erregt; das Lächerliche und das Tragische, das Sanfte und das Erhabene, das Furchtbare und das Liebliche, alles steht harmonisch neben einander, und wir umfassen und bewahren alles zugleich«.[106]

Neben den tragischen weist *Hermann und Dorothea* in der Tat auch komische Züge auf. Die Ironisierung und Satirisierung einer Reihe von Figuren ist nicht zu übersehen. Gleim hatte das sofort erkannt und glaubte, es handle sich um eine Parodie auf Vossens *Luise*. Am 4. Oktober 1797 empört er sich Voss gegenüber:

»Dieser Hermann und Dorothea ist eine goethische Sünde wider meinen heiligen Voß, ist zu Göttern, Helden und Wieland das Seitenstück, ist, ich laß es mir nicht ausreden, eine gottlose Satire, meines Voß. Luise will der Bube lächerlich machen! [...] Varro begieng kein größeres Bubenstükk!«[107]

Denkt man an so symptomatische *Luise*-Utensilien wie den Schlafrock oder Konventionen wie das Kaffeetrinken, dann hatte er mit seiner Vermutung durchaus recht, denn die werden bei Goethe der Lächerlichkeit preisgegeben. Hermanns Vater trauert dem verschlissenen Schlafrock nach, wenn die Flüchtlinge um ihre nackte Existenz kämpfen (1,33), und der Apotheker schwärmt im Kriegschaos vom ehemals so genußreichen Kaffeetrinken in der Grotten-Idylle (3,90). Das Epitheton »der menschliche Hauswirt« (1,151) ist angesichts der Tatsache, daß der Vater sich die Flüchtlinge vom Hals halten will, offensichtlich satirisch gemeint. Ironischerweise hatte Goethe den Apotheker kritisch bemerken lassen, daß der Mensch »zu gaffen sich freut, wenn den Nächsten ein Unglück befället« (1,71), und genau dies tut er selbst. Noch größer als seine uneingestandene Lust, sich am Unglück anderer zu delektieren, ist die Freude des Apothekers darüber, daß er sich als Junggeselle nie um eine Familie sorgen muß: »O glücklich, wer in den Tagen / Dieser Flucht und Verwirrung in seinem Haus nur allein lebt« (2,83f.). Wenn der Wirt seine Gattin lobt: »Trefflich hast du gehandelt, o Frau, daß du milde den Sohn fort / Schicktest, mit altem Linnen und etwas Essen und Trinken« (1,13f.), so hört man heraus, daß die Betonung auf »alt« und »etwas« liegt. Auch die Mutter treffen ironische Streiflichter. Allzu lange »kramet« sie, »die alten Stücke zu suchen« (2,13), und man kann sich des Eindrucks nicht erwehren, als habe sie – vielleicht unbewußt – das Packen verzögert, um ihre Sachen doch nicht hergeben zu müssen. Von Mitleid ist bei den Wirtsleuten wenig zu spüren. Die Not der Vertriebenen wollen sie nicht sehen. Statt dessen sitzen sie »unter dem Torweg«, sich »über das wandernde Volk mit mancher Bemerkung ergötzend« (1,59f.). Die Kraft zur Konfrontation mit dem Elend haben sie nicht; lieber lassen sie sich gemütlich beim Wein im »hinteren Raum« (1,160) von den Nachbarn das Sensationelle, das »Schauspiel« (1,42) erzählen. Lustvoll und ausführlich schildern Pfarrer und Nachbar dann das Flüchtlingselend, und der Kommentar des Wirts lautet: »Frisch, Herr Nachbar, getrunken!« (1,174). Konfrontiert mit dem Revolutions- und Kriegsgeschehen erscheint die ganze verwinkelte Kleinbürgerwelt mit ihrer Betulichkeit und ihrem Hang zur Idylle in einem ironischen Licht. Bei dem Ineinanderblenden von bürgerlicher Idylle und heroischem Epos konnte es gar nicht ohne Parodie abgehen. Oskar Seidlin beobachtet, daß »ein guter Schuß Ironie« viele Szenen durchwalte, etwa wenn »Hermann ›das neue bequeme Kütschchen‹ anschirrt, als handele es sich um den Kampfeswagen, mit dem Achilles sich in das Schlachtgewühl stürzt«.[108] Ein ähnlich signifikantes Beispiel führen Ryder und Bennett an. Sie vergleichen die Unterredung zwischen Achilles und Thetis in der Ilias mit jener Hermanns und seiner Mutter. Hermann erkläre mit äußerster Bestimmtheit, daß er »im tiefsten Herzen beschlossen« (4,103) habe, am vaterländischen Krieg teilzunehmen, aber seine Mutter verstehe es, ihm innerhalb von ein paar Zeilen diese Idee wieder auszureden. Thetis dagegen könne nur wenig unternehmen, um den Kampfeszorn ihres Sohnes zu mildern.[109] Maria Lypp hat wegen der Ironie stiftenden Disproportionen zwischen den modernen, kleinbürgerlich-idyllischen und den antik-heroischen Tendenzen das Werk zur Gattung des »komischen Epos« gezählt. Sie reiht es ein in die Tradition eines Nicolas Boileau (*Das Chorpult*), Alexander Pope (*Der Lockenraub*), Alessandro Tassoni (*Der geraubte Eimer*) oder Justus Zachariae (*Das Schnupftuch*). Eine solche eindeutige Zuordnung ist wohl nicht zulässig, aber Elemente des komischen Epos sind sicherlich in der Goetheschen Dichtung enthalten.[110]

Schon die Zeitgenossen hatten Mühe, *Hermann und Dorothea* mit einem passenden Gattungsetikett zu versehen. Humboldt glaubte, es in der Bezeichnung »bürgerliches Epos« gefunden zu haben. Ihm war klar, daß das heroische Epos des Homer und das romantische des Ariost in der Moderne dichterisch nicht mehr möglich waren. Er prägte in Analogie zum aktuellen ›bürgerlichen Trauerspiel‹ den Begriff der ›bürgerlichen Epopöe‹. Humboldt schuf den Begriff des ›bürgerlichen Epos‹, ohne ihn soziologisch zu begründen, und August Wilhelm Schlegel[111] lieferte die historisch-gesellschaftliche Analyse, ohne den Terminus zu verwenden. In den »mittleren Ständen«, d. h. im Bürgertum, findet Schlegel jene soziale Schicht, die einerseits »entfernt von steifen Konventionen« des Adels sei und andererseits nicht in der »dumpfen Beschränktheit« der Besitzlosen lebe. Die Politik des Adels, die reine Verstandesangelegenheit sei, lasse eine poetische

Behandlung nicht zu. Lediglich im privaten Bereich des bürgerlichen Mittelstandes habe sich jene Sphäre »sittlicher Verhältnisse« erhalten, die Gegenstand poetischer Darstellung sein könne. Nur wo die gegenwärtige politische Verfassung »ächt republikanisch« sei, könne sie zum Sujet der Dichtung werden. Da dies aber hier und heute nicht gegeben sei, müsse das moderne Epos sich mehr »mit dem Privatleben als mit öffentlichen Thaten und Verhältnissen beschäftigen«.

›Idyllisches Epos‹ (Hegels Begriff) und ›bürgerliches Epos‹ (Humboldts Bezeichnung) sind jene Gattungsnamen, die in der Sekundärliteratur am häufigsten auftauchen. Doch diese Charakterisierungen scheinen mir zu einseitig zu sein. Das Werk trägt Züge der idyllischen und epischen, aber auch der dramatischen (tragischen wie komischen) Gattungen, und es läßt sich keinem Genre eindeutig zuordnen. Hier liegt etwas Neues, Modernes, ein literarischer Einzelfall vor, und anstatt dem Werk um jeden Preis ein Genre-Etikett aufzukleben, beläßt man es lieber bei der Umschreibung ›gemischte Gattung‹.

III.

Alle möglichen Fragen ästhetischer, mythischer, historischer, soziologischer und politischer Art hat man an dieses Werk Goethes gestellt, aber das zentrale Thema der Brautwerbung ist so gut wie nie beachtet worden. Dabei besteht, inhaltlich gesehen, einzig in der Brautwerbung eine Ähnlichkeit zwischen *Hermann und Dorothea* und der so oft als Vorbild betrachteten *Luise* von Voss. Betrachtet man *Hermann und Dorothea* im Kontext epischer Dichtungen, so fällt eine größere Nähe zu den Brautwerbungs- und Brautfahrtepen des deutschen Mittelalters auf als zu Homers *Ilias* oder *Odyssee*.[112] Die Brautwerbung oder besser der Brautraub haben zwar in der *Ilias* eine auslösende Funktion, aber den Inhalt des Homerschen Epos macht der Trojanische Krieg aus. Anders in den mittelhochdeutschen Helden-, Vers- und Spielmannsepen: Dort dreht sich häufig alles um die Brautwerbung, und oft kommt das Thema in Verdoppelung und Verschränkungen vor. Da es Goethe darum ging, ein deutsches Nationalepos zu schreiben, liegt es nur nahe, daß er auf Motive und Themen der Epen des deutschen Mittelalters zurückgriff.

Im *Nibelungenlied* etwa resultieren alle Konflikte aus den Brautwerbungen Gunthers um Brünhild, Siegfrieds um Kriemhild und Etzels um Kriemhild. Auch in der *Kudrun* findet sich eine vergleichbare Vervielfachung des Themas. Zunächst schickt König Hetel als Brautwerber Hagen und seine Helden aus, um Hilde zu entführen. Im zweiten Teil dann bestimmen die Brautwerbungen Herwigs, Siegfrieds und Hartmuts um Kudrun, die Tochter Hetels und Hildes, die Handlung. Ähnliches läßt sich von der Brautwerbungsfahrt im Heldenepos *Ortnit und Wolfdietrich* sagen. Das tragische Geschehen in Gottfried von Straßburgs *Tristan* ist ebenfalls Ergebnis der Brautwerbung. Der Werber Tristan, der Isolde für König Marke gewinnen soll, wird zum Brautwerber in eigener Sache. Ferner steht eine Brautwerbungsgeschichte im Mittelpunkt der Spielmannsepen *König Rother* und *Orendel*. Zwar hatte Goethe diese mittelhochdeutschen Epen zur Zeit der Entstehung von *Hermann und Dorothea* noch nicht im Original gelesen, doch kannte er ihren Inhalt seit seiner Kindheit und Jugend aus den gleichnamigen Volksbüchern und Sagen. Vergleicht man die mittelalterlichen Brautwerbungsepen mit *Hermann und Dorothea*, fallen zahlreiche gemeinsame Motive auf. In der Sekundärliteratur der Wilhelminischen Zeit hat man Goethe häufig vorgeworfen, er habe offenbar einen Irrtum begangen, als er Hermanns Alter mit neunzehn Jahren bestimmte. »Ein 19jähriger Hermann« sei ein »Unding, eine unerträgliche Vorstellung«, grollte Gustav Rümelin 1875; man müsse ihn sich »5-6 Jahre älter«, auf »dem Höhepunkt jugendlicher Kraft und Schönheit« vorstellen.[113] Goethe verfährt aber ähnlich wie die Verfasser der Spielmannsepen. Hier wie dort legen Eltern und Mannen bzw. Nachbarn dem an der Schwelle zum Mannesalter stehenden Helden nahe, sich eine Frau zu nehmen, damit das Reich bzw. das bürgerliche Haus einen Erben erhalte. Fast stets sind sie einzige Söhne, Glückskinder, deren edle Geburt sich schon in ihrem Aussehen verrät.[114] Die Beratung des Fürsten in Sachen Brautwahl durch die Mannen findet sich im *König Rother*, in *Salman und Morolf*, im *Ortnit*, im *Herzog Ernst*, im *Tristan*, im

Nibelungenlied und in der *Kudrun*. In *Hermann und Dorothea* übernehmen die Nachbarn (Pfarrer und Apotheker) eine entscheidende Rolle bei der Beratung sowohl des Vaters wie Hermanns, ja sie treten sogar als kundschaftende Informanden auf, d. h. in einer Rolle, wie sie jener der Brautwerber und Helfer aus den mittelalterlichen Epen nahekommt.[115] Der »würdige Geistliche« (4,249) fungiert als Werber sowohl für Hermann als auch für Dorothea, und vor dem Wirt singt er das Lob auf die beiden Verliebten. Zu den Helferfiguren gehört ferner die Mutter (4,232ff.). Die Brautwerbung im engeren Sinne ist bei Goethe allerdings Hermann selbst überlassen. Die früher in bürgerlichen Kreisen übliche Art, einen »Freund vom Hause« als »Freiersmann« zu den Eltern der Braut zu schicken, um herauszufinden, wie die Chancen des potentiellen Bräutigams stehen, wird in Goethes Werk ironisiert, da sie vom Apotheker – der selbst Junggeselle ist – schwärmerisch verfochten wird (6,226ff.). In *Hermann und Dorothea* wie in den mittelalterlichen Epen treten angesehene Personen als Werber bzw. Helfer auf: Im *Nibelungenlied* wirbt Rüdiger für Etzel, in der *Kudrun* Wate für Hetel, bei Gottfried Tristan für Marke, und im Goetheschen Werk der Pfarrer für Hermann wie Dorothea. Bezeichnend ist hier wie dort die Liebe auf den ersten Blick, die Faszination durch die weibliche Schönheit und der »Die-oder-keine«-Entschluß des Werbenden. Hartmut in der *Kudrun* ruft aus: »ich wéllé mich lâzen ê ze stücken houwen / mir envolge hinnen von Hegelinge lant diu juncfrouwe«.[116] Ähnliche Äußerungen finden sich in *Salman und Morolf*, im *Ortnit* und im *Tristan*. Auch Hermann ist auf Biegen und Brechen entschlossen, Dorothea zu gewinnen und ins elterliche Haus zu führen. Falls der Vater sich dagegen ausspricht, ist er zum Bruch mit ihm bereit, will er das ganze Besitztum verlassen(4,211ff.). Wie Siegfried im *Nibelungenlied*, Hartmut in der *Kudrun* und Ortnit im gleichnamigen Epos ist Hermann von Ungeduld erfüllt, kann es nicht abwarten, der Geliebten zu begegnen. Tarnung und Verkleidung, bei den Brautwerbungsepen beliebte Motive (man denke an das *Nibelungenlied*, an *Ortnit*, *Tristan* und *Salman und Morolf*), kommen auch in *Hermann und Dorothea* vor. Die nachbarlichen Kundschafter sind sozusagen in Geheimmission tätig, und Hermann schützt vor, eine Magd statt eine Braut werben zu wollen. Sogar das in den alten Dichtungen (z. B. im *Tristan* und in der *Kudrun*) häufig variierte Thema der Brautentführung kehrt abgeschwächt bei Goethe wieder. Als nämlich Dorothea wie eine »zweite Mutter« (7,197) von den ihr während der Flucht anvertrauten Kindern Abschied nimmt, wird Hermann aktiv wie bei einem Brautraub: Er »zog sie hinweg« und »entriß sie« den Flüchtlingen (7,195.203.204). Auch die Sprachgewinnung der Liebenden fand Goethe in den Sagen des Mittelalters als Motiv vor. In der Sage von Robert dem Teufel wirbt im zweiten Teil Robert, der zur Buße stumm ist, um die ebenfalls stumme Kaisertochter. Sie gewinnt die Sprache wieder und heiratet Robert. Dem schüchternen, sprechfaulen Hermann geht mit dem Herzen auch der Mund auf. Mit »geflügelten Worten« (5,89) weiß er von der Begegnung mit Dorothea zu berichten und stellt sie später »mit fliegenden Worten« (9,60) vor. Der Vater wundert sich: »Wie ist, o Sohn, dir die Zunge gelöst, die schon dir im Munde / Lange Jahre gestockt und nur sich dürftig bewegte!« (5,109f.). Auch Dorothea, die eher durch Taten als durch Worte von sich reden macht, beginnt »lieblich zu schwätzen« (7,105), und Hermann horcht »fleißig den Worten« (7,102). Ein beliebtes Motiv in den Brautwerbungssagen ist der Nebenbuhler; man denke an die Herbort-Sage und an *Tristan* (in beiden Fällen betrügt der Werber seinen als Nebenbuhler empfundenen Herrn) sowie an das *Kudrun*-Epos.[117] Und dieser Nebenbuhler spielt auch in *Hermann und Dorothea* eine wichtige Rolle. Wie Herwigs Werbung in der *Kudrun* scheitert die Hermanns nicht am Widerstand des Vaters, der relativ leicht überwunden wird, sondern zunächst am Nebenbuhler. In der *Kudrun* ist Hartmut, in Goethes Werk Dortheas erster Verlobter der Nebenbuhler. Dorothea trägt noch den Brautring, und Hermann vermutet, daß Dorothea gebunden sei (6,247f.). Der Ring des ersten Verlobten, »das schmerzliche Zeichen« (8,65), verschlägt Hermann auch die Sprache, als er seine Brautwerbung formulieren will. Angesichts des Rings wagt er »kein weiteres Wort« (8,63), und so sitzen die beiden Verliebten »still und schweigend nebeneinander« (8,66). Erst im letzten Gesang erfährt Hermann, daß der Nebenbuhler nicht mehr lebt und daß seinem Verlöbnis nichts im Wege steht. Freilich muß vorher noch eine Hürde genommen werden. Wie in den mittelalterlichen Epen hat der Bräutigam den Nebenbuhler zu besiegen; das ist in der *Kudrun* nicht anders als in Goethes Werk. Dorothea stellt ihren ersten Verlobten als bedingungslosen, sein Leben opfernden Revolutionär dar, der hofft, daß aus »Chaos und Nacht« die Welt »neu sich gestalte« (9,274). Der erste Verlobte verläßt Dorothea, geht nach Paris, und er setzt die Liebe zur revolutionären Sache über die Liebe zur Braut. In seiner Schlußrede (9,299–318), in der es um die Überwindung des Nebenbuhlers geht, bietet Hermann seiner Braut in allem das Gegenteil dessen, was sie von ihrem ersten Verlobten erwarten konnte. Er strebt nicht fort, sondern will ein Heim gründen; nicht Chaos und Tod reizen ihn, sondern Stabilität und Leben. Das revolutionäre Frankreich lockt ihn nicht, vielmehr will er mithelfen, dessen Übergriffe auf Deutschland militärisch abzuwehren. Erst jetzt glaubt Hermann, seinen Nebenbuhler besiegt zu haben, und so ist das letzte Ehehindernis beseitigt. Ganz so einfach liegen die Dinge allerdings nicht. Denn Dorothea steckt die Ringe des alten und des neuen Verlobten »nebeneinander« (9,297), damit andeutend, daß ihr das Andenken, die »Erinnerung« (9,256) an ihren ersten Verlobten so wichtig ist wie das Leben mit dem neuen Bräutigam. Sie hält die vergangene Erfahrung und die Erwartung in die Zukunft fest im Bild vom »endlich gelandeten Schiffer«, dem auch »der sicherste Grund des festesten Bodens zu schwanken« (9,295 f.) scheint.

Goethe hat Dorothea als starke, streitbare junge Frau geschildert. Das geht aus dem Bericht über ihre heroische Selbstverteidigung und ihren Einsatz für die ihrem Schutz empfohlenen Mädchen hervor. »Ein Trupp verlaufnen Gesindels« (6,108) fällt über sie her, um sie zu vergewaltigen. Über Dorotheas Verhalten heißt es hier:

»Aber sie riß dem einen sogleich von der Seite den Säbel, / Hieb ihn nieder gewaltig; er stürzt' ihr blutend zu Füßen. / Dann mit männlichen Streichen befreite sie tapfer die Mädchen, / Traf noch viere der Räuber; doch die entflohen dem Tode« (6,114–117).

August Wilhelm Schlegel nannte Dorothea wegen dieser Tat ein »wunderbar großes Wesen«,[118] aber Wilhelm von Humboldt mokierte sich über den »heroischen Muth der Jungfrau«. Er findet in dieser Kampfszene »etwas Grelles, einen Sprung« in der Charakterzeichnung Dorotheas, und er deutet an, daß »der Dichter« hier »gefehlt« habe. »Der weibliche Heroismus«, meint Humboldt, sei in der Moderne ohnehin »wenig zu einer poetischen Behandlung tauglich«.[119] Die mittelalterlichen Epen weisen zahlreiche amazonenhaft gezeichnete Frauen auf. Es wird hier zwischen dem Brünhilden- und dem Bride-Typus unterschieden. Brünhilde sträubt sich gegen eine Liebesbindung. Bride – Heldin des Spielmannsepos *Orendel* – verfügt wie Brünhilde über männliche Kräfte, aber mit ihren heldischen Eigenschaften streitet sie nicht gegen den Werber, sondern steht ihm helfend bei. In der Schlacht kämpft Bride an der Seite ihres Gatten, und zwar mit der eisernen Stange, der typischen Riesenwaffe.[120] Um einen Bride-Typus handelt es sich auch bei Dorothea. Ihre Kraft und Entschlossenheit wird noch dadurch unterstrichen, daß Goethe einen anspielungsreichen Rollentausch vornimmt. Denn während in den Heldenepen – man denke an *Virginal* – es stets ein Mann, ein Ritter ist, der seine Tapferkeit dadurch unter Beweis stellt, daß er eine Jungfrau aus den Klauen des Unholds oder Drachens befreit, ist es in Goethes Werk eine Frau, die jenen Befreiungsakt übernimmt: Dorothea bewahrt die ihrem Schutz anvertrauten Mädchen vor der Schändung durch die Söldner. Auch andere Züge in Dorotheas Charakter zeigen, daß es Goethe nicht um die Darstellung konventioneller Männerphantasien von der Frau ging. »Das Grundgefüge des Charakters Dorotheas« ist nicht, wie man es in der Wilhelminischen Ära gerne sah, »ihre Dienstfertigkeit«.[121] Vielmehr ist sich Dorothea der Dialektik von Dienst und Herrschaft bewußt, wenn sie klarmacht, daß sie »durch Dienen [...] zum Herrschen« (7,115) gelangen will.

Kein Thema dominiert in *Hermann und Dorothea* so wie das der Brautwerbung. Gleich zu Anfang verbindet der Vater seine Friedenswünsche mit der Hoffnung auf eine baldige eheliche Verbindung seines Sohnes: »Möge mein Hermann doch auch an diesem Tage, Herr Pfarrer, / Mit der Braut, entschlossen, vor Euch am

Altar sich stellen« (1,202 f.). Und am Schluß ruft der Dichter die
Musen an: »Helfet auch ferner den Bund des lieblichen Paares
vollenden, / Teilet die Wolken sogleich, die über ihr Glück sich
heraufziehn!« (9,4 f.). Bei dem Wirt zum Goldenen Löwen sind
die seinen Sohn betreffenden Eheerwartungen aufs engste mit
ökonomischen Expansionswünschen verknüpft. Vor allem muß
die Schwiegertochter wohlhabend sein; das ist die *conditio sine qua
non* für den väterlichen Segen. Die Nachbarstochter wünscht er
seinem Sohn zur Frau, weil ihr Vater, der Kaufmann, reich ist
und »täglich reicher« (2,191) wird. Um »des Geldes mehr zu erwerben« (2,168), soll Hermann eine »Braut mit schöner Mitgift«
(2,170) wählen. »Mit dem gewünschten Weibchen« soll auch »in
Körben und Kasten die nützliche Gabe hereinkommen«
(2,172 f.). Nicht den geringsten Zweifel läßt der Vater daran, daß
er »nur wohlausgestattet […] im Hause die Braut sehn« möchte
(2,183). Die Einstellung des Wirts läßt einen an Georg Simmels
Philosophie des Geldes denken, wo der monetär begründete Wandel
von den Substanz- zu den Funktionswerten beschrieben wird.
Das Geld, fundamentales Symbol neuzeitlicher Kultur, bestimmt alle menschlichen Beziehungen, von den äußerlichsten
bis zu den intimsten. Den Höhepunkt in der Entwicklungsreihe
der Reduktion von Qualität auf Quantität bildet, als substanzge-
wordene Relativität, das Geld. Von diesem Funktionsdenken
noch nicht beeinflußt sind die Wirtin und Hermann. Zwar unterstützt die Mutter die Absichten des Löwenwirts, wenn sie ihrem
Sohn rät, um die Hand der Kaufmannstochter anzuhalten, aber
sie tut dies nicht aus ökonomischen Gründen, sondern weil sie zu
wissen glaubt, daß Minchen ihm »immer gewogen« (2,240) war.
Nicht das Geld, sondern Zuneigung und Liebe werden von ihr als
Gründe für die Gattenwahl angeführt. Sie erinnert daran, daß sie
und der Wirt vor zwanzig Jahren nach der Brandkatastrophe, als
aller Besitz zerstört war, zueinander fanden (2,117 ff.). Ihre
»Seele« (4,209) sagt ihr, daß Hermann sich in seinem »Herzen«
(5,47) für Dorothea entschieden hat. Noch deutlicher wird die
Opposition zur väterlichen Geldideologie bei Hermann. »Ewig
umsonst gedeiht mir die reiche Besitzung« (4,215), vertraut er
seiner Mutter an, wenn er nicht um Dorothea, die arme Vertrie-

bene, werben darf. Gegen das Kapitalsdenken des Vaters gewandt, fährt er fort: »Nicht das Sparen allein, um spät zu genießen, / Macht das Glück, es macht nicht das Glück der Haufe beim Haufen, / Nicht der Acker am Acker« (4,181–183). Im Vater-Sohn-Konflikt stehen sich zwei typisch bürgerliche Denk- und Argumentationsweisen des 18. Jahrhunderts gegenüber: die des bürgerlichen Besitzdenkens und die bürgerlicher Empfindsamkeit. Erst am Ende verbinden sich diese beiden gegensätzlichen Tendenzen in Hermann, wenn er der Empfindsamkeit durch die Wahl Dorotheas zu ihrem Recht verhilft, gleichzeitig aber auch die Position des stolzen Besitzbürgers vertritt. Hermann gerät nun in die paradoxe Situation, daß er seine Brautwerbung um Dorothea mit ökonomischen Argumenten führt: Wegen des vermeintlichen Nebenbuhlers verkehrt sich die Braut- in Magd-Werbung. Wie ein Arbeitstier taxiert er Dorothea, deren »Stärke des Arms« und »volle Gesundheit der Glieder« (7,68) als Qualitäten der künftigen Dienerin herausgestellt werden. Die Mutter bittet er, der noch kurz vorher alle wirtschaftlichen Gesichtspunkte seinen Herzensregungen untergeordnet hatte, Dorothea »sogleich nach dem ganzen Umfang der Wirtschaft« (9,63) zu befragen. Wie im Lustspiel sind die Rollen vertauscht: Der auf die Mitgift versessene Vater hat sich bereits damit abgefunden, eine besitzlose Schwiegertochter zu erhalten. Und der verliebte Brautwerber spielt die Charge des rein ökonomisch kalkulierenden Hausherrn. Die Komödienszene scheint ins Tragische umzuschlagen, und die katastrophale Wendung wird nur dadurch verhindert, daß ein weiterer Rollentausch vorgenommen wird. Der Konvention nach müßte sich Hermann vor Dorothea erklären, doch ist es die selbständige und selbstbewußte Dorothea, die ihre Liebe zuerst bekennt (9,149ff.). Erst jetzt gesteht auch Hermann seine Neigung, und so wird der Tragödienschluß verhindert. Held und Heldin finden einander nach überstandenen Gefahren und Prüfungen wie Tamino und Pamina in Mozarts *Zauberflöte*: im nachbarlichen Kaufmannshaus hatte Hermann den Spitznamen Tamino erhalten (2,237). (Goethe plante seit 1796 – dem Jahr der Konzipierung von *Hermann und Dorothea* – eine Fortsetzung der *Zauberflöte*.) [122]

Eng verbunden mit Hermanns Brautwerbung ist seine Entwicklung zum selbstbewußten und mündigen Mann. Anfangs wird er als Stubenhocker (3,42) vorgestellt, der sich unter der Fuchtel des Vaters, von dem er täglich eine Portion »Schelten und Tadeln« (3,56) abbekommt, nicht entfalten kann. Er hemme »allen Mut in der Brust« (3,57) des Sohnes, beschwert sich die Mutter beim Vater. Eigenständigkeit und Eigen-Sinn demonstriert Hermann erst, nachdem er sich in Dorothea verliebt hat. Die ersten Schritte in die Unabhängigkeit sind noch unsicher. Statt geradeheraus zu bekennen, daß er dem Vater ganz entgegengesetzte Vorstellungen von einer Braut hat, flüchtet er sich zunächst in die heroische, todesverliebte Pose des patriotischen Franzosenfressers (4,106ff.). Es bedarf des Zuspruchs der Mutter, damit er sich und ihr seine wahren Gefühle eingesteht (4,113ff.). Diplomatisch vermittelt die Wirtin im Vater-Sohn-Konflikt. Sie erkennt als erste die Mündigkeit des noch jugendlichen Hermann an, wenn sie Gatten und Sohn gleichberechtigt als Männer anspricht: »Stehen wie Felsen doch zwei Männer gegeneinander!« (4,229). Wenn Hermann im Gespräch mit Dorothea seine Stellung im elterlichen Haus bezeichnet, nennt er sich selbstbewußt an erster Stelle und streicht heraus, daß seine Rolle ebenso wichtig sei wie die von Vater und Mutter: »Alle Felder besorg ich, der Vater waltet im Hause / Fleißig, die tätige Mutter belebt im ganzen die Wirtschaft« (7,59f.). Zur Emanzipierung Hermanns gehört auch seine Kritik am Vater, dem er mangelnde Menschenkenntnis vorwirft (8,34–36). Goethe parallelisiert Hermanns individuellen Emanzipationsprozeß mit jenem der französischen Revolutionäre. Denn wie Hermann im Zuge seiner Selbstbehauptung und Befreiung von der Bevormundung durch den Vater eine ihm bisher abgehende Sprachgewandtheit findet, so wächst auch den Revolutionsbegeisterten »der Mut und der Geist und die Sprache« (6,19). »Da war jedem die Zunge gelöst« (6,38), berichten die Vertriebenen von ihrem pfingsthaften Revolutionserlebnis; und mit den gleichen Worten wundert sich der Vater über Hermanns neue rhetorische Fähigkeiten (5,109). Der Pfarrer – im Gegensatz zum Vater ein guter Psychologe – erkennt gleich, daß Hermann nach seiner Begegnung mit Dorothea »als veränderter Mensch« (2,6) ins Haus tritt. Heißt es im ersten Gesang noch, daß Hermann »den fröhlichen Tanz, den alle Jugend begehret« (1,210), meide, so ist Terpsichore, der Muse des Tanzes, der zweite Gesang geweiht. Tanz und Eros sind untrennbar miteinander verbunden, und es ist die Macht des Erotischen, die Hermanns Emanzipationsprozeß entscheidend fördert. Auch hier ist die Parallele zur Französischen Revolution nicht zu übersehen. Die Revolutionsbegeisterung wird mit Tanz und Brautwerbung verglichen, wenn es heißt:

»Und der muntere Tanz begann um die neue Standarte. / So gewannen sie bald, die überwiegenden Franken, / Erst der Männer Geist, mit feurigem, munterm Beginnen, / Dann die Herzen der Weiber, mit unwiderstehlicher Anmut. / [...] Oh, wie froh ist die Zeit, wenn mit der Braut sich der Bräut'gam / Schwinget im Tanze, den Tag der gewünschten Verbindung erwartend!« (6,27–35).

Dem Bruch der Revolutionäre mit den traditionellen politischen und sozialen Vorstellungen einerseits sowie ihren Hoffnungen auf eine neue, erst noch herbeizuführende Gesellschaftsordnung andererseits entspricht Hermanns Werbung, an deren Ende seine Emanzipation von den Eltern und die Begründung einer eigenen, neuen Familie steht. Dem revolutionären Enthusiasmus aber folgen Schrecken und Kampf. Denkt man die Parallele im Hinblick auf das Leben der Verliebten nach der Heirat weiter, so drängen sich Visionen von Ehekrieg und Zerrüttung auf, Vorstellungen, die angesichts der ironischen Züge des Werkes keineswegs von der Hand zu weisen sind, auch wenn Hermann sich – was aber Rhetorik bleibt – vornimmt, eine Familie zu gründen, die ein Muster an Stabilität abgeben soll.

Hermann ist vor allem für erotische Signale empfangsbereit. Der »vollkommene Körper« (6,158), die »hohe Gestalt« (7,10), der »gewölbte Busen« (5,169) des »herrlichen Mädchens« (7,10), der »herrlichen Jungfrau« (5,192) haben es ihm gleich angetan. Dorotheas »Brust« und »Schultern« sind es, die Hermanns »Arm sehr zu umschließen begehret«; er sehnt sich nach ihrem »Mund«, von »dem ein Kuß und das Ja« ihn »glücklich macht auf ewig« (6,283–286). »Süßes Verlangen« (7,107) ergreift die Liebenden, wenn sich ihre Blicke auf dem Spiegel des Brunnens begegnen. Als Dorothea sich ihm »Leis auf die Schulter« lehnt, als »Brust [...] an Brust und Wang' an Wange« gesenkt sind, als »er die herrliche Last, die Wärme des Herzens / Und den Balsam des Atems, an seinen Lippen« intensiv verspürt, bedarf es des »ernsten Willens«, sie »nicht fester« an sich zu drücken (8,92−97), den erotischen Funken zu verlöschen, bevor er die Flamme der Leidenschaft zum Lodern bringt. Doppeldeutig heißt es von Dorothea an dieser Stelle, daß sie »fehlte« und »drohte zu fallen« (8,90). Erst am Schluß, beim Verlöbnis werden »Umarmung und Kuß« als »Gipfel der Freude« (9,223) nicht länger vermieden. Der Mutter vertraut Hermann schon bald sein Liebesbegehren mit dem Geständnis an: »Ich entbehre der Gattin« (4,196). Die Wirtin versteht, daß ihr Sohn nichts mehr wünscht, als »die Braut in die Kammer zu führen«, auf daß ihm »die Nacht zur schönen Hälfte des Lebens« (4,198f.) werde. »Kann, darf eine Mutter dieß zum Sohn sagen?« entrüstete sich im vorigen Jahrhundert Friedrich Theodor Vischer über jene Stelle. »Nein, nein! wird jedes richtige Gefühl urtheilen«, so fährt er fort sich zu ereifern; Goethe »ist naiv, der Geschlechtsgenuß kommt ihm eben so ungemein vergnüglich vor, daß er gern, gar gern, gerner als der Zusammenhang erlaubt, darauf zurückkommt«.[123] Wilhelm Brandes und Heinrich Düntzer dagegen deuteten die Stelle einfach idealisierend um. Für Düntzer geht es hier um »die Öffnung der Herzen in der heiligen Stille«,[124] und Brandes assoziiert die »reinste Höhe goethischen Empfindens und Denkens«.[125] Die Pädagogen der Wilhelminischen Zeit trauten dieser vergeistigten Interpretation jedoch nicht und verbannten die Stelle von der Nacht als der »schönen Hälfte des Lebens« dann doch lieber aus den Schulausgaben.

In *Hermann und Dorothea* spielt die Erotik des Blicks eine wichtige Rolle. Erstellte man eine Begriffskonkordanz des Werkes, würde man wohl feststellen, daß »Auge«, »Blick« und »sehen« zu den am häufigsten vorkommenden Wörtern zählen. Hermann fällt der Wagen Dorotheas gleich »ins Auge« (2,22), woraufhin ihn auch »das Mädchen erblickte« (2,27). Wenn er von der Begegnung mit ihr berichtet, sind seine »Blicke so lebhaft« wie

»noch niemals« (2,6f.). »Wohin er die Blicke nur wendet«,
schwebt Hermann »ihr Bild« (7,4) vor Augen. Dorothea wird mit
der Sonne in Verbindung gebracht (7,1), die »mit glühenden
Blicken« aus »dem Schleier« (8,3) hervorstrahlt. Die Metaphorik
des Sehens ist besonders reich in der zentralen Szene des gegenseitigen Sich-Erkennens auf dem Spiegel des Brunnens gestaltet:
»Und sie sahen gespiegelt ihr Bild in der Bläue des Himmels /
Schwanken und nickten sich zu und grüßten sich freundlich im
Spiegel« (7,41 f.).[126] Deutlich wird hier der Anti-Narzißmus der
Liebenden, denn anders als Narziß verlieben sie sich beim Blick
in den Wasserspiegel ineinander und nicht in sich selbst. Der
Brunnenrand ist eine Art kosmisches, Höhe und Tiefe symboli-
sierendes Auge, in dem sich die Blicke der Liebenden wie im
Unendlichen treffen. Hermann ist Dorotheas »offener Blick des
schwarzen Auges« (6,282) unvergeßlich. Kennzeichnend für
Hermann wie für Dorothea ist, daß sie ihre Gefühle, ihr sexuelles
Begehren kontrollieren und aus Schüchternheit oder Vorsicht zu
verbergen suchen. So blickt denn auch während der Brunnen-
Szene Dorotheas Auge zwar »freundlich«, spricht aber nicht
»von Liebe« (7,49f.), und Hermanns »schüchterner Blick« kann
»die Neigung« ihres »Herzens nicht sehn« (9,217f.). Nur selten
hat Goethe in *Hermann und Dorothea* Eros und Sexus der Liebenden direkt zur Sprache gebracht. Die triebhaften Regungen Hermanns (wie auch ihre Beherrschung) hat er vielmehr durch leit-
motivische Anspielungen deutlich gemacht. Das wichtigste Bild
in diesem Zusammenhang ist das der Pferde. Hermann wird als
Pferdeliebhaber und -züchter vorgestellt, der im Hause »die
herrlichen Pferde, die Hengste, selber besorgte, / Die er als Foh-
len gekauft und die er niemand vertraute« (4,5 f.). Vom Vater
muß er sich den Vorwurf gefallen lassen, daß er »zu Pferden nur
und Lust nur bezeigte zum Acker« (2,247). Allerdings kommt
auch der kritische Wirt um ein Kompliment nicht herum: »Was
der Junge doch fährt! und wie er bändigt die Hengste!« (1,16). In
Hermanns Kontrolle der Pferde, in ihrem Zügeln oder ihrem An-
treiben, spiegelt sich sein triebhaftes Begehren, dessen naturhafte Macht wie seine Beherrschung. Nicht von ungefähr hat
Goethe für Hermann das Bild des Pferdebändigers gewählt, denn

in ihm ist schon immer das Naturhafte in seiner kulturellen Meisterung symbolisiert worden. Hermann hält anfangs »die Pferde noch an« (2,61), als er nicht sicher ist, ob er seine ganzen Gaben Dorothea anvertrauen oder ob er ins Flüchtlingsdorf fahren soll. Aufschlußreich ist es, daß Dorothea sich »den Pferden gelassen« (2,27) nähert. Hermanns Erregung, sein erotisches, psychophysisches Erwachen wird deutlich, als er zur Stadt zurückeilt (2,81) und man beim Wirt »der stampfenden Pferde / Fernes Getöse sich nahn« hört und der »rollende Wagen« mit »gewaltiger Eile nun donnert' unter den Torweg« (1,211–213). Sein Entschluß, die Geliebte wiederzusehen und aufzusuchen, ist gefaßt: Er will die Pferde anschirren (5,125), geht in den Stall, »wo die mutigen Hengste / Ruhig standen« (5,132f.), führt »die Pferde heraus in den Hof« (5,138), spannt sie vor die Kutsche, schwingt sich auf den Bock und »rollt' in den Torweg«. »Hermann faßte die Peitsche« (5,142), heißt es dann, und die sexuelle Anspielung ist kaum zu übersehen. Dem Zögern, seiner Unsicherheit und momentanen Unentschlossenheit bei der Brautwerbung entspricht sein Anhalten der Pferde (5,150.159f.). Hermanns Ruhelosigkeit, seiner Begierde und dem Drängen nach der neuen Begegnung mit Dorothea wiederum entspricht die Unruhe der Pferde. Als die nachbarlichen Kundschafter zum wartenden Hermann zurückkehren, heißt es: »Die Pferde zerstampften / Wild den Rasen« (6,221f.). Hinzugesetzt wird, daß er sie »im Zaum« (6,222) hielt. Wenn Hermann befürchtet, daß Dorothea schon verlobt sei, stellt er sich vor, daß er »sachte die Pferde herum nach Hause« (6,247) werde lenken müssen. Bei der Gestaltung der Brunnen-Szene, die ja mit allen Requisiten der Idylle ausgestattet ist, hat Goethe bewußt auf das Pferde-Motiv verzichtet. Gelenkt vom Pfarrer als Kutscher, heißt es von ihnen: »Und die Hengste rannten nach Hause, begierig des Stalles« (6,313). »Vertraulich« fragt Dorothea, wie Hermann »ohne Wagen und Pferde« (7,46) zum Brunnen komme. Aus dieser Szene ist alles, was an animalisches Begehren erinnert, verbannt, und wohl deshalb kann es hier noch zu keinem Liebesgeständnis kommen.[127]

Am Ende von Goethes Werk ist Hermanns Entwicklung vom »Jüngling [...] zum Manne« (5,76) abgeschlossen, womit Brautwerbungsepos und Bildungsroman gleichsam eine Synthese eingehen. Schon der Titel »Hermann und Dorothea« deutet aber an, daß es hier um die Entwicklung von zwei Protagonisten geht. Dorothea ist zwar lebenserfahrener als Hermann, aber auch sie muß sich erst zur Wahrheit und zum Bekenntnis ihrer Gefühle durchringen. Sowohl an den Mißverständnissen wie auch an dem schließlichen Zustandekommen des Verlöbnisses ist Dorothea so sehr beteiligt wie Hermann. Ähnlich wie Hermann die Magdwerbung nur vortäuscht, geht Dorothea bloß zum Schein auf das Angebot des Dienstverhältnisses ein. Gleich Hermann spielt sie bis zur potentiell tragischen Verwicklung das Rollenspiel mit, das sie dann aber im entscheidenden Augenblick aufgibt.[128] Die heroische Dorothea domestiziert sich zur Hausherrin, und der schüchtern-häusliche Hermann wird zum kampfbereiten Vaterlandsverteidiger, auf daß er seinem heldischen Namen, der an den Cherusker erinnert, Ehre bereitet.[129] Am Ende des Werks macht Goethe Zugeständnisse an die konventionellen Bilder von den sozialen Rollen der Geschlechter, von Rollen, die er im Text durchgehend mittels Verkehrung in Frage gestellt hatte. Ähnlich wie in anderen Büchern Goethes überzeugt auch hier eher die prozeßhafte Darstellung menschlicher Verwicklung und Entwicklung als die Gestaltung von Abschluß und Ende.

Fragt man sich, wie der Erfolg von Vossens *Luise* und Goethes *Hermann und Dorothea* bei den Zeitgenossen der Jahre 1795 bzw. 1797 zu erklären ist, so geht man wohl nicht fehl, wenn man die Rezeption im Kontext der Diskussion über die Französische Revolution sieht.[130] In der *Luise* sahen die Gegner der Revolution die deutschen Verhältnisse mit ihrer Ruhe und Ordnung verklärt. Hier wurden harmonische und gerechte gesellschaftliche Verhältnisse bereits als verwirklicht vorgeführt, Verhältnisse, die ja erklärtes Ziel der Revolution waren, deren Gegenteil sie aber während der Schreckensjahre herbeigeführt hatte. Die idyllische Welt des norddeutschen Pfarrhauses wird zum Sinnbild antirevolutionärer, auf Stabilität und Frieden ausgerichteter politischer Tendenzen in Deutschland. Ähnlich – aber doch anders – liegen die Dinge im Fall von Goethes Werk. Auch hier ist letztlich eine deutsche Alternative von Evolution und Kontinuität gegenüber der Revolution und Diskontinuität in Frankreich im Spiel. Im Gegensatz zu Voss bezieht Goethe die revolutionären Vorgänge jedoch mit ins Werk ein. Statt ein bloßes Antibild zu entwerfen, macht Goethe den Blick frei auf mögliche Synthesen. Hermann, der nun Empfindsamkeit und Besitzdenken verbindet, ist auf die Sicherung des Gegebenen und Überlieferten bedacht; Dorothea aber bringt in den Ehebund nicht nur die negativen Erfahrungen mit den Folgen der Revolution ein, sondern auch die als kostbar empfundene Erinnerung an ihren ersten Verlobten, der für die großen Menschheitsideale der Revolution sein Leben einsetzte. Der im Wortsinne konservative Hermann geht einen Bund ein mit Dorothea, die zwar selbst kein Kind der Revolution ist, die aber deren ursprüngliche Ziele nicht aufzugeben bereit ist. Goethe konnte also der Zustimmung jener Schichten sicher sein, die einerseits an eine deutsche nicht-revolutionäre Alternative zur Entwicklung im Nachbarland glaubten, die aber andererseits auf die langfristige Einlösung der menschheitlichen Ziele der Revolution nicht verzichten wollten. Am Ende dieser Goetheschen Dichtung gehen die gegensätzlichen Tendenzen zeitgenössischen bürgerlichen Denkens und Handelns eine Synthese ein: Empfindsamkeit, Besitzdenken, Nationalismus und Weltbürgertum versöhnen sich im Bündnis von Hermann und Dorothea. Goethe spricht hier auf dichterische Weise eine Einstellung aus, wie sie für das 19. Jahrhundert im bürgerlichen Deutschland kennzeichnend sein wird, und es überrascht nicht, daß das Buch zur Legitimierung jener Ideologie gebraucht wurde. Goethe war allerdings nicht so naiv, die Synthese von besitzbürgerlich-nationalkonservativer Praxis und weltbürgerlich-revolutionärer Zielsetzung als unproblematisch anzusehen. *Hermann und Dorothea* bricht nicht mit einem Märchenschluß ab, in welchem dem jungen Paar Glück bis ans Lebensende verheißen wird. Zur Versinnbildlichung der sozio-politischen Synthese führt Goethe ein Ehebündnis vor, auf dessen zukünftige Konflikte er im Text ironisch bereits hingewiesen hatte. Im Wilhelminischen Deutschland hatte man keinen Blick für die ironischen Züge des Werkes, und so basiert der Legitimationsgebrauch von *Hermann und Dorothea* zum großen Teil auf Mißverständnissen und Vereinfachungen.

Anmerkungen

1 Siegfried Scheibe. »Neue Zeugnisse zur Druckgeschichte von Goethes ›Hermann und Dorothea‹«, in: Goethe. Neue Folge des Jahrbuchs der Goethe-Gesellschaft 23, 1961, S. 286.

2 Zit. nach: Erläuterungen und Dokumente. Johann Wolfgang Goethe. Hermann und Dorothea, hrsg. von Josef Schmidt, Stuttgart 1970 [u. ö.], S. 83.

3 Goethe. Der Briefwechsel mit Schiller. Ausw. und Einf. von Walter Flemmer. München [o. J.], S. 293.

4 Ebd., S. 340.

5 Zit. nach: Goethe im Urtheile seiner Zeitgenossen. Bd. 2, hrsg. von Julius W. Braun, Berlin 1884, S. 249.

6 Ebd., S. 266.

7 Ebd., S. 306, 307.

8 Goethe über seine Dichtungen, Th. 1: Die epischen Dichtungen, Bd. 1, hrsg. von Hans Gerhard Gräf, Frankfurt a. M. 1901, S. 133.

9 Wilhelm von Humboldt, Aesthetische Versuche über Goethe's Hermann und Dorothea, mit einem Vorw. von Hermann Hettner, Braunschweig [4]1882. S. 144.

10 August Wilhelm Schlegel, »Goethes Hermann und Dorothea«, in: A. W. Sch., Sämtliche Werke, hrsg. von Eduard Böcking, Bd. 11, Leipzig 1847, S. 221.

11 Erläuterungen und Dokumente (Anm. 2), S. 98.

12 Georg Wilhelm Friedrich Hegel, Vorlesungen über die Ästhetik, hrsg. von Rüdiger Bubner, Stuttgart 1971 [u. ö.], T. 3: Die Poesie, S. 199.

13 Germaine de Staël. Über Deutschland, nach der Übers. von Robert Habs hrsg. und eingel. von Sigrid Metken, Stuttgart 1962, S. 177.

14 Erläuterungen und Dokumente (Anm. 2) S. 114.

15 August Graf von Platen, Sämtliche Gedichte, T. 3: Oden. Festgesänge. Eklogen und Idyllen. Epigramme, hrsg. von Max Koch, Leipzig [o. J.]. S. 194.

16 Goethe im Urtheile seiner Zeitgenossen (Anm. 5), S. 266.

17 Zit. nach: Heinz Helmerking, Hermann und Dorothea. Entstehung, Ruhm und Wesen, Zürich 1948, S. 61.

18 Wolfgang Leppmann, Goethe und die Deutschen. Vom Nachruhm eines Dichters, Stuttgart [2]1982, S. 171 ff.

19 Hermann Heinze, Aufgaben aus »Hermann und Dorothea«. Leipzig 1910, S. 16.

20 Konrad Albrich, Goethe und Christian Gotthilf Salzmann, Erstes Heft: Goethes »Hermann« und Salzmanns »Conrad Kiefer«, Langensalza 1918. S. 59.

21 Georg Neudecker, Die innere Komposition in Goethes epischer Dichtung »Hermann und Dorothea«. Zur ersten Zentenarfeier ihrer Entstehung. Programm Würzburg 1896, S. 37.

22 Lion Feuchtwanger, »Aus meinem Leben«, in: Neue Texte. Almanach für deutsche Literatur 3, 1963, S. 407.

23 Goethe's Hermann und Dorothea, hrsg. von Waterman Thomas Hewett, Preface S. 7–10, Introduction S. 11–46. New York/Cincinnati/Chicago 1908, S. 7.

24 Helmerking (Anm. 17), S. 41.

25 Ebd., S. 37.

26 P. Albane [d. i. Pauline Caro], »Les lettres de Hermann et Dorothée«, in: Revue des deux Mondes, 15.2.1872, Nr. 97, S. 774.

27 Karl Goedeke, Grundriß zur Geschichte der deutschen Dichtung, 3., neu bearb. Aufl., Bd. 4, Abt. 3, Dresden 1912, S. 352f.

28 Otto Zürcher, Jens Baggesens Parthenais. Eine literarhistorische Untersuchung, Leipzig 1911. Vgl. Ferner: Alois Schmidt. Das idyllische Epos nach Goethes Hermann und Dorothea, Diss. Wien 1911.

29 Arne Häggqvist, »Runebergs ›Hanna‹ och Goethe«, in: Finsk tidskrift för vitterhet, vetenskap, konst och politik 123, 1937, Nr. 2, S. 304-314.

30 Gustav Karpeles, Goethe in Polen, Berlin 1890, S. 124, 145.

31 Helmerking (Anm. 17), S. 35.

32 Zitiert wird in der Folge nach: Johann Wolfgang Goethe, Hermann und Dorothea, Stuttgart 1982 [u. ö.]. Die erste Ziffer bezieht sich auf den Gesang, und nach dem Komma folgt die Zeilenzahl.

33 Erläuterungen und Dokumente (Anm. 2), S. 106.

34 Ebd., S. 107.

35 Ebd., S. 94.

36 Helmerking (Anm. 17), S. 94.

37 Erläuterungen und Dokumente (Anm. 2), S. 111 f.

38 Neudecker (Anm. 21), S. 37.

39 Albert Huther, »Über die realistischen Elemente von Goethes Hermann und Dorothea«, in: Zeitschrift für den deutschen Unterricht 2, 1888, S. 86.

40 Joseph Hillebrand, Die Deutsche Nationalliteratur im XVIII. und XIX. Jahrhundert, Bd. 2, Gotha ³1875, S. 236.

41 Wilhelm Scherer, Geschichte der deutschen Literatur, Berlin ²1884, S. 570.

42 Hans Draheim, »Zu Goethe. Der Pfarrer in ›Hermann und Dorothea‹«, in: Zeitschrift für den deutschen Unterricht 5, 1891, S. 560.

43 Alfred Biese, »Die Lebensweisheit in Goethes ›Hermann und Dorothea‹ als Gegenstand des Unterrichts in der Prima«, in: A. B., Pädagogik und Poesie, Berlin ²1908, S. 110.

44 Heinze (Anm. 19), S. 1 f.

45 Viktor Hehn, Über Goethes Hermann und Dorothea, aus dessen Nachlaß hrsg. von Albert Leitzmann und Theodor Schiemann, Stuttgart ²1898, S. 45.

46 Franz Sintenis, »Zu Hermann und Dorothea«, in: Goethe-Jahrbuch 25, 1904, S. 227–232. – Charles Julius Kullmer, Pößneck und Hermann und Dorothea, Heidelberg 1910. – Eduard Trauer, »Adorf, Elster und Goethes Hermann und Dorothea, zugleich mit Bezug auf Dr. Kullmers Schrift ›Pöß-

neck‹«, in: Mitteilungen, Verein für Vogtländische Geschichte und Alter-
tumskunde, Plauen i. V. 21, 1911, Nr. 2 S. 1–38.

47 Erläuterungen und Dokumente (Anm. 2), S. 72.

48 Huther (Anm. 39), S. 73. – H. R. Chillingworth, »Goethe's ›Hermann und
Dorothea‹«, in: Hermathena (Dublin) 69, 1947, S. 55.

49 Albert Bielschowsky, »Die Urbilder zu Hermann und Dorothea«, in: A. B.,
Friederike und Lili. Fünf Goethe-Aufsätze, München 1906, S. 153–178.

50 Huther (Anm. 39), S. 73.

51 Josef Liese, »Das Urbild des Weltbürgers in Goethes ›Hermann und Dorothea‹«, in: Türmer 35, 1932/33, Nr. 9, S. 209–211. – Josef Liese, Das klassische Aachen, Aachen 1936.

52 Hehn (Anm. 45), S. 34. – Draheim (Anm. 42), S. 558.

53 R. Löbell, »Zum Kapitel ›Goethe ein großer Nehmer‹ (Goethe und J. H.
Merck)«, in: Zeitschrift für den deutschen Unterricht 5, 1891, S. 771 f.

54 Albrich (Anm. 20).

55 Franz Hüller, »Der Versschluß in Goethes ›Hermann und Dorothea‹. Eine
stilistisch-metrische Studie«, in: Festschrift August Sauer. Zum 70. Geburtstag des Gelehrten am 12. Oktober 1925, Stuttgart 1925. – Hans Steckner, Der epische Stil von Hermann und Dorothea, Halle a. d. S. 1927.

56 Zit. nach: Robert Leroux, »La Révolution Française dans Hermann et Dorothée«, in: Etudes Germaniques 4, 1949, S. 174.

57 Johann Georg Sprengel, Der Staatsgedanke in der deutschen Dichtung,
Berlin 1933, S. 221.

58 Robert Petsch, »Hermann und Dorothea, ein Epos vom deutschen Bürgertum«, in: Deutsche Grenzlande 14, 1935, S. 131.

59 Rudolf Alexander Schröder, »Zu Hermann und Dorothea«, in: R. A. Sch.,
Die Aufsätze und Reden, Bd. 1, Berlin 1952, S. 581.

60 Melitta Gerhard, »Chaos und Kosmos in Goethes Hermann und Dorothea«, in: M. G., Leben im Gesetz. Fünf Goethe-Aufsätze, Bern/Mün-
chen 1966. S. 52.

61 Anton Lübbering, »Goethes Hermann und Dorothea im heutigen Deutschunterricht«, in: Wirkendes Wort 11, 1961, S. 226.

62 Ferdinand Bergenthal, Heimruf und Hoffnung. Goethes »Hermann und
Dorothea« in der Stunde der deutschen Entscheidung, Augsburg 1947,
S. 18.

63 Oskar Seidlin, »Über Hermann und Dorothea«, in: O. S., Klassische und
moderne Klassiker, Göttingen 1972, S. 20.

64 Erläuterungen und Dokumente (Anm. 2), S. 75.

65 Helmerking (Anm. 17), S. 58.

66 Wolfgang Stammler, »Zeitgenossen über Goethe«, in: Goethe-Jahrbuch 33,
1912, S. 22.

67 Helmerking (Anm. 17), S. 57.

68 Goethe im Urtheile seiner Zeitgenossen (Anm. 5), S. 283.

69 Stammler (Anm. 66), S. 24.

70 Goethe im Urtheile seiner Zeitgenossen (Anm. 5), S. 330.

71 Erläuterungen und Dokumente (Anm. 2), S. 77.

72 Ebd., S. 46.

73 Renate Böschenstein, Idylle, Stuttgart 1967, S. 9. – Jens Tismar, Gestörte Idyllen. Über Jean Paul, Adalbert Stifter und Thomas Bernhard, München 1973, S. 7 ff.

74 Ähnlich sieht es Rolf Geißler, doch stimme ich nicht mit seiner Theorie überein, daß diese Dialektik »einseitig zugunsten des Idyllischen« durchgeführt sei. Vgl. Rolf Geißler, »Goethes Hermann und Dorothea im Unterricht«, in: Wirkendes Wort 13, 1963, S. 54.

75 Friedrich Gundolf, Goethe, Berlin [8]1920, S. 500.

76 1 Mose 24,15 und 1 Mose 29,2.

77 Salomon Geßner, Sämtliche Schriften, Bd. 2, hrsg. von J. L. Klee, Leipzig 1841, S. 53. Vgl. dazu: W. Blakemore Evans, »A passage in Hermann und Dorothea«, in: Modern Language Notes 19, 1904, Nr. 3 / 4, S. 78 f. – Maria Lypp, Ästhetische Reflexion und ihre Gestaltung in Goethes »Hermann und Dorothea«, Diss. F. U. Berlin 1969, S. 58.

78 Erläuterungen und Dokumente (Anm. 2), S. 72–87.

79 Zit. nach: Geißler (Anm. 74), S. 53. Zum Thema Idylle und Epos vgl. auch: Jane K. Brown, »Schiller und die Ironie von ›Hermann und Dorothea‹«, in: Goethezeit. Studien zur Erkenntnis und Rezeption Goethes und seiner Zeitgenossen. Festschrift für Stuart Atkins, hrsg. von Gerhart Hoffmeister, Bern / München 1981, S. 203–216.

80 Erläuterungen und Dokumente (Anm. 2), S. 74, 75.

81 Goethe im Urtheile seiner Zeitgenossen (Anm. 5), S. 280.

82 Hehn (Anm. 45), S. 65 f.

83 Erich Trunz bestreitet dies. Vgl. seinen Kommentar in: Goethes Werke. Hamburger Ausgabe, Bd. 2: Gedichte und Epen II, München 1982, S. 751.

84 Karl August Varnhagen von Ense, Vermischte Gedichte, Frankfurt a. M. 1816, S. 172.

85 Goethes Briefe, Bd. 13: 1798, Weimar 1893, S. 145.

86 Wilhelm Braubach, »Woher stammt die Verwicklung in Goethes Hermann und Dorothea?«, in: Zeitschrift für den deutschen Unterricht 23, 1909, S. 128.

87 Hehn (Anm. 45), S. 97.

88 Karl Rosenkranz, Goethe und seine Werke, Königsberg [2]1856, S. 278.

89 M. Beheim-Schwarzbach, »Homer in der deutschen Literatur«, in: Preußische Jahrbücher 66, 1890, S. 610–633.

90 Schlegel (Anm. 10), S. 190.

91 Humboldt (Anm. 9), S. 86 f.

92 Hehn (Anm. 45), S. 77 ff. – Seidlin (Anm. 63), S. 22 ff.

93 Hegel (Anm. 12), T. 3, S. 199.

94 Ebd., T. 1 / 2, S. 279.

95 Ebd., T. 3, S. 199.

96 Vgl. dazu Lypp (Anm. 77), S. 32. – Gerhard Kaiser, Wandrer und Idylle. Goethe und die Phänomenologie der Natur in der deutschen Dichtung von Geßner bis Gottfried Keller, Göttingen 1977, S. 47.

97 Friedrich Theodor Vischer, Ästhetik oder Wissenschaft des Schönen, Bd. 3. Stuttgart 1854, S. 141.

98 Goethes Briefe, Bd. 12: 1797, Weimar 1893, S. 158.

99 Schlegel (Anm. 10), S. 207.

100 Goethe. Der Briefwechsel mit Schiller (Anm. 3), S. 288.

101 Vgl. Streckner (Anm. 55), S. 165 f. – Lypp (Anm. 77), S. 25. – Ernst Busch, »Das Verhältnis der deutschen Klassiker zum Epos. Goethes ›Hermann und Dorothea‹«, in: Germanisch-Romanische Monatsschrift 29, 1941, S. 265 f.

102 Goethes Werke (Anm. 83) Bd. 12: Kunst und Literatur, München 1981, S. 249.

103 Vgl. Steckner (Anm. 55), S. 173.

104 Goethes Werke (Anm. 83), Bd. 12, S. 250.

105 Goethe. Der Briefwechsel mit Schiller (Anm. 3), S. 284.

106 Humboldt (Anm. 9), S. 131.

107 Stammler (Anm. 66), S. 22.

108 Seidlin (Anm. 23), S. 26. Ähnlich auch: Richard Samuel, »Goethes ›Hermann und Dorothea‹«, in: Publications of the English Goethe Society 31, 1961, S. 94.

109 Frank G. Ryder / Benjamin Bennett, »The Irony of Goethe's Hermann und Dorothea. Its Form and Function«, in: Publications of the Modern Language Association of America 90, 1975, S. 437. Zum Thema Ironie vgl. auch die Anmerkungen von Karl Eibl, dessen interessante Studie erst nach Fertigstellung meines Aufsatzes erschien: K. E., »Anamnesis des ›Augenblicks‹. Goethes poetischer Gesellschaftsentwurf in ›Hermann und Dorothea‹«, in: Deutsche Vierteljahrsschrift für Literaturwissenschaft und Geistesgeschichte 58, 1984, S. 125 f.

110 Lypp (Anm. 77), S. 157 f.

111 Humboldt (Anm. 9), S. 153 f. – Schlegel (Anm. 10), S. 201–203.

112 Einige Hauptmotive der Brautwerbung sind bereits in der Quelle enthalten, die Goethe mit zu seinem Werk anregte. (Vgl. die historischen Berichte über die Salzburger Emigrantin in Erläuterungen und Dokumente [Anm. 2] S. 65 ff.) Man kann allerdings nicht kurzschlüssig wie die Positivisten des 19. Jahrhunderts direkt Goethes Hermann und Dorothea aus dieser Quelle ableiten. Ohne die reiche Tradition der Brautwerbungsepen wäre Goethe diese Quelle, die ja in nuce den Handlungsverlauf eines Brautwerbungsepos enthält, wohl gar nicht aufgefallen.

113 Gustav Rümelin, »Zu Hermann und Dorothea«, in: G. R., Reden und Aufsätze, Freiburg i. Br. 1875, S. 383.

114 Friedmar Geißler, Brautwerbung in der Weltliteratur, Halle a. d. S. 1955, S. 77.

115 Ebd., S. 16.

116 Kudrun, hrsg. von Karl Bartsch, Leipzig [4]1880, Str. 757, V. 3 f.

117 Hertha Marquardt: »Die Hilde-Gudrunsage in ihrer Beziehung zu den germanischen Brautraubsagen und den mittelhochdeutschen Brautfahrtepen«. In: Zeitschrift für deutsches Altertum 70, 1933, S. 12.

118 Schlegel (Anm. 10), S. 209.
119 Humboldt (Anm. 9), S. 69, 71.
120 Marquardt (Anm. 117), S. 19. – Geißler (Anm. 114), S. 4, 55.
121 Heinze (Anm. 19), S. 13.
122 Viktor Junk, Goethes Fortsetzung der Mozartschen Zauberflöte, Berlin 1899.
123 Friedrich Theodor Vischer, »Kleine Beiträge zur Charakteristik Goethes«, in: F. Th. V., Altes und Neues. Neue Folge, Stuttgart 1889, S. 202–204.
124 Heinrich Düntzer, »Ein böser Angriff auf Goethes ›Hermann und Dorothea‹«, in: Goethe-Jahrbuch 21, 1900, S. 240.
125 Wilhelm Brandes »Die schöne Hälfte des Lebens«, in: Die Grenzboten 58, 1899, Nr. 22, S. 488.
126 Vgl. dazu: Vista Clayton, »The Relation of ›Joseph‹ by Paul Jeremias Bitaubé to Goethe's Hermann and Dorothea«, in: Romantic Review 28, 1937, S. 146 f.
127 Zum Thema allgemein vgl.: L. A. Willoughby »The Image of the Horse and Charioteer in Goethe's Poetry«, in: Publications of the English Goethe Society 15, 1946, S. 47–70.
128 Vgl. Seidlin (Anm. 63), S. 32.
129 Vgl. dazu Hans Geulen, »Goethes ›Hermann und Dorothea‹. Zur Problematik und inneren Genese des epischen Gedichts«, in: Jahrbuch des Freien Deutschen Hochstifts, 1983, S. 19.
130 Friedrich Sengle erklärt den Erfolg der beiden Bücher damit, daß beide Dichtungen für das Lesepublikum eine »beglückende Befreiung aus dem überkultivierten, sterbenden Rokoko« waren. Vgl. Friedrich Sengle, »›Luise‹ von Voß und Goethes ›Hermann und Dorothea‹. Didaktisch-epische Form und Funktion des Homerisierens«, in: Europäische Lehrdichtung. Festschrift für Walter Naumann zum 70. Geburtstag, hrsg. von Hans Gerd Rötzer und Herbert Walz, Darmstadt 1981, S. 222.

Erstveröffentlichung: Goethes Erzählwerk. Interpretationen, hrsg. v. Paul Michael Lützeler und James E. McLeod, Stuttgart 1985, S. 216–267, unter dem gleichen Titel.

Heinrich von Kleist
Michael Kohlhaas (1810)

I.

Kleists *Kohlhaas* ist aktuell. Gisela Elsner fühlt sich provoziert durch »das Frohlocken angesichts des Richtblocks« am Schluß der Erzählung, Yaak Karsunke (als Dramatiker) schildert des »Colhaas' letzte Nacht«, Heiner Müller läßt in einem »Greuelmärchen« Kleist den Michael Kohlhaas spielen, Volker Schlöndorff verfilmt den Stoff, Elisabeth Plessen schreibt »aus Faszination und aus Ärger«[1] über den Kleistschen Fiktionshelden ihren Geschichtsroman, in welchem es um das Leben des Hans Kohlhaas der Chroniken geht, dem gleichzeitig Kurt Neheimer einen ausführlichen historischen Bericht widmet, Otto F. Best fällt als Literatur-Leporello aus der Rolle, um *Michael Kohlhaas* weiterzudichten, Stefan Schütz setzt die Prosa fürs Theater ins Dramatische um (ähnlich verfahren der Regisseur Adolf Dresen aus Berlin sowie der englische Autor James Saunders), und in dem amerikanischen Roman *Ragtime* versetzt E. L. Doctorow den Roßhändler in das New York am Anfang unseres Jahrhunderts, wo er als schwarzer Musiker mit dem Namen Coalhouse ähnlichen Schikanen ausgesetzt ist wie sein brandenburgischer Ahn.[2] Mit »Faszination und Ärger« läßt sich auch die Reaktion der akademischen Welt während der siebziger Jahre auf die Kohlhaas-Erzählung umschreiben: In ihren Studien geht es vor allem um den Kleistschen Gerechtigkeitsbegriff,[3] von dem etwa der Südafrikaner Peter Horn wissen will, was er »uns heute eigentlich noch angeht«. Die so zwiespältige Einstellung zu wie intensive Auseinandersetzung mit Kleists *Kohlhaas* während der letzten Dekade ist zu verstehen auf dem Hintergrund der weltweiten kulturellen und politischen Unruhe. Gisela Elsner, Volker Schlöndorff, Yaak Karsunke und Elisabeth Plessen verarbeiten Erfahrungen der Studentenbewegung; Stefan Schütz und Adolf Dresen reagieren indirekt auf das Phänomen des Dissidententums in der DDR;[4] E. L. Doctorows Roman ist ohne das Civil Rights Movement in den USA und Peter Horns Studie ohne die Menschenrechtskampagne in Südafrika nicht zu verstehen. In jedem Falle identifiziert man sich so weit mit dem Kleistschen Kohlhaas, als er den Widerstand gegen staatliche Rechtsverletzung verkörpert, und ist gleichzeitig provoziert von dem, was Elisabeth Plessen seine »Staatsfrömmelei«[5] nennt.

Faszination und Ärger sind in der Rezeptionsgeschichte der Kleistschen Erzählung ganz allgemein die vorherrschenden Reaktionsweisen. Je nach politischem Standpunkt, ästhetischer Empfänglichkeit, historischem Verständnis, psychologischem Einfühlungsvermögen, literarischer Schulung und juristischer Urteilskraft des Lesenden bzw. je nach literaturgeschichtlich-kultureller und gesamtgesellschaftlich-politischer Konstellation fallen die Wertungen unterschiedlich aus. Konstant bleiben lediglich die außerordentlich große Verbreitung der Erzählung und ihre allgemeine Etikettierung als »Meisterwerk«. Abgesehen von den etwa siebzig deutschsprachigen Kleist-Werkausgaben, die seit Ludwig Tiecks erster Gesamtedition von 1826 erschienen sind und in denen der *Michael Kohlhaas* mit veröffentlicht ist, wurden seit der Erstauflage von 1810 etwa hundertzwanzig deutschsprachige Einzelausgaben der Erzählung publiziert, wobei viele davon mehrere Auflagen erlebten und erleben.[6] Kaum eine Prosa-Reihe deutscher Belletristik-Verlage wollte das gewinnversprechende Büchlein missen. Der *Kohlhaas* wurde eingepaßt in all jene Serien, deren mehr hohl- als wohlklingende Bezeichnungen hundertfünfzig Jahre deutscher Verleger- und Lektorenphantasie dokumentieren. Die Verkaufskategorien waren in erster Linie das Jugend- und Schulbuch (»Lebensspiegel für die reifere Jugend«, 1840; »Lebensbücher der Jugend«, 1924; »Klassikerbibliothek für die deutsche Jugend«, 1954; »Juventus-Bücherei: Drachenbücher«, 1956; »Sammlung deutscher Schulausgaben«, 1895; »Deutsche Schulausgaben«, 1926; »Schulbücherei«, 1948). Danach folgte die Sparte »Meisterwerk« für ein Bildungsbürgertum, dem die Lektüre zur Erbauung und Innerlichkeitspflege bzw. als kulinarischer Leckerbissen angeboten wurde (»Hausbücherei«, 1903; »Auserlesene Werke der Literatur«, 1910; »Meisterwerke der Weltliteratur«, 1916; »Die Bücher der deutschen Meister«, 1921;

»Hausschatz-Buch«, 1922; »Der lichte Steg«, 1923; »Aus deutschen Gärten«, 1926; »Trösteinsamkeit«, 1940; »Meisterwerke deutscher Prosa«, 1946; »Spiegel der Muse«, 1964). Auch in imperiale und militante Reihen mußte der *Kohlhaas* sich einberufen lassen (»Germanische Bibliothek«, 1926; »Weltgeist-Bücher«, 1927; »Soldatenbücherei«, 1942; »Kleine Feldpost-Reihe«, 1943), und schließlich findet man den *Kohlhaas*-Dichter wieder als Kollegen des Conan Doyle und der Agatha Christie (»Lutz' Kriminal- und Detektivromane«, 1921 – eine Ausgabe übrigens, aus der die spannungshemmenden Fremdwörter entfernt wurden; »Kriminalnovellen deutscher Dichter«, 1975). Ein Indikator der Ausstrahlungskraft der Kleistschen Erzählung bzw. der Attraktivität ihres Stoffes ist auch die Tatsache, daß *Michael Kohlhaas* während der letzten hundertfünfzig Jahre häufig dramatisiert wurde. Insgesamt liegen achtzehn Kohlhaas-Stücke, frei nach Kleist, vor;[7] Arnolt Bronnen bearbeitete die Geschichte 1929 für den Funk,[8] und Paul von Klenau[9] regte sie zur Komposition einer Oper an. Das – nicht nur europäische – Ausland fand kein geringeres Interesse an der Erzählung. Sie ist in etwa dreißig Sprachen übertragen worden;[10] allein in Frankreich existiert ein Dutzend verschiedener Übersetzungen. Der Weltrang dieser Dichtung und ihre universelle Geltung wird denn auch allgemein anerkannt. Sieht man von Goethes mißvergnügter Kritik ab – der »große Geist des Widerspruchs« im *Kohlhaas* war dem Olympier nicht ganz geheuer –, begegnet man bei Durchsicht der Kommentare meistens Lob und Anerkennung. Thomas Mann strich die »gewaltige Prominenz dieser vielleicht stärksten Erzählung deutscher Sprache« heraus, Kafka las sie immer wieder »mit wirklicher Gottesfurcht«, Gundolf sah in ihr »Kleists größte und berühmteste Erzählung«, Wilhelm Schäfer mußte »an Beethoven denken, um ein Beispiel gleicher Wucht in der seelischen Bewegung zu finden«. Fontane dagegen betonte, daß er diese »bekannteste« seiner Geschichten nicht für Kleists »beste« halte. Wie übrigens auch Kafka gefiel ihm die zweite Hälfte des Werkes nicht, das dort »zu etwas relativ Unbedeutendem« herabsinke, ein Urteil, dem sich Julius Hart anschloß, der hier »Kindisches und Abstruses« buntscheckig zusammengesetzt sah. Die germanistische Fachwelt ist sich aber von Meyer-Benfey (»Krone der deutschen Novelle«) über Muschg (»unschätzbares Dokument«) bis zu Fricke (»klassisches Prosastück«)[11] in der hohen Achtung vor dem Kunstwerk einig und betreibt die Kanonisierung für jede Studentengeneration aufs neue.

Bei der Inanspruchnahme des *Michael Kohlhaas* für die Propagierung der jeweils zeitbedingten kulturpolitischen und gesellschaftlichen Interessen verfuhr man keineswegs zimperlich. Ideologen des Wilhelminismus wie Treitschke und Hart reklamierten die Erzählung, gleichsam ohne mit der Wimper zu zukken, für ihre Anschauungen. Dem Nationalisten Treitschke nach zu urteilen, kann nur »der Deutsche ganz die tragische Macht« dieser Geschichte empfinden, und Julius Hart entfiltert bei seiner Interpretation dem Werk die Kernthese: »Alles Recht ist nur Kriegsrecht«. Für Karl Wächter, der sein Kohlhaas-Buch während des Ersten Weltkriegs, als er »unter den Fahnen« stand, verfaßte, ist Kohlhaas »ein echt preußischer Held«. In diesem »Sturmgesang des brandenburgischen Dichters« Kleist, der »gut preußisch bis auf die Knochen« gewesen sei, ist nach Wächter der »Geist« enthalten, »den unsere Feinde nie begreifen, dessen eiserne Härte uns aber zu Lüttich und Tannenberg führte und in unbeugsamer Entschlossenheit einer Welt von Feinden trotzen läßt, Monat um Monat und Jahr um Jahr«. Ein Beispiel für die von ihm vertretene Blut- und Bodenideologie sieht zur Zeit der Weimarer Republik Friedrich Braig im *Kohlhaas*. Braig meint, daß aus der Erzählung Kleists »glühende Sehnsucht« nach der »blut- und schicksalhaften Einheit mit seinem Volke« spreche. Gleichzeitig feiert Wilhelm Herzog in der *Roten Fahne* Kohlhaas als Vorläufer des proletarischen Revolutionärs. Wenige Jahre später (1937) hinwiederum vergleicht der Franzose Jean Cassou ihn mit Hitler. Zahlreich sind die Stellen, an denen während des »Dritten Reiches« – sei es in der *Zeitschrift für Deutsche Bildung* oder in den *SS-Lefthesten* – vom »herben, nordischen Geist« der Erzählung und von Kohlhaas als Verkörperung »deutschen Rechtsgefühls« die Rede ist. Ähnlich dubios sind nach dem Kriege Behauptungen, daß Kleist in seiner Geschichte »an das Geheimnis der östlich-slawischen Seele gerührt« habe, »von der es heißt, daß sie einen Dämon und einen Engel in sich vereine«. In den fünfziger Jahren erkennt Günther Anders in dem Roßhändler den literarischen Vorfahren der weltlosen Helden des Samuel Beckett, und in den sechziger Jahren schließlich entwirft Richard Matthias Müller das Idealbild des Super-Republikaners Kohlhaas, eines »aufrechten Bürgers« und »deutschen Märtyrers«, gleichsam eines märkischen Che Guevaras, dessen fiktive Biographie er der rebellionswilligen Studentengeneration als Anleitung zum Handeln empfiehlt.[12]

Freilich ist die Rezeptionshistorie zum *Kohlhaas* nicht nur ein Reflex deutscher Ideologiegeschichte. Positivistische Quellenstudien, historische Erläuterungen, psychologische Deutungen, theologische Erörterungen, juristische Analysen, geistesgeschichtliche Versuche, rechtsphilosophische Traktate, staatspolitische Thesen, motivgeschichtliche Untersuchungen, komparatistische Arbeiten, poetologische Formstudien und schließlich das allzu häufig vorkommende bare Nacherzählen entstehen gleichzeitig, lösen einander ab und werden wieder aufgegriffen. Am Beispiel der Interpretationsgeschichte zum *Kohlhaas* wird erneut deutlich, daß die positivistischen, geistesgeschichtlichen, werkimmanenten und soziologischen Methoden eher synchron und in Konkurrenz miteinander als zeitlich aufeinander folgend praktiziert wurden. Die gründlichste Studie über die historischen Quellen, die Kleist wahrscheinlich bei der Arbeit am *Kohlhaas* vorlagen, hat Pniower[13] bereits 1901 verfaßt. Seit dieser Analyse wird (s. Davidts, Schlösser, Wächter, Hagedorn und Neheimer[14]) allgemein angenommen, daß Kleist die drei wichtigsten Chroniken von Peter Hafftitz, Nicolaus Leutinger und Balthasar Mentz benutzte. Relativ einig ist man sich in der Forschung, daß der Autor den ersten Hinweis auf den Stoff durch seinen Freund Ernst von Pfuel 1804 erhalten haben dürfte. Rahmers These[15], daß Kleist die Story von einem Nachkommen des Kohlhaas erzählt worden sei, wird von Davidts und Wächter wohl mit Recht zurückgewiesen. Detaillierte Informationen über den historischen Hans Kohlhase verdanken wir vor allem C.A. Burkhardt[16] und Neheimer. Über die Entstehungsgeschichte der Erzählung ist bei Meyer-Benfey[17], Wächter und Davidts viel spekuliert worden. Da ist von einer Urfassung die Rede, die noch vor dem *Phöbus*-Fragment von 1808 geschrieben worden sei, ferner von einer Interimsversion, die man für die Zeit zwischen 1808 und 1810 (dem Publikationsjahr des fertigen Werkes) anzunehmen habe. Die angeführten Argumente, die häufig auf nur scheinbaren Widersprüchen in der Schlußfassung basieren, überzeugen nicht recht. Was uns vorliegt, ist das Fragment der *Phöbus*-Fassung sowie die Schlußversion, und eine gute Untersuchung ihrer Differenzen hat Peter Horwath[18] geleistet. Es ist die Verschärfung und Zuspitzung des Rechtskonfliktes, die er in der Schlußfassung feststellt.

Es liegt in der Natur der Sache, daß fast alle Untersuchungen zum *Kohlhaas* das Rechtsthema berühren, und ein Großteil der Studien behandelt es zentral. An dieser Diskussion über Recht und Gerechtigkeit beteiligten sich nicht nur Literaturwissenschaftler, sondern auch Rechtstheoretiker wie Rudolf von Jhering, Rechtshistoriker wie Rudolf Stammler, H. C. Caro, Hans Fehr und Eugen Wohlhaupter sowie der Philosoph Ernst Bloch.[19] Nur Persönlichkeiten wie Kohlhaas, die auf der Erfüllung ihrer Rechtsforderungen bestehen, garantieren, so Jhering, den Fortbestand und die Weiterentwicklung freiheitlicher Staatsordnungen. Im Gegensatz dazu erscheint Ernst Bloch Kohlhaas als »Querulant« und »Paragraphenreiter«[20], der so tue, als handle es sich bei dem positiven Recht um das Naturrecht. In der literaturwissenschaftlichen Forschung ist man sich aber darüber einig, daß Kohlhaas durchaus von naturrechtlichen Überlegungen ausgeht, daß diese während seines Streits durch das Berufen auf – in Paragraphen faßbares – positives Recht wirksam werden. Auf diesen Problemkomplex wird im Interpretationsteil dieser Studie noch eingegangen werden. Die Frage nach dem Recht zum Widerstand wird vor allem in den theologischen Untersuchungen gestellt. Den Kontrast zwischen Kohlhaas als einem Anhänger des Naturrechts und Luther als dem Verfechter eines obrigkeitsgläubigen Gottesgnadentums arbeiten – bei unterschiedlichen Parteinahmen – Holz, Reske, Hammelsbeck, Ihlenfeld, Heber und Dürst heraus.[21]

Die Psychologen streiten darüber, ob Kohlhaas ein krankhafter Paranoiker sei oder nicht. Büttner und Geyer attestieren ihm psychische Gesundheit und sind der Meinung, daß er durchaus »normal« reagiere; Tellenbach sieht dagegen den Fall wahnhafter Querulanz gegeben: Kohlhaas sei reif für die Behandlung beim Psychotherapeuten. Eine differenziertere psychoanalytische Deutung liefert Dettmering mit seiner Studie über die Psychodynamik des Kleistschen Helden. Dettmering wendet die Kategorie der Narzißmus-Theorie Kohuts auf die Erzählung an. Kohlhaas erscheint unter diesem Aspekt als ein narzißtischer Charakter, dessen Anpassungsgleichgewicht durch eine Reihe von Traumen derart erschüttert sei, daß er – sein Leben und das seiner Familie gefährdend – die Junkergesellschaft des 16. Jahrhunderts in »narzißtischer Wut« mit einem Privatkrieg überziehe. Das von Kleist in die Erzählung eingeführte Personal dient nach Dettmering vor allem dazu, Vaterhaß und Muttersehnsucht in Szene zu setzen. In einer struktural-psychoanalytischen Interpretation, die sich der Lektüre Lacans verdankt, stellt Helga Gallas bei ihrer Analyse der latenten Begehrensaussage des Textes die Bedeutung des »verdeckten Signifikanten ›Phallus‹« heraus: Der Verlust der Pferde deute auf Kastration, und in der Personenkonstellation (Kohlhaas, Kurfürst von Sachsen, Zigeunerin) erkennt sie »die Struktur des Ödipus«.[22]

Während man früher gerne den Kleistschen *Kohlhaas* mit Schillers *Maria Stuart*[23] oder *Wilhelm Tell*[24] bzw. mit Goethes *Götz*[25] verglich, herrschen in den komparatistischen Studien der letzten Jahre Vergleiche mit Kafkas *Prozeß* vor[26]. Daß in der Literaturwissenschaft so ziemlich alles mit allem in Beziehung gebracht werden kann, zeigt ein Aufsatz Hertlings, der Parallelen zwischen dem *Kohlhaas* und Fontanes *Grete Minde* aufweisen zu können glaubt.[27] Fruchtbarer scheint das Vorgehen Horwaths zu sein, der einen möglichen assoziativen Einfluß von Bildern Teniers', Vouets und Raffaels auf bestimmte Motive der Erzählung – wie das St.-Michaels-Thema – untersucht.[28] Bei den Kohlhaas-Kapiteln in den Kleist-Monographien, wie sie uns von Brahm bis Graham[29] vorliegen, handelt es sich meistens um erläuternde Nacherzählungen des Kleistschen Werkes, um das, was man in der Philologie der angelsächsischen Länder close reading nennt.

Sie sind – wie auch die Aufsätze von Fricke, Lucas, Cary und von Wiese [30] – für den Studenten eine Hilfe bei der Einarbeitung in die komplexe Problematik der Erzählung. Daneben entstand eine Reihe von Spezialanalysen, bei welchen es um die Funktion von Gebärden geht (z. B. des Ans-Fenster-Tretens oder des Errötens) [31] und wo einzelne Szenen, Themen oder Figuren behandelt werden (so etwa die Abdeckerszene, das Nicht-um-die-Welt-Thema, der Luther-Brief, das Wetter, die Familie oder die Zigeunerin) [32]. In diesem Zusammenhang sei auch die syntaktische Analyse zum »langen Satz« im *Kohlhaas* erwähnt.[33] Obgleich Kleist selbst den *Michael Kohlhaas* eine Erzählung nannte, hat man immer wieder versucht, das Werk der Novellengattung zuzuschlagen, und so wurden einmalige Begebenheiten, Wende- und Höhepunkte, Bildsymbole und Falken in Fülle entdeckt.[34] Doch hat sich gegen die herkömmliche Novellentheorie schon immer die These behauptet, daß es sich bei diesem Werk Kleists um eine schwer definierbare Gattungsmischung mit Merkmalen des Romans[35], des Dramas[36] und vor allem der Chronik[37] handle.

II.

Wie steht es um die Behauptung, daß *Michael Kohlhaas* eine Chronik sei, aufgezeichnet von einem »Chronisten aus der Reformationszeit«[38]? Daß der Berichterstatter kein Chronist des 16. Jahrhunderts, sondern nur ein Zeitgenosse Kleists sein kann, läßt sich leicht beweisen: Am Ende des Werkes erwähnt der Erzähler die Nachfahren des Kohlhaas, welche »noch im vergangenen Jahrhundert« (117)[39] – und damit kann nur das 18. gemeint sein – gelebt hätten. Wie die Gattungsbezeichnung »Erzählung« ist auch der Untertitel »Aus einer alten Chronik« von Kleist absichtsvoll gewählt. Der – vom Autor her gesehene – zeitgenössische Erzähler »erstattet Bericht aus« (112) einer Chronik, die offenbar Hinweise auf andere Dokumente enthält, wodurch die Pluralform »Chroniken« (112) zu erklären ist, die in der Folge gebraucht wird. Ähnlich war Kleist selbst verfahren, der die Hafftitzsche Chronik benutzte, in deren Anmerkungen bei Schöttgen / Kreysig auf die Berichte von Leutinger und Mentz

Bezug genommen wurde.[40] Sicherlich handelt es sich beim *Michael Kohlhaas* nicht um eine Chronik im engeren Sinne. Der Chronikenstil scheint aber an vielen Stellen durch, denn über weite Strecken referiert der Erzähler kommentarlos faktisches Geschehen in zeitlicher Abfolge. Da der Berichterstatter sich als Historiker gibt, gilt es, seinen Standort innerhalb der Tradition der Geschichtsschreibung zu lokalisieren. Er scheint eine für die Zeit um 1800 typische Mittelstellung zwischen zwei Konventionen der Historiographie einzunehmen, zwischen der älteren, d. h. seit dem Mittelalter beliebten *referierenden* Darstellungsmethode einerseits und der seit Leibnitz und Herder sich allmählich durchsetzenden und im 19. Jahrhundert mit Ranke und Droysen zur vollen Entfaltung gelangenden *genetischen* Beschreibungsart andererseits. Freilich steht der Erzähler dem Historismus des 19. Jahrhunderts näher als anderen Schulen der Geschichtsschreibung: Nicht nur, daß er letztlich bestrebt ist, den einheitlichen Zusammenhang äußerer und innerer Ursachen der berichteten Begebenheiten vor Augen zu führen (ein Bestreben, das dem Chronisten fremd ist), er arbeitet auch mit den Mitteln exakter Kritik. So erwähnt er die Quellen, vergleicht Chroniken, gibt die Unkenntnis über Vorgänge zu, die er nach den vorliegenden Unterlagen nicht zu rekonstruieren vermag, und berichtet über verlorengegangene Dokumente, etwa im Falle des letzten Briefes von Luther an Kohlhaas (113). Wie der Vertreter der romantisch-historischen Schule bemüht der Erzähler sich ferner um ein geschichtliches Verständnis, sucht die Vergangenheit als Gegenwart zu empfinden, sie nachzuerleben. Typisch für die Verstehensauffassung des Historismus ist, daß selbsterlebte innere Ereignisse in die Seele desjenigen hineinverlegt werden, über den man als Geschichtsschreiber berichtet.[41] Diese Verstehensauffassung macht sich auch im *Kohlhaas* bemerkbar, etwa wenn es dort über die Beweggründe des Protagonisten einmal heißt, daß sie für jeden leicht zu erraten seien, »der in seiner« – nämlich der eigenen – »Brust Bescheid« (76) wisse.

Einfühlsam-kommentierender, historistisch orientierter Bericht und faktischer, für sich sprechender Chronisten-Report stehen also nebeneinander, und man kann mit Recht von zwei Erzählebenen des Werkes sprechen.[42] Bewußt wählt Kleist diese Historikerrolle mit ihren unterschiedlichen Präsentiermöglichkeiten statt des konventionellen Erzählers im Sinne des allwissend-olympischen Beobachters. Einfühlung, demonstrierte Unkenntnis und kommentarloser Bericht werden innerhalb der Erzählstrategie als taktische Mittel (sei es ironischer oder kritischer Art) genutzt. So kann der Erzähler im *Kohlhaas* als einfühlsamer Geschichtsschreiber einerseits »die Höflichkeit eines Hofberichterstatters«[43] an den Tag legen, während andererseits die für sich sprechenden Fakten auf eine Kritik an Hof und Adel hinauslaufen.

III.

Die ersten Seiten der Erzählung enthalten nicht nur eine Exposition zu dem sich in der Folge eskalierenden Konflikt zwischen adligen und nichtadligen Schichten, sondern vermitteln auch ein Bild von der anzustrebenden Harmonie der Stände. Der »alte Herr«, Wenzel von Tronkas Vorgänger, hatte »seine Freude am Verkehr der Menschen«, an »Handel und Wandel« gehabt. Statt einen Schlagbaum zu errichten, wie es sein Nachfolger tut, ließ er zur Beförderung des Handelsverkehrs die Straßen befestigen (4). Bei der Lektüre von Kohlhaas' Erinnerungen an den alten Tronka drängen sich Assoziationen an zu Kleists Zeiten so neue wie populäre nationalökonomische Theorien auf, Überlegungen, wie sie vor allem von Adam Smith angestellt worden waren. Die Studien Smiths waren Kleist spätestens 1805 durch seinen Lehrer Christian Jakob Kraus an der Universität Königsberg vermittelt worden, und er wurde erneut mit ihnen konfrontiert, als er im Winter 1808/09 Adam Müllers Vorlesungen *Elemente der Staatskunst* hörte. Produktion und Wettbewerb sollen nach Adam Smith frei sein; der Staat müsse sich darauf beschränken, Produktionshindernisse aus dem Wege zu räumen, den Kommerz durch prompte Justiz und durch das Bauen von Kanälen und Landstraßen usw. zu erleichtern. Kleist selbst war ein Anhänger dieser liberalen Wirtschaftsvorstellungen. Als er 1805 als Diätar bei der Kriegs- und Domänenkammer in Königsberg tätig wurde, schrieb er seinem Gönner Karl Freiherr von Stein zum Altenstein, daß sein liebstes Arbeitsgebiet die » Wiederherstellung der natürlichen Gewerbsfreiheit« sei.[44] Gewohnt an Verhältnisse, in denen staatlicherseits der bäuerlich / bürgerliche Handel befördert wird, findet sich Kohlhaas nun mit den entgegengesetzt lautenden wirtschaftspolitischen Auffassungen des neuen Herrn konfrontiert, der den merkantilistischen Dirigismus des Absolutismus vertritt. Ein »landesherrliches Privilegium« gibt dem Junker Wenzel angeblich das Recht, einen Schlagbaum zur Erhebung von Zöllen zu errichten, sowie den Import von Pferden einzuschränken. Handeltreibende sind in den Augen der Gehilfen des Junkers »filzige Geldraffer«, die zu »nützlichen Aderlässen« (5) gut seien. Der Konflikt, den Kleist hier zwischen Kohlhaas und Wenzel von Tronka sich entwickeln läßt, versinnbildlicht den Streit der nichtadligen Bevölkerungsschichten um größere staatsbürgerliche Rechte, den Kampf gegen die Privilegien des Adels im absolutistischen Staat. Hans M. Wolff hat die Ursache des »Problems Adliger-Bürger« in Kleists Erzählung prägnant bezeichnet, wenn er von dem »typischen Übergriff des Mitgliedes eines höheren Standes gegen einen verachteten, niederen Stand« spricht. Er fährt fort: »Der Staat ist durch die Machinationen einer übermütigen Adelskaste und durch ungetreue Beamte ein Gewaltstaat geworden, in dem von dem Recht des Individuums, seiner Priorität gegenüber dem Staat und der Gleichheit nichts mehr übrig geblieben ist«.[45] Was als Streit zwischen einzelnen beginnt, weitet sich bald aus zu einem Gruppenkonflikt, der die Landes- und Reichsordnung zu gefährden droht. Die Darstellung der Konfrontationen von Individuen, Ständen und Ländern gewährt Einblick in das Machtgefüge eines absolutistischen Staates, der sich mit allen Mitteln der Ansprüche abhängiger und unterprivilegierter Schichten zu erwehren sucht.

Kohlhaas ist nicht nur der Einzelkämpfer, als der er oft geschildert wird.[46] Wie seine Gegner sucht er sich der Unterstützung Dritter zu vergewissern.[47] Seine Verbündeten sind zunächst seine Frau Lisbeth, die ihm gerade deshalb beisteht, weil das Vorgehen gegen die Tronkas im Interesse der Allgemeinheit liegt (17), ferner ein ihm bekannter Advokat in Dresden, dann der

Stadthauptmann Heinrich von Geusau und schließlich – wenn auch nur potentiell – der Kastellan des kurfürstlichen Schlosses in Berlin, ein früherer Verehrer Lisbeths. Die Basis der Hilfe durch andere ist, wie der Erzähler berichtet, anfangs breit:

»Es fehlte Kohlhaas auch, während er sich in der Residenz umsah, keineswegs an Freunden, die seine Sache lebhaft zu unterstützen versprachen; der ausgebreitete Handel, den er mit Pferden trieb, hatte ihm die Bekanntschaft, und die Redlichkeit, mit welcher er dabei zu Werke ging, ihm das Wohlwollen der bedeutendsten Männer des Landes verschafft« (18).

Wie seiner Frau geht es auch Kohlhaas, dem »Muster eines guten Staatsbürgers« (3), darum, stellvertretend im allgemeinen bürgerlichen Interesse zu handeln. Er fühlt, daß »er mit seinen Kräften der Welt in der Pflicht verfallen sei, sich Genugtuung für die erlittene Kränkung, und Sicherheit für zukünftige seinen Mitbürgern zu verschaffen« (11). Wie bereits Montesquieu in *Sur l'esprit des lois* feststellte, reagieren einzelne und Gruppen dann am heftigsten und aggressivsten, wenn sie sich in ihren eigentümlichen Lebensbedingungen unmittelbar bedroht fühlen. Wenn Kohlhaas sein Handelsgut, die Pferde, geraubt werden, wenn durch unrechtmäßige Zölle und Einfuhrbeschränkungen sein Gewerbe gefährdet wird, fürchtet er um seine bürgerliche Existenz und muß alles daransetzen, seine Rechte einzuklagen, auch wenn der Wert der Pferde an sich kein Vermögen ausmacht oder die Höhe des Zolls gering bzw. die Einfuhrbeschränkung befristet ist. Andererseits geht es auch den Adligen im absolutistischen Staat um die Aufrechterhaltung, die Verteidigung und den Ausbau ihrer Privilegien, ihrer aristokratischen Lebensweise, um die Protektion der möglichst uneingeschränkten Herrschermacht. Es ist im wörtlichen Sinne ein Kampf auf Leben und Tod, der zwischen Kohlhaas als dem Vertreter des Handelsbürgertums und dem Junker bzw. dem sächsischen Kurfürsten als Repräsentanten der Aristokratie entbrennt, ein Streit, in dem es schließlich nur Verlierer gibt. Das harmonische Zusammenspiel von Adel und Bürgertum, von Herrschaft und Gewerbe, von Regierung und Volk, wie es zu Beginn der Erzählung beschrieben wird, verwandelt sich in einen blutigen Kampf der Interessengegensätze, sobald ein Stand sich auf Kosten des anderen Rechte aneignen will. Daß Kleist das Unrecht mit Willkürakten der Aristokratie beginnen läßt, daß er einen Bürger zeigt, dessen Rechtsgefühl »einer Goldwaage glich« (9), verdeutlicht, daß seine Sympathien dem Kampf der unterprivilegierten Schichten um ihre Freiheitsrechte gelten.

In seinem Rechtsstreit steht Kohlhaas bald alleine da: Seine Frau wird beim Überreichen einer Bittschrift tödlich verletzt, sein Dresdener Anwalt gibt den Prozeß auf, noch bevor er begonnen hat, der Stadthauptmann von Geusau rät, die Sache auf sich beruhen zu lassen, und den Geschäftsfreunden wird die Unterstützung des Klägers zu riskant. Der Kriegshaufe, den Kohlhaas um sich schart, besteht vor allem aus Landsknechten, Gesindel und Kriminellen. Kein Wunder, daß er ihn auflöst, sobald sich die Chance der Durchführung eines rechtmäßigen Prozesses gegen den Junker von Tronka bietet. Zwar verficht Kohlhaas eine Sache, die im Interesse der Bürger liegt, aber er ist nicht in der Lage, sie für einen Kampf gegen die »Volksbedrücker« (57) zu mobilisieren. Das Volk in seiner Mehrheit ist zwar dem Adel gegenüber feindselig eingestellt, aber es unterstützt auf keine konkrete Weise Maßnahmen gegen ihn. Luther stellt fest, daß »die öffentliche Meinung« auf »eine höchst gefährliche Weise auf dieses Mannes Seite« (51) sei, doch es bleibt bei Meinungen – einmal für, einmal gegen ihn. Das Bürgervolk von Wittenberg bedenkt den Junker von Tronka mit »entsetzlichen Verwünschungen«, nennt ihn einen »Blutigel, einen elenden Landplager und Menschenquäler« (39), aber so wie es den Amtsmißbrauch der Herrschenden verabscheut, so wenig Verständnis hat es letztlich für die extreme Reaktion des Kohlhaas, dem Gefolgschaft zu leisten es nicht bereit ist. Nicht daß das Volk, wie der Erzähler es schildert, quietistisch und ängstlich wäre (es weiß sich gegebenenfalls auch handfest zu wehren, wie die Vorfälle auf dem Marktplatz zu Dresden zeigen), nur revolutionswillig ist es nicht. Die vorherrschende Stimmung scheint die zu sein, daß man sich gegen einzelne Mißstände zur Wehr zu setzen habe, daß aber das Ständesystem an sich intakt sei. Dies zeigt auch der Fall des Meisters Himboldt und die Art der Unterstützung, die er seitens der Bürgerschaft erhält. Himboldt ist in einer ganz ähnlichen Lage wie Kohlhaas: Von einem Adligen wird er in seiner bürgerlichen Ehre gekränkt. Wie sein Vetter Wenzel beugt der Kämmerer Kunz von Tronka das Recht, wenn er von einem Bürger verlangt, eine Arbeit auszuführen, die unter seiner Standeswürde ist. Wie Kohlhaas wehrt sich Himboldt als einzelner, und in beiden Fällen beraubt der beleidigte bzw. gedemütigte Bürger den Adligen der Zeichen seiner Macht. Kohlhaas brandschatzt die Burg Wenzels, und Himboldt entreißt dem Kunz Mantel, Helm und Schwert (68). Das Volk verhält sich in beiden Fällen dem sich wehrenden Bürger gegenüber sympathisierend, doch unternimmt es letztlich nichts gegen die bewaffnete Ordnungsmacht. Die Übergriffe der Adligen werden nicht als Symptome einer Staatsordnung begriffen, die an sich beseitigenswert wäre, sondern als Ausnahmen, die eine Revolution nicht rechtfertigen. Wie Kohlhaas wird auch Himboldt verhaftet und ihm der Prozeß gemacht, ohne daß diese Vorfälle Zeichen zu einem Aufstand abgäben.

Im Volk also findet Kohlhaas keine wirkliche Unterstützung. Er ist weder ein Robin Hood noch ein Wilhelm Tell. So ungeschichtlich und gegen alle historische Wahrheit gerichtet die Darstellung einer vom Volk getragenen Revolution mit Kohlhaas an ihrer Spitze gewesen wäre, so realistisch – mag das zunächst auch paradox klingen – war es jedoch, eine Helferfigur zu erfinden, die der Sphäre des Irrealen zuzuordnen ist. Die einzige Figur nämlich, die Kohlhaas konkret Hilfe leistet, ist die Zigeunerin. Mit ihrer Gestaltung fängt Kleist einen wichtigen Aspekt des Zeitkolorits und der Atmosphäre der Reformationszeit ein. Wunderglaube und das Vertrauen in Wahrsagerei, Astrologie und in die Macht der Magie waren bei allen Ständen des 16. Jahrhunderts – einschließlich der Kirche – verbreitet. Davon wissen auch die alten Chroniken, die Kleist studiert hatte, zu berichten. Hafftitz erzählt von einem Mitkämpfer und Freund des Kohlhase, der ein Schwarzkünstler war, und nach Leutinger bezog Kohlhase selbst seine Kräfte von der Magie.[48] In der Sekundärliteratur wurde die Zigeunerin zur Heiligen stilisiert,[49] zur »Botin des Jenseits«[50] und »Abgesandten des Himmels«[51] bzw. zur von den Toten wiederauferstandenen Frau des Kohlhaas erklärt. Dazu besteht wenig Anlaß. Was Kleist beschreibt, ist eine wahrsagende Zigeunerin, die eine gewisse äußerliche Ähnlichkeit mit der verstorbenen Gattin aufweist und deren Namen Elisabeth ebenfalls an sie erinnert. Bei dem Aufweis dieser Ähnlichkeiten läßt es der Erzähler bewenden; eine Identität der beiden Frauen wird nirgendwo direkt behauptet, bleibt vielmehr eine Vermutung des Lesers. Das Ungefähre, Geheimnisvolle, Rätselhafte, Nichtauflösbare und Mysteriöse sind notwendig Teil der Charakterisierung der Zigeunerin. Um 1540 gab es Zigeuner in Deutschland erst seit wenig mehr als hundert Jahren, man wußte nicht, woher sie kamen, und die Faszination, die von den alten Zigeunerinnen ausging, welche das Wahrsagen üblicherweise berufsmäßig ausübten, muß groß gewesen sein. Offenbar machte Kleist mit der Einführung der Zigeunerin weniger Zugeständnisse an »die gewohnten Bedürfnisse der Lesewelt« seiner Zeit, wie Tieck es sah,[52] sondern zeichnete eine Figur, die einen typischen Charakterzug der Menschen des 16. Jahrhunderts verdeutlichte. Aufgrund der von ihnen ausgeübten Tätigkeiten und ihres Bekenntnisses wegen – an ein Fortleben nach dem Tode glaubten sie nicht – standen die Zigeuner außerhalb der bürgerlichen Gesellschaft. So ist es denn auch unwahrscheinlich, daß ausgerechnet die Zigeunerin in Kleists Erzählung das Volk vertreten und verkörpern soll.[53] Auf diese Weise will man interpretatorisch eine handfeste Hilfe des Volkes für Kohlhaas retten, die aber nicht gegeben ist. Ausgestoßen aus dem staatlichen Gemeinwesen, kommt ihm Hilfe von einer Instanz zu, die selbst nicht gebunden ist an Denk- und Verhaltensschemata, welche die Konventionen der Gesellschaft vorschreiben. An sich ist das Mittel zur Gegenwehr wertlos, das die Zigeunerin Kohlhaas mit dem Zettel in die Hand spielt. Er demonstriert nur, wie sehr der Aberglaube über den Kurfürsten von Sachsen Macht gewonnen hat, und es ist dieser Irrationalismus, der ihn von Kohlhaas abhängig macht.[54] Was – oder ob überhaupt irgend etwas – auf dem Zettel gestanden hat, bleibt offen. Es ist der Phantasie des Interpreten überlassen, diese textliche Leerstelle zu füllen. Schultze-Jahde[55] nimmt an, daß der Zettel folgende historischen Daten habe: den Namen des Ernestiners Johann

Friedrich des Großmütigen, das Jahr 1547 (Wittenberger Kapitulation) und den Namen Moritz, des siegreichen Albertiners. Doch das ist Spekulation. Schaut man sich die Information über die Prophezeiung der Zigeunerin genauer an, können die Antworten auch ganz anders gelautet haben. Es geht nämlich um erstens »den Namen des letzten Regenten deines Hauses«, zweitens »die Jahreszahl, da er sein Reich verlieren«, und drittens »den Namen dessen, der es, durch die Gewalt der Waffen, an sich reißen wird« (104). Dabei muß man sich in Erinnerung rufen, daß der Ernestiner Johann Friedrich zwar 1547 seine Kurfürstenwürde an den Albertiner Moritz abtreten mußte, daß er aber keineswegs der letzte Regent seines Hauses war, denn ihm verblieb immerhin das Herzogtum Sachsen. Als Kleist die Erzählung schrieb, regierte ein direkter Ernestinischer Nachfahre Johann Friedrichs im Staate Sachsen-Weimar-Eisenach, nämlich Herzog Karl August, der Protektor der Weimarer Denker und Dichter. Der letzte Regent des Ernestinisch-Wettinischen Hauses im Großherzogtum Sachsen war Wilhelm Ernst, der 1918 zurücktrat, doch das konnte weder Kleist noch eine seiner Figuren im *Kohlhaas* voraussehen. Zudem spielt sich die Handlung in einem historischen Ungefähr um die Mitte des 16. Jahrhunderts ab unter einem nicht namentlich genannten sächsischen Kurfürsten, der in Dresden residiert. Dresden war aber seit dem späten 15. Jahrhundert die Residenzstadt der Albertinischen Wettiner; die Hauptstadt des Ernestinischen Kurfürstentums Sachsen war dagegen Wittenberg. Auch die Tatsache, daß ein Prinz von Meißen am sächsischen Hof dient, legt die Vermutung nahe, daß Kleist die Albertiner, nicht die Ernestiner im Sinne hatte, denn Meißen gehörte seit 1486 zum Machtbereich der Albertiner. Sollte also vielleicht der Untergang des Albertinischen Hauses prophezeit werden? Zur Zeit der Niederschrift der Erzählung residierte in Dresden der sächsische Albertiner König Friedrich August I., und erst mehr als zweihundert Jahre später mußte sein Nachfahre Friedrich August III. im November 1918 den Thronverzicht erklären. Anachronismen und historische Unstimmigkeiten enthält Kleists Erzählung auf jeden Fall. Wenn er den Abstieg der Ernestinischen Linie im Auge hatte, sind die Ortsan-

gabe Dresden als Residenzstadt und das Nennen der Dienste
eines Prinzen von Meißen falsch; wenn er die Albertiner meinte,
kann Luther kein Zeitgenosse des sächsischen Kurfürsten gewesen sein, denn er verstarb ein Jahr, bevor der erste Albertiner
1547 die Kurwürde erhielt. Nicht, was der Zettel mit der Prophezeiung enthielt, ist wichtig, sondern seine Funktion als Katalysa-
tor für das weitere Geschehen. Mit ihm ist dem scheinbar völlig
abhängigen und machtlosen Bürger Kohlhaas das Schicksal
eines absolutistischen Herrschers in die Hand gegeben. Sein
»größter Wunsch« ist es, mit Hilfe des Zettels dem Landesherrn
»weh zu tun«, ihn zu »vernichten« (97).

Im gleichen Maße, wie Kohlhaas versucht, seine Rechtsan-
sprüche mit Hilfe von Verbündeten durchzusetzen, formieren
sich auch die Kräfte auf der Seite des Adels, der sich in der Defen-
sive befindet. Wenzel von Tronka genießt die Protektion des
sächsischen Hofes. Seine Lehns-, d. h. Erbvettern Hinz und
Kunz von Tronka sind daran interessiert, den Besitz und die Privilegien ihres Verwandten zu erhalten. Als Mundschenk und
Kämmerer haben sie direkten Kontakt zum Kurfürsten, eine
Verbindung, die sie auszunutzen wissen. Auch steht der Kurfürst
zur Frau des Kämmerers, der Dame Heloise, in einem Vertrau-
ens- und Liebesverhältnis. Sie wiederum ist eine geborene Gräfin
Kallheim und zieht Vorteile aus ihren engen Verwandtschaftsbe-
ziehungen zum sächsischen Präsidenten der Staatskanzlei von
Kallheim und zum brandenburgischen Erzkanzler Siegfried von
Kallheim. »Als geborene von Kallheim und verehelichte von
Tronka ist Heloise das Verbindungsglied, über das alle mit Kohlhaas zusammenhängenden Korruptionslinien in Sachsen und
Brandenburg laufen.«[56] Aus Standes- und Familienrücksichten
schützen die Dresdner Tronkas ihren Neffen, die Dame Heloise
ihren Gatten und Schwager, und der Kurfürst mit »seinem für
Freundschaft sehr empfänglichen Herzen« (55) deckt den Kämmerer, der ihm seine Frau als Mätresse überläßt. Die Freundschaft des Kurfürsten zum Kämmerer Kunz von Tronka geht
weit, denn dieser ist der einzige, dem er das Geheimnis der Kap-
sel und damit seine intimsten Ängste anvertraut. Umgekehrt
scheint auch der Kämmerer keine Geheimnisse vor dem Kurfür-

sten zu haben. Zumindest wahrscheinlich ist, daß er mit Wissen des Kurfürsten den Prozeß des Kohlhaas niederschlug. Denn als Prinz Christiern von Meißen die Notwendigkeit herausstellt, dem Kunz von Tronka »wegen Mißbrauch des landesherrlichen Namens den Prozeß zu machen«, wird der Kurfürst »über das ganze Gesicht rot« (54) und wendet sich ab. Der Schluß liegt nahe, daß der Herrscher die Anklage auf sich selbst bezieht, da er offenbar Mitwisser ist. Vergleicht man die von Kleist in *Michael Kohlhaas* geschilderte sächsische Aristokratie mit jenen Adels-spiegeln der Zeit, die der Autor kannte und bejahte, etwa jenen Adam Müllers aus den *Elementen der Staatskunst*, so wird deutlich, wie wenig sie der dort formulierten Norm entspricht. »Die Macht der Sitte und des Geistes im Staate«[57] soll der Adel nach Adam Müller repräsentieren. Das Gegenteil verkörpern die Tronkas, wie – nomen est omen – schon ihre Vornamen andeuten: Wenzel ist der aus dem Kartenspiel bekannte Bube, und Hinz und Kunz stehen für das Gewöhnliche und Dumme. Kleist demonstriert, um es mit Adam Müller auszudrücken, »wie aller entweihte Adel notwendig zur äußersten Verworfenheit wird«.[58] Durch sein Ver-halten degradiert der sächsische Kurfürst sich selbst, was seinen sichtbaren Ausdruck darin findet, daß er gegen Ende der Erzäh-lung als Graf verkleidet auf der Szene erscheint. Viel weiter noch geht die Demütigung bzw. Selbsterniedrigung bei den Tronkas. Kunz läßt sich auf dem Marktplatz von Dresden in aller Öffent-lichkeit in die Verhandlung mit einem Abdecker ein, dem Vertre-ter eines nicht-ehrlichen Standes. Die Szene wiederholt sich ähn-lich in Berlin, als er den Kontakt zur Zigeunerin bzw. Trödlerin aufnimmt, die nach der Konvention der Zeit der gleichen sozia-len Schicht wie der Abdecker zuzurechnen ist. Wenzel wird in Haft genommen, schließlich gar zu zwei Jahren Gefängnis verur-teilt. Symbolisiert wird sein Ehrverlust dadurch, daß er beim Weg in die Ritterhaft ständig seinen Helm, das Zeichen seiner Adelswürde, verliert (40). Aus Familienrücksichten gibt der brandenburgische Erzkanzler von Kallheim sich dazu her, die berechtigte Klage des Kohlhaas niederzuschlagen. In Kleists Er-zählung wird immer wieder deutlich, wie sehr der Adel seine Standes- bzw. Familieninteressen über die geltenden Rechtsnormen setzt. Als z. B. Prinz Christiern von Meißen verlangt, daß gegen Kunz von Tronka prozessiert werden müsse, erhebt Graf Kallheim, Präsident der sächsischen Staatskanzlei, nicht etwa mit juristischen Argumenten Einspruch, sondern zeigt auf, daß man in diesem Falle auch gegen einen Neffen des Prinzen vorgehen müsse, der bei einem Kriegszug seine Instruktion überschritten habe (54 f.). Eine Adelsfamilie rechnet hier der anderen die Nachteile strikter Rechtspflege vor, woraufhin man sich unausgesprochen einigt, es mit der Wahrung der Gesetze nicht so genau zu nehmen. Die Freiherren von Wenk, bezeichnenderweise »Bekannte« (64) Kunz von Tronkas, leiten die Schlußphase der sächsischen Adelsintrige gegen Kohlhaas ein. Siegfried von Wenk beseitigt die letzten Zweifel darüber, ob Kohlhaas sich – trotz des zugesicherten freien Geleits – als Gefangener zu betrachten habe (81). So wird Kohlhaas gleichsam mit einem Netz aus adligen Verwandtschafts-, Freundschafts- und Bekanntschaftsbeziehungen überworfen, aus dem es kein Entrinnen zu geben scheint.

Die Intensität der Rechtspflege ist in Brandenburg nicht größer als in Sachsen. Hier wie dort geht es vor allem um die Durchsetzung der Interessen des fürstlichen Hauses. Sind die Vorgänge in Sachsen vor allem durch die Liaison des Kurfürsten mit der Dame Heloise zu erklären, steht im Zentrum des fürstlichen Interesses in Brandenburg die Sicherung der Macht. In dem Augenblick, da das Königreich Polen Sachsen kriegerisch bedrängt (87) und eine Koalition Polen-Brandenburg gegen den sächsischen Staat zur Diskussion steht, wird dem brandenburgischen Kurfürsten eröffnet, daß in einem Streitfall – zufällig dem des Kohlhaas – sein Erzkanzler Siegfried von Kallheim unrechtmäßigerweise zugunsten seiner ausländischen sächsischen Adelsverwandtschaft und gegen einen brandenburgischen Staatsbürger entschieden habe. Bei einem Konfliktfall Brandenburg-Sachsen kann der brandenburgische Kurfürst keinen Chef der Staatskanzlei dulden, der im Interesse des potentiellen Feindes handelt. Wohl in erster Linie deswegen wird der Erzkanzler abgesetzt. Betrieben wird der Sturz vom Stadthauptmann Heinrich von Geusau, der Kallheims Nachfolger wird. Unwahrscheinlich

ist, daß Geusau aus purer Gerechtigkeitsliebe den Kurfürsten
über Kallheims Verhalten informiert. Offenbar hatte der Stadthauptmann das hohe Amt schon länger angestrebt, denn als er
Kohlhaas mitteilen läßt, daß seine Klage in Berlin wegen Kallheims verwandtschaftlicher Beziehungen zu den Tronkas niedergeschlagen worden sei, bittet er ihn gleichzeitig, »sich in Geduld
zu fassen« (21), damit wohl andeutend, daß die Amtsperiode
Kallheims nicht mehr allzu lange dauern würde. Der Erzähler
schildert den Kanzlerwechsel in Berlin in der für ihn üblichen
ironischen Manier: Es scheint zunächst, als hätte man es in Brandenburg mit märchenhaft gerechten Kurfürsten und Stadt-
hauptmännern zu tun, die in ihren Handlungen von nichts ande-
rem als dem Interesse des kleinen Mannes geleitet würden. Die
außenpolitischen Implikationen des ganzen Falles werden wie
beiläufig am Rande erwähnt, und der Leser muß sich den Reim
auf die Gesamtkonstellation des Vorganges selbst machen.

Diskutiert man die politischen Themen der Erzählung, kommt
man nicht umhin, jene seit Kleists Zeiten ständig wiederholte
Interpretation zu erwähnen, die besagt, daß der Autor mit der
negativen Darstellung des sächsischen Kurfürsten die Napoleon-
freundliche Politik des rheinbündlerischen sächsischen Königs
Friedrich August I. hatte bloßstellen wollen.[59] Als Patriot habe
der anti-napoleonische Kleist dagegen den Brandenburgischen
Kurfürsten als vorbildlich-integren Herrscher gepriesen. Aber
weder kann man das Preußen von 1809 als sonderlich Frank-
reich-feindlich bezeichnen, denn im November 1808 mußte der
Napoleon-Gegner Freiherr von Stein seinen Abschied nehmen
und aus Preußen fliehen, und Kleist selbst war mit der Politik
Friedrich Wilhelms III. durchaus nicht einverstanden, noch ist
der brandenburgische Herrscher in Kleists Erzählung als ein
Muster an Gerechtigkeit geschildert. Wohlweislich möchte
Kohlhaas aus seinem sächsischen Gefängnis ja auch nicht ins
Brandenburgische entkommen, sondern »nach der Levante oder
nach Ostindien« (85). Und obgleich Kohlhaas' Söhne zu brandenburgischen Rittern geschlagen werden, leben seine Nachfahren bezeichnenderweise »im Mecklenburgischen« (117). Wie
aber kommen brandenburgische Adlige nach Mecklenburg, in

ein Land, das in der deutschen Geschichte nie zu Brandenburg-Preußen gehört hat? Zur Vermehrung von Preußens Gloria jedenfalls scheinen die Herren von Kohlhaas nicht beigetragen zu haben.[60] Eher liegt der Schluß nahe, daß sie wie Kleist selbst den preußischen Dienst quittierten und ihr Glück im Ausland versuchten, weshalb die Kohlhaas-Söhne wohl auch die Vornamen Kleists und seines Bruders (nämlich Heinrich und Leopold) tragen. Bei genauer Lektüre läßt sich die Anti-Sachsen- und Pro-Preußen-These nicht halten, und daß Kleist mit dem *Kohlhaas* gegen den unpatriotischen sächsischen König streiten wollte, ist eine unhaltbare Legende.

IV.

Die Meinung darüber, ob Kohlhaas in seinem Streit mit dem Junker von Tronka alle Rechtsmittel erschöpft hat, ist in der Sekundärliteratur geteilt.[61] Man argumentiert z. B., daß Kohlhaas den Artikel 16 der Reichskammergerichtsordnung von 1495 nicht beachtet habe, wonach ihm bei Justizverweigerung durch landesfürstliche Gerichte der Weg zum kaiserlichen Reichskammergericht in Speyer offenstand. Käme Kleist in seiner Erzählung nicht auf die kaiserliche Rechtsinstanz zu sprechen, könnte man vermuten, daß er mit den Rechtsgepflogenheiten des 16. Jahrhunderts nicht vertraut genug war, daß er den juristischen Instanzenweg der Reformationszeit nicht kannte. In den rechtshistorischen Gegebenheiten der Lutherzeit ist der Autor jedoch bewandert. Die Reichsinstanz wird nämlich in Kleists Dichtung – und in der Realität – von den Kurfürsten nur dann angerufen und beachtet, wenn es in ihrem eigensten Interesse ist; sie wird ignoriert, wenn sich Nachteile daraus ergeben könnten. Der sächsische Kurfürst, damals einer der mächtigsten Territorialherren des Reiches, wendet sich erst an Wien, nachdem Kohlhaas als brandenburgischer Bürger vom Kurfürsten in Berlin reklamiert worden ist; eigentlich hätte er sich aber gleich mit der Sache Landfriedensbruch an den Kaiser wenden müssen. Ähnlich handelt der brandenburgische Kurfürst: Ihm geht es in erster Linie um die »Statuierung eines abschreckenden Beispiels«

(101). Deshalb wünscht er die Verurteilung des Kohlhaas zum Tode. Das strenge Urteil aus Wien kommt ihm daher aus Gründen des politischen Eigennutzes gelegen.[62] Der Erzähler betont, daß der brandenburgische Kurfürst das Urteil des kaiserlichen Anklägers umständlich geprüft und erst dann unterschrieben habe (112). Da der Prozeß am brandenburgischen Kammergericht in Berlin stattfand und nicht etwa durch das Reichskammergericht in Speyer (kompetent bei Fehdevergehen) verhandelt oder durch den Reichshofrat in Wien (zuständig für Landfriedensbruch) entschieden wurde, wäre es für den Kurfürsten ein leichtes gewesen, das Urteil abzuändern. Tatsache ist, daß die protestantischen Fürsten – und um solche handelte es sich um die Mitte des 16. Jahrhunderts bei den brandenburgischen und sächsischen Landesherren – sich um die Justizentscheide des katholischen Kaisers in Wien wenig kümmerten. Die Mitglieder des Reichshofrates in Wien waren sämtlich katholisch, und so ist es nicht verwunderlich, daß die Jurisdiktion der Reichsgerichte kein großes Gewicht in den protestantischen Ländern erlangte, die zudem in ihrem Widerstand gegen die Zentralgewalt durch Luther gestützt wurden.[63] So kann denn auch nicht die Rede davon sein, daß Kohlhaas, um im Recht zu bleiben, an das Reichskammergericht hätte appellieren müssen. Nachdem die brandenburgischen und sächsischen Landesherren die Klage niedergeschlagen hatten, wäre eine Berufung bei der Reichsinstanz unter den gegebenen historischen Umständen aussichtslos gewesen.

Mit der Fehde, die Kohlhaas dem Junker von Tronka erklärt, verstößt Kohlhaas gleich doppelt gegen das geltende Recht des 16. Jahrhunderts: Zum einen ist es Bauern und Händlern wie Kohlhaas verboten, Waffen zu tragen, und zum anderen ist mit Verkündigung des ewigen Landfriedens durch Kaiser Maximilian I. auf dem Reichstag zu Worms im Jahre 1495 der fernere Gebrauch des Fehde- und Faustrechts durch Adlige für Landfriedensbruch erklärt worden.[64] Anders als im Falle der Berufungsverfahren sind die Landesfürsten an der strikten Einhaltung dieses kaiserlichen Gebotes interessiert, denn seine Beachtung garantiert den Frieden im eigenen Staat. Kohlhaas' Selbsthilfe ist mit dem Begriff der Fehde nicht ganz richtig beschrieben. Der Prinz von Meißen will Kohlhaas mit einem »Kriegshaufen« militärisch »erdrücken« (54), faßt das Ganze nicht als Fehde, sondern als Casus belli auf. Hier wird jene revolutionäre Seite der Kohlhaas-Affäre angesprochen, die an die seinerzeit erst fünfzehn Jahre zurückliegenden Bauernkriege erinnert. Ohne juristische Legitimation hatten sich hier die Bauern gegen die Landesherren erhoben. Die Rechtfertigungsbasis, auf die sie zurückgriffen, war vor allem die Bibel, und auch Kohlhaas versucht, seine Rebellion mit theologischen Argumenten bzw. quasi-religiöser Attitüde zu legitimieren. Andererseits kann bei der Selbsthilfe des Kohlhaas von keinem Bürger- oder Volkskrieg die Rede sein: Es bleibt letztlich beim Kampf eines einzelnen, und dies bringt den Fall Kohlhaas doch wieder in die Nähe der Fehde. Fehdeberechtigt waren bis zum ewigen Landfrieden aber nur Adlige, und so müssen jene Beteiligten, die das Ganze wie eine Fehde auffassen, daran interessiert sein, Kohlhaas zu nobilitieren. Als Fehde wollen Kohlhaas selbst und der Kurfürst von Brandenburg die Rebellion betrachtet wissen: Kohlhaas, damit sein Vorgehen nicht als Revolution oder Bauernkrieg mißverstanden werde, der Kurfürst von Brandenburg – da der Fall des Bürgerkriegs nicht gegeben ist –, weil er eine juristische Handhabe braucht, den Aufständischen als Landfriedensbrecher durch die kaiserliche Instanz aburteilen zu lassen. Deswegen nobilitiert Kohlhaas sich selbst, und daher wird er vom brandenburgischen Landesfürsten wie ein Adliger behandelt. Kohlhaas bestattet seine Gemahlin wie eine »Fürstin« (29) und beansprucht ein Gottesgnadentum, wie es damals nur den Herrschenden zugestanden wurde. Das wird deutlich, wenn er in einem Mandat das Land auffordert, den Junker Wenzel von Tronka als vogelfrei zu betrachten (35), und sich selbst zum »Statthalter Michaels, des Erzengels« (42), bzw. »Gott allein unterworfenen Herrn« (36) erklärt. Zwar hat der Kurfürst von Brandenburg kein Interesse daran, Kohlhaas in dessen landesfürstlicher Amtsanmaßung zu bestärken, aber er läßt ihm ein »ritterliches Gefängnis« (106) anweisen und nobilitiert seine beiden Söhne (117), d. h. seine Familie.

Wahrt der Kurfürst von Brandenburg zumindest die juristischen Formen, wenn es ihm um die Durchsetzung seiner innen-

und außenpolitischen Interessen geht, so kann davon bei dem Kurfürsten von Sachsen keine Rede sein. Gesetzt den Fall, daß letzterer tatsächlich nichts von der widerrechtlichen Benutzung seines Namens durch den Kämmerer gewußt habe, so macht er doch durch die eigene Behandlung des Falles nach Luthers Eingreifen deutlich, daß er glaubt, das Recht auf machiavellistische Weise wie andere Machtmittel beliebig einsetzen zu können. Zunächst vergeht er sich gegen Artikel 5 des Ewigen Landfriedens von 1495, indem er einem Landfriedensbrecher Amnestie gewährt, eine Gnade, die er bald rückgängig macht. Kurz danach strengt er beim Hof in Wien gegen Kohlhaas einen Prozeß wegen Landfriedensbruch an, und schließlich will er diese Klage wiederum zurücknehmen. Aber gewährt der sächsische Kurfürst Kohlhaas wirklich Amnestie? Kohlhaas bittet Luther lediglich um freies Geleit nach Dresden (46, 48), damit er seine abgewiesene Klage »noch einmal bei dem Tribunal des Landes« (48) vorbringen kann. Und Luther verspricht Kohlhaas nicht mehr, als sich für freies Geleit einzusetzen (49). Freies Geleit für Kohlhaas würde bedeuten, daß er unter dem gesetzlichen Schutz des Landesfürsten ungefährdet in Dresden vor Gericht erscheinen könnte und während des Prozesses von der Untersuchungshaft befreit wäre. In Luthers Sendschreiben an den sächsischen Kurfürsten ist – wie Kohlhaas es wünschte – von der »Erneuerung seines Prozesses« die Rede, aber statt für freies Geleit wird für Amnestie, d. h. für Straffreiheit plädiert (51). Während der Staatsratssitzung, in der über den Inhalt des Lutherschen Schreibens verhandelt wird, macht der Mundschenk Hinz von Tronka darauf aufmerksam, daß Kohlhaas bloß um »freies Geleit nach Dresden und erneuerte Untersuchung seiner Sache« gebeten habe; über Amnestie sei »seines Wissens« (55) während der Unterhaltung mit Luther nicht gesprochen worden.[65] Luther dürfte die beiden Rechtsbegriffe »freies Geleit« und »Amnestie« nicht verwechselt haben, wie Hinz ihm unterstellt. Es wird so sein, daß Luther nach Berücksichtigung aller juristischen, rechtsphilosophischen und politischen Implikationen des Falles in seinem Gesuch an den Kurfürsten weitergeht, als er es Kohlhaas zugesagt hatte, und sich daher bewußt für Amnestie statt für freies Geleit einsetzt. Die Situation, in der sich der Kurfürst befindet, ist äußerst heikel: Einerseits will er nichts gegen eine bis zur Intimität mit ihm befreundete Adelsfamilie unternehmen, eine Familie, die immerhin die Vertreter höchster Staatsämter stellt; andererseits kann er nicht den Wunsch Luthers ignorieren, eines Mannes, der jene moralische Macht verkörpert, welcher sein Fürstenhaus ein gut Teil Legitimität verdankt; ferner gilt es, die Interessen mächtiger Adelsgruppen zu berücksichtigen, wie sie durch den Prinzen von Meißen vertreten werden, die mit den Adelsfamilien der Kallheims und Tronkas um Einfluß am Hofe rivalisieren,[66] und schließlich gibt es – ähnlich wie den Camillo Rota in Lessings *Emilia Galotti* – in Kleists Erzählung einen Grafen Wrede, seines Zeichens Großkanzler des Tribunals, einen Mann, dessen juristische Auffassungen aus vor-absolutistischer Zeit zu stammen scheinen und der für »schlichtes Rechttun« (53) plädiert. All diese widersprüchlichen Interessen zu vereinigen ist an sich ein Unding, doch findet der Kurfürst die machiavellistische Formel, mit der er alle Parteien glaubt zufriedenstellen zu können. Er nähert sich dabei Wredes Standpunkt, nicht weil er ihn für rechtlich einwandfrei, sondern für »zweckmäßig« (56) hält. Zunächst gewährt der Kurfürst »freies Geleit nach Dresden« (56), wogegen kein Protest der Parteien zu gewärtigen ist. Dann aber wird die Amnestie ausgesprochen und an eine eigenartig verklausulierte Bedingung geknüpft: »Völlige Amnestie seiner in Sachsen ausgeübten Gewalttätigkeiten« werde nur zugestanden, wenn Kohlhaas mit seiner Klage »bei dem Tribunal in Dresden« nicht »abgewiesen werden sollte« (56). Das Wort »abweisen« hat in der Rechtssprache aber eine doppelte Bedeutung: Es kann einerseits besagen, daß eine Klage als *unzulässig* abgewiesen wird, wenn die formellen Voraussetzungen der Prozeßhandlung fehlen. So könnte etwa das Tribunal in Dresden seine Unzuständigkeit erklären und den Fall an eine untergeordnete Gerichtsbehörde delegieren. »Abweisen« kann andererseits aber auch den Sinn haben, daß eine Klage als *unbegründet* beurteilt wird, d. h., der Kläger verliert den Prozeß, den er anstrengte, weil er seinen Anspruch nicht beweisen kann.[67] Je nach ihrem Interessenstandpunkt legen die Beteiligten das Verb »abweisen«

zu ihren Gunsten aus. Kohlhaas fällt zwar die »bedingungsweise
Sprache« (56) des kurfürstlichen Schreibens auf, aber er versteht
das Wort im ersteren Sinne. Auch Graf Wrede und der Prinz von
Meißen sind der Meinung, daß der Kurfürst die Amnestie wirklich ausgesprochen habe und daß er an sie gebunden ist, sobald
Kohlhaas seine Klage in Dresden in aller Form eingereicht habe
und sie von Wrede als Chef der obersten sächsischen Gerichtsbehörde angenommen worden ist (59). Die andere Partei aber – und
ihrem Verständnis schließen sich eigenartigerweise nicht wenige
germanistische Interpreten an [68] – handelt so, als müsse Kohlhaas
zunächst seinen Prozeß gewinnen, bevor die Amnestie rechtskräf-
tig wird. Deshalb unternehmen die Tronkas alles, um »in Wendungen arglistiger und rabulistischer Art« die Schuld Wenzels
»gänzlich zu leugnen« (75). Klargeworden ist, daß Kohlhaas mit
dem doppeldeutigen Wort »abweisen« im Brief des Kurfürsten
eine Falle gestellt wurde. Auch weiterhin macht sich der Kurfürst
gravierender »Unziemlichkeiten« (87) im Verfahren schuldig, so
wenn man Kohlhaas mit dem Nagelschmidt-Brief auf die Probe
stellt. Kohlhaas' Wille zur Flucht wird offenbar, womit er das freie
Geleit verwirkt hat, denn dieses erlischt, sobald der Prozeßbetei-
ligte Anstalten macht zu fliehen. De facto hatte der Kurfürst auch
das freie Geleit schon vor Kohlhaasens Fluchtversuch gebrochen,
indem er ihn wie einen Gefangenen bewachen ließ (81). Nachdem
der Kurfürst das – von Kohlhaas aus gesehen nur scheinbar –
geplante Komplott mit Nagelschmidt aufgedeckt hat, glaubt er
kurzen Prozeß machen zu können. Ohne die anhängige Klage des
Kohlhaas zu beachten, will er ihn wegen des beabsichtigten Ver-
gehens hinrichten lassen. Um dieses Unrechtsverfahren schneller
abwickeln zu können, wird Wrede als Chef des Tribunals entlassen und an seine Stelle der parteiliche Kallheim gesetzt. Auch das
verhängte Todesurteil zeigt in der angedrohten Ausführung, daß
man nicht gewillt ist, sich an die juristischen Vorschriften der Zeit
zu halten, sondern daß es vor allem um Rache, um die psychische
und physische Vernichtung des Angeklagten geht. Während der
brandenburgische Herrscher sich später an den Gesetzesbuchsta-
ben der Carolina hält, die bei »Landschädlingen« oder »Land-
zwingern« den Tod durch das Schwert vorsieht,[69] muß Kohlhaas

nach sächsischem Urteil einen vierfach ehrlosen Tod sterben: Nicht Scharfrichter, sondern Schinder-, d. h. Abdeckerknechte sollen ihn mit glühenden Zangen kneifen; danach ist Vierteilung und schließlich Verbrennung zwischen Rad und Galgen vorgesehen (85). Dieses Urteil stand wahrscheinlich schon lange fest, denn Luther droht bereits in seinem Plakat mit »Rad und Galgen« (44). Der Kämmerer, der sich auf dem Dresdner Marktplatz vor dem Abdecker entehrt hatte, dürfte, wie die Nennung der Abdeckerknechte zeigt, an der endgültigen Formulierung des Urteils beteiligt gewesen sein. Nach Verkündung dieses Spruchs wird das erneute Rachebedürfnis des Kohlhaas verständlich, das seinerseits auf die Vernichtung des Gegners, also jetzt des sächsischen Kurfürsten, abzielt.

V.

Wie in allen historischen Romanen bzw. Erzählungen mischen sich auch im *Kohlhaas* Denkweisen der porträtierten Epoche mit denen jener Zeit, welcher der Verfasser angehörte. Kleists Geschichte ist weder eine nur objektive Darstellung der gesellschaftlichen Verhältnisse des 16. Jahrhunderts noch lediglich ein historisch verfremdetes Epochengemälde deutscher Zustände während der Napoleonischen Herrschaft. So gehen auch in die rechtsphilosophischen Überlegungen, die den Aktionen und Argumenten der Protagonisten der Erzählung zugrunde liegen, sowohl Gedanken der Reformationszeit als auch Thesen des 18. bzw. frühen 19. Jahrhunderts ein.

Das brisanteste rechtsphilosophische Problem, das zwischen 1808 und 1810, also zur Zeit der Niederschrift des *Michael Kohlhaas*, in Europa diskutiert wurde, war das des legitimen Rechts auf politischen Widerstand. Die Erhebung gegen Napoleon 1808 in Spanien sowie der Tiroler Aufstand und die Schillsche Aktion in Preußen von 1809 hatten auch auf Kleist ihren Eindruck nicht verfehlt. So versuchte er auf publizistische Weise, in den deutschen Ländern den Widerstandsgeist gegen Napoleon zu mobilisieren.[70] Das Thema des Rechts auf Résistance gegen herrscherliche Willkür ist auch das Zentralproblem in der hier behandelten Erzählung Kleists. Kohlhaas lebt in jenen Dekaden des frühen 16. Jahrhunderts, als sich der absolutistische Staat zu etablieren beginnt,[71] gleichzeitig aber das staatsrechtliche Denken des Mittelalters seinen Einfluß noch nicht verloren hat. Im absolutistischen Staat ist der Selbsthilfe kein Raum mehr gegeben. Das unterscheidet, wie Fehr herausstellt,[72] den Staat der Neuzeit von der mediävalen Gesellschaftsverfassung. Der mittelalterliche Sachsenspiegel des Eike von Repgow drückte nämlich nicht nur das Recht, sondern gar die Pflicht des einzelnen aus, die ungesetzlichen Handlungen der Obrigkeit zurückzuweisen. Dort war von einem individualen Widerstandsrecht gegen das Unrecht der Herrschaft die Rede. Im Lehnsrecht des Mittelalters hatten die Begriffe Treubruch des Herrn und Widerstandsrecht des Mannes eine Rechtsform auf der Basis des Vertragsgedankens erlangt. Die Rechtsverweigerung des Lehnsherrn ermächtigte den Vasallen zur Fehde, setzte beide wie unabhängige Kriegsmächte gegeneinander.[73] Nun ließe sich argumentieren, daß dieses mittelalterliche Rechtsdenken bei Kohlhaas kaum nachwirken könne, da er kein adliger Vasall, sondern ein Bauer und Händler war. Aber in der rechtsphilosophischen Diskussion des Mittelalters gibt es auch eine starke Tendenz, die den Widerstand des Volkes gegen den ungerechten Herrscher mit modern anmutenden Souveränitätsthesen vertritt. So fragt Manegold von Lautenbach: Wenn das Volk die Gewalt auf den Herrscher zu einem bestimmten Regierungszweck überträgt, den der Herrscher nicht erfüllt, was hindert das Volk daran, die Herrschaft wieder zurückzunehmen und einem besseren Verwalter zu übergeben? Fritz Kern[74] meint, daß diese Theorie Manegolds der mittelalterlichen Widerstandspraxis näherstand als die gegnerische Lehre von der unwiderruflichen Herrschaftsübertragung durch die Lex Regia.[75] Von hier aus gesehen, kann man sagen, daß in Kleists *Kohlhaas* mittelalterliche und frühabsolutistische Rechtsvorstellungen miteinander im Streit liegen. Der werdende Absolutismus wird, wie es historisch richtig in der Erzählung dargestellt ist, von Luther mit religiösen Argumenten unterstützt. Anders als fünfzig Jahre später der Calvinist Johannes Althusius verneint Luther unter Berufung auf Paulus (Römer

13,1)[76] das Widerstandsrecht des einzelnen grundsätzlich und verwirft die Lehre von der Erlaubtheit des Tyrannenmords. Er unterstützt die Auffassung vom Gottesgnadentum der Fürsten, wonach der Herrscher von Gott unmittelbar eingesetzt ist und die Staatsgewalt als göttliche Gegebenheit erscheint.[77] »Wer anders als Gott«, fragt Luther den Kohlhaas, dürfe den Herrscher »zur Rechenschaft ziehen« (47)? Luther mußte die Rebellion des Roßhändlers an den Bauernaufstand, sein pseudoreligiöses Gehabe an das der Wiedertäufer erinnern. Die Verurteilung des Kohlhaas in Luthers Plakat erfolgt so schroff wie seinerzeit die der Bauern und Schwärmer: Ein »Vermessener« und »Rebell« sei Kohlhaas, auf dessen »Missetat« und »Gottlosigkeit« ewige »Verdammnis« (43f.) warten. Luthers mit der Lehre von den zwei Reichen begründete Absage an den Rechtsbiblizismus der Bauern und Wiedertäufer bedeutete gleichzeitig ein Aufgeben des mittelalterlichen Widerstandsrechts. Nach dem Gespräch mit Kohlhaas stellt Luther in dem Sendschreiben an den sächsischen Kurfürsten den Sachverhalt dann allerdings so dar, als handle es sich bei Kohlhaas gar nicht um »einen Rebellen, der sich gegen den Thron auflehnt«, sondern um »eine fremde, in das Land gefallene Macht« (52). Durch diese Uminterpretation der Kohlhaasschen Aktionen braucht Luther seine Auffassung des Widerstandsrechts nicht zu revidieren und kann sowohl Kohlhaas als dem Kurfürsten einen Weg aus der verworrenen Situation weisen.

Ein Anachronismus schleicht sich allerdings in Luthers Brief ein, wenn der Erzähler ihn schreiben läßt, daß Kohlhaas »durch das Verfahren, das man gegen ihn beobachtet, auf gewisse Weise außer der Staatsverbindung gesetzt worden sei« (52). Hier greift Luther ein Argument auf, das Kohlhaas während seiner Unterhaltung mit ihm vorgetragen hatte und der Naturrechtsdiskussion des 17. und 18. Jahrhunderts entnommen ist. Zur Zeit der Entfaltung des Absolutismus in Europa hatte Thomas Hobbes eine Theorie dieser Staatsverfassung geschrieben, in deren Mittelpunkt die Vertragslehre steht: Zur Vermeidung des Krieges aller gegen alle begibt sich der Bürger im Staatsvertrag seiner politischen Rechte, erhält als Gegenleistung dafür herrscherlichen Schutz seiner Person und seines Eigentums vor Übergriffen anderer.[78] Von Rousseau wurde die Vertragstheorie im Sinne der Aufklärung verändert und verfeinert. Nach Rousseau kann sich der Landesherr nicht mehr mit dem Staat schlechthin identifizieren, sondern nur mit dessen Regierung, welcher im Volk ein Gegenpol erwachsen ist. Die Staatsgewalt ist dem Volk untergeordnet; der Herrscher hat gemäß des allgemeinen, nicht seines je besonderen Willens zu handeln. Bei Rousseau kann der Gesellschaftsvertrag von dem einen Partner gekündigt werden, wenn der andere sich nicht an die Vereinbarungen, d. h. an die Gesetze hält. Es ist die Zeit des Aufgeklärten Absolutismus, da – jedenfalls in der Theorie – der Hobbessche absolutistische Herrschaftsgrundsatz »auctoritas, non veritas facit legem« nicht mehr gilt und auch der Fürst zur Einhaltung der Gesetze verpflichtet ist. Rousseau meint, daß der einzelne freie Mensch aus Zweckmäßigkeitsgründen mit anderen freien Individuen eine Abmachung treffe, die bei Zuwiderhandeln rückgängig gemacht werden könne.[79] Kohlhaas fühlt sich aus dem Staatsverband »verstoßen« (47); er tritt aus ihm heraus und sieht sich an die bestehenden Gesetze nicht mehr gebunden, da man ihm selbst den »Schutz der Gesetze versagt« habe, einen Schutz, dessen er zum »Gedeihen« seines »friedlichen Gewerbes« bedürfe. Er betrachtet sich als aus der Gemeinschaft hinausgestoßen zu den »Wilden der Einöde« (47). Wie der Partner im Rousseauschen Gesellschaftsvertrag begibt sich Kohlhaas nach dem Vertragsbruch in den Naturzustand ursprünglicher Freiheit und kehrt der Gemeinschaft den Rücken oder genauer: Er empfindet, daß die Gesellschaft ihn verläßt und in den Naturzustand zurückstößt. Kohlhaas umschreibt auf plastische Weise seinen neuen Status mit den Worten: »Lieber ein Hund sein, wenn ich von Füßen getreten werden soll, als ein Mensch!« (25) Bis hierher kann man das Verhalten Kohlhaas' mit Rousseaus Ideen von dem *Contrat Social* in Verbindung bringen. Aber anders als der enttäuschte Vertragspartner bei Rousseau, der die Folgen der wiedererlangten natürlichen Freiheit nicht beschreibt, nimmt Kohlhaas die »Keule«, die ihn »selbst schützt, in die Hand« (47) und schlägt mit ihr auf den Vertragsbrüchigen los. Hans Matthias Wolff meint nachweisen zu können, daß Kleist die Widerstandsideen, wie sie im *Kohlhaas* literarisch umgesetzt sind, nicht von Rousseau übernommen habe, sondern von seinem Frankfurter Lehrer Ludwig Gottfried Madihn, bei dem er im Jahre 1800 Naturrecht gehört hatte. Im Gegensatz zu Rousseau gestehe Madihn in seinem Werk *Grundsätze des Naturrechts* für den Fall, daß der Staat seiner Pflicht zur Rechtsgewährung nicht nachkomme, das Recht auf gewaltsame Selbsthilfe zu.[80] Wenn Rousseau auch auf das Problem der Selbsthilfe im *Contrat Social* nicht eingeht, so räumt er doch in einem anderen Werk das Widerstandsrecht ein, nämlich in dem *Discours sur l'inégalité parmi les hommes*, worauf Xylander bereits hingewiesen hat.[81]

Aber sicherlich ist Kohlhaas alles andere als ein idealer Rousseauscher Held. Im Verlauf seiner Selbsthilfe-Aktionen begeht er größtes Unrecht; entsprechend häufig wird er vom Erzähler getadelt und sein Unternehmen als »allzurascher Versuch« gewertet, »sich selbst [...] Recht verschaffen zu wollen« (113). Die gegen Rousseaus Naturrechtslehre gerichtete Staats- und Rechtsphilosophie Adam Müllers dürfte von ebenso nachhaltigem Einfluß auf Kleist gewesen sein. Mit Müller war er zur Zeit der Abfassung seiner *Kohlhaas*-Erzählung befreundet, gab mit ihm gemeinsam die Zeitschrift *Phöbus* heraus und hörte im Winter 1808/1809 seine Vorlesungen *Elemente der Staatskunst*, die er auch im Manuskript studierte. Dem preußischen Finanzminister Karl Freiherr von Stein zum Altenstein empfahl Kleist seinen Freund für den Staatsdienst, weil er »so begeisterten Anteil« nehme an der »Wiedergeburt des Vaterlandes«.[82] In der Erzählung ist es ein Hofassessor Franz Müller, den der Kaiser aus Wien als Anwalt des Reiches nach Berlin entsendet (100,114), um Anklage gegen Kohlhaas zu erheben. Wie die meisten anderen Namen in der Erzählung dürfte Kleist auch diesen unter dem Aspekt der Anspielung gewählt haben. Der Vorname Franz erinnert an den zu Kleists Zeiten in Wien residierenden österreichischen Kaiser Franz I., und der Nachname Müller dürfte auf Adam Müller verweisen. (Mit dem kaiserlichen Vornamen wird wohl hingewiesen auf die Österreich-Neigungen des Konvertiten Adam Müller, der drei Jahre später – vermittelt durch Gentz – in Franz I. Dienste trat und in der Folge nicht nur Hofassessor, sondern Hofrat in Wien wurde.) Gleich dem Assessor Franz

Müller, der Kohlhaasens Heraustreten aus dem Staatsverband, seine Selbsthilfe und den Widerstand gegen die herrscherliche Gewalt aufs schärfste verurteilt, verdammt der Staatsphilosoph Adam Müller – nach den Erfahrungen der Französischen Revolution sowie beeinflußt durch Edmund Burke und Friedrich von Gentz – die Naturrechtslehren Rousseaus und dessen Auffassung vom Gesellschaftsvertrag.[83] Die Vorstellung, »der einzelne könne wirklich heraustreten aus der gesellschaftlichen Verbindung und von außen« gegen »das Werk der Jahrtausende protestieren«, erklärt Adam Müller für einen »unglücklichen Irrtum«, einen »Wahn«, für die »Grundformel« zur »Rechtfertigung aller Greuel in jener Zeit« der Französischen Revolution.[84] Das Naturrecht im Sinne der Aufklärung qualifiziert er kurz und bündig als »Schimäre« ab; Geltung habe nur das positive Recht, das er zum Naturrecht erhebt. Ein »großer Irrtum«, eine »unselige Lehre« sei die Behauptung, daß es »einen Naturzustand ohne Staat, eine Zeit vor allem Staate« gebe. Müllers Kernthese lautet: »*Der Mensch ist nicht zu denken außerhalb des Staates.*« Er schließt daher, »daß es nichts Menschliches gebe außerhalb des Staates«.[85] Müllers Gesellschaftslehre setzt sich also bewußt vom naturrechtlichen Individualismus ab, der dem Staate nur eine engbegrenzte Sphäre zuerkennt.[86] Da nach Müller die historische Entwicklung organisch vor sich geht, verwirft er alles Revolutionäre. Das Recht auf Widerstand wird nicht einmal diskutiert. An die Adresse der Bürger gerichtet, vertritt er die eigentlich treffliche Devise: »Die Schranke für die Freiheit des einzelnen Bürgers ist nichts andres als die Freiheit der übrigen Bürger.« Und für den Staat gilt, daß er »das schwächere Recht in Schutz [zu]nehmen« habe.[87] Von Müllers rechtsphilosophischem Standpunkt aus würde also einerseits das – für ihn an sich gar nicht mögliche – Rousseausche Heraustreten des Kohlhaas aus dem Staatsverband verurteilt und seine Rebellion gegen den Staat verdammt; andererseits gälte die Kritik auch einer Regierung, die das Recht des Schwächeren nicht in Schutz nimmt. Es dürfte kaum eruierbar sein, ob Kleist um 1810 der Rousseauschen Position näher stand als der Adam Müllers. Sein Held Kohlhaas scheint sich am Ende der Erzählung zwischen den Fronten der zeitgenössischen rechtsphilosophischen Kämpfe zu bewegen. Denn zum einen akzeptiert er das Todesurteil des kaiserlichen Hofassessors Müller und des brandenburgischen Staatsoberhauptes, aber zum anderen gibt er seinen Widerstand gegen den ungerechten Herrscher nicht auf und zerstört mit dem ihm verbliebenen Mittel des Zettels den sächsischen Kurfürsten. Bildlich vor Augen geführt wird diese zwiespältige Einstellung durch Kohlhaasens Verhalten vor dem Tode. Er bezeugt die Demutsgeste der »kreuzweis auf die Brust gelegten Hände« (115) und des Kniefalls vor dem brandenburgischen Kurfürsten, aber was den sächsischen Kurfürsten betrifft, so hat Kohlhaas »das Auge unverwandt« auf ihn geheftet, bis der Herrscher »ohnmächtig, in Krämpfen« (117) niedersinkt.

Kleist, so könnte man als Historiker der Rechtsphilosophie sagen, läßt im literarischen Experimentierfeld seiner *Kohlhaas*- Erzählung u. a. die Naturrechtslehre der Aufklärung mit der neuen romantischen Auffassung vom organisch sich entwickelnden positiven Recht kollidieren. Tatsächlich liegen die Vertreter der aufgeklärten Vertragslehren während der Wende vom 18. zum 19. Jahrhundert in heftigem Streit mit den Theoretikern der sich gerade erst etablierenden historischen Rechtsschule. Deren Begründer, Gustav Hugo, ein Kronzeuge in Adam Müllers *Elementen der Staatskunst*,[88] nimmt damals den Kampf auf gegen die Verfechter der naturrechtlichen Position, wie sie vor allem von dem Liberalen Karl von Rotteck vertreten wurde. Nur wenige Jahre nach Kleists Tod knüpfte Friedrich Karl von Savigny, seit 1810 Professor an der Berliner Universität und künftiges Haupt der historischen Rechtsschule, an Überlegungen Adam Müllers und Gustav Hugos an. In seiner 1814 erschienenen Schrift *Vom Beruf unsrer Zeit für Gesetzgebung und Rechtswissenschaft* propagiert er eine gegen die rationalistisch-naturrechtliche Doktrin des 18. Jahrhunderts gerichtete These, daß das Recht (wie Sprache und Sitte) ein mit dem Volk von selbst gegebenes und organisch wachsendes Element sei. Rudolf von Jhering geht es in seinem Buch *Der Kampf ums Recht* (1872) um eine Widerlegung der Savignyschen Rechtsphilosophie. »Es ist eine [...] auf einer falschen Idealisierung vergangener Zustände beruhende Vorstellung«, schreibt er, »daß das Recht sich schmerzlos, mühelos, tatenlos bilde gleich der Pflanze des Feldes; die rauhe Wirklichkeit lehrt nur das Gegenteil.« Statt »vertrauensselig abzuwarten, was aus dem angeblichen Urquell des Rechts: der nationalen Rechtsüberzeugung nach und nach ans Tageslicht trete«, gelte es, »mit Aufbietung aller Kräfte« und mit »klarem Bewußtsein des Zwecks«, für sein Recht zu kämpfen.[89] Kleists Kohlhaas erscheint Jhering als Verkörperung des Kämpfers ums Recht im antiromantischen Sinne. Diese Interpretation ist sicherlich nicht falsch, aber sie bleibt einseitig. Die Schwierigkeiten, die sich bei der Deutung der Erzählung ergeben, resultieren nicht zuletzt aus der komplizierten Verschränkung rechtsphilosophischer Gedanken des Mittelalters, des Absolutismus, der Aufklärung und der Romantik. Dieses Ineinander bestimmt auch die Form der Erzählung, die, wie wir eingangs darlegten, sowohl Züge der zwischen Mittelalter und Neuzeit populären Chronik trägt als auch einen Erzähler aufweist, der im Stil des romantisch-historistischen Geschichtsschreibers berichtet. Und mit der Verbindung ganz entgegengesetzter rechtsphilosophischer Denktraditionen dürfte auch die anhaltende Aktualität der Kleistschen Geschichte vom Kohlhaas zu tun haben. Denn Widerstand und Ergebung, Revoltieren und Einlenken, Individualismus und Kollektivismus, Rache und Sühne, Staatsverachtung und Staatsgehorsam, Rechtsverletzung und Rechtsbefolgung, Standesinteresse und Staatsräson sind nur in der Theorie juridischer Reflexion getrennte und gegeneinanderstehende Bereiche, in der Praxis des politisch-gesellschaftlichen Lebens kommen sie auch heute in den widersprüchlichsten Vermischungen, eigenartigsten Synthesen und überraschendsten Wechselwirkungen vor.

Anmerkungen

1 Elisabeth Plessen, Über die Schwierigkeiten, einen historischen Roman zu schreiben (Am Beispiel des »Kohlhaas«). In: Deutsche Literatur in der Bundesrepublik seit 1965. Hrsg. von Paul Michael Lützeler und Egon Schwarz, Königstein 1980, S. 197

2 Gisela Elsner, Das Frohlocken angesichts des Richtblocks. Einige Überlegungen zur Novelle »Michael Kohlhaas«. Norddeutscher Rundfunk / Kulturelles Wort. Bibliothek des Dritten Programms, Hamburg 1977. – Heiner

Müller, Heinrich von Kleist spielt Michael Kohlhaas (aus: Leben Gundlings Friedrich von Preußen Lessings Schlaf Traum Schrei. Ein Greuelmärchen). In: Spectaculum 26, 1977, S. 165. – Yaak Karsunke, Des Colhaas' letzte Nacht. In: dazwischen, Berlin 1979. Volker Schlöndorff, Michael Kohlhaas, der Rebell (1969). – Elisabeth Plessen, Kohlhaas. Roman, Zürich/Köln 1979. – Kurt Neheimer, Der Mann, der Michael Kohlhaas wurde. Ein historischer Bericht, Düsseldorf/Köln 1979. – Otto F. Best, Die drei Tode des Michael Kohlhaas. In: Leporello fällt aus der Rolle. Zeitgenössische Autoren erzählen das Leben von Figuren der Weltliteratur weiter. Hrsg. von Peter Härtling, Frankfurt a. M. 1971, S. 82–96. – Zu Adolf Dresens Aufführung vgl.: Rudolf Heukenkamp, »Michael Kohlhaas« auf der Bühne. In: Weimarer Beiträge 23, 1977, H. 9, S. 171–178; Christoph Müller, Kleists Preußen und die DDR. Adolf Dresen bringt in Ost-Berlin »Michael Kohlhaas« aufs Theater. In: Theater heute 18, 1977, H. 3. S. 20–21. – James Saunders, Hans Kohlhaas. Ein Stück nach der Novelle von Heinrich von Kleist. Deutsche Fassung (nach Kleist) von Hilde Spiel, Reinbek b. Hamburg 1973. – E. L. Doctorow, Ragtime, London 1976; vgl. dazu die Aufsätze von: John Ditsky, Coalhouse und Kohlhaas. (Aus dem Amerikanischen von Heide Lipecky.) In: Sinn und Form 29, 1977, H. 3, S. 580–581; Lieselotte E. Kurth-Voigt, Kleistian overtones in E. L. Doctorow's Ragtime. In: Monatshefte 69, 1977, S. 404–414. Zu Stefan Schütz vgl. Anm. 7.

3 Peter Horn, Was geht uns eigentlich der Gerechtigkeitsbegriff in Kleists Erzählung »Michael Kohlhaas« noch an? In: Acta Germanica 8, 1976, S. 59–92. Vgl. ferner die Studien von: Dieter Huhn/Jürgen Behrens, Über die Idee des Rechts im Werk H. v. Kleists. In: Jahrbuch des Wiener Goethe-Vereins 69, 1965, S. 170–205. – Robert E. Helbling, The search for justice. »Michael Kohlhaas«. In: R. E. H., The major works of Heinrich von Kleist, New York 1975, S. 193 ff. – Peter Horwath, Gerechtigkeit und Gnade in Kleists Michael Kohlhaas: Über die Substanzkraft traditionell-religiöser Elemente. In: Husbanding the Golden Grain. Studies in honor of Henry W. Nordmeyer. Ed. by Luanne T. Frank and Emery E. George, Ann Arbor 1973, S. 151–168. – Lilian Hoverland, Heinrich von Kleists Michael Kohlhaas jenseits der Gerechtigkeit. In: Colloquia Germanica 9, 1975, S. 269–290.

4 Vgl. dazu: Paul Michael Lützeler, Von der Intelligenz zur Arbeiterschaft: Zur Darstellung sozialer Wandlungsversuche in den Romanen und Reportagen der Studentenbewegung. In: Deutsche Literatur in der Bundesrepublik seit 1965, (Anm. 1), S. 115–134: Geoffrey V. Davis, »Bloß kein Berufs-Dissident werden!«: Zum Phänomen der DDR-Literatur in der Bundesrepublik. Ebd. S. 230–245.

5 Plessen (Anm. 1) S. 197.

6 Ich beziehe mich auf die Vollständigkeit anstrebende Bibliographie der Kleist-Primärliteratur im Kleist-Archiv der Berliner Amerika-Gedenkbibliothek. Die in der Folge zitierten Ausgaben- bzw. Reihentitel zitiere ich nach den dort befindlichen Karteien.

7 Gotthilf August Freiherr von Maltitz, Hans Kohlhaas. Historisch-vaterlän-

disches Trauerspiel in 5 Akten, Berlin 1828. – Wilhelm von Ising, Michael Kohlhaas. Trauerspiel in 5 Akten, Cassel 1861. – Robert Prölss, Michael Kohlhaas. Trauerspiel in 6 Aufzügen, Berlin 1863. – Louis Schenk. Michael Kohlhaas. Romantisches Trauerspiel in 4 Akten. Nach Heinrich von Kleists historischer Novelle »Michael Kohlhaas« frei bearbeitet, Tübingen 1863. – Hermann Riotte, Michael Kohlhaas, Romantisches Trauerspiel in 5 Akten, Leipzig 1886. – Wilhelm Paul Graff, Michael Kohlhaas. Trauerspiel in 5 Handlungen, Leipzig 1871. – Carl Weitbrecht, Schwarmgeister. Tragödie, Stuttgart 1900. – Rudolf Holzer, Hans Kohlhase. Deutsches Trauerspiel in 5 Aufzügen, Wien / Leipzig 1905. – Gertrud Prellwitz, Michael Kohlhaas. Ein Trauerspiel in 5 Akten, Freiburg i. Br. 1905 und Oberhof 1922. – Ernst Geyger, Michael Kohlhaas. Nach der Novelle von Heinrich von Kleist (1910). Für die Volksschauspiele bearb. von Wilhelm Kappler (Bühnenfassung 1975 von Kurt Müller-Graf), Ötigheim 1975. – Hermann Klasing, Dramatische Dichtungen. Darin S. 1–61: »Michael Kohlhaas«, Bielefeld / Leipzig 1930. – Karl Mayer-Exner, Ein Mann sucht Gerechtigkeit. Schauspiel. (Bühnenmanuskript.) Berlin 1933. – Walter Gilbricht, Michael Kohlhaas. Drama in 9 Scenen und einem Vorspiel, Berlin 1935. – Max Geisenheyner, Petra und Alla (Obrist Michael). Ein Volksstück um zwei Pferde in drei Aufzügen, Leipzig 1935. – Richard Friedel, Michael Kohlhaas. Schauspiel in 3 Abteilungen nach Heinrich von Kleist, Koblenz 1943. – Arnolt Bronnen, Michael Kohlhaas. Schauspiel nach der Novelle Heinrich von Kleists, Salzburg / Wien 1948. – Wolfgang Friedebach, Michael Kohlhaas. Schauspiel in 3 Abteilungen nach Heinrich von Kleist, Landesbühne Rheinland-Pfalz 1952 / 1953. – Stefan Schütz, Kohlhaas. Schauspiel nach Kleist, Velber 1978.

8 Arnolt Bronnen, Michael Kohlhaas. Für Funk und Bühne bearb., Berlin 1929. Vgl. ferner: Rüdiger Dörr, Michael Kohlhaas. Ein Hörspiel nach der Kleistschen Novelle, Berlin 1933. Auch Brechts »Die Rundköpfe und die Spitzköpfe« sind durch Kleists »Kohlhaas« beeinflußt. Vgl. dazu Siegfried Mews, Brechts ›dialektisches Verhältnis zur Tradition‹. Die Bearbeitung des ›Michael Kohlhaas‹. In: Brecht-Jahrbuch, 1975, S. 63–78.

9 Paul von Klenau, Michael Kohlhaas. Nach der Novelle von Heinrich von Kleist. Oper in 4 Akten. Wien / Leipzig 1933. Vgl. in diesem Zusammenhang ferner: Paul Wiens, Ballade vom Hans Kohlhas. In: P. W., Gedichte, Berlin 1976, S. 5–8. (Diese Ballade erschien erstmals 1953.)

10 Nach Neheimer (Anm. 2) S. 8.

11 J. W. von Goethe, Goethes Gespräche. Erster Teil. Bd. 22 der Artemis-Ausgabe, Zürich 1964, S. 616. Kafka und Fontane sind zitiert nach: Schriftsteller über Kleist. Eine Dokumentation. Hrsg. von Peter Goldammer, Berlin / Weimar 1976, S. 569, 566. – Friedrich Gundolf, Heinrich von Kleist, Berlin 1932, S. 158. – Wilhelm Schäfer, Der Dichter des Michael Kohlhaas. In: Jahrbuch der Kleist-Gesellschaft, 1933–1937, S. 37. – Julius Hart, Das Kleist-Buch, Berlin 1912, S. 259. – Heinrich Meyer-Benfey, Kleist, Leipzig / Berlin 1923, S. 90. – Walter Muschg, Kleist, Zürich 1923, S. 255. – Gerhard

Fricke, Kleists »Michael Kohlhaas«. In: G. F., Studien und Interpreta-
tionen, Frankfurt a. M. 1956, S. 214. Thomas Mann ist zitiert nach: Mit der
Zukunft im Bunde. Hrsg. von Peter Goldammer, Berlin/Weimar 1965,
S. 507.

12 Heinrich von Treitschke, Heinrich von Kleist. In: H. v. T., Ausgewählte
Schriften. Bd. 2, Leipzig 1907, S. 234. – Hart (Anm. 11), S. 320. – Karl
Wächter, Kleists Michael Kohlhaas, ein Beitrag zu seiner Entstehungsge-
schichte, Weimar 1918. »Vorwort« und S. 90, 71. ⊥ Friedrich Braig, Hein-
rich von Kleist, München 1925, S. 484. – Herzog und Cassou zitiert nach:
Heinrich von Kleists Nachruhm. Eine Wirkungsgeschichte in Dokumenten.
Hrsg. von Helmut Sembdner, Bremen 1967, S. 433 f., 455. – Konrad Krause,
Kleists Michael Kohlhaas. In: Zeitschrift für Deutsche Bildung 16, 1940,
S. 279. – [Ohne Verfasserangabe:] Aus Recht wird Unrecht. »Michael
Kohlhaas« – neu gesehen. In: SS-Leithefte 7, 1941, Folge 6 b, S. 17–19. –
Günther Anders, Die Antiquiertheit des Menschen, München 1956, S. 217.
– Heinz Demisch, Heinrich von Kleist, Stuttgart 1964, S. 83. – Richard
Matthias Müller, Über Deutschland. 103 Dialoge, Olten/Freiburg i. Br.
1965, S. 141–149.

13 Otto Pniower, Heinrich von Kleists Michael Kohlhaas. In: Brandenburgia
9, 1901, S. 314–337. Auch in: O. P., Dichtungen und Dichter. Essays und
Schriften, Berlin 1912, S. 177–214.

14 Hermann Davidts, Die novellistische Kunst Heinrich von Kleists, Berlin
1913, S. 51–61. – Rudolf Schlösser, Die Quellen zu Heinrich von Kleists
Michael Kohlhaas, Bonn 1913. – Heinrich von Kleist, Michael Kohlhaas.
Erläuterungen und Dokumente. Hrsg. von Günter Hagedorn, Stuttgart 1970.

15 Sigismund Rahmer, Heinrich von Kleist als Mensch und Dichter, Berlin
1909, S. 236–251.

16 Carl August Hugo Burkhardt, Der historische Hans Kohlhase und Heinrich
von Kleists Michael Kohlhaas. Nach neu aufgefundenen Quellen dargestellt,
Leipzig 1864.

17 Heinrich Meyer-Benfey, Die innere Geschichte des »Michael Kohlhaas«. In:
Euphorion 15, 1908, S. 99–140.

18 Peter Horwath, Michael Kohlhaas: Kleists Absicht in der Überarbeitung des
Phöbus-Fragments: Versuch einer Interpretation. In: Monatshefte 57, 1965,
H. 2, S. 49–59.

19 Rudolf von Jhering, Der Kampf ums Recht, Wien [20]1921. Rudolf Stammler,
Lehrbuch der Rechtsphilosophie, Berlin 1923. – Heinrich Christian Caro,
Heinrich von Kleist und das Recht, Berlin 1911. – Hans Fehr, Das Recht in
der Dichtung, Bern 1931, S. 466 f. – Eugen Wohlhaupter: Dichterjuristen.
Bd. 1, Tübingen 1953, S. 527–545. – Ernst Bloch, Über Rechtsleidenschaft
innerhalb des positiven Gesetzes (Kohlhaas und der Ernst des Minos). In:
E. B., Naturrecht und menschliche Würde, Frankfurt a. M. 1961, S. 93–102.

20 Bloch (Anm. 19).

21 Hans Heinz Holz, Das Gespräch zwischen Kohlhaas und Luther. In:
H. H. H., Macht und Ohnmacht der Sprache. Untersuchungen zum

Sprachverständnis und Stil Heinrich von Kleists, Frankfurt a. M. 1962, S. 107 – 110. – Hermann Reske, Der religiöse Auftrag. Michael Kohlhaas. In: H. R., Traum und Wirklichkeit im Werk Heinrich von Kleists, Stuttgart 1969, S. 129–145. – Oskar Hammelsbeck, Die biblischen Motive in Kleists »Michael Kohlhaas«. In: Die Furche 23, 1937, S. 500–507. – Kurt Ihlenfeld, Dichter im Dialog mit Luther. Die Luther-Szene in Kleists Kohlhaas-Novelle. In: Luther. Zeitschrift der Luther-Gesellschaft 38, 1967, H. 2, S. 69–85. – Fritz Heber, »Michael Kohlhaas«. Versuch einer neuen Textinterpretation. In: Wirkendes Wort 1, 1950/51, S. 98–102. – Rolf Dürst, Heinrich von Kleist. Dichter zwischen Ursprung und Endzeit. Kleists Werk im Lichte idealistischer Eschatologie, Bern 1965, S. 129–147. Zur Interpretation der religiösen Metaphorik vgl. Henrik Lange, Säkularisierte Bibelreminiszenzen in Kleists »Michael Kohlhaas«. In: Kopenhagener germanistische Studien, Bd. 1. Hrsg. von Karl Hyldgaard-Jensen und Steffen Steffensen, Kopenhagen 1969, S. 213–226.

22 Ludwig Büttner, Michael Kohlhaas – eine paranoische oder heroische Gestalt? In: Seminar 4, 1968, S. 26–41. – Horst Geyer, Dichter des Wahnsinns, Frankfurt a. M. / Berlin 1955, S. 115–144. – Hubert Tellenbach, Die Aporie der wahnhaften Querulanz. Das Verfallen an die Pflicht zur Durchsetzung des Rechts in Heinrich von Kleists »Michael Kohlhaas«. In: Colloquia Germanica 7, 1973, S. 1–8. – Peter Dettmering, Heinrich von Kleist. Zur Psychodynamik in seiner Dichtung, München 1975, S. 85–104. – Helga Gallas, Das Textbegehren des ›Michael Kohlhaas‹. Die Sprache des Unterbewußten und der Sinn der Literatur. Reinbek bei Hamburg 1981, S. 75.

23 Friedrich Koch, Heinrich von Kleist. Bewußtsein und Wirklichkeit, Stuttgart 1958, S. 282 ff.

24 Richard Matthias Müller, Kleists »Michael Kohlhaas«. In: Deutsche Vierteljahrsschrift für Literaturwissenschaft und Geistesgeschichte 44, 1970, S. 117.

25 Wächter (Anm. 12). – Hans M. Wolff, Heinrich von Kleist. Die Geschichte seines Schaffens, Bern 1954.

26 J. M. Lindsay, Kohlhaas and K. Two men in search of justice. In: German Life and Letters N. S. 13, 1959/60, S. 190–194. – Eric Marson: Justice and the obsessed character in »Michael Kohlhaas«, »Der Prozeß« and »L'Etranger«. In: Seminar 2 (1966) H. 2, S. 21–33. – David E. Smith: Gesture as a stylistic device in Kleists »Michael Kohlhaas« and Kafkas »Der Prozeß«, Bern 1976.

27 Gunter H. Hertling, Kleists Michael Kohlhaas und Fontanes Grete Minde: Freiheit und Fügung. In: German Quarterly 40, 1967, S. 24–40.

28 Peter Horwath, Auf den Spuren Teniers, Vouets und Raphaels in Kleists »Michael Kohlhaas«. In: Seminar 5, 1969, S. 102–113.

29 Otto Brahm, Heinrich von Kleist, Berlin ³1903. – Franz Servaes, Heinrich von Kleist, Leipzig 1902. – Wilhelm Herzog, Heinrich von Kleist. Sein Leben und sein Werk, München 1914. – Philipp Witkop, Heinrich von Kleist, Stuttgart / Berlin 1921. – Walter Muschg, Kleist, Zürich 1923. – Joachim

von Kürenberg, Heinrich von Kleist. Ein Versuch, Hamburg 1948. – Helmut Prang, Irrtum und Mißverständnis in den Dichtungen Heinrich von Kleists, Erlangen 1955. – Günter Blöcker, Heinrich von Kleist oder das Absolute Ich, Berlin ²1960. – Walter Silz, Heinrich von Kleist. Studies in his works and literary character, Philadelphia 1962. – Jacques Brun, L'univers tragique de Kleist. Essai, Paris 1966. – Hans Joachim Kreutzer, Die dichterische Entwicklung Heinrich von Kleists, Berlin 1968. – John Geary, Heinrich von Kleist. A Study in Tragedy and Anxiety, Philadelphia 1968. – Ilse Graham, Heinrich von Kleist. Word into flesh: A poet's quest for the symbol, New York 1977.

30 Gerhard Fricke, Gefühl und Schicksal bei Heinrich von Kleist, Berlin 1929, S. 123–136. – R. S. Lucas, Studies in Kleist. In: Deutsche Vierteljahrsschrift für Literaturwissenschaft und Geistesgeschichte 44, 1970, S. 120–170. – John R. Cary, A reading of Kleist's Michael Kohlhaas. In: Publications of the Modern Language Association of America 85, 1970, S. 212–218. – Benno von Wiese: Heinrich von Kleist. Michael Kohlhaas. In: B. v. W.: Die deutsche Novelle von Goethe bis Kafka, Düsseldorf 1962, S. 47–63.

31 Hans-Wilhelm Dechert, Indem er ans Fenster trat … Zur Funktion einer Gebärde in Kleists Michael Kohlhaas. In: Euphorion 62, 1968, S. 77–84. – Smith (Anm. 26). – Ditmar Skrotzki: Die Gebärde des Errötens im Werk Heinrich von Kleists, Marburg 1971, S. 50–58.

32 Clifford A. Bernd, The »Abdeckerszene« in Kleists Michael Kohlhaas. In: Studia Neophilologica 39, 1967, S. 270–280. – Peter Horwath, The »Nicht-um-die-Welt«-theme. A clue to the ultimate meaning of Kleist's Michael Kohlhaas. In: Studia Neophilologica 39, 1967, S. 261–269. – Walter Müller-Seidel, Versehen und Erkennen. Eine Studie über Heinrich von Kleist, Köln ²1967, S. 106 ff. – Beat Beckmann, Kleists Bewußtseinskritik. Eine Untersuchung der Erzählformen seiner Novellen, Bern 1978, S. 71–81. – J. M. Ellis, Der Herr läßt regnen über Gerechte und Ungerechte: Kleists »Michael Kohlhaas«. In: Monatshefte 59, 1967, S. 35–40. – H. W. Paulin, Kohlhaas and family. In: Germanic Review 52, 1977, S. 170–182. – Clara Kuoni, Wirklichkeit und Idee in Heinrich von Kleists Frauenerleben, Frauenfeld / Leipzig 1937, S. 243–247. – Otto F. Best, Schuld und Vergebung. Zur Rolle von Wahrsagerin und »Amulett« in Kleists Michael Kohlhaas. In: Germanisch-Romanische Monatsschrift N. F. 20, 1970, S. 180–189.

33 Jutta Goheen: Der lange Satz als Kennzeichen der Erzählweise im »Michael Kohlhaas«. In: Wirkendes Wort 17, 1967, S. 239–246.

34 Fricke (Anm. 11), S. 234. – B. von Wiese (Anm. 30), S. 52. – Benno von Wiese, Bildsymbole in der deutschen Novelle. In: Publications of the English Goethe Society N. F. 24, 1955, S. 135. – Bernd (Anm. 32), S. 270. – Gehl und Lugowski erklärten Kleists Michael Kohlhaas 1936 gar zur germanischen Saga. Vgl. Walther Gehl, Kleists »Michael Kohlhaas« und die isländische Saga: In: Zeitschrift für Deutsche Bildung 12, 1936, S. 594–603. – Clemens Lugowski: Wirklichkeit und Dichtung. Untersuchungen zur Wirklichkeitsauffassung Heinrich von Kleists, Frankfurt a. M. 1936, S. 190 ff.

35 Mann (Anm. 11), S. 507.–Meyer-Benfey (Anm. 17), S. 107.–Hart (Anm. 11), S. 328. – Kreutzer (Anm. 29), S. 193.

36 Schäfer (Anm. 11), S. 35. – Smith (Anm. 26), S. 44. – Charles E. Passage, Michael Kohlhaas: Form analysis. In: Germanic Review 30, 1955, S. 182. – Johannes Klein, Geschichte der deutschen Novelle von Goethe bis zur Gegenwart, Wiesbaden 1954, S. 52. – Helmuth Stahleder, Dramatische Szenenbildung und ihre Elemente in Heinrich von Kleists Michael Kohlhaas. In: Literatur in Wissenschaft und Unterricht 9, 1976, S. 167–181.

37 Adolf Wilbrandt: Heinrich von Kleist, Nördlingen 1863, S. 332.–Josef Körner, Recht und Pflicht. Eine Studie über Kleists »Michael Kohlhaas« und »Prinz Friedrich von Homburg«, Leipzig/Berlin 1926, S. 5. – Klein (Anm. 36), S. 56. – Skrotzki (Anm. 31), S. 53. – Denys Dyer, The stories of Kleist. A critical study, New York 1977, S. 111. – Günter Blöcker, Heinrich von Kleist oder das absolute Ich, Berlin ²1960, S. 213. – Wolfgang Kayser: Kleist als Erzähler. In: German Life and Letters N. F. 8, 1954/55, S. 22.

38 Körner (Anm. 37), S. 5.

39 In der Folge wird zitiert nach: Heinrich von Kleist, Michael Kohlhaas. Aus einer alten Chronik, Stuttgart 1971 [u. ö.]. Die Ziffern in runden Klammern bedeuten jeweils die Seitenangabe dieser Ausgabe.

40 Vgl. die Chroniken in: Heinrich von Kleist, Michael Kohlhaas. Erläuterungen und Dokumente (Anm. 14), S. 57–69.

41 Wilhelm Bauer, Einführung in das Studium der Geschichte, Tübingen 1928.

42 Lilian Hoverland, Heinrich von Kleist und das Prinzip der Gestaltung, Königstein 1978, S. 133.

43 Müller (Anm. 24), S. 116.

44 Brief vom 10.2.1806, zitiert nach: Heinrich von Kleist, Briefe 1805–1811. Lebensdaten. Hrsg. von Helmut Sembdner, München 1964, S. 18.

45 Hans M. Wolff, Heinrich von Kleist als politischer Dichter, Berkeley / Los Angeles 1947, S. 415, 426.

46 Horn (Anm. 3), S. 72.

47 Hoverland (Anm. 42), S. 122.

48 Pniower (Anm. 13), S. 195.

49 Horwath (Anm. 32), S. 265.

50 Müller (Anm. 24), S. 119.

51 Kreutzer (Anm. 29), S. 250.

52 Zitiert nach: Schriftsteller über Kleist (Anm. 11), S. 565. Ähnlich auch Hart (Anm. 11), S. 263. – Koch (Anm. 23), S. 278. – Schäfer (Anm. 11), S. 40.

53 So sieht es Müller (Anm. 24), S. 116ff.

54 Das ist auch die Auffassung von Horn (Anm. 3), S. 85.

55 Karl Schultze-Jahde, Kohlhaas und die Zigeunerin. In: Jahrbuch der Kleist-Gesellschaft, 1933–1937, S. 133.

56 Müller (Anm. 24), S. 113.

57 Adam Müller, Die Elemente der Staatskunst, Berlin 1968, 5. Vorlesung, S. 70.

58 Ebd. 8. Vorlesung, S. 142.

59 Das behaupten: Brahm (Anm. 29), S. 261. - Pniower (Anm. 13), S. 213. – Meyer-Benfey (Anm. 35), S. 110. – Wächter (Anm. 12), S. 61. – Braig (Anm. 12), S. 504. – Krause (Anm. 12), S. 280. – Klein (Anm. 36), S. 53. Gegen diese Annahme sprechen sich aus: Körner (Anm. 37), S. 17 und Schultze-Jahde (Anm. 55), S. 120, 132.

60 So ist es zweifelhaft, ob Kohlhaas' Söhne »in den Kreis jenes Führertums berufen« wurden, »das – der Geschichte verantwortlich – zu ihrer Gestaltung bestimmt« sei, wie es ein Interpret 1940 annahm. Vgl. Fritz Martini: Heinrich von Kleist und die geschichtliche Welt, Berlin 1940, S. 130.

61 Ja: Silz (Anm. 29), S. 188. Nein: Wohlhaupter (Anm. 19), S. 535.

62 So sieht es auch Schultze-Jahde (Anm. 55), S. 120.

63 Vgl. den Abschnitt zum Stichwort »Landfriede« in: Handwörterbuch zur deutschen Rechtsgeschichte. Hrsg. von Adelbert Erler und Ekkehard Kaufmann, Berlin 1978, Bd. 2.

64 Vgl. Wohlhaupter (Anm. 19).

65 Hinz hat diese Information wahrscheinlich vom Kurfürsten. In direktem Kontakt mit Luther scheint er nicht zu stehen, denn er wird im Sendschreiben negativ erwähnt.

66 Der Prinz von Meißen sieht die Gelegenheit gegeben, den Kämmerer aus dem Amt zu verdrängen, indem er einen Prozeß gegen ihn eröffnen will. Der Anschlag wird jedoch abgefangen durch den Hinweis Kallheims auf das Vergehen eines Mitgliedes der prinzlichen Familie.

67 Rechtswörterbuch. Hrsg. von Carl Creifelds. München 1976. Stichwort »Klage«. Für die Hilfe bei der Klärung rechtswissenschaftlicher Details möchte ich den Bonner Juristen Inga Haase-Becher und Ulrich Haase danken.

68 B. von Wiese (Anm. 34), S. 138. – Helbling (Anm. 3), S. 203. – Wilhelm König: Erläuterungen zu Kleists Robert Guiskard und Michael Kohlhaas. Hoffeld o. J. S. 59.– Hoverland (Anm. 3), S. 288, Fußnote 33.

69 Wohlhaupter (Anm. 19), S. 534.

70 Vgl. Kleists politische Schriften von 1809 im Band 5 der unter Anm. 44 zitierten Ausgabe, S. 82–113; ferner die Studie von Rudolf Berg: Intention und Rezeption von Kleists politischen Schriften des Jahres 1809. In: Text und Kontext. Quellen und Aufsätze zur Rezeptionsgeschichte der Werke Heinrich von Kleists. Hrsg. von Klaus Kanzog, Berlin 1979, S. 193–253.

71 Zum Thema des »werdenden Absolutismus« vgl.: Friedrich Meinecke, Die Idee der Staatsräson in der neueren Geschichte, Stuttgart 1960.

72 Fehr (Anm. 19).

73 Vgl. Fritz Kern, Gottesgnadentum und Widerstandsrecht im frühen Mittelalter. Zur Entwicklungsgeschichte der Monarchie, Münster 1954 (1. Aufl.: 1915), S. 222.

74 Ebd. S. 216.

75 Wohlhaupter (Anm. 19), S. 537.

76 »Jedermann sei untertan der Obrigkeit, die Gewalt über ihn hat. Denn es ist

keine Obrigkeit ohne von Gott; wo aber Obrigkeit ist, die ist von Gott verordnet.«

77 So auch Wolff (Anm. 45), S. 412.

78 Vgl. Reinhart Koselleck, Kritik und Krise, Frankfurt a. M. ²1973.

79 Zum Einfluß Rousseaus auf Kleists *Michael Kohlhaas* vgl.: Koch (Anm. 23),
S. 289. – Körner (Anm. 37), S. 9. – Oskar Ritter von Xylander, Heinrich von
Kleist und Jean-Jacques Rousseau, Berlin 1937, S. 336. – Hans M. Wolff,
Heinrich von Kleist. Die Geschichte seines Schaffens, Bern 1954, S. 58 ff. –
Siegfried Streller, Heinrich von Kleist und Jean-Jacques Rousseau. In: Wei-
marer Beiträge 8, 1962, S. 551. – Elsa Kanduth, Puschkins Erzählung »Du-
brovskij« und Kleists »Michael Kohlhaas«. Ein Kapitel aus der Nachwir-
kung naturrechtlicher Lehren in der schönen Literatur. Diss. Graz 1945. –
Den Einfluß von Kants Rechtsphilosophie auf Kleist nimmt Ulrich Gall an.
Vgl. U. Gall, Philosophie bei H. v. Kleist, Bonn 1977, S. 172 ff.

80 Wolff (Anm. 45), S. 423 ff.

81 Xylander (Anm. 79), S. 336.

82 Vgl. Kleists Brief vom 1. 1. 1809 an Karl Freiherr von Stein zum Altenstein,
dem er die zehnte Vorlesung sandte (Anm. 44), S. 71. Vgl. dort auf S. 109
auch den Brief Kleists an Fouqué vom 25. 4. 1811, in dem er ebenfalls die
Elemente der Staatskunst lobt.

83 Müller (Anm. 57), Vorlesung 7, S. 91.

84 Ebd. und 2. Vorlesung, S. 21.

85 Ebd. S. 29, 27, 23, 24.

86 Jakob Baxa, Adam Müller. Ein Lebensbild aus den Befreiungskriegen und
aus der deutschen Restauration, Jena 1937, S. 100.

87 Müller (Anm. 57), 7. Vorlesung, S. 85, 86.

88 Ebd. 3. Vorlesung, S. 37. Müller beruft sich auf Hugos Schrift *Philosophie des
positiven Rechts*.

89 R. von Jhering (Anm. 19), S. 10.

Erstveröffentlichung: Romane und Erzählungen der deutschen Romantik. Neue
Interpretationen, hrsg. v. Paul Michael Lützeler, Stuttgart, S. 213-239, unter dem
gleichen Titel.

Achim von Arnim
Die Kronenwächter (1817)

I.

»Das Buch[1] hat im ganzen gute Aufnahme gefunden und wird stark gelesen. Neulich hat eine Köchin darüber das Essen ihrer Herrschaft anbrennen lassen.«[2] Was Achim von Arnim hier kurz nach Erscheinen seiner *Kronenwächter* den Brüdern Grimm über den Absatz seines Romans beim einfachen Volk erzählte, sollte sich bald als Märchen erweisen. Wilhelm Grimms Wunsch, der Roman möge »viele Leser«[3] finden, erfüllte sich nicht: *Die Kronenwächter* waren und sind ein unbekanntes Buch. Zwar wurde es mit veröffentlicht in den insgesamt neun Werkausgaben, die seit der ersten Gesamtedition von Arnims Œuvre (1839–1850, besorgt von Wilhelm Grimm) erschienen,[4] doch verging nahezu ein Lebensalter, bis im Jahre 1881 – in Reclams Universal-Bibliothek – der Roman erstmals wieder seit der Originalausgabe von 1817 als Einzelband publiziert wurde. Die Aufnahme in die Universal-Bibliothek hatte allerdings wenig zu tun mit einer plötzlich steigenden Nachfrage, viel dagegen mit dem in literarischen Kalendern des Jahres 1881 vermerkten hundertsten Geburts- und fünfzigsten Todestag des Autors. In den beiden restlichen Dekaden des vorigen Jahrhunderts entschlossen sich dann noch zwei weitere Verleger zu der heroischen Tat, angesichts eines nicht vorhandenen Lesepublikums den Roman herauszubringen. Ähnlich gering war das Interesse an dem Buch in unserem Jahrhundert: Während der Zeit der Weimarer Republik erschien es dreimal, im »Dritten Reich« wurde es einmal publiziert, und die Verlagswelt in der DDR und der Bundesrepublik Deutschland ließ sich Zeit bis zum 200. Geburtstag, zu dem es dann wiederum im Reclam-Verlag erschien.[5] Nicht einmal annähernd erreichten *Die Kronenwächter* die Popularität von *Des Knaben Wunderhorn* bzw. die Beliebtheit der häufig verlegten Novellen *Isabella von Ägypten* oder *Der tolle Invalide*. Während von diesen Werken Übersetzungen ins Englische, Französische und Italienische vorliegen, wurden *Die*

Kronenwächter in keine Fremdsprache übertragen, sieht man von der französischen Übersetzung der »Einleitung« ab, die Albert Béguin 1937 besorgte.[6] Auch Musiker, bildende Künstler und Maler ließen sich nicht oder kaum durch den Roman inspirieren. Lediglich zwei Lieder daraus wurden vertont; so 1907 bzw. 1909 durch Karl Kämpf: »Gib Liebe mir und einen frohen Mund« (Quartett für Männerchor) und »Als der Turm von Babylon« (Lied für eine Singstimme).[7]

Die Wertschätzung des Romans war von Anfang an auf einen äußerst kleinen Kreis beschränkt. Goethe, der sich so lobend über das *Wunderhorn* geäußert hatte und dem Arnim den *Kronenwächter*-Band schickte, schwieg. Jacob und Wilhelm Grimm mit ihren Arnims Ideen entgegengesetzten Auffassungen von Dichtung und Geschichte reagierten so liebenswürdig wie möglich, machten aber aus ihrer Kritik keinen Hehl. Wilhelm Grimm ließ sich zu der positiven Rezension in den *Heidelbergischen Jahrbüchern* bereden, doch stammen große Teile der Besprechung von Arnims Frau Bettina. Uneingeschränktes Lob spendete lediglich Joseph Görres[8] – allerdings nur privat. Noch fünf Jahre später – 1822 – ist Görres enttäuscht über die geringe Resonanz auf den Roman und beschimpft das »Kritische und Journalistische Lumpenvolk«[9], welches die Frechheit besitze, Arnims Buch zu ignorieren. Das öffentliche Echo bei Erscheinen der *Kronenwächter* war äußerst schwach. Wilhelm Grimms Rezension blieb die einzige Besprechung von Gewicht. Aber wirklich bahnbrechend oder wegweisend war auch sie nicht. Sie spart nicht mit Lob, was die Geschlossenheit der Konzeption, die Klarheit des Aufbaus betrifft, aber über weite Strecken bleibt es bei formalästhetischer Kritik und Inhaltsangabe. Ähnlich sahen – wenngleich schlechter formuliert und weniger ausführlich gehalten – auch die übrigen Rezensionen aus, die 1817 und 1818 in Leipzig, Jena, Halle und Göttingen erschienen: ganze vier an der Zahl.[10] Das Göttinger Studenten-Blättle *Wünschelruthe* lobt das »wahrhaft lebendige Bild« altdeutscher Zeit: in der *Leipziger Literatur-Zeitung* preist man »die lebendige und anschauliche Darstellungsmethode«, kritisiert jedoch das »Überabenteuerliche, ja Fratzenhafte« und beläßt es ansonsten bei einer ganz kurzen Inhaltsangabe. Die in Halle und Leipzig erscheinende *Allgemeine Literaturzeitung* erfreut sich am »frischen und echten Leben in diesem Buch«, und ähnlich belanglos fällt die Besprechung in der *Jenaischen Allgemeinen Literatur-Zeitung* aus. Immerhin aber ist man am Berliner Hof auf den Band aufmerksam geworden, und der junge Prinz Friedrich Wilhelm – zwanzig Jahre später selbst Träger und Wächter einer Krone – ließ bei Arnim erkunden, wann denn die Fortsetzung erscheine.[11]

Das Buch blieb aber Fragment, und dies wohl auch deswegen, weil Arnim das mangelnde Leserinteresse entmutigte, das groß angelegte Werk fortzusetzen. Auch nach Arnims Tod fand der Roman wenig Anerkennung. Heine, der sich in der *Romantischen Schule* von 1836 so enthusiastisch zur *Isabella von Ägypten* äußert, lobt bei den *Kronenwächtern* nur kurz den »vortrefflichen Anfang«, und man kann sich des Eindrucks nicht erwehren, als habe seine Leseausdauer nicht über die Lektüre des Romanbeginns hinausgereicht. 1839 schreibt Georg Herwegh seine »Studien über Achim von Arnim«, und wiederum fallen die Anmerkungen zu den *Kronenwächtern* recht spärlich aus. Herwegh sieht richtig voraus, daß der Roman international keine Wirkung haben werde: Ein Buch wie dieses sei »nur in Deutschland möglich«, es werde »jedem Fremden unverständlich bleiben«. »Dieses christliche Heidenthum« sei »für einen Nichtdeutschen vollkommen unbegreiflich«. Als Bewahrer »altdeutscher Gottesfurcht und edler Sitte«, der »verkannt durch« seiner »Zeitgenossen Mitte« gegangen sei, besingt dagegen ein Jahr später Emanuel Geibel in einem Sonett den »treuen Kronenwächter« Arnim. Wenn Geibel Arnim mit den Kronenwächtern identifiziert, verkennt er allerdings selbst Aussage und Intention des Romans. Anerkennende Worte für Arnims Werk findet 1857 Eichendorff in seiner *Geschichte der Poetischen Literatur Deutschlands*. Ihn bekümmert wie Görres die geringe Wirkung der *Kronenwächter*, und er führt sie zurück auf die »Unart und Schwerfälligkeit des Publicums«, das sich »in seinen gewohnheitsseligen Alltagswerken und Vorurtheilen nur ungern gestört fühlt«. Die in den folgenden Jahrzehnten erschienenen großen Epochendarstellungen zur Romantik von Rudolf Haym und Ricarda Huch erwähnen die *Kronenwächter* nicht. Georg Brandes preist zwar »einige Gestalten, welche mit großer Fülle

und Schärfe hervortreten« und »mit schöpferischer Kraft gezeichnet« seien, doch stört ihn das Zuviel an »unbeherrschtem
Stoff mystischer und lyrischer Art«.[12] Die einzigen Dichter unserer ersten Jahrhunderthälfte, die von den *Kronenwächtern* angetan
sind, waren Hugo von Hofmannsthal, Wilhelm Lehmann und
Reinhold Schneider. Hofmannsthal hält das Werk für »eines der
tiefstdurchdachten Kunstwerke«, bemängelt allerdings das
»Fehlen des eigentlichen Mittelpunkts«; Lehmann weist hin auf
die »Momente großartiger Besinnung«, und Reinhold Schneider
trifft hier auf ein ihm verwandtes »Bewußtsein von der geschichtlichen Sendung des Dichters [...] im religiösen sittlichen Gange
der Menschheit, wie es nicht männlicher, ja herber gedacht werden kann«.[13]

Ähnlich vereinzelt wie der Beifall von Dichterkollegen fiel
auch jener der germanistischen Fachwissenschaftler aus. In den
über hundertsechzig Jahren nach Erscheinen der *Kronenwächter*
wurden nur dreißig Aufsätze (inklusive Buchkapitel und Disser-
tationsabschnitte), sieben Doktorarbeiten und zwei Bücher über
den Roman geschrieben, an denen das Ausland nahezu keinen
Anteil hat. Die Literaturwissenschaft des vorigen Jahrhunderts
hatte den Roman vergessen. Dies zeigt sich schon daran, daß in
der 1891 erschienenen Studie *Die Verwendung historischer Stoffe in
der erzählenden Literatur* von Leo Gregorovius[14] das Buch mit keinem Wort erwähnt wird. 1890 weist Wilhelm Scherer als erster
Germanist auf das Werk des inzwischen unbekannten Autors
hin. Seine Einführung begann er mit den Worten: »Zum Gegenstand dieser Vorlesung habe ich einen Mann gewählt, der manchem unter Ihnen vielleicht kaum dem Namen nach bekannt
ist.«[15] Die nach der Jahrhundertwende einsetzende wissenschaftliche Beschäftigung mit Arnims Roman geht auf die Anregungen
des Positivisten Scherer zurück, und so verwundert es nicht, daß
jene frühen Untersuchungen sich auf positivistische Weise mit
den Quellen beschäftigen.

Die erste germanistische Spezialstudie zu den *Kronenwächtern*
überhaupt ist die 1903 in *Euphorion* erschienene Arbeit von Wilhelm Hans.[16] Hans beschränkte sich darauf, den Einfluß historischer Darstellungen zu belegen. So weist er u. a. bereits hin auf

die heute noch als wichtige Quellen angesehenen Werke von Wolfgang Zacher über Waiblingen, Paul von Stetten zur Geschichte Augsburgs und Johann Jacob Fugger über die Habsburger.[17] Die Studien zu den literarischen und historischen Quellen nehmen in der Folge einen breiten Raum innerhalb der *Kronenwächter*-Forschung ein und dauern bis in die Gegenwart an. Zu nennen sind in diesem Zusammenhang vor allem die Arbeiten von Karl Wagner (1908/10), A. Best (1931/32), Ellinor Schmidt (1951) und Aimé Wilhelm (1955). Zwei Jahre nach Wilhelm Hans stellt Karl Wenger[18] in seinem Buch über die historischen Romane der deutschen Romantiker die Frage nach der Gattungszugehörigkeit der *Kronenwächter,* ein Thema, das leitmotivartig die gesamte Forschung durchzieht und auf das wir in der Folge noch eingehen werden. Zu Anfang unseres Jahrhunderts gibt es vereinzelte Versuche, die *Kronenwächter* für die Reichsideologie des Wilhelminismus zu reklamieren. Monty Jacobs etwa spricht 1908 in der Einleitung seiner Arnim-Ausgabe von dem Roman als einer »Verherrlichung der Reichsidee«.[19] Gleichzeitig sieht der preußische Oberlehrer Karl Wagner Arnims Roman durchseelt vom »nationalen Gedanken«, von der Idee der »wehrhaften Nation« und eines »starken deutschen Kaisertums«. Damit nicht genug, versteigt er sich zu der These, der Dichter habe gewußt, »daß aus dem Zollernstamm der große Ghibelline sich erheben werde, dem er die Wege bereiten half«. Arnim habe lange vor Bismarck geahnt, »daß die deutsche Frage [...] nur durch Blut und Eisen gelöst werden könne«.[20] Von diesen ideologischen Irrläufern abgesehen, stellt Wagners umfangreiche Studie aber noch heute eine Fundgrube für die Quellenforschung dar. So weist er zum Beispiel erstmals hin auf die Bedeutung von Fischers *Geschichte des teutschen Handels* für eine Reihe von Detailbeschreibungen. Auch Crusius' *Schwäbische Chronik* hat Wagner als wichtige Quelle für die Kronenwächter entdeckt.[21] 1911 hört Herma Becker aus Arnims Roman ebenfalls den Ruf nach dem eisernen Kanzler erschallen: Der Autor verdeutliche mit der Darstellung solch schwacher Figuren wie Berthold, daß »ein ganzer Mann« her müßte, der die »überall lauernden Prätendenten mit eiserner Faust zu Boden drückte«.[22] Bevor wir einen Blick

auf die Forschungsgeschichte der nach-wilhelminischen Zeit
werfen, muß noch ein größeres editorisches Werk genannt werden, das für die Forschung über die *Kronenwächter* von einiger
Bedeutung war. Reinhold Steigs und Hermann Grimms dreibän-
dige, zwischen 1894 und 1913 erschienene Edition *Achim von Arnim und die ihm nahe standen.*[23] Hier sind wichtige Teile der Briefwechsel Arnims mit Bettina, Clemens Brentano sowie Wilhelm
und Jacob Grimm abgedruckt.

Nach dem verlorenen Weltkrieg hörte mit dem Ende des Kaiserreiches auch die wilhelminische Interpretation der *Kronenwächter* auf. Jetzt, 1921, spricht Adolf von Hatzfeld nach zu urteilen, ein »jahrhundertealter Fluch« aus dem Roman, ein Fluch,
»der über Deutschland für ewig zu ruhen scheint«, nämlich »aus
Eigennutz und Partikularismus sich zu zerreißen«. Die Grundthese von Hatzfelds Freiburger Dissertation ist die, daß Arnim
mit diesem Roman zwischen Romantik und Realismus stehe und
an beiden literarischen Bewegungen teilhabe. Dagegen richtet
sich zwei Jahre später Walter Gutkelch mit seiner ebenfalls in
Freiburg geschriebenen Doktorarbeit, wenn er die *Kronenwächter*
als ein synthetisches, eigenständiges Werk der Romantik betrachtet, das keineswegs antithetisch in romantische und realistische Teile auseinanderfalle. Mitte der zwanziger Jahre erscheint
die ausgezeichnete *Arnim-Bibliographie* von Otto Mallon, die bis
1925 auch alle Ausgaben der *Kronenwächter* und die bis dahin erschienene Sekundärliteratur zu dem Roman erfaßt. Gedacht war
diese Bibliographie als Grundstein für eine künftige historisch-
kritische Arnim-Ausgabe, welche Mallon für den 150. Geburtstag und 100. Todestag im Jahre 1931 plante. »Wo ist der Verleger, der genügend Idealismus, Mut und Betriebskapital zur
Verwirklichung des Planes aufbringt?« Diese Frage Mallons blieb
bis heute unbeantwortet, was man den Verlegern kaum verden-
ken kann. Mallon rechnete nämlich vor, daß die Edition vierundzwanzig Bände (zu je 400 bis 600 Seiten) enthalten würde. Gegen
Ende der Weimarer Republik veröffentlichte A. Best im *Jahrbuch
der Kleist-Gesellschaft* eine umfangreiche Studie zu den *Kronenwächtern*. Methodisch gesehen, ist sie der in den zwanziger Jahren an
vielen germanistischen Universitätsinstituten vertretenen for-

malanalytischen Schule Oskar Walzels verpflichtet. Allerlei graphische Darstellungen – etwa eine »Verbindungslinie zwischen den Hauptpersonen« – sollen zum Verständnis des Werkes beitragen. Ferner finden sich Analysen von Satzbau, Ideen- und Motivgehalten. Nach Best ist der »Gehalt« des Romans romantisch, die »Gestalt« jedoch realistisch geprägt, was an das Ergebnis von Hatzfeld erinnert. Das Kapitel über die *Kronenwächter* in Gertrud Hausners Wiener Dissertation von 1934 bietet gegenüber den Ergebnissen früherer Quellenforschungen nichts Neues.[24] Noch ganz den formalanalytischen und geistesgeschichtlichen Methoden verpflichtet ist auch Peter Essers Kölner Doktorarbeit von 1937 über die Sprache in den *Kronenwächtern*. Hier geht es vor allem um die Analyse von Wort- und Satzkonstruktionen. »Einfachheit, Klarheit und fast Nüchternheit ist Kennzeichen der Bildlichkeit der Kronenwächtersprache«, so lautet das Ergebnis seiner Arbeit. Der nationalsozialistischen Ideologie verpflichtet ist hingegen Hans-Uffo Lenz' 1938 erschienenes Buch über das »Volkserlebnis« bei Arnim. Nach Lenz zu urteilen, sollten mit den *Kronenwächtern* »im historischen Gewande die unerläßlichen Voraussetzungen und Bedingungen der deutschen Volksgemeinschaft« entwickelt werden. In ähnlichem Sinne ist Arnims Roman für Paul Fechter »eine großangelegte Erzählung aus großer deutscher Vergangenheit«. Der Vollständigkeit halber sei noch der kleine Aufsatz von Rolf King erwähnt, der 1939 in einer amerikanischen Fachzeitschrift auf den geschichtstheologischen Gehalt des Romans hinweist.[25]

Überblickt man die ersten hundertdreißig Jahre Rezeptions- und Forschungsgeschichte zu den *Kronenwächtern*, so fällt als erstaunliches Faktum auf, daß ausgerechnet ein Roman kaum Beachtung fand, welcher den zwischen 1815 und 1945 in Deutschland so ungeheuer wirksamen Staufer- bzw. Barbarossa-Mythos behandelt. Ein Blick auf die Artikel über die Stauferherrscher in Elisabeth Frenzels *Stoffe der Weltliteratur* belehrt uns, was für eine Bücherflut heranrollte mit der Belebung des Kaiser-Mythos durch die nationalistischen Bewegungen während der Restaurationszeit, des Wilhelminismus und des »Dritten Reiches«. Wie wir noch sehen werden, sperrten sich aber gerade die *Kronen-*

wächter gegen eine Vereinnahmung durch jene Ideologien. Der Staufersproß Berthold in Arnims Roman war nämlich als Antiheld[26] kaum dazu angetan, die Phantasien vom neuen Herrscher eines wiedererstandenen Kaiserreiches im Sinne der üblichen Barbarossa-Literatur zu beflügeln. Erst nach Abkühlung der nationalistischen Emotionen, erst in der Nachkriegszeit, d. h. in den fünfziger Jahren, setzte, zumindest in der Forschung, eine verstärkte Auseinandersetzung mit Arnims Buch ein. Bezeichnenderweise handelt es sich bei der ersten Studie über die *Kronenwächter* nach 1945 um die eines Franzosen.[27] In Frankreich war der Roman bis dahin so gut wie unbekannt geblieben, und so stellt René Guignard ihn 1948 in *Etudes Germaniques* nacherzählend vor. Er betont auch die gesellschaftskritischen Implikationen des Romans, wenn er auf Arnims Ansichten über den Adel zu sprechen kommt. Kein Jahrzehnt brachte so viele Studien zu den *Kronenwächtern* hervor wie das zwischen 1950 und 1960: allein acht Dissertationen behandeln das Buch unter anderen Werken oder ausschließlich. Da ist zunächst die Doktorarbeit von Ellinor Schmidt zu nennen, in der es um das Bild des Mittelalters geht.[28] Sie setzt die von Hans und Wagner begonnenen Quellenstudien fort und weist z. B. auf die Bedeutung von Twingers *Strassburgischer Chronik*[29] für die Darstellung des Baumeisters hin. Die methodische Schwäche dieser ansonsten weiterführenden Arbeit besteht darin, daß der Roman wie eine soziologische Abhandlung über die Gesellschaftsgeschichte des späten Mittelalters gelesen wird. Und obwohl Schmidt verdienstvollerweise auf die entstehungsgeschichtlichen Besonderheiten des abgeschlossenen ersten und des Fragment gebliebenen zweiten Bandes hinweist, werden beide Teile dann doch unterschiedslos im Zusammenhang interpretiert. Eine Zwitterstellung zwischen romantischem und realistischem Roman nehmen (wie schon bei Hatzfeld) die *Kronenwächter* ein nach Inge Herrles Leipziger Dissertation von 1952, die übrigens von der Methode her nicht marxistisch, sondern formalanalytisch und geistesgeschichtlich angelegt ist. In Übereinstimmung mit Gutkelch dagegen beschreibt Harald Riebe erneut die ästhetische Struktur der *Kronenwächter* als »Gebundenheit in Kontrasten«. Er erläutert textnah die »Einleitung« und beschäftigt sich ausführlich mit der Erzählweise. Zudem hat Riebe – ein Schüler Wolfgang Kaysers – als erster auf die Bedeutung des Grotesken bei Arnim hingewiesen, eine Bedeutung, die in der Folge auch Hemstedt, Rudolph und Knapp betonen. Wenig Neues bietet die Wiener Dissertation Rudolf Zimmermanns von 1955. Zimmermann wiederholt vor allem Ergebnisse der früheren Arnim- und *Kronenwächter*-Forschung. In einer die Hälfte der Studie ausmachenden Einführung werden Arnim und seine Zeit auf eine Weise vorgestellt, als habe man noch nie etwas von dem Autor oder den Jahren der Befreiungskriege gehört. Verdienstvoll ist aber die Anlage der »Handschriftenübersicht« im Anhang. Die bisher gründlichste Studie zu den Quellen und Motiven des Romans veröffentlichte im gleichen Jahr Aimé Wilhelm, der nicht nur die Quellen benennt, sondern auch detailliert über ihre Verarbeitung und Veränderung berichtet. Dieses Verfahren wird auf exemplarische Weise am Beispiel der Martinswand-Sage über Maximilian I. vorgeführt. Die bereits erwähnte *Handelsgeschichte* Fischers ist nach Wilhelm nicht nur für einzelne Details, sondern für die ganze Struktur der *Kronenwächter* wichtig gewesen: Nach der Lektüre von Fischers Abhandlung habe Arnim den ersten Band seines Romans völlig umgeschrieben. Wilhelms Urteil, daß der Roman sich durch diese Umarbeitung »stark klassischen Formprinzipien« genähert habe, kann man aber nicht folgen. In Heinz Günter Hemstedts Dissertation von 1956 geht es um die Geschichtssymbolik in Arnims Werk. Ausführlich behandelt er die Rolle Fausts in den *Kronenwächtern* und versteht ihn als die Verkörperung des Bösen in der Geschichte. Gleichzeitig schloß Roland Wilhelm Hoermann eine Doktorarbeit über die Metaphorik der Erlösungs- und Wiedergeburtsmythen in Arnims Erzählwerk ab.[30] Derlei Symbole und Symbolkombinationen entdeckt Hoermann u. a. im »Hausmärchen«. Ebenfalls im Jahre 1956 legte Jörn Göres seine Dissertation über das Verhältnis von Historie und Poesie in der Prosa Arnims vor. In dem Kapitel über die *Kronenwächter* analysiert er die Geschichtstheologie Arnims anhand der Einleitung »Dichtung und Geschichte«. Den Bund der Kronenwächter versteht er als Personifikation menschlicher Gottentfremdung. Es gelingt Göres, weitere literarische und historische Quellen zu finden, etwa Motive aus dem *Parzival* oder aus einer Straßburger Chronik.[31] Göres interpretiert ebenfalls den ersten und zweiten Band im Zusammenhang. Dieser die gesamte Forschung bis in die fünfziger Jahre charakterisierende Mangel wurde erst abgestellt, nachdem Werner Vordtriede in seinem wegweisenden Aufsatz von 1962 mit allem Nachdruck auf die fundamentalen entstehungsgeschichtlichen, ästhetischen und aussagemäßigen Unterschiede zwischen den beiden Romanteilen hingewiesen hatte. Mit Recht stellt Vordtriede die Einzigartigkeit des ersten Bandes heraus, macht deutlich, daß er nicht mehr dem Künstlerroman der Romantik und noch nicht dem historischen Roman der Restaurationszeit angehört. Erika Voerster greift Arnims Hinweis über die zentrale Rolle des »Hausmärchens« auf und analysiert es in ihrem 1964 publizierten Buch. Eine ausgezeichnete und umsichtige Dissertation zu den *Kronenwächtern* erschien 1967 mit Margarete Elchlepps Arbeit zum Thema der Gattungszugehörigkeit des Romans. Auf ihre Studie wird in der Folge noch eingegangen werden, wenn die Zuordnung der *Kronenwächter* zum historischen Roman problematisiert wird. 1968 stellte erstmals auch eine germanistische Fachzeitschrift aus der DDR Raum für einen Aufsatz über die *Kronenwächter* zur Verfügung: Karol Sauerland arbeitet in den *Weimarer Beiträgen* vor allem den Adel-Bürger-Gegensatz heraus und weist darauf hin, daß der Roman nichts mit der konservativen Staufer-Literatur zu tun habe. In einer amerikanischen Dissertation von 1973 werden Parallelen zwischen dem Werk des französischen Surrealisten André Breton und Arnims Roman gezogen: Jeannette Caton Hudson vergleicht im zweiten Kapitel ihrer Doktorarbeit Bretons Prosastück *Les Vases communicants* mit Arnims Einleitungsessay »Dichtung und Geschichte«. In beiden Arbeiten gehe es darum, eine Brücke zwischen Imagination und Realität zu schlagen. Während Arnim die Wirlichkeit zu transzendieren trachte, werde sie von Breton ins Surreale transformiert. Breton mit Arnim zu vergleichen ist sicher legitim, denn Breton beschäftigte sich ausführlicher mit Arnim als mit irgendeinem anderen Romantiker, wie seine Einführung in Arnims *Contes bizarres* (1933) zeigt. Ebenfalls 1973 erschien mit Volker Hoffmanns Forschungsbericht erstmals eine zusammenfassende Darstellung der Arnim-Forschung seit dem Ende des Zweiten Weltkriegs. Hoffmann geht auch kurz auf die wichtigsten Studien zu den *Kronenwächtern* ein, die seit 1945 erschienen sind, und so wird die Spezialforschung zu diesem Roman von seinem Bericht profitieren. Wie andere Forscher vor ihm untersucht Bernd Haustein 1974 in einem Buch über Arnims Prosa die geschichtsphilosophischen Aussagen der *Kronenwächter* und beschäftigt sich mit dem Erlösungsmythos im »Hausmärchen«. Er sieht im Kronenburg-Mythos ein Unschuld-Vorzeitideal verkörpert. Das Verhältnis der Personen zum Programm dieses Ideals wird interpretiert als Abfall von ihm, wodurch die Protagonisten zum Scheitern verurteilt sind. Hans Dieter Huber untersucht 1978 die Raum-Ereignis-Bezüge des Romans. Obgleich hie und da Erhellendes angemerkt wird, kann eine solche von außen herangetragene Themenstellung nicht ins Zentrum der Problematik dieses Buches führen. Zudem wird – wie früher schon bei Inge Herrle – das Werk im Kontext von fünf historischen Romanen diskutiert, ohne die Frage nach der Gattungszugehörigkeit aufzuwerfen. 1980 erschien in der DDR eine Ausgabe der *Kronenwächter*, die Heinz Härtl mit einem ausführlichen und die bisherige Forschung auswertenden Nachwort versah. Nach Härtl reicht das Spektrum der im Roman aufgegriffenen literarischen Traditionen von den als Sagen bezeichneten Trivialdichtungen der Benedikte Naubert bis in die geistigen Höhen von Hölderlins *Hyperion*. Die letzte in den siebziger Jahren erschienene Spezialstudie ist das Buch des Tübinger Komparatisten Hans Vilmar Geppert.[32] Er betont die Modernität des Romans, grenzt ihn vom zeitgenössischen Bildungsroman ab, rückt ihn in die Nähe des »anderen«, des zeitkritischen historischen Romans und spricht sich gegen die geschichtstheologische Deutung aus, wie sie von Göres, Elchlepp, Haustein und anderen vorgenommen worden war.

Auch im Mittelpunkt von Gepperts Buch steht die Frage nach der Gattungszugehörigkeit. Den geeigneten Terminus aus dem reichen Angebot romanästhetischer Kategorien zu finden, fiel den Literaturhistorikern schwer. Die Unsicherheit bei der poetologischen Einordnung hatte zur Folge, daß viele Germanisten den Roman gleich mit mehreren Gattungsbezeichnungen versahen. Für Gundolf ist er »der erste kulturhistorische Roman in deutscher Sprache«; Hausner versteht ihn als »Bundesroman, verknüpft mit einem Bildungsroman« (S. 95); Elchlepp charakterisiert ihn u. a. als »Schicksalsroman« (S. 172), zieht aber auch Verbindungslinien zum romantischen Künstlerroman (S. 358); als solchen betrachtet ihn Haustein (S. 67), was vor ihm Vordtriede mit guten Gründen bestritten hatte: Nach Vordtriede sind die *Kronenwächter* eben kein »autobiographischer Entfaltungsroman« im Sinne von Tieck, Novalis oder Eichendorff (S. 156). In die Nähe des Goetheschen Bildungsromans rückt ihn – wegen der in beiden Büchern wirksamen Geheimgesellschaften – Wagner (Bd. 2, S. 33), und die Verwandtschaft zum *Wilhelm Meister* wird auch von Hatzfeld (S. 86) herausgestellt, wogegen Wilhelm (S. 38) und Geppert (S. 45) nicht nur die Ähnlichkeiten, sondern auch die fundamentalen Unterschiede betonen: Bei Arnim gehe es (anders als bei Goethe) nicht um die Versöhnung des Individuums mit der gesellschaftlichen Welt. Geppert bietet, da es sich bei den *Kronenwächtern* um eine »neue Konzeption des Entwicklungsromans« (S. 11) handle, den Begriff des »historischen Entwicklungsromans« (S. 19) an. Vielen Interpreten erscheint Arnims Buch als Gattungszwitter und epischer Wechselbalg: Scherer sieht »mythologische Wahngestalten unmittelbar neben vollkommen lebenswahre Menschen von historischer Bestimmtheit« (S. 118f.) gesetzt, und auch nach Reinhold Schneider changiert das Werk zwischen mythischem und historischem Roman (S. 282). Ein »wunderliches Zwittergeschöpf« (S. 74), angesiedelt »zwischen Realistik und Romantik« bzw. »Poesie und Politik« ist das Buch nach Hatzfeld (S. 81) und Best (S. 196). Ein Mittelding von Sage und historischem Roman sind die *Kronenwächter* bei Göres (S. 46) und Voerster (S. 276). Die weitaus meisten Wissenschaftler – von Hans, Walzel, Strich, Kluckhohn über Wehrli, Korff bis zu Wilhelm, Schmidt (S. 197) und Zimmermann (S. 122) – verstehen das Buch jedoch als historischen Roman. Hans – wie später Wehrli – erkennt in ihm den »ersten Roman, der den Namen eines historischen voll verdient« (S. 153). Walzel preist den »saftigen Realismus« dieses »lebendigsten historischen Romans der Romantik«; Wenger spricht vom »edlen« (S. 73), Kluckhohn vom »großen«, Strich vom »wahrhaften« und Wilhelm vom »echten« (S. 12) historischen Roman. Korff schließlich läßt nur die »realistischen Elemente« des Buches gelten, mit denen es zur Gattung des historischen Romans zähle, während ihm die romantisch-phantastischen Teile als »grillenhaft« erscheinen bzw. »wie Kasperletheater« vorkommen.[33] Seit der frühesten Rezeption durch die Brüder Grimm, Savigny und Görres taucht immer wieder der Vergleich mit dem historischen Roman Walter Scotts auf. Aber schon Wenger wies hin auf die gravierenden Unterschiede zwischen dem deutschen und dem englischen Romancier: Scott meide im Gegensatz zu Arnim alles Symbolische und Philosophische (S. 78), eine Ansicht, die später noch Aimé Wilhelm teilt (S. 33). Für die Anerkennung der Besonderheiten des Arnimschen Romans, den man nicht an der Norm der Scottschen Bücher messen dürfe, plädiert auch Wagner (Bd. 1, S. 10). Eine Differenz zwischen den beiden Romantikern konstatiert ferner Gundolf, der meint, daß »Phantastik und Ungeduld« (S. 359) Arnim von Scott trenne. Innerhalb der deutschen Romantik ist Arnim Gundolf zufolge freilich als der »gediegenste Geschichtspoet« (S. 374) zu betrachten.

Wie die kindlich-einfache Entdeckung aus dem Märchen, daß der Kaiser nackt sei und überhaupt keine Kleider trage, wirkte die schlichte Feststellung Werner Vordtriedes, daß die *Kronenwächter* »gar kein historischer Roman« (S. 155) seien. Diese These wurde in der Folge durch Elchlepp und Geppert untermauert. Elchlepp weist auf die grundsätzliche Priorität hin, die bei Arnim die Dichtung vor der Geschichte habe, was der Gattungskonzeption des historischen Romans im Sinne Scotts widerspreche (S. 74ff., S. 305ff., S. 360ff.). Zwar werde bei Arnim im Gegensatz zum romantischen Vergangenheitsroman die faktische Historie nicht ausgeschlossen, doch verändere er sie in einem Prozeß der poetisierenden Verwesentlichung. Auch Geppert spricht sich dagegen aus, Arnims Roman mit dem Werk Scotts in Verbindung zu bringen. Gleichzeitig aber kritisiert er, daß man in der Sekundärliteratur zu den *Kronenwächtern* den historischen Roman stets nur im Sinne Scotts verstanden habe. Damit mache man sich einer »unangemessenen Verengung der Gattung« schuldig. Scotts Romane stellten keineswegs die ›klassische‹ Form des historischen Romans dar. Nicht mit den Werken des Schotten und seiner Epigonen seien die *Kronenwächter* verwandt, sondern mit dem »anderen«, dem »kritischen« (S. 97) historischen Roman eines Raabe (*Das Odfeld*), Fontane (*Vor dem Sturm*) oder Döblin (*Wallenstein*). Als Vordtriede die Zugehörigkeit der *Kronenwächter* zum historischen Roman leugnete, hatte er aber sicherlich nicht nur Scott und die Folgen, sondern die Gattung überhaupt im Sinn. Angesichts der Vielfalt erzählerischer Mittel und Schichten in dem Roman gibt Vordtriede eine eindeutige poetologische Charakterisierung auf und spricht von dem Werk als einem »überreich blühenden Traum«, aus »Symbol und Schnurre, Experiment und Schnörkel, nationaler Glut und Humor, Ahnung und Wirklichkeit gewirkt« (S. 156). In der Arnim-Forschung gab und gibt es aber Interpreten, die versuchen, eine genauere, spezifischere Gattungsbezeichnung zu finden, ohne bei den vordergründigen Parallelen zum historischen Roman stehenzubleiben. Schon Wagner fiel auf, daß die Fabel der *Kronenwächter* »sich zur geschichtlichen Wirklichkeit des 16. Jahrhunderts ähnlich verhält wie die Amelungen- und Burgundensage zur historischen Völkerwanderung« (Bd. 1, S. 29), und sah eine enge Beziehung zwischen Arnims Roman und der Sage. Hemstedt ist wie Wagner der Meinung, daß die Hauptfigur des Buches, Berthold, eine »eher der Sage als der Geschichte zugehörige Gestalt« ist. Er fügt hinzu, daß Arnim sich die Aufgabe gesetzt habe, »Geschichte als Sage zu begreifen« (S. 41). Elchlepp argumentiert ebenfalls, daß die Gattungsbezeichnung »Sage« die *Kronenwächter* am genauesten charakterisiere (S. 401 ff.), und auch Härtl sieht Arnims Roman sich zur Sage hin entgrenzen (S. 586). Aber soviel und sowenig das Märchen der Romantiker mit dem Volksmärchen zu tun hat, so nahe bzw. ferne steht ihre Sage der Volkssage. Ich bin der Meinung, daß die Bezeichnungen »romantische Kunstsage« oder »Sagen-Roman« im Falle der *Kronenwächter* die Gattung am genauesten charakterisieren.

II.

1807 waren Görres' *Teutsche Volksbücher* erschienen: Inhaltsangaben zu einer Reihe von Volkssagen und Legenden sowie »schönen Historien-, Wetter- und Arzneybüchlein«, wie es im Untertitel heißt.[34] Gewidmet waren sie Clemens Brentano, dem Mitherausgeber der Anthologie *Des Knaben Wunderhorn*. War der Koblenzer Gymnasialprofessor durch den Sammeleifer Brentanos und Arnims in Sachen volkstümlicher Literatur zu seiner Kollektion inspiriert worden, wirkte umgekehrt Görres mit seinem Büchlein anregend auf die Produktion Arnims. Diese Wechselwirkungen sind nicht weiter verwunderlich, haben doch beide Autoren Anteil an den romantischen Bestrebungen einer Wiederbelebung der Volkspoesie. Nicht daß Arnim wie Tieck begonnen hätte, nun Volksbücher nachzuerzählen. Vor solch modernisierenden Nacherzählungen von Volksbüchern wie den *Heymonskindern* oder den *Schildbürgern* warnt Görres in beschwörenden Wendungen im Nachwort seiner Sammlung:

»Um's Himmels Willen! laßt das alte Affenspiel nicht wieder auch mit ihnen treiben, und wie Knaben hinter ihnen ziehen, und grimmassirend, voll Affectation und hohlem, taubem Enthusiasm, ihre Haltung und ihr Geberdenspiel und Alles ihnen nachstümpern, daß es ein kläglicher Anblick für Götter und Menschen ist« (S. 305 f.).

Nicht um eine Nacherzählung alter Sagen geht es auch Arnim, sondern um das Erfassen von deren Eigenart, um die Nutzung ihrer poetischen Methode für etwas ästhetisch Neues, das man am besten die romantische Kunstsage oder den Sagen-Roman nennt. Zwischen den Begriffen Volksbuch und Sage trennten die Romantiker – bis auf die Brüder Grimm – noch nicht scharf.[35] Deutlich wird in Görres' Sammlung, daß »Volksbuch« der umfassendere, eher literatursoziologisch denn poetologisch zu verstehende Begriff ist. Volksbücher sind für Görres all jene literarischen Werke, welche »eine allgemeine Verbreitung gewonnen«, die »geschlossenen Kreise der höheren Stände« durchbrochen und in »den untern Classen« ein »unsterblich unverwüstlich Leben« führen. »Von unzähligen Geistern aufgenommen und angeeignet«, bilden sie nach Görres »den stammhaftesten Theil der ganzen Literatur, den Kern ihres eigenthümlichen Lebens« (S. 1). Bald nach Erscheinen der *Teutschen Volksbücher* beginnt Arnim mit der Konzeption seines *Kronenwächter*-Romans, und bereits 1812 entnehmen wir seiner Korrespondenz mit den Grimms, daß er das Werk in der Art eines Volksbuches (sprich Sage) schreiben will. Im Roman selbst ist die Gattungszugehörigkeit klar bestimmt, denn hier ist mehrfach von der »Sage« (177, 179) der Hohenstaufenabkömmlinge die Rede. Wie in den Volkssagen (im Gegensatz zum Volksmärchen) der geschichtliche Hintergrund zwar eine wichtige Rolle spielt,[36] gleichwohl mit den historischen Fakten frei geschaltet und gewaltet wird, so will auch Arnim sich in seinem neuen Buch derlei poetische Lizenzen genehmigen. Schon fünf Jahre vor Erscheinen des Werkes ist ihm klar, welchen Protest der Brüder Grimm er dabei zu gewärtigen hat. Am 13. Juni 1812 sucht er – vergebens, wie sich zeigen wird – Jacob Grimm von der Berechtigung seiner Methode zu überzeugen, wenn er schreibt:

»Dabei fällt mir ein, daß Du mir ein Wort des Schreckens über meine Art, geschichtliche Fakta mit Dichtungen in Berührung zu setzen, gesagt hast, und was daraus entstehen könnte. Nun gestehe ich Dir, daß ich mich darin gar nicht finden kann. [...] Es ist zu allen Zeiten geschehen und in sich ganz unschuldig, daß die Leute merkwürdigen Zeiten und Menschen, von denen nichts als die geschichtliche Armuth übrig, ihre liebsten Gefühle, Situationen und Reden angehängt haben, es ist nur dann Lüge, wenn es, wie unsre meisten Geschichtschreiber thun, kritisch beschönigt, vermimpelt und vermampelt wird.« (Steig, III, 203)

Es ist nicht etwa so, daß Arnim und die Brüder Grimm Verständigungsschwierigkeiten oder Definitionsdifferenzen in Sachen Volkssage hätten. Volkssagen sind nach Arnim im Hinblick auf die faktische Historie »ganz unwahr«, drücken aber trotzdem die Essenz geschichtlicher Entwicklung aus, enthalten »das Wahrste, was ein Volk zur Darstellung seiner liebsten Gedanken hervorbringt«,[37] sind Ausdruck allgemeiner, im Volk lebendiger Hoffnungen (Steig, III, 249). Auch nach Jacob Grimm eignet den Sagen »wahrheit [...], ob auch die sicherheit abgeht«,[38] und er spricht demjenigen Geschichtsforscher die wahre Kritikfähigkeit ab, der vom historischen Standpunkt aus die Sage verachtet. In Arnims *Zeitung für Einsiedler* vertrat er die Ansicht, daß in den Sagen Wahrheit oft ursprünglicher und unverfälschter überliefert sei als in den eigentlichen Geschichtsquellen.[39] Einig sind sich Arnim und die Grimms ferner darin, daß die Sagen »das sinnlich Natürliche und Begreifliche stets mit dem Unbegreiflichen mischen«,[40] daß sie einerseits ins Göttlich-Ursprüngliche weisen wie andererseits Zeugnis von wirklich historischen Ereignissen ablegen.[41] Die Meinungsverschiedenheiten beginnen, als Arnim versucht, Volkssagen künstlich zu erdichten. Volks- und Kunstpoesie werden bei den Grimms – jedenfalls in ihrer Theorie – streng auseinandergehalten; Arnim dagegen akzeptiert diese Unterscheidung nicht. Volks- oder Naturpoesie darf nach den Grimms nur wissenschaftlich, nämlich »kühl und besonnen« (Steig, III, 257) gesammelt, keineswegs aber mit gegenwärtiger Dichtung vermischt werden. Eine Synthese von beidem, wie Arnim sie anstrebt, habe, so lautet das Verdikt des strengen Jacob Grimm, »Poesieverderbung« (Steig, III, 236) zur Folge, weil in ihr die spezifischen Wahrheitsgehalte sowohl von Historie wie von Sage verfälscht würden. Immer wieder bedeutet er Arnim in aller Offenheit: »Die willkürliche Art, womit Du einheimische Volkssagen zu Deinen Dichtungen verwendest, kann ich [...] nicht billigen« (Steig, III, 457). Auch der etwas konziliantere Wilhelm Grimm mag Arnims synthetische Methode nicht akzeptieren. In seiner Besprechung der *Kronenwächter* schreibt er ganz im Sinne des Bruders:

»Auch führt der Dichter hier manchmal aus dem Bereich der Dichtung hinaus zu der urkundlichen Wahrheit, so daß wir nicht wissen, wem wir anhangen sollen [...]. Geht aber der Dichter weiter, ergreift er eine schon von der Geschichte mit charakteristischen Zügen bestimmte, uns naheliegende Einzelheit und bildet sie nach seinem besondern Talent und seiner besondern Ansicht weiter fort, so begeht er ein Unrecht« (S. 305).

Auf die Vorhaltungen seiner Freunde reagiert Arnim etwas gereizt mit dem Argument:

»Wenn Homer nicht verrückt gewesen ist, so kann er doch so wenig an seine Schwänke vom trojanischen Kriege wie Klopstock an die Reden der Engel in seiner Messiade geglaubt haben, daß sie nämlich außer der innern noch eine äußere Wahrheit gehabt hätten.«

Daß Arnim das Sagendichten auch für den Künstler der Gegenwart als legitim ansieht, unterstreicht er im gleichen Brief mit der Bemerkung, daß seine Gedanken »so alt wie die in der Edda« seien (Steig, III, 401). Arnim und die Grimms konnten sich deshalb nicht verstehen und mußten aneinander vorbeireden, weil ihre ästhetischen Ansichten in unterschiedlichen Geschichtsphilosophien wurzelten. Für die Brüder Grimm steht die ältere Literatur auf einer höheren Stufe, weil sie Geschichte als einen Prozeß verstehen, der von größter Gottesnähe zu wachsender Gottesferne fortschreitet. Im Gegensatz zur zeitgenössischen Dichtung sehen sie die alten Literaturdenkmäler noch vom »Schein des göttlichen Ausgangs« (Steig, III, 117) in der Urgeschichte[42] überstrahlt, und so kommt ihnen die Vermischung von alter und neuer Literatur gleichsam wie ein Sakrileg vor. Arnim will diese dichtungsgeschichtliche Spekulation nicht nachvollziehen und hält nur wenig von der Idee des ehemaligen »Paradieses der Poesie« (Steig, III, 249), wie sie Wilhelm und Jacob Grimm propagieren. Für ihn sind – hier ist Arnim einmal ganz Historist – alle Literaturepochen unmittelbar zu Gott, d. h. die Literatur hat für ihn zu allen Zeiten die gleiche Nähe zum Ursprung und kann sich stets in den Formen von Natur- und Kunstpoesie äußern.[43] Zwischen Volks- und Kunstsage braucht Arnim deshalb keinen prinzipiellen Unterschied zu machen, und da die alten Sagen mit den historischen Tatsachen frei gewaltet hatten, scheint ihm das auch bei der Neubelebung dieser poetischen Spezies gestattet zu sein.

Will man Arnims *Kronenwächter* vom romantischen Kunstmärchen abgrenzen, bietet sich als Gattungsbezeichnung »romantische Kunstsage« an, will man auf die Unterschiede zum zeitgenössischen historischen Roman hinweisen, sollte man von einem Sagen-Roman sprechen. Daß es sich um kein Kunstmärchen handeln könne, so ließe sich argumentieren, zeige ja schon der Umfang des Buches. Aber die Unterschiede in den epischen Gattungsformen lassen sich zur Zeit der Romantik, die den Roman revolutionierte, quantitativ nicht mehr fassen. Es gibt Kunstmärchen, die einen größeren Umfang haben als Romane, man halte etwa E. T. A. Hoffmanns *Goldnen Topf* neben Friedrich Schlegels *Lucinde*. Der Hauptunterschied zwischen den beiden Gattungen ist ein inhaltlicher, und er besteht darin, daß in der Sage – im Gegensatz zum Märchen – sowohl eine größere Nähe zum Historischen wie auch zum Mythischen besteht. Zwar ist die objektiv-historische Wirklichkeitsbeschreibung der Sage gering, aber beim Märchen ist sie gar nicht vorhanden. Irdisches und Wunderbares gehen im Märchen bruchlos ineinander über; in der Sage dagegen kommen diese Ebenen als zwei Welten mit wesentlich größerem Abstand voneinander vor. Die Grenzen zwischen Sage und Mythos sind oft fließend (etwa in den Sagen des klassischen Altertums und den biblischen Geschichten); die Beziehung zwischen Märchen und Mythos dagegen ist nur eine höchst vermittelte.[44] Diese Unterschiede gelten sowohl für die »einfachen Formen« von Märchen und Sage wie auch für die durch sie inspirierten romantischen Kunstformen.

Anders als im historischen Roman spielt ein Bemühen um geschichtliche Exaktheit im Sagen-Roman keine Rolle. Die Zeitangaben sind sehr pauschal, so daß verschiedene Epochen verkreuzt werden können. Siegfried, ein Held der Völkerwanderungssage, taucht bei Arnim während der Kämpfe zwischen Staufern und Welfen im zwölften Jahrhundert auf (25), und Erwin von Steinbach, der Baumeister des Straßburger Münsters, wird anachronistisch vom späten 13. ins späte 15. Jahrhundert versetzt. Charakteristisch für den Sagen-Roman, wie er uns in den *Kronenwächtern* vorliegt, ist, daß *erstens* alte Sagen aufgenommen und verändert, *zweitens* historische Berichte auf die Ebene der Sage gerückt und *drittens* neue Sagen erfunden werden. So ziemlich alle Sagenformen, die existieren, werden integriert: Unterscheidet man sie nach ihrer Überlieferung, kommen Volks- und Lokalsagen neben dichterisch gestalteten Heldensagen vor, was die Verarbeitung der Barbarossa-Sage und des Parzival-Stoffs zeigt. Differenziert man nach dem Inhalt, tauchen historische (über Attila), dämonologische (Faust-Thema), christliche (Genovefa-Motiv) und mythische Sagen (Herkules-Assoziationen, Christus-Anspielungen) auf. Historische Berichte (über

den Armen Konrad oder die Politik Maximilians) werden ver-
schoben auf die Ebene der Sage, indem Arnim sie integriert in
seinen Kronenwächter-Stoff. Aus letzterem ist eine erfundene
Sage geformt, eine Kunstsage im engeren Sinne des Wortes.

Anders als bei den alten Heldensagen spielen in den *Kronenwächtern* Ironie, Satire, Zeitkritik und Groteske eine wichtige
Rolle; erinnert sei an Bertholds Donquijoterien. Mit den Don
Quijote-Zügen knüpfen die *Kronenwächter* an literarische Traditionen an, die das Weiterleben von Helden- und Volkssagen bereits parodistisch verarbeitet haben. Gerade die selbstparodisti-
schen Momente der Kunstsage weisen sie als echt romantische,
d. h. selbstreflektierende und offene Gattung aus. Ein anderes
Buch der Romantik, das so bewußt als Kunstsage angelegt ist wie
Arnims *Kronenwächter*, existiert nicht. So stellt sich die Frage, wie
sinnvoll es ist, nach einem einzelnen Werk eine Gattung zu be-
nennen. Darauf könnte man antworten, daß es auch nur ein
Werk gibt, das den klassischen Bildungsroman repräsentiert,
nämlich Goethes *Wilhelm Meister*. Wie dieses Buch der Urmeter,
die Definitionsbasis der Gattung Bildungsroman ist, so lassen
sich Arnims *Kronenwächter* als Paradigma der Kunstsage bzw. des
Sagen-Romans betrachten. Während aber Goethes Werk eine
Herausforderung für mehrere Dichtergenerationen blieb, hat Arnims Buch keine Schule gemacht. Im Augenblick ihrer Geburt
schien die romantische Kunstsage schon wieder gestorben zu
sein. Trotzdem ist es nicht sinnlos, Gattungsmerkmale von Arnims Roman zu abstrahieren und die *Kronenwächter* als Prototyp
einer potentiellen Gattung vorzustellen. Verschiedene historische Romane der Romantik weisen nämlich Züge auf, die sie in
eine gewisse Nähe zur Kunstsage rücken. In Friedrich de la
Motte-Fouqués historischem Roman *Der Zauberring* (1813) etwa
spielt die Kunstsage von einem magischen Ring eine Rolle, die
entfernt an die Magie der Krone in Arnims Buch erinnert. Wilhelm Hauff nannte seinen *Lichtenstein* (1826) im Untertitel »Eine
romantische Sage aus der württembergischen Geschichte«, damit die gattungsmäßige Mischform seines Romans andeutend.
Zweifellos steht *Lichtenstein* in der Tradition des Scottschen historischen Romans, aber es enthält die von Hauff erfundene Kunst-

sage, daß Herzog Ulrich sich in den Nebelhöhlen bei Schloß Lichtenstein verstecktgehalten habe. (Diese rein literarische Sage ist im Württembergischen übrigens inzwischen zur Volkssage geworden.) Arnim war aber nicht nur der Erfinder des Sagen-Romans, sondern auch der Sage-Erzählung bzw. -Novelle, wie seine *Isabella von Ägypten* (1812) zeigt. Wie in den *Kronenwächtern* greift Arnim hier alte Sagen (etwa die vom Golem) auf und verschiebt historische Begebenheiten (hier um Karl V.) ins Gebiet der Sage. Nicht Arnims Sagen-Roman, sondern Scotts historischer Roman fand in der Folge Nachahmer. Das hatte sicherlich mit der dominierenden Rolle von Historismus, Realismus und Positivismus in der Geistesgeschichte des 19. Jahrhunderts zu tun. Doch die Literaturhistorie ist ja noch nicht zu Ende, und wenn nicht alles trügt, erlebt die Kunstsage in unserer Zeit eine Renaissance.[45] Festgehalten werden sollte an dieser Stelle, daß aus der Beschäftigung der Romantiker mit dem Mittelalter nicht nur der historische Roman, sondern auch der Sagen-Roman als neue Gattung resultierte. Was für eine enge Beziehung zwischen den Wiederbelebungen volkstümlicher Literatur und dem Faible fürs Mittelalter bestand, geht aus den Schriften fast aller hier genannten Autoren hervor. Für Görres haben die Volksbücher »nichts Welkes, nichts Kränkelndes« an sich, weil sie aus einer Zeit stammen, da »ein schöner langer May [...] über Europa angebrochen«[46] war. Nach Friedrich Schlegel ist – ähnlich wie bei Novalis – die Zeit des deutschen Kaisertums deshalb die »glücklichste Zeit«, weil »alle Künste im Verein blühten«, weil »das Leben selbst so schön und poetisch war« und »auch die Dichtkunst im hellsten, reinsten Glanze« strahlte.[47] Auch für Arnim bedeutet die Lektüre der mittelalterlichen Sagen eine »Berührung mit großen Hoffnungen aus früheren Tagen« (12).[48] August Wilhelm Schlegel endlich wollte »der ganzen neuen Poesie ein Fundament geben«,[49] indem er die altdeutsche Literatur für die romantische Dichtung fruchtbar machte.

In der Sage fand Arnim jene literarische Gattung, welche seiner Dichtungstheorie am genauesten entsprach, und umgekehrt hatten die Einsichten in die Struktur und Gesetze dieser Gattung seine Poetik maßgeblich beeinflußt. Eine Form fand er hier, in der er auf die ihm angemessen erscheinende Weise Dichtung und Geschichte zu einer Synthese vereinigen konnte. »Dichtung und Geschichte« ist der erste Abschnitt seiner »Einleitung« in die *Kronenwächter* überschrieben. Worum geht es ihm hier? Weder will Arnim wie die Frühromantiker Geschichtliches romantisieren, d. h. »Zeitliches überheiligen [...] mit vollendeter, ewiger Bestimmung« (9), noch möchte er im Stile des Geschichtsromans an der historischen Überlieferung haften bleiben. Die Romantisierungspropheten à la Novalis und Friedrich Schlegel waren bestrebt, »dem Endlichen« mittels Dichtung »einen unendlichen Schein«[50] zu geben. Arnim betont im Gegensatz dazu, daß der Geist, wie er aus der Dichtung spreche, die »Schule der Erde« (9) benötige. Aber andererseits dürfe der Geist im literarischen Werk auch wiederum nicht »ganz irdisch« wie in der Historiographie werden, sondern müsse durchaus ein »Zeichen der höheren Ewigkeit« (8) setzen. Eine Dichtungsform sei anzustreben, die beides umfasse und gestalte, nämlich die »Heimlichkeit der Welt«, d. h. ihren zu entdeckenden geschichtlichen Sinn, wie auch das, »was in der Geschichte laut geworden« (9) sei, nämlich historisches Geschehen. Anders als in der Geschichtsschreibung geht es in der Dichtung nicht um die »vollständige Übersicht eines ganzen Horizonts«, sondern um das Zeichnen »ahndungsreicher Bilder«, um »einzelne, erleuchtete Betrachtungen« (9 f.). Zudem sei »Lüge« im Sinne der Historiker dann eine »schöne Pflicht des Dichters«, wenn sie im Dienste der »höchsten Wahrheit« stehe (10). Wie sehr Arnim im allgemeinen – trotz der Abgrenzung von Novalis – Kind seiner romantischen Epoche ist, zeigt sich, wenn er das »Dichten ein Sehen höherer Art« (10) nennt. Hier wird deutlich, daß er jene romantische Kunstmetaphysik teilt, wie sie Schelling für seine Generation auf den philosophischen Nenner gebracht hatte. Nach Schelling bergen Kunst und Dichtung potentiell höhere Erkenntnismöglichkeiten als die Wissenschaften. Entsprechend geht es nach Arnim der Literatur nicht darum, mit der Historiographie zu konkurrieren, und folglich gibt er Dichtung »keineswegs für eine geschichtliche Wahrheit« aus, sondern er bezeichnet sie als »eine geahndete Füllung der Lücken in der Geschichte« (11). Was heißt das? Zweifellos bedeutet es nicht, daß die Dichtung als Lückenbüßer für die Geschichtsschreibung einzuspringen habe, wann immer letztere aufgrund mangelnder Dokumente vorläufig weiße Flächen bzw. Leerstellen konstatieren muß. Es handelt sich also nicht um »Dichtung als Ergänzung der Geschichtsschreibung«[51]. Denn die unbekannten Felder der Historiographie ließen sich in der Zukunft durch den Fortschritt der Wissenschaft möglicherweise in bekannte verwandeln, womit dann die Dichtung überflüssig würde. Gemeint sind vielmehr jene »Lücken in der Geschichte«, welche die Historiographie aufgrund ihrer beschränkten Erkenntnismöglichkeiten von vornherein nie füllen kann. Ohne die »Zeichen der höheren Ewigkeit« bzw. des »Wahrsten« oder des »Geistes«, durch die der Mensch eine »Ahndung« vom Telos der Geschichte, vom »ewigen Ziele« der durch »Gott« gelenkten »Geschicke der Erde« (8 f.) erhält, bleibt das Geschichtsverständnis lückenhaft. Diese Lücken vermag nach Arnim nur die Dichtung, nicht die Wissenschaft zu füllen. So definiert er seinen Roman nicht als Wiedergabe, Reflex oder Porträt geschichtlicher Ereignisse, sondern als »ein Bild im Rahmen der Geschichte« (11). Das heißt, historische Vorgänge stellen die Einfassung, aber nicht die Substanz dar, sind etwas sinnvoll Akzidentielles, jedoch nicht das Wesentliche; sie stecken die äußeren Grenzen ab für die Schilderung eines Geschehens, das den Blick in die Tiefen geschichtlichen Sinns öffnen soll. Als Geschichtsphilosoph ist Arnim also jenem romantischen Denken verpflichtet, das Historie noch als Heilsgeschehen versteht,[52] als einen Ablauf, der hinziele auf die Herstellung eines künftigen Goldenen Zeitalters. Der Literatur ist dabei für Arnim eine aktive Rolle zugedacht: Der Dichter als *vates* soll mithelfen, »die irdisch entfremdete Welt zu ewiger Gemeinschaft« (10) hinzuführen. In einer Zeit, in der »der Himmel […] seine Heiligen […] entzogen« hat und »die Engel [sich] verstekken« (80), hat er ihr doch die Dichter als Entzifferer der Hieroglyphen, der geheimen Linien des Weltplans geschickt. Ob die in der »Einleitung« ausgedrückten Intentionen durch den Text der *Kronenwächter* eingeholt werden, ist eine andere Frage. Deutlich geworden ist aber die enge Bindung von Arnims allgemeiner Dichtungstheorie an seine spezielle, die Sage betreffende Gattungspoetik: In beiden geht es um eine solche Synthese von Literatur und Geschichte, in der – anknüpfend an ein reales Ereignis oder eine historische Persönlichkeit – ein Geschehen erdichtet wird, das momenthaft den Ablauf menschheitlicher Geschichte an sich erhellt. Aber nicht nur die dichtungstheoretische »Einleitung«, sondern auch Struktur und Inhalt der *Kronenwächter* selbst verweisen auf die Sage.

III.

Es zeigt sich, daß der Trojaner Paris und der griechische Halbgott Herkules Präfigurationen der beiden Hauptpersonen Berthold und Anton sind. Die Beziehungen der Arnimschen Protagonisten zu ihren klassischen Vorbildern werden zwar nur subtil angedeutet, sind für das Verständnis der Handlung·aber nichtsdestoweniger wichtig. Berthold hat Anna als Braut nach Waiblingen heimgeführt, und Sixt wird gebeten, ein Familienporträt der Brautleute mit ihren Müttern Hildegard und Apollonia zu malen. Das fertige Bild zeigt »Berthold [...] als Paris [...], wie er Annen«, der »Liebesgöttin«, den »Apfel reicht« (207). Hildegard und Apollonia finden sich als die Göttinnen Hera und Athene abkonterfeit. Thema des Gemäldes ist also »Die Wahl des Paris«, ein auch im 16. Jahrhundert beliebtes Motiv, wie das bekannte Bild von Sixts Zeitgenossen Lucas Cranach zeigt. Mit der Entscheidung des Paris für Aphrodite hängt der Untergang Trojas zusammen. Als Belohnung für die Auszeichnung im Schönheitswettbewerb erhält der Trojaner von der Göttin die schöne Helena zugesprochen; die unterlegene Athene dagegen hilft während des Trojanischen Krieges dem Griechen Epeios beim Bau des hölzernen Pferdes. Die Ähnlichkeiten zwischen Apollonia und Athene sind nicht zu übersehen: Beide sind stattliche Frauen, beide pflegen das Handwerk, speziell die Webkunst, beide ziehen beim Werben um die Gunst des Mannes den kürzeren, woraufhin sie, bewußt oder unbewußt, an dessen Untergang arbeiten. Auch die Lebensläufe von Paris und Berthold weisen eine Reihe von identischen Stationen auf: Sie werden von ihren fürstlichen Häusern getrennt und von armen Pflegeeltern aufgezogen, beginnen ihr adliges Leben mit einem Turniersieg und setzen aus Egoismus das Glück ihrer Städte aufs Spiel. Ein Trojanisches Pferd existiert auch im Waiblingen der Arnimschen Dichtung. Bezeichnenderweise wird dieses Theaterrequisit im Rathaussaal aufbewahrt. Als Berthold seine ersten Reitübungen auf ihm absolvieren will, »stürzte der stolze [...] Holzbau zusammen, Berthold an die Erde, und aus dem hohlen Bauche sprang Anton [...] hervor« (129f.). Berthold ahnt jetzt die fatale Rolle, die Anton in seinem Leben spielen wird. Er sinniert: »Ist mir's doch wie ein bedeutsamer Traum, daß du aus meiner verunglückten Ritterfahrt so froh hervorgehst; [...] dieses Vorfalls werde ich oft noch gedenken müssen« (130). Anton wird im Roman »ein rechter Heidengott, ein junger Herkules« (197) genannt und gleicht äußerlich mit seinen »riesenhaften Beinen« und »breiten Waden« (261) seinem mythischen Vorbild. Wie Anton indirekt den Tod Bertholds verursacht, so mittelbar wird Paris während des Trojanischen Krieges durch Herkules getötet, indem letzterer dem Philoktet seinen Bogen leiht. Auch die Biographien von Herkules und Anton weisen Ähnlichkeiten auf: Beide haben ihnen an Mut und Kraft unterlegene Zwillingsbrüder (Iphikles und Konrad), und in beiden Fällen bezweifelt man, daß sie die gleichen Väter haben. »Ihr könnt nicht von einem Vater sein« (334), meint Faust zu Anton über ihn und Konrad. Bei Herkules und Iphikles sind die beiden Väter Zeus und Amphitryon.

Arnim rückt seine Protagonisten nicht nur in eine assoziative Nähe zu den antiken Helden, sondern auch zu Figuren aus dem mitteleuropäischen Sagenkreis, über deren Leben die alten Epen berichten. Während seines »ersten Lebens« erkrankt Berthold aus Liebesschmerz um die verlorene Apollonia. Wenn »die Sehnsucht nach der verschollenen« Geliebten sich in ihm regt, nimmt er »das Buch von Tristan und Isolde in die Hand« (102), womit der Versroman Gottfrieds von Straßburg gemeint sein könnte.[53] »Er ist unglücklich wie ich« (102), stellt der sich mit Tristan identifizierende Berthold fest. Tristans wie Bertholds Minnegeschick wird vorweggenommen im Leben ihrer Eltern Riwalin und Blancheflur bzw. Graf und Gräfin Hohenstock. Riwalin fällt auf einem Kreuzzug noch vor der Geburt Tristans, und Graf Hohenstock wird ermordet, als sein Sohn Berthold sechs Monate alt ist. Blancheflur stirbt bei den Geburtswehen, und man entführt ihren Sohn; Berthold wird seiner Mutter als Säugling geraubt. Tristan und Berthold sind vierzehn Jahre, als sie die Wahrheit über ihre Herkunft erfahren und ihre Identität zu begründen beginnen. Beide erkranken nach der Trennung von der Geliebten vor Sehnsucht nach ihr, aber beide finden auch eine zweite Isolde bzw. »eine zweite Apollonia« (124). Auch Arnims »Einleitung« scheint durch Gottfrieds *Tristan* inspiriert zu sein, denn dort findet sich ebenfalls ein »Prolog«, in dem es um Sinn und Funktion der Dichtung geht.

Wie hier wird auch in einem weiteren mittelalterlichen Epos, das Arnim beeinflußte, eingangs Grundlegendes zum Verständnis des Werkes gesagt: in Wolframs *Parzival*. So bezeichnend derartige Vorworte in den Dichtungen des Mittelalters waren, so ungewöhnlich sind sie im romantischen Roman. Scotts Einleitung zu *Ivanhoe* wurde ja erst später geschrieben und ist wahrscheinlich eine Antwort auf Arnims Vorbemerkung. Direkt wird Arnims Held zwar nicht mit dem Wolframs verglichen, aber das Schicksal des jungen Berthold weist Parallelen zu dem Parzivals auf. Im Falle der *Kronenwächter* ziehen die Eltern Bertholds in die »Einsamkeit« des »tiefsten Waldes« (87), um ihren Sohn vor dem Schicksal der Staufersprößlinge zu bewahren; bei Wolfram begibt sich Parzivals Mutter Herzeloyde in die Abgeschiedenheit der Natur, um ihrem Sohn den Tod im Kriege zu ersparen, dem sein Vater zum Opfer fiel. Aus den gleichen Gründen wollen die beiden Mütter, daß ihre Söhne als Narren, als »blödsinnig« (93) erscheinen. Als Herzeloyde und die Gräfin Hohenstock erfahren, daß ihre Männer gefallen bzw. ermordet wurden, bringt sie dies an den Rand des Wahnsinns (89). Wie Parzival mit dem Grals- und dem Artusgeschlecht, ist Berthold durch seine Stauferabstammung mit den großen deutschen Adelsfamilien verwandt. Nach der Berührung mit der ritterlichen Welt drängt es beide geradezu zwanghaft nach einem adligen Leben. Was der Gral auf Munsalvœsche bei Wolfram, das ist die Krone auf der Kronenburg in Arnims Roman: im Verständnis ihrer Bewahrer mythischer Zentralpunkt des Heilsgeschehens. Während aber Parzival letztlich Erscheinung und Wirkung des Grals erlebt und zum Gralskönig berufen wird, gelangt Berthold nie zur Kronenburg und stirbt, kaum daß er die

Grenzen seiner bürgerlichen Existenz verlassen hat. Äußerlich an Munsalvœsche erinnernd, ist die Kronenburg – worauf schon Reinhold Schneider (S. 283) hinwies – auch ihr Gegenbild, denn tatsächlich geht von ihr nicht, wie die Kronenwächter glauben machen wollen, Heil, sondern Unheil aus.[54] Die Biographie von Bertholds Mutter erinnert nicht nur an das Schicksal der Herzeloyde, sondern auch an das der Genovefa. Arnim kannte Tiecks 1800 erschienenes Trauerspiel *Leben und Tod der Heiligen Genoveva*, war 1807 durch Görres' *Teutsche Volksbücher* auf den mittelalterlichen Stoff hingewiesen worden, druckte ein Jahr später in seiner *Zeitung für Einsiedler* (Mai 1808) Teile von Friedrich Müllers (Maler Müllers) Dichtung *Golo und Genovefa* ab, und schließlich erschien die Legende 1816 in den *Deutschen Sagen* der Brüder Grimm. Wie die Gräfin Genovefa will die Gräfin Hohenstock ihren Sohn in der Wildnis aufziehen, und wie nach einem Gebet zur Heiligen Jungfrau eine Hindin sich einstellt, um den Säugling Genovefas zu stillen, so geschieht Ähnliches im Falle Bertholds durch die Ziege, nachdem Hildegard die »heilige Mutter« (20) um Beistand angefleht hat. Ferner werden Genovefa und Bertholds Mutter als fromme Dulderinnen geschildert.

Berthold, der dahinsiechende Bürgermeister von Waiblingen, liest zur Befriedigung seiner Träume vom ritterlichen Leben nicht nur den *Tristan*-Roman, sondern auch das mittelalterliche Heldenepos *Der Rosengarten zu Worms*. Es schildert den Kampf Siegfrieds und Dietrichs von Bern sowie ihrer Gefolgsleute um den Wormser Rosengarten Kriemhilds, wobei Siegfried und seine Recken besiegt werden. Diesen Wormser Garten mit entsprechendem Kampfpersonal hat Berthold sich als Wachsfigurenkabinett in seinem »Waffensaal« (128) en miniature nachbauen lassen. In seinen zahlreichen Mußestunden spielt er gemeinsam mit dem väterlichen Freund Fingerling die Schlacht zwischen den Helden der Sage. Nach seiner Genesung, in seinem »zweiten Leben«, kommt ihm das Spielzeug »steif und unbehülflich«, ja gar »verdrießlich« (128) vor, und wie Don Quijote entschließt er sich, es nicht mehr beim fiktiven Ritterspiel zu belassen, sondern Aventüren in der Alltagsrealität nachzuleben. »Ich möchte«, vertraut er Fingerling an, »daß mir etwas Ritterliches begegne, wie dem Siegfried« (129). »Über seine früheren Jahre«, heißt es im Roman, »suchte er in sich ein Vergessen zu verbreiten, der Rosengarten und das ritterliche Puppenspiel ward eingepackt, er glaubte sich selbst zum fertigen Ritter bilden zu können« (206). Es folgen die Reitstunden mit ihren zum Teil grotesken Situationen sowie Bertholds Versuche, in der Welt des Adels und der großen Politik aktiv zu werden: all dies trägt Züge von Donquijoterie, von Realitätsblindheit.

Mit den Figuren aus der Nibelungensage, mit Attila und Siegfried (24 f.) beginnt die Chronik der Stadt Waiblingen, und mit Attilas Hunneneinfall hört das »Hausmärchen« auf. Elchlepp ist zuzustimmen, wenn sie darauf aufmerksam macht, daß Arnim den Begriff »Märchen« oft synonym für »Sage« gebraucht; bei dem »Hausmärchen« handle es sich eher um eine Sage, da historische Gestalten (Attila) einbezogen und Lokalitäten (Schwarzwald) genannt würden (S. 391 f.). Das »Hausmärchen« ist die Kunstsage innerhalb der Kunstsage; es sammelt und reflektiert wie ein Hohlspiegel die Themen und Tendenzen des gesamten Buches und wurde entsprechend von Arnim selbst als Bedeutungszentrum der *Kronenwächter* bezeichnet.[55] Sein Inhalt sei ganz kurz rekapituliert: Ein König vergißt seiner Regentenpflichten. Dadurch werden die Grafen selbstherrlich, und Willkür wie Rechtsunsicherheit sind die Folgen. Ein Dichterprophet weist den Monarchen zurück auf den Weg der Pflicht, wodurch die Ordnung im Reich wiederhergestellt wird. Nach Ermordung des Königs fällt das Land ins alte Chaos zurück und wird eine leichte Beute des Eroberers Attila, dem sich die Grafen unterwerfen. Erst der Sohn des ermordeten Königs besiegt Attila, befreit sein Volk und erhält die Krone des Reiches zuerkannt. Das Thema, das Arnim hier gestaltet, ist das der Wiederkehr des gerechten und weisen legitimen Königs in Zeiten äußerer Bedrängnis und innerer Zerrissenheit des Staates. Von der gleichen Hoffnung sprechen auch die Volkssagen um Barbarossa und die Staufer, welche – umgedichtet und verändert – die Grundsubstanz der *Kronenwächter* ausmachen. Der Roman als ganzer wie das »Hausmärchen« im einzelnen variieren die mittelalterliche Kaisersage. Die Wurzeln dieser Sage reichen zurück in die Zeit des west- und oströmischen

Reiches, ja sie weisen noch ältere orientalische Ursprünge auf.[56] Helden der weströmischen Kaisersagen sind Augustus und Nero; Konstantin der Große wird in den oströmischen Quellen genannt. Stets wird die Erwartung der Wiederkehr eines mächtigen Kaisers ausgedrückt, der den verworrenen Zeitläufen die neue Ordnung in einem Reich des Friedens geben soll. Im römischen Staat bestand der politische Sinn dieser Sage darin, den Glauben an das ewige Bestehen des Imperium Romanum zu festigen. Im oströmischen Bereich wurde sie während des achten Jahrhunderts mit chiliastischen Zügen ausgestattet. Jetzt werden Prophetien aufgegriffen, die besagen, daß der letzte oströmische Kaiser nach langer und segensreicher Regierung in Jerusalem sein Reich Gott übergeben werde. Der dann erscheinende Antichrist werde bezwungen werden und der ewige Friede beginnen. Was sich hier zur Vorstellung von einer dem Weltende vorausgehenden Friedenszeit verdichtet, speist sich aus römischer Sibyllenweissagung und christlicher Eschatologie. In dieser Kombination von der Hoffnung auf ein Goldenes Zeitalter des Friedens und der apokalyptischen Erwartung des letzten Gerichts bleibt die Kaisersage auch im deutschen Mittelalter lebendig. Die Volksphantasie projiziert ihre Erwartungen auf Karl den Großen, Friedrich Barbarossa und Friedrich II. Barbarossas Geschichtsschreiber Otto von Freising machte sich die Sage bereits zunutze und pries seinen Herrn als Friedensfürsten (»re et nomine pacificus«).[57] Die Hinrichtung Konradins im Jahre 1268 bedeutete das Ende der Stauferherrschaft. Jetzt verbinden sich die Friedenshoffnungen mit der Idee der Wiederkunft Friedrichs II. Gleichzeitig entbrennt in Italien zwischen den politischen Parteiungen der Ghibellinen und Guelfen nicht nur ein Kampf der Waffen, sondern auch der Weissagungen, ein Streit, der auf die Kaisersage nicht ohne Einfluß bleibt. Denn während die stauferfreundlichen Visionen Friedrich II. nach wie vor als gottgesandten Herrscher preisen, stellen die joachitischen Prophezeiungen ihn als Antichristen hin. Durch Joachim de Fiore derart in Verruf gebracht, wundert es nicht, daß sich die Kaisersage bereits im 14. Jahrhundert weniger mit dem Namen Friedrichs II. als mit dem des Barbarossa verbindet. Letzterer verdrängt dann seit Erscheinen des Volksbuches *Vom Kayser*

Friderich [...] *Barbarossa* (1518) mehr und mehr seinen Enkel vom Sagenthron in einem »hohlen Berg«. Immerhin dauert es noch fast zweihundert Jahre, bis Friedrich I. den namensgleichen Nachfahren in Georg Henning Behrens' *Hercynia curiosa* (1703) definitiv aus dem Kyffhäuser vertreibt, wo Friedrich II. bisher unverdrossen seiner Wiederkunft geharrt hatte. Damit starb die Kaisersage von Friedrich II., die seines Großvaters dagegen erlebte nach weiteren hundert Jahren eine erstaunliche Wiedergeburt. Die Behrenssche Version erreichte eine große Popularität durch die Aufnahme in Volkssagenanthologien von Otmar (1800), Büsching (1812) und den Brüdern Grimm (1816). Über die Zeiten hin hat sich auch in der Kaisersage von Barbarossa die alte chiliastische Komponente erhalten. So lesen wir z. B. bei Büsching, daß »Kaiser Friedrich noch lebe und werde auch lebendig bleiben, bis an den jüngsten Tag«, und daß »vor dem jüngsten Tag ein mächtiger Kaiser kommen solle, welcher der Christenheit Friede schaffen werde«.[58] Übereinstimmend ist in den Barbarossa-Sagen auch von einem großen Schatz die Rede, den er in seinem unterirdischen Bergschloß verwahre.

Diese beiden Motive – chiliastische Erwartung und Goldschatz – hat Arnim in die *Kronenwächter* übernommen. Martins Lied stellt (neben dem »Hausmärchen«) eine weitere literarische Verarbeitung der Kaisersage dar. Hier ist von der »Nacht vorm jüngsten Tag« die Rede, die dem »Tag der Sage« (38) verangehe, an welchem der Staufernachfahre die Krone erringen soll. Und im Traum zeigt Barbarossa Berthold den Platz, an dem er einen Schatz findet, der ihm den Erwerb der alten Palastruine ermöglicht, und zwar in seiner Widmung in den *Teutschen Volksbüchern*. Görres interessiert weder die chiliastische Botschaft noch solches Motivgeranke wie Schatz oder Raben, vielmehr greift er bewußt den politischen Aspekt der Sage auf. Barbarossa rügt hier die Deutschen scharf, daß sie mit dem Erbe übel hausgehalten hätten. Dem Herausgeber vertraut der Kaiser die Volksbücher an, damit die Nation neue Kraft für eine größere Zukunft gewinne. 1807 beginnt sich nach der Niederlage Preußens in Deutschland die Opposition gegen die französische Herrschaft zu formieren, und Görres nutzt die Barbarossa-Sage in seinem publizistischen Kampf. Außer Görres und Arnim greift während der Napoleonischen Jahre kein Dichter das Stauferthema auf, obgleich August Wilhelm Schlegel 1808 in seinen Wiener Vorlesungen den »glänzenden Zeitraum des Hauses Hohenstaufen« aus patriotischen Gründen den Schriftstellern zur Bearbeitung ans Herz gelegt hatte. »Welch ein Feld«, rief Schlegel aus, »für einen Dichter der wie Shakespeare die poetische Seite großer Weltbegebenheiten zu fassen wüßte!«[59] Schlegels Appelle verhallten ungehört, und als Jahrzehnte später der Stoff große Popularität erlangte, bemächtigte sich seiner kein Shakespeare, sondern der deutsche Oberlehrer. Während der ersten Dekade des 19. Jahrhunderts wurde Barbarossa, wie Ludwig Spohr berichtet,[60] auf der Spitze des Kyffhäusers zwar einmal angesungen und zur Befreiung des geknechteten Vaterlandes aufgefordert, aber das blieb eine unbeachtete Episode. 1815 sah es so aus, als dürfe Barbarossa ruhig weiterschlafen, als gerate seine Sage schon wieder in Vergessenheit. Max von Schenkendorf dichtete 1815 bereits einen Nachruf auf den Barbarossa-Mythos: »Magst nun dich zur Ruhe legen / Altes stolzes Kaiserhaupt«.[61] Da die Feinde verjagt seien, werde jetzt, so hoffte er wie die meisten Teilnehmer an den Befreiungskriegen, mit der Einheit des Reiches die große Zukunft beginnen. Bereits zwei Jahre später – zur gleichen Zeit als die *Kronenwächter* erscheinen – wird in Friedrich Rückerts Gedicht über Kaiser Friedrich im Kyffhäuser jenes Kaiserbild gezeichnet, das bis 1848 und danach erneut bis 1871 die politische Barbarossa-Dichtung geprägt hat. Der auf die Wiederkunft harrende Herrscher wird zum Sinnbild des zerrissenen Reiches, wobei die Hoffnung auf die neue Einheit und Größe nicht aufgegeben wird:

»Der alte Barbarossa, / Der Kaiser Friderich / Im unterird'-schen Schlosse / Hält er verzaubert sich. / [...] Er hat hinabgenommen / Des Reiches Herrlichkeit / Und wird einst wiederkommen / Mit ihr, zu seiner Zeit.«[62]

Diese Zeit sah das Bürgertum 1848 nahe gerückt. Vorübergehend schien es, als ob die Nationalversammlung in Frankfurt ein geeintes Kaiserreich gründen könne, und so stellten die Jahre um 1848 einen Kulminationspunkt der Kaiserliteratur dar. Glaubt man den Dichtern, erhörte 1871 der Kyffhäuser-Monarch endlich die vaterländischen Sehnsuchtsrufe. Barbarossa ist erlöst und legt, so sieht es Felix Dahn, das Reich in die Hände von »Barbablanca«, wie Wilhelm I. beziehungsreich genannt wird. Verbindungslinien von Görres und Rückert zur patriotischen Barbarossa-Dichtung von 1848 und 1871 lassen sich ziehen, denn hier geht es immer nur um das Barbarossa-Bild im Sinne eines politischen, für die neue Reichseinheit stehenden Symbols. Obgleich Arnims *Kronenwächter*-Dichtung insgesamt zwar nicht völlig aus dieser politischen Traditionsreihe ausschert, gehört seine Variation des Barbarossa-Themas ihr nicht an. Die religiösen Hoffnungsmotive der mittelalterlichen Kaisersage, die bei jenen Autoren fehlen, spielen bei Arnim eine große Rolle.

Die Szene, in der zu Beginn des Romans Berthold gefunden wird, ist mit einer Anzahl biblischer bzw. mythologischer Anspielungen durchsetzt, welche die außergewöhnliche Abkunft des Knaben signalisieren sollen. Dem »feinen Kind« Moses ähnlich, das in einem »Kästlein«[63] ausgesetzt gefunden wird, entdeckt man Berthold, der einem »feinen Bild aus Elfenbein« gleicht, ebenfalls in einem »Kasten« (20, 19). Wie der als Säugling ausgesetzte Zeus wird Berthold von einer Ziege mit Nahrung versorgt. Am offensichtlichsten aber sind während der Entdeckungsszene die Hinweise auf die Geburt Christi, wie sie in den Weihnachtsberichten der Evangelisten überliefert ist. Bei diesen Assoziationen wird erneut deutlich, warum Arnim für sein Buch die Gattung der Sage wählte. Er schreibt in den *Kronenwächtern*: »Die Sage[n] bildet[en] gern etwas Zweideutiges in der Geschichte«, auf daß sie, »wie die Orakel der Alten, zweifach ausgelegt« (179) werden können. Auch die Weihnachtsanspielungen enthalten jene bei Arnim allgemein beliebten Doppelungen mit ihren Vieldeutigkeiten. Anstatt *eines* Sterns tauchen gleich »ein Paar rote Sterne am Himmelsrande« (15) auf, die wie der Komet von Bethlehem auf den Ort der Ankunft des Erlöserkindes verweisen. Berthold erhält statt des einen Pflegevaters Joseph gleich zwei: Martin und Berthold. Die sind, gemeinsam mit der Pflegemutter Hildegard, wie die biblischen Stallbewohner »armes Volk« (15). Daß Berthold zur Winterszeit auftaucht, ist sicher kein Zufall. Die Verbindung Hildegards zur Gottesmutter wird sogleich hergestellt durch ein

Gebet, das an sie gerichtet wird. Wie Christus stammt Berthold »aus hohem Geschlechte« (20), verbreitet er Helle um sich (28), soll ein »Gelehrter« (28) werden, und schließlich erscheinen ihm auch die Heiligen Drei Könige (33 f.). Wie dem Jesuskind wird auch dem Säugling Berthold als Zeichen seiner Königswürde ein Goldgeschenk gemacht. Den Berthold im Kasten mitgegebenen »Goldgülden« ist das Bildnis Konradins, des letzten Stauferherrschers, aufgeprägt (20). Damit ist ein doppelter Hinweis gegeben: Da Konradin den Titel »König von Jerusalem« trug, ist einerseits die Christus-Assoziation betont, zum anderen aber mit dem gewaltsamen Tod des letzten Staufers auf Bertholds frühes Sterben hingedeutet. Später wird Berthold ironisch mit einem »Lamm«, also einer bekannten Christus-Imago, verglichen (74). Nicht nur Bertholds Auffinden, sondern auch das des Staufernachkommen Grünewald erinnert an die Bergung von Moses. Grünewald weiß zu berichten, daß er »wie Moses auf einem Baumaste schwimmend« an Land getrieben wurde, wo ihn »leider keine Königstochter, sondern ein alter Hofnarr zu sich genommen« (254) habe. Mit Christus wird auch Bertholds Sohn in Verbindung gebracht. Als Berthold den alten Einsiedler Anno bittet, für sein künftiges Kind zu beten, singt dieser abschließend ein Weihnachtslied, das die bei der Entdeckung Bertholds genannten Motive wiederaufgreift (313). Nach der Geburt seines Sohnes Anno nähert sich Berthold ihm »wie einer der heiligen drei Könige und freute sich immer, daß sein Kind dem Christuskinde gleiche« (318). Diese Ähnlichkeit steckt wieder voller Zwei- bzw. Doppeldeutigkeiten, denn Anton, ein weiterer Staufersproß, hat sich als Christuskind auf dem Mariengemälde am Giebel von Bertholds Haus porträtiert. Daß Bertholds Sohn dem Maler Anton gleicht, wird fatale Folgen haben.

Die biblisch-christlichen Anspielungen verbinden die *Kronenwächter* nicht nur mit der chiliastische Züge aufweisenden Kaisersage, sondern auch mit dem tatsächlichen Selbstverständnis der mittelalterlichen Herrscher. Das Bewußtsein des Gottesgnadentums und des christlichen Auftrags sowie der sich aus der Leitung des Imperium Romanum ergebende universalistische Anspruch synthetisierten sich bei Karl dem Großen zur Vorstellung von einem Kaiser, der wie der Papst als Nachfolger Christi zu gelten habe.[64] Alkuin, Karls theologischer Berater, hoffte gar, der Herrscher des Imperium Christianum werde die Utopie von Augustinus' Gottesstaat realisieren können. Ähnliche Universalismus-Konzepte wurden unter Friedrich I. durch Otto von Freising und am Hofe Karls V. durch Gattinara entworfen. Das Kaiserverständnis Karls des Großen galt als vorbildlich für Barbarossa. Nicht zufällig ließ er seinen Amtsvorgänger 1165 heiligsprechen, damit den sakralen Anspruch des Kaisertums erneut unterstreichend. Im Unterschied zu den übrigen europäischen Regenten hatten die deutschen Könige ein Anrecht auf das universalistisch verstandene Kaiseramt, auch wenn diese Würde durch die nationalstaatliche Entwicklung immer abstrakter wurde. Schon Friedrich Barbarossa konnte nur noch träumen von der Herrschaft in einem abendländischen Reich, wie ihm drei Jahrhunderte zuvor Karl der Große vorgestanden hatte. Und dreihundert Jahre nach Barbarossa hatte Maximilian I. noch größere Schwierigkeiten, der Universalismus-Idee des römischen Kaisertums auch politisch Gestalt zu verleihen. Karl der Große, Barbarossa und Maximilian I. sind jene Kaiser, die in Arnims Sage von den Kronenwächtern vorkommen. Dies ist kein Zufall, denn sie stehen für Beginn, Mitte und Ende des mittelalterlichen Kaisertums. Alle drei Monarchen werden nicht wie in historischen Berichten geschildert, sondern sind als Sagenfiguren gezeichnet. Karl der Große selbst tritt nicht auf, doch erinnert ihn das sogenannte Karlsschwert (307), als Reichsschwert das Insignium kaiserlicher Macht, das Maximilian in den *Kronenwächtern* an den Staufernachfahren Anton übergibt. Die Waiblingen-Chronik im Roman berichtet von Barbarossas Palastruine. Bertholds erster, noch unbewußter Schritt in Richtung hin auf eine Imitatio Barbarossae besteht darin, jene Ruine wiederaufzubauen. Anders als im Falle Karls des Großen taucht Barbarossa selbst auf, freilich nur psychologisiert als tagtraumhafte Erscheinung, d. h. als »Schattenbild« (270) bzw. als »Geist« (34) und als Duplizierung von Bertholds Ich in einem nächtlichen Alptraum (270). Barbarossa ist eine geisterhaft-geheimnisvolle Helferfigur des jungen Berthold; er entläßt ihn aber in die Selbstverantwortung nach der Genesung, also bei Beginn von Bertholds »zweitem Leben«.

Als konkrete Person wird Kaiser Maximilian I., der regierende Habsburger, in die Romanhandlung eingeführt, die über weite Strecken während der Zeit seiner Herrschaft spielt. Die Konflikte, welche der Mächtedualismus bei Maximilian als deutschem König und römischen Kaiser mit sich bringt, werden von dessen Geheimschreiber Treitssauerwein zur Sprache gebracht. Einerseits berauscht sich Treitssauerwein an der kaiserlichen Machtfülle, die sein Herr anstrebe und die Karl V. gehören werde (153), aber andererseits sieht er die Nachteile des Universalismus für die deutsche Nationalpolitik, wenn er ausführt:

»Der Kaiser [...] hat sich wie eine Erdbeerpflanze an zehn Stellen eingewurzelt [...]. Er kennt zu viel fremde Sprachen und fremde Lande, und hat darüber sein eignes vergessen; ein Volk mag doch nur von dem glücklich regiert werden, der seine Tugenden und seine Fehler in sich gefühlt hat.« (153)

Obgleich Arnim bestimmte Züge der Politik Maximilians richtig erfaßt, geht es ihm auch bei der Beschreibung dieses Kaisers nicht um ein quellenmäßig exaktes Porträt des Herrschers, sondern um die Gestaltung einer Sagenfigur. Freilich macht die Tatsache, daß einige historische Ereignisse chronologisch falsch mitgeteilt werden – man denke etwa an Luther und Maximilian in Augsburg –, den Kaiser noch nicht zu einer Sagenfigur, denn solche datenmäßigen Verschiebungen kommen auch in historischen Romanen vor. Was zählt, ist, daß der Regent einbezogen wird in die Sage von den Kronenwächtern. Dies geschieht, indem eine schon vorhandene Volkssage um Maximilian in den Roman integriert wird. Arnim greift nämlich die populäre Sage von Maximilian in der Martinswand auf und ändert sie im Sinne der *Kronenwächter*-Handlung um. Die Martinswand-Sage verdeutlicht zudem die gattungsmäßige Beziehung, die zwischen Arnims Roman und Maximilians allegorisch-autobiographischen Büchern wie *Tewrdannck* oder *Der Weiß Kunig* besteht. Denn was anderes als Kunstsagen sind jene Werke Maximilians? Einige Motive und Themen aus dem *Tewrdannck* und dem *Weiß Kunig* hat Arnim übernommen. Im *Weiß Kunig* wie in den *Kronenwächtern* wird beim Bericht der Kindheitsgeschichte durch den Gebrauch bestimmter Metaphern auf Maximilian bzw. Berthold ein messianisches

Licht geworfen. Maximilian regt sich im Leib der Mutter wie
Johannes der Täufer in Elisabeths Schoß, und Bertholds Mutter
nennt ihren Sohn scherzhaft den »Johannes mit dem Lamme«
(74). Aus dem *Tewrdannck* übernahm Arnim die zentralen Geschehnisse der Brautwerbung, des siegreichen Turniers und des
Kriegszuges. Der *Tewrdannck* enthält auch die Martinswand-Sage,
die er geringfügig erweiterte um die Motive der Kronenburg und
des Karlsschwertes.[65] Die Martinswand-Sage im *Tewrdannck* berichtet von einem unbekannten Knaben, welcher dem jungen Maximilian, als er sich im Gebirge verstiegen hat, den rettenden Weg
ins Tal weist. In Arnims Roman ist es Anton, ein Staufernachfahre, der den Habsburger befreit. In den *Kronenwächtern* erzählt
Treitssauerwein, der Ko-Autor des *Tewrdannck*, die Sage, und zudem erfahren wir sie durch Anton selbst: Maximilian hat sich auf
einen Berggipfel nahe der Kronenburg verirrt, und die Kronenwächter beauftragen ihren Zögling Anton, den Kaiser zu »vernichten«, ihn »herab zu stürzen« (307). Gegen diesen Befehl han-
delnd, rettet Anton den Kaiser aus der Lebensgefahr. Er klärt
Maximilian über seine eigentliche Mission auf und entflieht dem
Machtbereich der Kronenwächter. Eine vergleichbare Abkehr
von den Kronenwächtern und Hinwendung zu den Habsburgern
hatte schon Bertholds Vater, Graf Hohenstock, vollzogen. Das
war die Voraussetzung dafür, daß er Bertholds Mutter heiraten
konnte, denn ihr Vater benötigte die Krone, um seine Aussöhnung
mit dem Kaiser (Maximilians Vorgänger Friedrich III.) herbeizuführen. Hier wird klar, daß es sich bei dem Streit zwischen den
staufischen Kronenwächtern und den Habsburger Herrschern
um einen alten Machtkampf handelt. Seit dem Erlebnis an der
Martinswand steht für den Maximilian in Arnims Roman fest,
daß »während seiner ganzen Regierung« die Kronenwächter stets
als geheime »Gegenkraft« (177) gewirkt hätten, um die Durchführung seiner Absichten zu verhindern. Treitssauerwein vertraut
Berthold an, der Kaiser fürchte »für die großen Entwürfe seines
Lebens« (179), die der Nachfolger (Karl V.) verwirklichen soll.
Um die Pläne der Kronenwächter zu durchkreuzen, strebe Maximilian die erneute Konkretisierung des alten römischen Universalismus an, indem er das Papsttum durch Erblichmachung

lehnsmäßig an sich zu binden trachte. Maximilian leidet unter akuter Kronenwächter-Paranoia. Auch die Aufstände des Armen Konrad von 1514 führt er nach Treitssauerwein auf die Machenschaften jenes Geheimbundes zurück (179). »Die Sage von Sprößlingen der Hohenstaufen, die in einem unzugänglichen Schlosse der Zeit warteten, den Kaiserthron zu erstreiten« (177), erweist sich in Arnims Buch als Zentrum aller Reflexionen, Handlungen und Unterlassungen des Kaisers. Maximilian bittet Berthold, ihm als heimlicher Kundschafter (180) bei der Arbeit gegen die Kronenwächter zu dienen, wobei er freilich, wie er bald merkt (210), den Bock zum Gärtner macht.

Die Erzählung von den Kronenwächtern ist die zentrale Sage des ganzen Romans. Bei ihr handelt es sich nicht um eine veränderte Volkssage oder einen in den Bereich der Sage verschobenen Chronikbericht; sie ist vielmehr eine Erfindung Arnims. Über die legendäre Kronenburg erfahren wir nur indirekt etwas: durch Bertholds Mutter, die allerdings nur Gehörtes weitererzählt, durch Treitssauerwein, der ebenfalls aus zweiter Hand informiert, durch Grünewald, der lediglich in angetrunkenem Zustand vage Erinnerungen aus frühester Kindheit wiederzugeben vermag (254f.), kaum etwas durch Anton und das meiste durch Martins Lied. Geschildert wird die Kronenburg als Glaspalast, der einen Locus amoenus des »ewigen, sichern Friedens« umschließt, in dem »die Vögel« singen und die »Blumen [...] keinen Winter« (84) kennen, wo Löwe und Kind in paradiesischer Harmonie zusammenleben. Diese Idylle ist jedoch auf martialische Weise durch Befestigungen und Wächter geschützt. Auf dem höchsten der sieben Burgtürme sieht man »in einer kristallenen, matt geschliffenen Schale die Krone« (84) des Reiches blinken. Am Bodensee soll die Kronenburg liegen, doch wird diese Lokalisierung auch bezweifelt und als »Märchen« (86) abgetan. Wer die treibenden Kräfte des politischen Geheimbundes der Kronenwächter sind, bleibt in Dunkel gehüllt. Wir lernen lediglich den Ehrenhalt Kronenhelm, d. h. ihren Herold, kennen. Kronenhelm taucht während Bertholds Hochzeit auf, denn die Kronenwächter sind überall dort zur Stelle, wo Staufernachwuchs zu erwarten ist. Der Ehrenhalt scheint wenig ehrenhaft zu sein: Mehrfach schon hat

Bertholds Pflegemutter Hildegard ihn ihrem Sohn vom Leibe gehalten, indem sie ihn »fortgekauft« (132), also bestochen hat. Kronenhelm spricht mit einer »Stimme, als ob die böse Witterung eines Jahrhunderts darin sich verkrochen hätte« (214), und die Zweideutigkeit seines Charakters spiegelt sich in seinem Gesicht, das – bleich und steinern – »mehr Züge [...] als zwei gewöhnliche Menschen« (213) aufweist. Während der ersten Unterredung mit dem Ehrenhalt sperrt Berthold sich zunächst gegen eine Verbindung mit den Kronenwächtern. Durch Martin und seine Mutter ist er ausreichend unterrichtet über die Ziele der »alten Mörder« (19), über die »Tyrannei« (76) der »Schrecklichen« (93). So macht er keinen Hehl aus seinem Abscheu vor den »Greuel[n] hoffnungsloser Erwartungen« (216), die der Geheimbund in seinen Augen hege, und erinnert an den Mord, dem sein Vater zum Opfer gefallen ist. Berthold läßt sich dann aber doch durch Versprechungen und Verlockungen ködern und für die Sache des Geheimbundes gewinnen. Der Ehrenhalt stellt ihm nämlich ein Erbteil an Schloß Hohenstock sowie »Sicherheit und Anhang« (271) in den Kriegswirren der Zeit in Aussicht, falls er mit den Kronenwächtern kooperiere. Berthold selbst spielt in den Plänen der Kronenwächter allerdings keine große Rolle mehr. Lediglich in seiner Stadt Waiblingen ist er in seiner Funktion als Bürgermeister für sie von Nutzen. Letzten Endes geht es ihnen nur noch um Bertholds Nachwuchs, was offenbar wird, wenn der Ehrenhalt ihm klarmacht: »Ihr dürft noch nicht untergehen, wir brauchen Kinder von Euch« (292). Anscheinend hatten die Kronenwächter nie vor, aus Berthold den kaiserlichen Herrscher zu machen, denn sonst hätten sie ihn auf ihrer Burg aufziehen lassen und nicht Bürgerlichen in die Hände gegeben. Martin wird in dem Moment von ihnen ermordet, als er Berthold zum Ritter ausbilden und ihn über seine Abstammung aufklären will. So wird am Tage von Bertholds Tod sein Sohn Anno durch Konrad, der den Kronenwächtern hörig ist, entführt (354). Die Geheimbündler sind mit ihrem Denken in einer Bluts- bzw. Geschlechtermystik befangen, die davon ausgeht, daß die Staufer ein »heiliges Geschlecht« (216) seien, bestimmt zur Führung des Reiches. Die regierenden Habsburger dagegen werden als zu stürzende Usurpatoren betrachtet.

Wie ist es um den Adel Bertholds und seiner Verwandten bestellt? Er, Apollonia und Anna entstammen verbürgerlichten bzw. verarmten Adelsgeschlechtern. Berthold kann als Staufer seine Herkunft über die Salier und Karolinger bis zu Karl dem Großen zurückverfolgen.[66] Apollonias Vorfahren sind die Welfen, und Annas Vater war ein Zähringer (161). Damit ist Bertholds Sohn Anno Nachfahre der größten deutschen Adelsfamilien des Mittelalters, die – bis auf die Zähringer – Kaiser hervorbrachten. Die Hoffnung der Kronenwächter auf die Führungsfähigkeiten ihrer Stauferzöglinge ist vergeblich. Sämtliche Nachkommen haben bisher vor ihrer potentiellen Aufgabe versagt: Berthold war in seinem »ersten Leben« ein dahinsichender Schwächling, und in seinem zweiten zeigt sich, daß er zum Politiker ungeeignet ist. Bertholds Vater hat sich dem bürgerlichen Beruf des Webers gewidmet, arbeitet gegen die Kronenwächter und zieht sich in die Einsamkeit zurück. Anton ist der Kronenburg entlaufen und besitzt als Künstler keinerlei Machtambitionen. Grünewald, der eigentlich Friedrich heißt (285) und damit Träger des staufischen Leitnamens ist, kommt als verlotterter fahrender Sänger von vornherein für den Thron nicht in Betracht, und auch Konrad, ein zügelloser Schurke, ist bereits als möglicher Kaiserkandidat abgeschrieben. Trotzdem geben die Kronenwächter ihren Glauben an das »ewige Bestehen« des Staufergeschlechts nicht auf, halten dogmatisch an der These fest, daß »dieselbe Herrlichkeit aus dem Stamme immerdar wiedergeboren werde« (216f.). Deshalb bemächtigen sie sich seiner Söhne im Kindesalter und bereiten sie vor auf das Herrscheramt, so daß »sie brauchbar sich fänden, wenn die Stunde schlägt« (292), d. h. wenn der Sturz des Hauses Habsburg gelungen ist. Ihn vorzubereiten, haben sie sich mit edlen Geschlechtern, Reichsrittern und dem Schwäbischen Bund vereinigt. Berthold selbst teilt die geschlechtermystischen Auffassungen der Kronenwächter zunächst keineswegs. »Ich meine«, so entgegnet er dem Ehrenhalt, »daß ein hochberühmtes Geschlecht nach Gottes Weisheit von der Höhe schwindet und dem gemeineren Platz macht, wenn seine Fortdauer Greuel brütet« (216). Mit einer solchen Vorstellung von der moralischen, nicht geburtsmäßigen Bedingtheit des Herrschaftsanspruchs ist

Berthold für die Sache der Kronenwächter verloren: Sein Tod wird durch ihre Verbündeten Faust und Konrad herbeigeführt.

Seine politischen Ziele verfolgt der staufische Geheimbund auf dem Wege der Diplomatie durch Bündnisse mit mächtigen politischen Gruppen, durch Überredungskünste seiner Herolde, aber auch mit brutalen, terroristischen Mitteln. Sie lassen Bertholds Vater durch Martin töten, und später wird Martin selbst erschossen, wobei man erfährt, daß auch die Feme sich in ihren Dienst gestellt hat. Anton weiß von den »boshaften Gesellen« (305), von den »grausamen Kronenwächtern« zu berichten, die vor Mord nicht zurückschreckten. »Mancher Kopf«, so erzählt er, »liegt getrennt vom Rumpf auf der Kronenburg« (309). Bertholds Vetter Rappolt wird auf Hohenstock wie ein Gefangener gehalten (283). Erinnert die Sage von der Kronenburg an die glänzende Epoche des staufischen Mittelalters, also an jene Zeit, welche die Kronenwächter wieder herbeiführen möchten, so entlarvt die konkret vor Augen geführte Burg Hohenstock die niederträchtige Praxis des Geheimbundes. Statt paradiesischer Vollkommenheit, kindlicher Unschuld, luftiger Freiheit, kristallener Reinheit, edler Architektur und vollendeter Harmonie begegnen uns hier Verelendung, Unzucht, Wahnsinn, Beklemmung, Schmutz, bauliche Verwirrung und kleinliches Gezänke (282 ff.). Übereinstimmend und mit Recht wird in der Sekundärliteratur aus diesem Kontrast zwischen der Utopie »Kronenburg« und der Realität »Hohenstock« geschlossen, Arnim wolle demonstrieren, was aus der Wirklichkeit werde, wenn man versuche, »überalterte Vorstellungen von einem politisch nicht mehr aufrechtzuerhaltenden Ideal«[67] gewaltsam durchzusetzen.

Das Ende des ersten Bandes der *Kronenwächter* ist offen. Eine Weiterführung des Buches gibt es nicht, denn der sogenannte zweite Teil gehört einer früheren Werkstufe an und kann nicht als Fortsetzung betrachtet werden. Jene Sagen und Mythen, auf die im Roman angespielt wird, geben auch keine eindeutigen Indizien an die Hand, denn sie verheißen sowohl Untergang wie Sieg: Während die Troja-Sage, der Tristan- und Siegfried-Stoff ein negatives Ende signalisieren, assoziiert man mit der Parzival-Sage und dem Christus-Mythos Triumph nach Leidenserfahrung.

Wenn auch bei diesem Fragment keine schlüssige Interpretation
möglich ist, so wird doch klar, daß der Roman jenes Prinzip als
verwerflich hinstellt, das die Kronenwächter mystifizieren und
dogmatisieren. Dieses Prinzip ist das der Erbmonarchie, des An-
spruchs eines Geschlechtes auf immerwährende Herrschaft. Und
man geht wohl nicht fehl, wenn man es generell als Prinzip erb-
adligen Rechtsanspruchs versteht. Insofern ist Arnims Buch ein
Werk, das der Botschaft der Kaiser-Sage von der Wiederkehr der
großen Stauferzeit widerspricht und das daher auch in Gegensatz gerät zu den Intentionen der gängigen Staufer-Literatur im
19. Jahrhundert. Arnim greift also, wie Wilhelm Scherer es schon
1890 richtig sah,[68] die Verfassungsfrage seiner Zeit auf, die Frage
nach der Legitimität adliger Herrschaft. Aus diesem Grund
konnte sein Roman auch nicht teilhaben an der allgemeinen Popularität der Staufer-Dichtungen, denn er ließ sich nicht durch
eine Nationalbewegung nutzen, in der das Bedürfnis nach monarchistischer Heldenverehrung auch ästhetisch befriedigt werden sollte.

IV.

Mit den Einigungsbestrebungen der deutschen Länder im
19. Jahrhundert hat Arnims Buch aber durchaus zu tun. Es sieht
so aus, als habe Arnim einen Ratschlag August Wilhelm Schlegels beherzigt, der 1808 dem zeitgenössischen Dichter empfahl:
    »Er lege uns ans Herz, daß wir Deutsche, wenn wir die Lehren
der Geschichte nicht besser bedenken als bisher, in Gefahr sind
[...] ganz aus der Reihe der selbständigen Völker zu verschwin-
den.«
    Und weiter wünscht Schlegel, daß jener Autor die Leser »ihre
unzerstörbare Einheit als Deutsche fühlen« lasse.[69] In seiner
»Einleitung« sagt Arnim, daß er »ein Bild des eigenen Ge-
schicks« vermitteln und an die »großen Hoffnungen aus früheren
Tagen« erinnern wolle, indem er »unmittelbar an den Glanz der
Hohenstaufen« das »Bild des Unterganges« (12) füge. Seit Bettina und den Brüdern Grimm hat kaum ein Interpret es unterlassen, auf die in den Kronenwächtern enthaltene Zeitkritik hinzuwei-

sen.[70] Das grundsätzliche Problem, mit dem Arnim und seine politisch engagierten Freunde wie Heinrich von Kleist, Adam Müller oder Friedrich Karl von Savigny zur Zeit der Niederschrift des Romans zwischen 1806 und 1816 konfrontiert werden, ist das der Verfassung einer deutschen Nation. Dieses Problem war schon 1806 akut, als Franz II. die römische Kaiserwürde niederlegte. Jene Thronentsagung besiegelte den seit langem sich abzeichnenden und von Napoleon bewußt beschleunigten Untergangsprozeß des Heiligen Römischen Reiches; sie bedeutete letztlich das Ende des alten Europas, wie es seit Karl dem Großen ein Jahrtausend lang bestanden hatte. Napoleon wünschte freilich alles andere als das Ende der universalistischen Herrschaft, wie sie einstens unter dem Karolinger begründet worden war; im Gegenteil, er wollte sie neu errichten und strebte selbst die Nachfolge Karls an.[71] In dem Augenblick, in welchem erreicht ist, daß Franz II. dem Kaiseramt entsagt, schreibt Napoleon an Papst Pius VII.: »Ich bin von nun an Karl der Große. Denn ich besitze die Krone Frankreichs samt jener der Lombarden, und mein Reich grenzt an den Orient.«[72] In Deutschland wurde Napoleon in seinen Ansprüchen auf Universalherrschaft bereits 1805 unterstützt durch Karl Theodor Dalberg, den späteren Fürstprimas und Sprecher des Rheinbunds. Dalberg wünschte, »daß das abendländische Weltreich wieder auflebe im Kaiser Napoleon, so wie es war unter Karl dem Großen, zusammengesetzt aus Italien, Frankreich und Deutschland«.[73] Franz II. legte seine Kaiserkrone aber nicht lediglich nieder, sondern er löste das Heilige Römische Reich auf, so daß eine Übertragung der Würde an Napoleon nicht möglich war.

Für die Deutschen stellte sich das Verfassungsproblem auf viel intensivere Weise als für die übrigen europäischen Staaten. Diese hatten jetzt zwar keinen Kaiser des Heiligen Römischen Reiches mehr, doch da letzteres nur noch auf vergilbtem Papier existierte, bekümmerte es sie nicht weiter. Die Deutschen aber verloren gleichzeitig den Kaiser ihrer Nation, und das wog schwerer. Denn der Kaiser hatte bisher die Staatseinheit und die Existenz der deutschen Nation verkörpert, und die Auflösung seines Amtes besiegelte den endgültigen Zerfall des Reiches. Jetzt stellte sich den deutschen Patrioten die doppelte Aufgabe, die Einheit der Nation wieder herbeizuführen und gleichzeitig eine Fremdherrschaft zu verhindern. Beide Ziele konnten nur erreicht werden, wenn man Napoleon bekämpfte. Wie Arndt, Görres, Gentz, Fichte, Kleist und der Freiherr vom Stein – um nur einige Namen zu nennen – sah auch Arnim es nach 1806 als vaterländische Pflicht an, gegen den Korsen zu opponieren. Schon im Dezember 1806 entstand Arnims Aufsatz »An die Pommern und Märker«, worin er zur Erhebung gegen die Franzosen aufrief. Diese Gegnerschaft scheint – wenngleich literarisch verklausuliert – auch im »Hausmärchen«[74] durch, das ja den Mittelpunkt des Romans bildet. Hier dringt Attila nach Deutschland vor, als der Königsthron vakant ist. »Jedes der Grafenhäuser«, heißt es, »machte Ansprüche auf den Thron [...]. Gleich suchten einige der Grafen durch Attila zur Herrschaft zu gelangen, aber er benutzte sie nur, um alle gegenseitig durch einander aufzureiben. So kam er unter dem Zujauchzen derer, die immer noch Lohn von ihm erwarteten, von ihren Leuten gezogen, in die Hauptstadt« (241 f.). Der alte Sänger David, der Vater des »Hausmärchens«, hatte diese Entwicklung vorausgesehen. In einem Heldenspiel von seiner Hand finden sich folgende Verse:

»Wer lebendig blieb, schreit Sieg aus, doch die Toten schweigen still, / Triumphierend zieht der Feldherr auf den blutbefleckten Thron, / Und die Narrn, die ziehn den Karrn ihm, und er lacht der Narren schon; / Denn er sinnt schon im Triumphzug, wo er die verbrauchen will, / Die mit ihm zerstört den Weltteil, und beim Raub nun möchten ruhn. / Seht, er treibt sie frisch zum Krieg fort, treibt sie schlau zum Todesnetz, / Denn er erbt auch ihre Diebsbeut, erst ihr Tod ist ihm der Sieg!« (242 f.)

Die Anspielungen auf Napoleon und seine Behandlung der Rheinbundfürsten bzw. auf deren würdeloses Verhalten sind unverkennbar. Dem Königssohn gelingt es, den »Räuber« (245) Attila zu töten und damit das Land zu befreien. So endet das »Hausmärchen« mit der Beendigung der Fremdherrschaft, der Einheit des Landes und dem Herrschaftsantritt des legitimen Monarchen. Das war auch 1817, als Arnim seinen Roman publizierte, noch eine Märchenlösung der politischen Zeitprobleme.

Napoleons Fremdherrschaft war zwar inzwischen abgeschüttelt, doch bestand keine Aussicht auf die Einheit der Nation und die Wahl eines Kaisers, der die nationale Vereinigung repräsentieren würde.

Der Freiherr vom Stein verkörpert in dem Jahrzehnt zwischen 1806 und 1815 die wichtigsten politischen Bestrebungen in Deutschland. Seine Programmpunkte sind die Beendigung der französischen Okkupation, die Einheit der Nation samt Wahl eines Kaisers und gesellschaftliche Reformen zugunsten der nichtadligen Stände. Arnim identifizierte sich weitgehend mit diesen politischen Zielen.[75] Schon im Spätherbst 1805 hatte vom Stein den »Kampf mit dem gefährlichsten Mann in Europa«, d. h. Napoleon, als die Losung der Zeit ausgegeben. Ein Jahr später bezeichnete Friedrich von Gentz den Freiherrn wegen der Zielstrebigkeit seiner Bemühungen als »den ersten Staatsmann von Deutschland«. Nach der Besiegung Bonapartes gab es sogar eine Gruppe, die vom Stein als Wahlkaiser Deutschlands vorschlug, was nach der alten Reichsverfassung juristisch möglich gewesen wäre, politisch aber undurchführbar blieb.[76] »Das Kaisertum ist die Demokratie«, argumentierte Hans Christoph von Gagern während des Wiener Kongresses,[77] um damit auszudrücken, daß die demokratischen Kräfte in ihrem Streben nach nationaler Einheit allein durch ein Kaisertum integriert werden könnten. Auch vom Stein forderte ein Kaisertum als politischen Mittel- und Vereinigungspunkt der Deutschen zum Schutz der Freiheit gegen die Willkür der Landesregenten. Konträr zu diesen Bemühungen beschloß man in Wien die Bildung des Deutschen Bundes souveräner Fürsten und Städte. Es waren aber nicht nur anti-napoleonisches Engagement und gesamtdeutsches Denken, was Arnim mit vom Stein verband, sondern auch dessen Reformbestrebungen. Bauernbefreiung, neue Städteordnung und Verwaltungsreform sollten sämtlich auf eine größere Demokratisierung des gesellschaftlichen Lebens hinauslaufen. Was vom Stein auf dem Gebiet der Innenpolitik betrieb, das hatten sich Görres, die Grimms, Arnim und andere auf dem Terrain der Literatur vorgenommen: die Kräfte des Volkes anzuerkennen und zu befördern. Die romantische Volksliteratur-Bewegung ist

Resultat der umfassenden Reformbestrebungen im Deutschland der ersten Dekade des 19. Jahrhunderts. Gingen diese letztlich auf Anstöße der Französischen Revolution und des frühen Bonapartismus zurück, so wandten sie sich gegen diese Inspiratoren, als sie begannen, ihre Ideale durch ihre Praxis zurückzunehmen. Wer für vom Stein war, konnte auf Dauer nicht für Hardenberg sein. Denn während vom Stein in erster Linie gesamtdeutsch dachte, war Hardenberg vor allem Preuße, und als vom Stein sich nach dem Wiener Kongreß aus der Politik zurückzog, betrieb Hardenberg die preußische Restaurationspolitik inklusive Zensurwesen. So ist es kein Wunder, daß Arnim mit Hardenberg in Konflikt geriet.[78] Was vom Stein 1807 in seiner Nassauer Denkschrift fordert, nämlich die intensive Beteiligung des Bürgers am öffentlichen Leben und an der Staatsverwaltung, das thematisiert auch Arnim in einer Reihe verfassungsrechtlicher Stellungnahmen. Mit ihnen steht Arnim politisch zwischen den Fronten seiner Zeit. Denn er fordert eine ständisch-liberale Verfassung, also weniger als die Liberalen, die eine grundsätzliche Veränderung wünschen; und er will mehr als die Regierungen, die nach der Niederlage Napoleons auf Restaurationskurs gehen. Wie die meisten Romantiker denkt auch Arnim gesellschaftspolitisch in den Kategorien einer organischen Entwicklungslehre. Durch Reformen sucht er einer unorganischen, d. h. revolutionären Entwicklung vorzubeugen. In bezug auf Adel und Bürgertum bedeutet dies – wiederum im Sinne vom Steins –, daß der Adel sich dem bürgerlich-beruflichen Leistungsdenken anzupassen habe. Über vom Stein hinausgehend, entwickelt Arnim die Idee vom Adel als einer Gruppe der tatsächlich Besten des Staates: Er fordert einen Leistungsadel, eine Elite, zu der auch die bisher nichtadligen Schichten Zugang haben.[79] Das ist der dialektische Sinn der häufig zitierten Stelle aus der *Gräfin Dolores*, an der es heißt, daß der Adlige Bürger werden müsse, wenn alle adlig werden sollen.[80]

Wie in der *Gräfin Dolores* hat Arnim auch in den *Kronenwächtern* die Beziehung zwischen Adel und Bürgertum behandelt. Wilhelm Grimm hatte »die Gesinnung des Buchs adelich« (Steig, III, 405) genannt. Dagegen legte Arnim Protest ein und versicherte, daß es mit seiner »sogenannten adelichen Gesinnung« nicht gar so weit her sei und er sich »doch eigentlich mit lebhafterem Anteil der bürgerlichen Tätigkeit« (Steig, III, 403) zuwende. Bertholds leiblicher Vater ist ein Graf, der sich von der Aristokratie abwendet, um Weber zu werden (76). Martin, der Pflegevater Bertholds, hat bei dem Adelsbund der Kronenwächter gedient, doch entstammt er einer Weberfamilie (21). Bertholds zweiter Pflegevater, der alte Berthold, ist ein bürgerlicher Schreiber, und Fingerling, Bertholds väterlicher Freund, übt das Schneiderhandwerk aus. Nach außen hin ist Berthold zwar Besitzer der von ihm und Fingerling begründeten Weberei sowie Bürgermeister der Stadt Waiblingen, aber er versteht nichts vom Weben (148), und die Arbeiten fürs Amt übernimmt Fingerling. Anfänglich sieht es so aus, als werde Berthold sich im Bürgerlichen bewähren: Er will aus seiner Stadt ein zweites Augsburg machen und scheint auf dem besten Wege zu sein, der Fugger Waiblingens zu werden (55f., 101, 115). Schon als Vierzehnjähriger erhält er durch Erwin, den Baumeister des Straßburger Münsters, eine Lektion in bürgerlicher Tugend erteilt. Erwin ist Freimaurer und klärt Berthold über die »Nichtigkeit« (110) der Herrscherverehrung auf. Er will in ihm »eine Fülle von Hoffnungen über das allmähliche Steigen [...] der Städte« und ihr »Befreien [...] von Fürsten und herrschenden Geschlechtern« (61) wecken. Ferner berichtet er ihm über die internationale Organisation des geheimen Freimaurerbundes und empfiehlt ihm, Mitglied zu werden, was Berthold aber mit dem Hinweis auf sein kaufmännisches Gewerbe ablehnt. Formal gesehen, bestehen keine Unterschiede zwischen dem Geheimbund der Freimaurer und jenem der Kronenwächter. In Praxis und Zielsetzung aber sind kaum größere Gegensätze vorstellbar. Die Freimaurer arbeiten an der Ausdehnung ihrer bürgerlichen Freiheiten mittels einer Tugendlehre,[81] deren Maxime lautet: »Der höchste Verstand ist die Güte« (93). Sie sind zukunftsorientiert, »edel« (89) und wahrhaft ritterlich (95). Im Gegensatz zu ihnen sind die Kronenwächter kriminell, verkommen, vergangenheitsgerichtet, machthungrig und auf die Interessen des Adels fixiert. Der Baumeister kann Berthold nicht für die Freimaurerei gewinnen, doch gerät er durch den Ehrenhalt unter den Einfluß der Kronenwächter.

Bei Beginn seines »zweiten Lebens« hat Berthold nichts Eiligeres zu tun, als eine ritterliche Ausbildung nachzuholen. Der bürgerlichen Pflegemutter Hildegard versucht er zwar vorzumachen, er betreibe die ritterlichen Übungen nur, damit er »als ein guter Bürger gerüstet und wehrhaft gegen Gefahren« (132) ist, und er unternehme seine Reise nach Augsburg lediglich, um sich mit seinen »Handelsfreunden bekannt [zu] machen« (132), aber Berthold selbst weiß, daß er wie ein Ritter aus den Sagenbüchern auf Abenteuerfahrt gehen will. So sucht er in Augsburg keinen Kontakt zu den Kaufleuten, etwa den Fuggern, sondern genießt die Zufallsbegegnungen mit Adligen. Er fühlt sich geschmeichelt, als Susanna von Bayern ihn irrtümlich mit »Ihre kurfürstliche Liebden« (135) anredet. Dann trifft er den Kaiser und dessen Geheimschreiber, und schließlich schützt er wie St. Georg – Idealbild und Patron der mittelalterlichen Ritter – eine unschuldige Jungfrau davor, Opfer eines Drachens zu werden, der hier die Gestalt mütterlichen Zorns annimmt (138 ff.). Daß Berthold zuerst ein Turnier zu Ehren der unbekannten Jungfrau gewinnen muß, bevor er um ihre Hand anhalten darf, paßt ebenfalls ins Klischee einer Rittermär. Bald ist unser Held sicher, »daß er noch zu etwas anderm, als zur Wollrechnung, bestimmt« (277) ist. So haben die Kronenwächter leichtes Spiel mit Berthold, als sie ihn bei seinem aristokratischen Ehrgeiz packen und ihm das Erbteil an Schloß Hohenstock in Aussicht stellen, falls er mit ihnen zusammenarbeitet. Auch für Anna, Bertholds Frau, ist es eine »Lust«, eine »fürstliche Braut« (139) zu sehen, und sie besitzt wie er eine »Vorliebe für die ritterlichen Spiele« (142). Vor der Hochzeit mit dem vermeintlichen Ritter Berthold sieht sie sich im Tagtraum schon als »Kaiserin«, der »ein ganzer Hofstaat zur Vermählung« (147) folgt. Wenn Berthold ihr von den Aussichten auf die Hohenstocksche Erbschaft erzählt, stellt sie sich das Stammschloß als »alten«, »geheimnisvollen«, »kurfürstlichen« (271) Sitz vor. Freilich werden ihre »hohen Erwartungen gräflicher Herrlichkeit [...] sehr enttäuscht« (285), und sie flieht von Schloß Hohenstock, »dieser Vorhölle der Langeweile« (294), in ihr bürgerliches Heim zurück.

Ist Waiblingen eine bürgerliche Kleinstadt, wird Augsburg als die süddeutsche Metropole vorgestellt, in der alle wichtigen Gesellschaftsschichten durch ihre bekanntesten Repräsentanten vertreten sind. Die alten aristokratisierten bürgerlichen Geschlechter haben durch die Fugger Weltgeltung erlangt; der Hochadel trifft sich hier zu Reichstagen, einberufen von Kaiser Maximilian, der eine Vorliebe für die reichsfreie Stadt besitzt; und schließlich ist Augsburg ein Ort, an dem die Zünfte sich aufgrund ihrer demokratischen Rechte zu hoher Blüte entwickeln konnten. Aus dem Schlachtermeister Kugler spricht der Stolz auf die Zünfte, die inzwischen die »Hälfte der Ratsstellen« (165) besetzen. Anders als für den freimaurerischen Baumeister ist für ihn die Emanzipation des Bürgertums keine Sache des Geheimnisses, sondern gehört in die Öffentlichkeit. »Was ich für ehrlich halten soll«, bekennt er Berthold gegenüber, »das muß öffentlich getrieben werden, [...] ich will alles klar und deutlich« (166). In Augsburg interessieren Berthold aber weder die Zünfte noch die Geschlechter, sondern einzig die Verbindung zu Treitssauerwein und Maximilian. Der Geheimschreiber klärt ihn über die Bedeutung des Bürgertums für die Maximiliansche Reichspolitik auf. Was er ihm anvertraut, kommt dem gleich, was die Sozialwissenschaftler den »Königsmechanismus«[82] genannt haben: Der Monarch geht einen Pakt mit dem Bürgertum ein, um es als Machtfaktor gegen den die Zentralgewalt bedrängenden Adel benutzen zu können. Zurück in Waiblingen, ist Berthold entschlossen, auf dem Gebiet aktiv zu werden, das ihm kraft seiner adligen Abstammung zugewiesen scheint – die große Politik. Als erstes möchte er Waiblingen reichsfrei machen (wobei ihm Augsburg als Vorbild vorschwebt), und dabei versucht er das Kunststück fertigzubringen, die verschiedenen antagonistischen gesellschaftlichen Gruppen (Kaiserliche, Kronenwächter, Württemberger, Schwabenbündler) in den Dienst seines Ziels zu stellen. Doch seine Pläne scheitern kläglich mangels politischer Erfahrung, und er droht im Getriebe der Interessen zermahlen zu werden: Die Waiblinger und Württemberger nennen ihn einen Verräter, Maximilian mißtraut ihm, die Kronenwächter nutzen ihn aus, und der Schwäbische Bund geht nur scheinbar auf seine

Wünsche nach Reichsfreiheit für seine Stadt ein. Gesellschaftlich und privat ist Berthold am Schluß des Romans eine gescheiterte Existenz. Sein Tod an den Gräbern der Vorfahren im Kloster Lorch beendet das Leben eines Mannes, der zu einem Don Quijote wurde, weil er sich in Träumen von rückwärtsgewandten Adelsvorstellungen verlor. Und wie Cervantes' Ritter von der traurigen Gestalt vor dem Tode noch aus der Wahnwelt seiner Bücher zur Realität zurückfindet, so geht auch Berthold die Wahrheit über die geschichtliche Notwendigkeit auf, »daß ein Geschlecht vergehe und das andre komme, [...] und ein jegliches Ding seine Zeit und alles unter dem Himmel seine Stunde habe« (332).

Anmerkungen

1 Gegenstand dieses Aufsatzes ist nur der 1817 von Achim von Arnim selbst veröffentlichte erste Band der *Kronenwächter*, nicht jener 1854 von Bettina von Arnim aus dem Nachlaß edierte zweite Band. Die Forschung ist sich darüber einig, daß es sich bei dem zweiten nicht um eine Fortsetzung des ersten Bandes handeln kann, da er eine ältere Werkstufe des Romans vorstellt. Zudem trägt der zweite Band noch zu sehr die Züge eines Entwurfs, als daß man ihn gleichrangig mit dem ersten behandeln könnte. Da Arnim den zweiten Band nicht überarbeitete und die dazu vorhandenen Skizzen bzw. Notizen nicht ausführte, ist es kaum sinnvoll, anhand dieses Nachlaßmaterials über Weiterführung und Schluß des Buches zu spekulieren. – Zitiert wird der Roman nach: Achim von Arnim, Die Kronenwächter. Nachw. von Paul Michael Lützeler, Stuttgart 1983. Seitenverweise sind den Zitaten in Klammern nachgestellt.

2 Achim von Arnim an Jacob und Wilhelm Grimm (Brief vom Oktober 1817). In: Achim von Arnim und die ihm nahe standen. Hrsg. von Reinhold Steig und Herman Grimm. Bd. 3: Achim von Arnim und Jacob und Wilhelm Grimm. Bearb. von Reinhold Steig, Stuttgart/Berlin 1904, S. 400. (Im folgenden zitiert als: Steig, III.)

3 Wilhelm Grimm: Die Kronenwächter von L. Achim von Arnim. In: W. G., Kleinere Schriften. Hrsg. von Gustav Hinrich. Bd. 1, Berlin 1881, S. 310. Erstmals in: Heidelbergische Jahrbücher der Literatur 8/XI, 1818, I/29, S. 452–464 (mit Bettina von Arnim).

4 Vgl. Otto Mallon: Arnim-Bibliographie, Berlin 1925. Für die Zeit nach 1925 vgl. Deutsches Bücherverzeichnis.

5 Achim von Arnim: Die Kronenwächter, Leipzig 1980. (Nachw. von Heinz

Härtl.) – Achim von Arnim: Die Kronenwächter. Nachw. von Paul Michael Lützeler, Stuttgart 1983.

6 Préface des ›Gardiens de la Couronne‹ de Achim d' Arnim. In: Le Romantisme Allemand. Hrsg. von Albert Béguin. Numéro spécial des Cahiers du Sud, Avril 1937, Marseille, S. 378–382.

7 Vgl. Mallon (Anm. 4), S. 58.

8 Vgl. die Briefe Arnims an Görres vom 21. 10. und 23. 12. 1817. In: Joseph von Görres, Gesammelte Briefe. Bd. 2. Hrsg. von Franz Binder, München 1874, S. 544, 545.

9 Görres an Arnim. 31. 12. 1822. In: Neue Heidelberger Jahrbücher 19, 1916, S. 138.

10 Valentin Schmidt, Kronenwächter. In: Wünschelruthe 38, 11. 5. 1818, S. 152. – [Anonym:] Kurze Anzeige. Die Kronenwächter. In: Leipziger Literatur-Zeitung 183, 23. 7. 1819, S. 1464. – [Anonym:] Die Kronenwächter. In: Allgemeine Literaturzeitung 117, Mai 1818, Sp. 97–100. – [Anonym:] Die Kronenwächter. In: Jenaische Allgemeine Literatur-Zeitung 3, 1819, N. E., Nr. 229.

11 Walther Migge: Nachwort. In: Achim von Arnim. Sämtliche Romane und Erzählungen. Bd. 3, Darmstadt 1965, S. 854.

12 Heinrich Heine, Die romantische Schule. Krit. Ausg. Hrsg. von Helga Weidmann, Stuttgart 1976 [u. ö.], S. 116. – Georg Herwegh, Studien über Achim von Arnim. In: G. H., Frühe Publizistik 1837–1841, Glashütten 1971, S. 117. – Emanuel Geibel, An Ludwig Achim von Arnim. In: E. G., Gesammelte Werke in acht Bänden, Bd. 1, Stuttgart ²1888, S. 99. – Joseph von Eichendorff, Geschichte der Poetischen Literatur Deutschlands (1857), Regensburg 1970, S. 342. – Rudolf Haym, Die Romantische Schule, Berlin 1870. – Ricarda Huch, Die Romantik. 2 Bde., Leipzig 1899, 1902. – Georg Brandes, Die romantische Schule in Deutschland, Charlottenburg 1900, S. 257.

13 Hugo von Hofmannsthal: Aufzeichnungen. Bd. 15 der Gesammelten Werke in Einzelausgaben. Hrsg. von Herbert Steiner, Frankfurt a. M. 1959, S. 184. Diese Aufzeichnung von 1918 geht zurück auf die fast identische handschriftliche Notiz von 1906 in Hofmannsthals Exemplar der *Kronenwächter* (Berlin/Stuttgart: Spemann, 1881). Für diese Information danke ich Rudolf Hirsch. – Wilhelm Lehmann, Zum Bilde Ludwig Achim von Arnims. In: W. L., Bewegliche Ordnung, Berlin/Frankfurt a. M. ²1956, S. 83. – Reinhold Schneider, Die Sendung Achim von Arnims. In: R. S., Über Dichter und Dichtung, Köln/Olten 1953, S. 282.

14 Leo Gregorovius, Die Verwendung historischer Stoffe in der erzählenden Literatur, München 1891.

15 Wilhelm Scherer, Achim von Arnim. In: W. S., Kleine Schriften zur neueren Literatur, Kunst und Zeitgeschichte, Berlin 1893, S. 102.

16 Wilhelm Hans, Die Quellen und historischen Grundlagen von Arnims »Kronenwächtern«. In: Euphorion 10, 1903, S. 153–159.

17 Wolfgang Zacher, Chronicon Waiblingense, begonnen 1666, fortgeführt bis

1670. Handschrift der Württembergischen Landesbibliothek in Stuttgart. – Paul von Stetten, Geschichte der Stadt Augsburg (1743). – Joh. Jac. Fugger, Spiegel der Ehren des Höchstlöblichen Kayser- und Königlichen Erzhauses Österreich, Nürnberg 1668.

18 Karl Wenger, Historische Romane deutscher Romantiker, Bern 1905.

19 Monty Jacobs, Lebensbild. In: Achim von Arnim, Werke: Auswahl in vier Teilen. T. 1, Berlin/Leipzig o. J., S. LIX.

20 Karl Wagner, Die historischen Motive in Arnims »Kronenwächter«. Ein Beitrag zur Erschließung des Ideengehaltes der Dichtung. T. 1, T. 2 Progr. Nr. 18. Beilage zum Jahresbericht 1907/1908 und 1909/1910 des Königl. Realgymnasiums Goldap. T. 1: S. 12 f.; T. 2: S. 4, 32, 48.

21 Fr. Chr. Jon. Fischer, Geschichte des teutschen Handels, Hannover 1785, 4 Bde. – Martin Crusius, Schwäbische Chronik, Frankfurt a. M. 1733.

22 Herma Becker: Achim von Arnim in den wissenschaftlichen und politischen Strömungen seiner Zeit, Berlin/Leipzig 1912, S. 79.

23 Vgl. Anm. 2.

24 Adolf von Hatzfeld, Achim von Arnims »Kronenwächter« und der romantische Roman, Diss. Freiburg i. Br. 1921. – Walter Gutkelch, Das Problem des Historischen im Roman der deutschen Romantik, Diss. Freiburg i. Br. 1923. – Mallon (Anm. 4), S. 139. – A. Best, Arnims »Kronenwächter«. In: Jahrbuch der Kleist-Gesellschaft 1931 und 1932, S. 161. – Gertrud Hausner, Achim von Arnim und die Literatur des 17. Jahrhunderts, Diss. Wien 1934, S. 92–102.

25 Peter Esser, Über die Sprache in Achim von Arnims Roman »Die Kronenwächter«, Diss. Köln 1937, S. 51. – Hans-Uffo Lenz, Das Volkserlebnis bei Ludwig Achim von Arnim, Berlin 1938, S. 72. – Paul Fechter, Geschichte der deutschen Literatur, Berlin 1941, S. 404. – Rolf King, Luther in »Die Kronenwächter«. A Study of Arnim's Interpretation of History. In: Germanic Review 14, 1939, S. 110–117.

26 Werner Vordtriede bezeichnet Berthold als »ersten Antihelden der deutschen Literatur« (W. V., Die Kronenwächter. In: Kindlers Literatur-Lexikon, Zürich 1965, Sp. 798).

27 René Guignard, L'histoire dans »Les gardiens de la couronne« d'Arnim. In: Etudes Germaniques 3, 1948, S. 251–259.

28 Ellinor Schmidt: Achim von Arnims Hinwendung zum Mittelalter und dessen Bild in seinem Roman »Die Kronenwächter«, Diss. Berlin (FU) 1951.

29 Jakob von Königshofen Twinger, Elsässische und Straßburgische Chronik, Straßburg 1698.

30 Inge Herrle, Der historische Roman von Novalis bis Stifter. Studien über seine Funktion im 19. Jahrhundert, Diss. Leipzig 1952. – Harald Riebe, Erzählte Welt. Interpretationen zur dichterischen Prosa von Arnims, Diss. Göttingen 1952, S. 123. – Gerhard Rudolph, Studien zur dichterischen Welt Achim von Arnims, Berlin 1958, S. 98–102. – Gottfried Knapp, Groteske, Phantastik. Humor und die Entstehung der polyphonen Schreibweise in Achim von Arnims erzählender Dichtung, Diss. München 1972. – Rudolf Zimmermann, Ludwig Achim von Arnim und sein Roman »Die Kronen-

wächter«, Diss. Wien 1955. – Aimé Wilhelm, Studien zu den Quellen und Motiven von Achim von Arnims »Kronenwächtern«, Winterthur 1955, S. 114. – Heinz Günter Hemstedt, Symbolik der Geschichte bei Ludwig Achim von Arnim, Diss. Göttingen 1956, S. 36ff. – Roland Wilhelm Hoermann, The Romantic Myth of the Artist's Regeneration and its Expression in the Symbolism of Achim von Arnim's Prose, Diss. University of Wisconsin / Madison 1956.

31 Jörn Göres, Das Verhältnis von Historie und Poesie in der Erzählkunst L. Achim von Arnims, Diss. Heidelberg 1956. – A. Goldmayer, Straßburgische Chronica. T. 2, Straßburg 1636.

32 Werner Vordtriede, Achim von Arnims »Kronenwächter«. In: Neue Rundschau 73, 1962, S. 136–145. Ferner in: Deutsche Romane von Grimmelshausen bis Musil. Hrsg. von Jost Schillemeit, Frankfurt a. M. 1966, S. 155–163. – Erika Voerster: Märchen und Novellen im klassisch-romantischen Roman, Bonn 1964, S. 240–276. – Margarete Elchlepp, Achim von Arnims Geschichtsdichtung »Die Kronenwächter«. Ein Beitrag zur Gattungsproblematik des historischen Romans, Diss. Berlin (FU) 1966. – Karol Sauerland, »Die Kronenwächter« – Auflösung eines Mythos. In: Weimarer Beiträge 14, 1968, S. 868–883. – Jeannette Caton Hudson, Achim von Arnim und André Breton: Zur Verwandtschaft der deutschen Romantik und des französischen Surrealismus, University of Illinois at Urbana-Champaign 1973. – Volker Hoffmann, Die Arnim-Forschung 1945–1972. In: Deutsche Vierteljahrsschrift für Literaturwissenschaft und Geistesgeschichte 47, 1973, Sonderheft, S. 270–342. – Bernd Haustein, Romantischer Mythos und Romantikkritik in Prosadichtungen Achim von Arnims, Göppingen 1974. – Hans Dieter Huber, Historische Romane in der ersten Hälfte des 19. Jahrhunderts. Studie zu Material und ›schöpferischem Akt‹ ausgewählter Romane von A. von Arnim bis A. Stifter, München 1978. – Härtl (Anm. 5), S. 567–597. – Hans Vilmar Geppert, Achim von Arnims Romanfragment »Die Kronenwächter«, Tübingen 1979. – Hans Vilmar Geppert, Der ›andere‹ historische Roman, Tübingen 1976.

33 Friedrich Gundolf, Ludwig Achim von Arnim. In: F. G., Romantiker, Berlin 1930, S. 340. – Oskar Walzel, Deutsche Romantik. Bd. 2: Die Dichtung, Leipzig 1918, S. 18. – Paul Kluckhohn, Die deutsche Romantik, Bielefeld / Leipzig 1924, S. 118. – Max Wehrli, Der historische Roman. Versuch einer Übersicht. In: Helicon 3, 1941, S. 29. – Fritz Strich, Deutsche Klassik und Romantik oder Vollendung und Unendlichkeit. Ein Vergleich, München ²1924, S. 75. – Hermann August Korff, Geist der Goethezeit. Versuch einer ideellen Entwicklung der klassisch-romantischen Literaturgeschichte. T. 4: Hochromantik, Leipzig 1953, S. 362f.

34 J. Görres, Die teutschen Volksbücher, Heidelberg 1807. Vgl. Hans Joachim Kreutzer, Der Mythos vom Volksbuch, Stuttgart 1977.

35 Vgl. Elchlepp (Anm. 32), S. 427.

36 Vgl. Max Lüthi, Volksmärchen und Volkssage. Zwei Grundformen erzählender Dichtung. Bern / München 1961, S. 46.

37 Achim von Arnim, Angelika, die Genueserin und Cosmus, der Seilspringer. In: A. v. A., Sämmtliche Werke. Hrsg. von Wilhelm Grimm, Bd. 1: Novellen I, Berlin 1839, S. 389.

38 Jacob Grimm, Gedanken wie sich die Sagen zur Poesie und Geschichte verhalten. In: J. G., Kleinere Schriften. Bd. 1, Berlin 1864, S. 402. Der Aufsatz erschien zuerst in: Zeitung für Einsiedler 19/20, 1808, S. 152–156.

39 Ebd.

40 Wilhelm und Jacob Grimm, Vorrede. In: Deutsche Sagen. Hrsg. von den Brüdern Grimm, Darmstadt 1960, S. 8.

41 Jacob Grimm, Gedanken über Mythos, Epen und Geschichte. In: J. G., Kleinere Schriften (Anm. 38) Bd. 4, T. 1, 1869, S. 74–85.

42 Vgl. Wilhelm Emrich, Begriff und Symbolik der ›Urgeschichte‹ in der romantischen Dichtung. In: W. E., Protest und Verheißung, Bonn ³1968, S. 25–47.

43 Vgl. Karl-Eugen Gass, Die Idee der Volksdichtung und die Geschichtsphilosophie der Romantik. Zur Interpretation des Briefwechsels zwischen den Brüdern Grimm und Achim von Arnim, Wien 1940, S. 29.

44 Vgl. Will-Erich Peuckert, Sage und Märchen, Berlin 1956. – Lutz Röhrich, Sage, Stuttgart 1966. – Max Lüthi, Märchen, Stuttgart 1976. – André Jolles, Einfache Formen, Darmstadt ²1958. – C. G. Jung: Zur Phänomenologie des Geistes im Märchen. In: C. G. J., Die Archetypen und das kollektive Unbewußte, Olten/Freiburg i. Br. 1976, S. 223–269.

45 Erinnert sei an den weltweiten Erfolg der Kunstsagen bzw. Sagen-Romane von J. R. R. Tolkien.

46 Görres (Anm. 34) S. 279, 305.

47 Friedrich Schlegel, Die altdeutsche Literatur. In: F. S., Wissenschaft der europäischen Literatur. Vorlesungen, Aufsätze und Fragmente aus der Zeit von 1795–1804. Krit. Ausg. Bd. 11. Hrsg. von Ernst Behler, München/Paderborn/Wien 1958, S. 183.

48 Vgl. auch Achim von Arnim, Von Volksliedern. In: Arnims Werke. Hrsg. von Alfred Schier. Bd. 3, Leipzig o. J., S. 413–463.

49 Zitiert nach: Mittelalterrezeption. Texte zur Aufnahme altdeutscher Literatur in der Romantik. Hrsg. von Gerard Kozielek, Tübingen 1977, S. 12.

50 Novalis, Fragmente. In: Novalis, Die Lehrlinge zu Sais. Gedichte und Fragmente. Mit einem Nachw. hrsg. von Martin Kiessig, Stuttgart 1979, S. 131. Vgl. ferner Friedrich Schlegels 116. Athenäumfragment.

51 So Dorothea Streller in ihrer Dissertation: Arnim und das Drama, Göttingen 1956, S. 63.

52 Vgl. Karl Löwith: Weltgeschichte und Heilsgeschehen, Stuttgart 1953.

53 Auf einzelne Motivähnlichkeiten zwischen Gottfrieds *Tristan* und Arnims *Kronenwächtern* weisen hin: Wagner (Anm. 20), T. 1., S. 22 (»Verenas Anerbieten, sich für Anna den Lüsten des Herzogs preiszugeben, erinnert an Brangänens Opfer.«) und Best (Anm. 24), S. 133 (»Zaubertrank und Frauenheilkraft, nächtliche Stellvertretung und Todesumarmung.«)

54 Hinweise auf Motivähnlichkeiten zwischen Wolframs *Parzival* und Arnims

Kronenwächtern finden sich bei: Wagner (Anm. 20), T. 1., S. 19 ff.; Best (Anm. 24), S. 135 ff.; Guignard (Anm. 27), S. 252; Schmidt (Anm. 28), S. 87, 177; Göres (Anm. 31), S. 134, 139; Zimmermann (Anm. 30), S. 165; Elchlepp (Anm. 32), S. 229; Geppert (Anm. 32), S. 56 f. – Eine ironische Anspielung auf Wolframs Buch findet sich an jener Stelle, als Maximilian zu Berthold bemerkt: »Das Geld [...] ist das Blut des Staats und wie der edle Held Perzifal so tiefsinnig wurde beim Anblicke dreier Blutstropfen im Schnee, so wird mir oft beim Anblick eines Kreuzers recht nachdenklich.« (180)

55 Arnim schreibt: »Das Hausmärchen [...] ist der Mittelpunkt, was in dem Buche vorkommt, wird immer in gewisser Beziehung darauf stehen.« (Steig III, 402)

56 Tilman Struve, Utopie und gesellschaftliche Wirklichkeit. Zur Bedeutung des Friedenskaisers im späten Mittelalter. In: Historische Zeitschrift 225, 1977, S. 65–95. Ferner Gertrud Dietz, Das Bild Friedrich Barbarossas in der Hohenstaufendichtung des 19. Jahrhunderts, Diss. Freiburg i. Br. 1943.

57 Struve (Anm. 56), S. 69.

58 Volks-Sagen, Märchen und Legenden. Gesammelt von Johann Gustav Büsching, Leipzig 1812, S. 319.

59 A. W. Schlegel: Vorlesungen über dramatische Kunst und Literatur. Krit. Ausg. Eingel. und mit Anm. vers. von Giovanni Vittorio Amoretti. Bd. 2, Bonn/Leipzig 1923, S. 309.

60 Louis Spohr's Selbstbiographie, Kassel/Göttingen 1860, Bd. 1, S. 160.

61 Max von Schenkendorf, Das Bild in Gelnhausen bei Hanau an den Ruinen des Kaiser-Palastes. In: M. v. S., Gedichte. Hrsg. von A. Hagen, Stuttgart ²1862, S. 116.

62 Friedrich Rückert, Barbarossa. In: F. R., Werke in sechs Bänden. Hrsg. von Conrad Beyer. Bd. 1. Abt. 1: Lyrik, Leipzig o. J., S. 50.

63 2 Mose 2, 3–6.

64 Vgl. dazu Karl Langosch, Politische Dichtung um Kaiser Friedrich Barbarossa, Berlin 1943, S. 13 ff. – Wolfgang Braunfels, Karl der Große in Selbstzeugnissen und Bilddokumenten, Reinbek bei Hamburg 1972, S. 67 ff. – Herbert Nette, Karl V. in Selbstzeugnissen und Bilddokumenten, Reinbek bei Hamburg 1979, S. 23 ff.

65 Vgl. Wilhelm (Anm. 30), S. 28 ff.

66 Vgl. Otto von Reisings *Weltchronik*. Dazu: Wilhelm Glässner, Das Königsgut Waiblingen und die mittelalterlichen Kaisergeschlechter der Karolinger, Salier und Staufer, Waiblingen 1977, S. 38 ff.

67 Vordtriede in: Deutsche Romane von Grimmelshausen bis Musil (Anm. 32), S. 159. Ähnlich äußern sich Sauerland (Anm. 32), S. 876; R. Schneider (Anm. 13), S. 283; Geppert, Achim von Arnims Romanfragment »Die Kronenwächter« (Anm. 32), S. 59; Schmidt (Anm. 28), S. 210.

68 Scherer (Anm. 15), S. 105.

69 A. W. Schlegel (Anm. 59), S. 309.

70 Vgl. Steig, III, 405: Schmidt (Anm. 28), S. 197; Geppert, Achim von Ar-

nims Romanfragment »Die Kronenwächter« (Anm. 32), S. 9; Wagner (Anm. 20), T. 1. S. 11; Walzel (Anm. 33), S. 19.

71 Vgl. den folgenden Aufsatz über die Europa-Ideen der Romantiker.

72 Zitiert nach Hellmuth Rössler, Napoleons Griff nach der Karlskrone. Das Ende des alten Reiches 1806, München 1957, S. 19.

73 Ebd. S. 27.

74 Auch Jörn Göres (Anm. 31) meint, daß »der Hunnensturm Parallelen zu Napoleons Eroberungszug aufweist« (S. 133). Arnims Napoleon-Gegnerschaft, wie sie sich in anderen seiner Arbeiten äußert, ist oft beschrieben worden. Vgl. Helene M. Kastinger Riley, Achim von Arnim in Selbstzeugnissen und Bilddokumenten. Reinbek bei Hamburg 1979, S. 60; Achim von Arnim 1781 – 1831. Ausstellung. Hrsg. von Renate Moering, Hartwig Schultz und Detlev Lüders, Frankfurt a. M. 1981, S. 39. Wilhelm (Anm. 30) weist darauf hin, daß die negative Darstellung Herzog Ulrichs von Württemberg gemünzt sei auf den rheinbündischen König Friedrich I. von Württemberg (S. 103).

75 Vgl. Zimmermann (Anm. 30), S. 61; Becker (Anm. 22), S. 92; Schmidt (Anm. 28), S. 58; Eugen Wohlhaupter, Friedrich Karl von Savigny und Achim von Arnim. In: E. W., Dichterjuristen. Bd. 1, Tübingen 1953, S. 116; Kastinger Riley (Anm. 74), S. 111 f.

76 Alle Zitate nach Georg Holmsten, Freiherr vom Stein in Selbstzeugnissen und Bilddokumenten, Reinbek bei Hamburg 1975, S. 40, 43, 96.

77 Zitiert nach Rössler (Anm. 72), S. 88.

78 Vgl. Jürgen Knaack, Achim von Arnim – Nicht nur Poet. Die politischen Anschauungen Arnims in ihrer Entwicklung, Darmstadt 1976, S. 33, 45.

79 Ebd. S. 16, 21, 46 ff., 134 f. Der späte Arnim dachte allerdings wieder in konservativeren Kategorien. Vgl. Kastinger Riley (Anm. 74) S. 115 f.

80 Achim von Arnim: Armut, Reichtum, Schuld und Buße der Gräfin Dolores. In: A. v. A.: Sämtliche Romane und Erzählungen. Bd. 1. Hrsg. von Walther Migge, München ²1974, S. 173. Vgl. dazu Klaus Peter, Achim von Arnim: Gräfin Dolores (1810). In: Romane und Erzählungen der deutschen Romantik. Neue Interpretationen. Hrsg. von Paul Michael Lützeler, Stuttgart 1981, S. 240–263.

81 Vgl. dazu Reinhart Koselleck, Kritik und Krise. Frankfurt a. M., ²1973.

82 Vgl. Norbert Elias, Über den Prozeß der Zivilisation. Bd. 2: Wandlungen der Gesellschaft, Bern / München ²1969, S. 222 ff.

Erstveröffentlichung: Romane und Erzählungen zwischen Romantik und Realismus. Neue Interpretationen, hrsg. v. Paul Michael Lützeler, Stuttgart 1983, S. 35–60, unter dem gleichen Titel.

Europa-Ideen von Novalis bis Heine
(1799–1829)

I.

In keinem anderen Jahrzehnt der neueren europäischen Geschichte gehen die revolutionären Bestrebungen der bürgerlich-aufklärerischen Emanzipationsbemühungen des 18. Jahrhunderts mit den auf Stagnation abzielenden Vorstellungen der adligen Führungsschicht des Ancien régime eine so verwirrende und auf die Dauer nicht haltbare Verbindung ein wie in der ersten Dekade des 19. Jahrhunderts, welche man mit Fug die Napoleonische nennt.[1] Das Bürgertum der Rheinbund-Staaten erwartet die Erfüllung der Hoffnungen von 1789 und akzeptiert Bonapartes Revolution von oben. Die menschheitlichen Ziele der Aufklärung (rechtliche Gleichheit, religiöse Toleranz) und die pragmatische einheitliche Verwaltung hat Napoleon zu seinem Dreieinigkeits-Dogma erhoben, einem Dogma, das zum mehr oder minder offen bekannten Credo des mitteleuropäischen Bürgertums gehört. Freilich wird es mit Waffengewalt verbreitet von einem aggressiven Politiker, der eine abgewandelte Losung des Robespierre auszugeben scheint, nämlich daß die Aufklärung durch den Despotismus zu herrschen habe. Das Janusköpfige des neuen französischen Europa-Programms hatte sich bereits während des voraufgehenden Jahrzehnts abgezeichnet. Schon die Außenpolitik der Jakobiner war widersprüchlich gewesen, hatte einerseits den Geist der Verbrüderung zwischen den Völkern beschworen und Kriege nur als Defensivmaßnahmen bzw. als Befreiungsaktionen zulassen wollen, andererseits aber auch im Sinne des alten Richelieuschen Eroberungskonzepts Ziele militärischer Expansion verfolgt.[2] Napoleons eigene Laufbahn dokumentiert den Übergang der revolutionären Kriege zur Verteidigung der Landesgrenzen in militärische Unternehmungen, die auf die Besiegung der europäischen Staaten hinauslaufen. Spätestens 1801 nach dem Frieden von Lunéville, als das linksrheinische Gebiet an Frankreich abgetreten wurde und das Ziel der

Landessicherung durch »natürliche Grenzen« erreicht war, mußte sich zeigen, ob die revolutionär-aufklärerische und nationale oder die aufklärerisch-despotische und imperialistische Komponente der französischen Politik in der Herrschaft Napoleons die Oberhand gewinnen würde. Was die fortschrittlichen Schichten in Europa erwarteten, und was die europäische Reaktion befürchtete, war die Schaffung von Nationalstaaten und die Beseitigung des Ancien régime. Der Weg, den der Erste Konsul in Paris verfolgt, kann weder die bürgerlichen Patrioten zufriedenstellen noch die Vertreter des alten legitimistischen Systems beruhigen. Er besiegt, demütigt und verändert willkürlich die bisher etablierten Monarchien, ohne sie zu beseitigen, und er schafft keine republikanisch strukturierten Nationalstaaten, die das Fundament einer neuen europäischen Ordnung abgeben könnten. Statt dessen jagt er dem Phantom einer Universalmonarchie nach und sieht sich als eine Kombination von Karl dem Großen, Cäsar und Alexander. Benjamin Constant gegenüber gibt er zu Beginn der Hundert Tage offen zu: »Ich habe die Herrschaft über die Welt gewollt, und um sie mir zu sichern, brauchte ich unbegrenzte Macht.«[3] Despotismus statt Republikanismus, Universalmonarchie statt Errichtung von Nationalstaaten innerhalb eines auf Gleichgewicht bedachten Staaten-Konzerts: dieses maßlose Konzept mit seinem polizeistaatlichen Unterdrückungssystem nach innen und einer aggressiven Gewaltherrschaft nach außen bringt sowohl die getäuschten bürgerlichen Schichten als auch die unterjochten Monarchien in Europa gegen Napoleon auf. Was er provoziert, sind die bürgerlichen und aristokratischen Gegenkräfte, die sich dann – wiederum in widersprüchlicher und nicht durchhaltbarer Partnerschaft – zum Kampf gegen den bonapartistischen Universalstaat finden. Propagandistisch wird den europäischen Völkern die Despotie des Korsen durch das Zurückgreifen auf solche historischen Vorbilder schmackhaft zu machen versucht, als deren Testamentsvollstrecker Bonaparte sich gerieren zu können glaubt. Für Italien und die klassisch enthusiasmierten Bildungsschichten Europas kleidet er sich römisch-cäsaristisch (vgl. die Napoleongemälde von Jacques Louis David), und Frankreich sowie den deutschen

Ländern präsentiert er das ideologische Feuerwerk eines Karls-
mythos: phönixgleich steigt aus der tausendjährigen Asche des
großfränkischen Reiches Napoleon als Rechtsnachfolger Karls
des Großen (»Notre prédécesseur«) auf. Cuoco, Gioja und Foscolo in Italien, Goethe, Jean Paul und Wieland in Deutschland –
um nur einige Namen zu nennen – lassen sich lange über die Ziele
und Beweggründe der bonapartistischen Politik hinwegtäu-
schen. Wie hätte es auch anders sein können bei der komplizierten Verquickung von menschheitlichen, gesellschaftlichen und
mythischen Erwartungen, die man gegenüber dem angeblichen
Neuerer Europas hegte, Hoffnungen, auf die der Despot geschickt zu reagieren wußte. Allerdings gab es sowohl im Lager
der bürgerlich-patriotischen Anhänger des Nationalstaatsge-
dankens als auch bei den Ideologen des Ancien régimes Köpfe,
die das Napoleonische Gaukelspiel früh durchschauten. Zu ihnen zählt der Patriot Ernst Moritz Arndt auf der einen Seite und
der spätere Chefideologe der Restauration Friedrich von Gentz
andererseits. Sie seien hier stellvertretend genannt, weil in ihren
Arbeiten die konträren Konzepte des damals fortschrittlichen
Nationalstaatsprogramms respektive des konservativen Gleich-
gewichtsdenkens absolutistischer Großmachtstaaten am reinsten zutage treten.

In seiner 1803 erschienenen und während eines Aufenthalts in
Schweden verfaßten Schrift *Germanien und Europa*[4] bemüht Arndt
sich um eine vergleichende Charakterisierung der europäischen
Nationen. Diese Völkerpsychologie ist von jeder voreingenom-
menen nationalen Wertung frei, denn Arndt sieht den deutschen
Nationalcharakter auf der gleichen Ebene wie die Charaktere der
übrigen Völker. Klimatische und linguistische Unterschiede
grenzen seiner Meinung nach die Nationen im Sinne eines »Na-
turgebots« voneinander ab. Mit diesen Theorien steht er in der
Tradition völkerpsychologischen Denkens von Montesquieu bis
Herder.[5] Origineller und brisanter sind die kritischen Kapitel
über das Regime Napoleons. Ihre Hellsichtigkeit wird offenbar,
wenn man sich vergegenwärtigt, daß sie vor dem Reichsdeputa-
tionshauptschluß, vor der Kaiserkrönung, lange vor Rheinbund,
Tilsit und Kontinentalsperre verfaßt und publiziert wurden.

Ähnlich weitsichtig war auch Joseph Görres gewesen, der bereits 1799 sah, daß in Napoleon der Welt eine Tyrannei erwachse, wie man sie seit der Römerzeit nicht mehr gekannt habe.[6] Während Görres aber resignierte und sich bis zur bereits absehbaren Niederlage Napoleons zu Anfang 1814 (Gründung des *Rheinischen Merkur*) aus der politischen Journalistik zurückzog, hält Arndt während der ganzen Napoleonischen Dekade seinen publizistischen Davidskampf durch. Arndt ist kein blinder Eiferer gegen den Korsen; die Angriffe sind fundiert, und sie klingen um so überzeugender, als den Herrscherfähigkeiten des Ersten Konsuls durchaus Reverenz erwiesen wird. »Ich gestehe«, schreibt er, »es liegt etwas in ihm, was große Menschen immer karakterisiert hat: eine kühne und klassisch gehaltene Weise, zu handeln und zu sprechen, eine gewaltige Naturkraft, welche die Herzen bezwingt, und selbst die Widerstrebenden zum Gehorsam zügelt; kurz, das Talent, zu herrschen, in einem hohen und energischen Karakter.« (404) Was Arndt bei Napoleon vermißt, sind die übergreifenden, zukunftsträchtigen politischen Konzepte. »Buonaparte«, so lesen wir, »ist nicht verständiger als die mittelmäßigen Regenten vor ihm; und jene Affektation von Philosophie, von Nachdenken über alles, ist auch nichts als elende Äfferei, den Dummen nur Sand in die Augen streuend.« (405) Karrieresucht, Verrat an den Idealen der Aufklärung, Despotismus und Rassismus sind die Vorwürfe, die Bonapartes Innenpolitik treffen. In den außenpolitischen Plänen erkennt Arndt die Züge des militaristisch-imperialistischen Expansionsstrebens. Für jene, die Napoleons »glänzende carrière« (403) bewundern, hat er nur Spott übrig angesichts der Kosten, die zu Lasten dieser Laufbahn gehen. »So etwas von allgemeinen Menschen- und Staatsrechten, wie man im ersten Enthusiasmus der Revolution geträumt hatte, konnte man unter dieser Regierung nicht gebrauchen«, stellt Arndt fest (382). Die »Bewunderung aller Schwachköpfe« (381) gehöre einer »Despotie, so eigenmächtig, als wenige in Europa sind«. (373) Arndt hatte bereits drei Jahre zuvor eine Schrift mit dem Titel »Über die Freiheit der alten Republiken« veröffentlicht, und seine Anklagen und Fragen in *Germanien und Europa* weisen ihn als engagierten Republikaner aus, der die Tyrannei

Napoleons bereits durchschaut, als dieser sich noch als römischer Consul maskiert: »Jedes freie Wort ist ein Verbrechen, die Preßfreiheit ist auf das engste eingeschränkt, und es giebt für die Kühnen Kerker genug, – nur unter andern Namen, als die alten. [...] Alles wickelt sich in die Dunkelheit politischer Geheimnisse.« (373–375) Und gegen das von Fouché begründete neue Polizeiwesen gewandt fährt er fort: »Was ist diese geheime Polizei? was sind die Cromwellschen Sicherheitsanstalten, die Menge von Trabanten und Wächtern, als das Verderben des Geistes der Nation?« (409) Napoleon, der »frische Begründer des Despotismus« (406) und »große Sünder an seiner Zeit« (371) verschulde, daß auch auf dem Gebiete des Rechts »so vieles wieder den Krebsgang geht«. (401) Er bezichtigt ihn des Rassismus und prangert die Maßnahmen gegen die Farbigen an: »Welche Grundsätze hat diese Regierung wieder aufzustellen gewagt über die Negern und farbigen Menschen! Davor erschrickt man doch wie vor scheußlichen Gespenstern im Anfange des 19ten Jahrhunderts. Wie war dies selbst in dem elenden Jahr 1799 noch schön in Frankreich! Man dachte an keinen Aristokratismus der Farbe mehr, und unsre schwarzen und olivenfarbigen Brüder waren auf gleichem Fuß allenthalben unter den Weißen, im Spiel, wie im Ernst. Ein Dekret hat diesen Sommer alle Negern und Mulatten aus Frankreich getrieben.« (402–403) Jenen »gedungenen und ungedungenen Stimmen« außerhalb Frankreichs, die Napoleon als den »Beglücker und Wiederhersteller Europens« (369) feiern, hält er entgegen, daß »selbst die Erklärungen und Proklamationen der Regierung in den letzten beiden Jahren nicht mehr von Bürgerlichkeit und Freiheit, als den *ersten* Gütern des Volks sprechen, sondern von Ruhm, von der Ehre, von der Furchtbarkeit des französischen Namens; elenden Idolen, wodurch Eroberer die Völker unglücklich gemacht haben«. (391–392) Als das »größte Übel« bezeichnet Arndt »die 600000 Mann, die der erste Consul hält. [...] Buonaparte belastet durch dieses ungeheure Heer nicht allein sein eignes Land; auch wir übrigen Europäer werden über ihn seufzen müssen«. (396, 399) Hinter dem Aufbau des riesigen Heeres erkennt Arndt die »despotischen Absichten« (396) eines politischen Willens, der nichts kenne »als herrschen durch bloße Gewalt«. (401) Das ist die Analyse eines klarsichtigen Republikaners, der den Überblick über die politischen Entwicklungen in Europa besitzt, und vor dessen Kritik die Napoleon-Verehrung eines Goethe, Jean Paul, Wieland oder Heine den Charakter wirklichkeitsfremder Ideologien annehmen. Aber tat Arndt dem Korsen nicht Unrecht, werden jene fragen, die noch heute in jedem Despoten den Weltgeist daherreiten sehen, vorausgesetzt er sitze nur fest genug im Sattel einer Großmacht und vermöge seine Eroberungspläne als Kreuzzüge für diese oder jene »Befreiung« bzw. »Revolution« zu deklarieren. Besaß Napoleon nicht ein Europa-Konzept, das, wäre es verwirklicht worden, den Frieden dieses Kontinents und damit der damaligen Welt garantiert hätte? Unterwerfen und Unmündighalten sind aber die schlechtesten Friedensvoraussetzungen. In der Tat hat Napoleon an eine umfassende Neuorganisation Europas gedacht, aber er sah sie unter dem Aspekt eines feudal gegliederten Reiches seiner Familie.[7] Das Ende der Napoleonischen Politik zeigte einmal mehr, daß jeder Plan, der darauf abzielt, Europa mit den Mitteln der Annexion und Hegemonie zu organisieren, zum Scheitern verurteilt ist. In den folgenden Jahren fand Arndt seine Prognosen bestätigt, und es ist verständlich, daß er den publizistischen Kampf gegen Napoleon mit aller Energie weiterbetrieb. Er selbst entging dabei allerdings nicht der Dialektik des Krieges gegen den Krieg, des Kampfes gegen den Kampf, des Hasses gegen den Haß, der Agitation gegen die Agitation. Hatte er 1803 in *Germanien und Europa* noch den französischen Nationalismus als fatal für Europa angeprangert, so zeigte er sich im zweiten Teil des 1809 erschienenen Bandes *Geist der Zeit* – also auf dem Höhepunkt seines propagandistischen Feldzugs gegen Napoleon – selbst als Vertreter einer nationalistischen Ideologie. Wie in Fichtes gleichzeitig entstandenen *Reden an die deutsche Nation* kompensiert sich im *Geist der Zeit* ein nationales Unterlegenheitsgefühl. Beide Schriften sind Zeugnis eines hypertrophierten Nationalismus, auf welchen wenig mehr als ein Jahrhundert später eine Napoleon-Imitation in Deutschland zurückgreifen konnte.[8] Die nationalen Grundpositionen behielt Arndt auch nach 1815 bei[9], doch nahm er nun von dem um 1809

gepredigten Völkerhaß Abstand. Das Wegweisende in der Staats-
konzeption des Arndt von 1803 liegt darin, daß er die Rechte der
europäischen Völker auf nationale Identität, eigene Regierungen
– freilich noch nicht demokratischer Art – und Souveränität betont. Obwohl Arndt in *Germanien und Europa* keine Strategie für die
Aufrechterhaltung eines Friedens zwischen den Nationalstaaten
entwirft, wird deutlich, daß er alle Hegemonialbestrebungen
einer einzelnen europäischen Macht auf das entschiedenste ablehnt. Seine Europavision ist das Wunschbild friedlich existieren-
der Nationalstaaten, die aufgrund ihrer Saturiertheit (Beachtung
linguistischer und natürlicher Grenzen) von Aggressionsakten
absehen. Arndt vermochte keinen überzeugenden Friedensplan
für Europa vorzulegen, aber dies ging auch über sein Nahziel –
das für ihn Fernziel blieb – der Schaffung europäischer Nationalstaaten, vor allem einer deutschen Nation, hinaus.

Nicht minder hellsichtig als Arndts Napoleon-Kritik ist die
etwa gleichzeitig geschriebene Studie von Samuel Taylor Coleridge über das Frankreich zur Zeit des Ersten Konsuls, die im
Herbst 1802 in mehreren Folgen in der englischen Zeitschrift *The
Morning Post* erschien. Coleridge überprüft den Anspruch Bonapartes, aus Paris ein zweites Rom, das Zentrum eines im Entstehen begriffenen neuen Weltreichs gemacht zu haben. Die Nach-
ahmung römisch-republikanischer Formen decouvriert er als
Maskerade, hinter der ein politischer Wille sich verberge, der viel
mit Cäsarenwahn und nichts mit republikanischer Tugend zu
tun habe. Coleridge erweist sich als Prophet, wenn er mit einem
Krieg zwischen Frankreich und England rechnet, wenn er seiner
Überzeugung Ausdruck gibt, daß Britannien sich bei diesem
Konflikt behaupten werde, und wenn er den Untergang des Napoleonischen Systems voraussagt.

Anders schaute das Europa-Konzept von Arndts und Coleridges Zeitgenossen Friedrich von Gentz aus, der sich vom Kant-
Schüler mit jakobinischen Neigungen zum deutschen Burke und
Kämpfer für ein Restaurations-Europa entwickelt hatte. Wie
viele junge Romantiker in den Übergangsjahren der Spätaufklä-
rung zur Frühromantik, wie Fichte, Friedrich Schlegel, Novalis
und Görres, hatte auch Gentz sich mit Kants »Zum ewigen Frie-

den« (1795) auseinandergesetzt und durch ihn in den Kategorien eines europäischen Völkerbundes als Friedensgarant denken gelernt. Kants Traktat hinwiederum ist nicht vorstellbar ohne die früheren aufgeklärten Völkerbundstudien von Saint-Pierre und Rousseau. Die Idee dieses Bundes war eines der überdauernden Ergebnisse aufgeklärter Völkerrechtslehre und besagte, daß sich die Länder Europas den Statuten einer gemeinsamen Korporation zur Sicherung des Friedens unterordnen sollten. Die Basis der Vereinigung bildete die allgemeine Anerkennung der Menschenrechte, und die Gesellschaftsverfassung der Mitgliedstaaten war als anti-aristokratische (gegen den Erbadel gerichtete), republikanische gedacht, wobei weder bei Kant noch bei Fichte und Novalis (»Glauben und Liebe«) Republikanismus und Monarchismus sich ausschlossen. Der Utopie eines einheitlichen und von allen Staaten anerkannten Völkerbundstatuts stand der Pragmatismus aufgeklärt-absolutistischer Politik im Wege, eines Pragmatismus, der sich auf das ganz anders geartete politische Konzept vom Gleichgewicht der Mächte gründete.[10] Gentz hatte sich in den Jahren nach 1800 – nicht zuletzt durch sein Burke-Studium – vom Völkerbundidealisten zum Gleichgewichtspragmatisten gewandelt. Beides, Völkerbund- und Gleichgewichtsdenken, waren Produkte aufgeklärter Politikwissenschaft. Im ersten kommen die menschheitlich-emanzipativen, im zweiten die mechanistisch-rationalen Züge der Epoche zum Ausdruck. Die europäische Pentarchie des 18. Jahrhunderts (Rußland, Preußen, Österreich, Frankreich und England) akzeptierte und praktizierte die equilibristische Politik. Entsprechend fand sich in der Diplomaten-Schule der Aufklärung keine beliebtere außenpolitische Konstruktion als die der »balance of power«. Napoleons universaldespotische Aktionen störten jenes Mächte-Gleichgewicht erheblich, und England gebrauchte das alte Prinzip der Harmonie der Kräfte als Hauptargument gegen die Hegemonialansprüche Frankreichs. Es konnte sich dabei auf eine gelehrte Tradition politischen Denkens von Bacon, Warrington über Bolingbroke, Hume und Robertson bis Burke berufen. Obgleich die romantischen Ideologen des Organischen – wie etwa Adam Müller – sich vom mechanistischen Denken distanzierten, stützten

sie trotzdem das englische Konzept der »balance of power«, ja es
kommt bei Müller *(Elemente der Staatskunst)*, bei August Wilhelm
Schlegel und Gentz zu einer Glorifizierung[11] Englands ganz allgemein, was nur auf dem Hintergrund ihres gemeinsamen
Kampfes gegen Napoleon zu verstehen ist. Anders als die Völker-
bundstrategen am Ende des 18. Jahrhunderts hatten die Gleich-
gewichtsapologeten zu Anfang des 19. mit ihrer Gegnerschaft zu
den kommenden demokratisch-nationalstaatlichen Strömungen
freilich nicht die Zukunft für sich. Gentz war viel eher ein reaktio-
närer Europäer als ein nationaler Patriot. Das Zurück zur Legitimität Alteuropas, zur aurea aetas des Ancien régime war seine
Losung, und es ist kein Wunder, daß er zum Berater und Sekretär
des »comte de balance« Metternich avancierte.[12] Unter dem
Panier der Gleichgewichtspolitik versammelten sich jene, die
sowohl den gesellschaftlichen Umsturz durch die nationalen De-
mokraten und liberalen Konstitutionalisten als auch die Ent-
machtung der Monarchien von seiten der Universaldespotie Napoleons befürchteten. Während Arndt und Fichte den seinerzeit
historisch notwendigen Weg des Nationalismus zur Erreichung
der menschheitlich-revolutionären Ziele in einem erneuerten Europa beschreiten, schlägt sich Gentz auf die Seite der Restaura-
tionspolitiker. Das propagandistische Verwirrspiel seines Gegners, nämlich mit revolutionären Argumenten die Sache der Reaktion zu betreiben, beherrschte Gentz so geschickt wie die Wortführer des Bonapartismus. In seiner 1805 verfaßten, in St. Petersburg – dem konservativen Zentrum der anti-napoleonischen
Fronde – erschienenen Schrift *Fragmente aus der neusten Geschichte
des Politischen Gleichgewichts in Europa* attackiert er im Namen »des
Vaterlands, des Europäischen Gemeinwesens, der Freiheit und
Würde der Nationen, der Herrschaft des Rechtes und der Ordnung« (XLV) die »Lobredner der vollkommensten Sclaverei, die
jemals die Völker gebeugt hatte« (XXXIV). Viel ist die Rede
vom »schmählichen Verfall von Europa« (XXXVII) und seiner
vollständigen »Unterjochung« (XXX). Dagegen werden die
»Starken, Reinen und Guten« aufgerufen, deren »heiliger Bund«
die »einzige unüberwundne Coalition« sei, »die heute noch der
Waffengewalt trotzen, die Völker befreien, und die Welt beruhi-

gen kann«. (XL) An die Adresse der deutschen Patrioten gerichtet heißt es: »Das eigentliche Werk der Befreiung muß auf *Deutschem* Boden gedeihen. Von hier muß die Wiederherstellung ausgehen, so wie hier die Zerrüttung entschieden, das Verderben zur Vollendung gebracht ward. Europa ist durch *Deutschland* gefallen; durch *Deutschland* muß es wieder emporsteigen.« (XLVI) Trotz allen Befreiungs- und Patriotismusvokabulars konnte es freilich dem aufmerksamen zeitgenössischen Leser nicht entgehen, daß es Gentz letztlich um die Wiederherstellung des »ehemaligen Föderativ-Systems von Europa« (III) zu tun war, deren Regenten anzuklagen er als »das Werk der Ungerechtigkeit« (XXXIX) diffamierte. Was vorherrschte, waren emotionale Appelle an die republikanischen Tugenden der europäischen und deutschen Patrioten, die sich dann auf den für die Monarchen geführten »Befreiungskrieg« einließen. Weder der gauklerische Bonapartismus noch die mißverstandene Befreiungsbewegung konnten jene nationalgesellschaftlichen und europäisch-bündnismäßigen Folgen zeitigen, die sich die Kinder und Enkel der Französischen Revolution erhofft hatten.

In seinem europa-orientierten und anti-napoleonischen Engagement eher dem frühen Arndt als Gentz verwandt, griff 1809 Coleridges Freund William Wordsworth in die politische Diskussion ein, und zwar mit einem Pamphlet zum Vertrag von Sintra. Am 31. August 1808 hatte der englische General Dalrymple im Namen der britisch-portugiesischen Streitkräfte mit Napoleons General Junot in Sintra bei Lissabon einen Vertrag geschlossen, der es den geschlagenen Franzosen erlaubte, unbehelligt (samt Waffen, Ausrüstung und früher gemachter Beute) aus Portugal abzuziehen. London war über diesen Vertrag aufgebracht; es empfand ihn als Verrat am sich gerade auf der Iberischen Halbinsel entwickelnden Widerstandsgeist gegen den Despotismus und die Fremdherrschaft der Franzosen. Dalrymples Entlassung folgte auf dem Fuße. 1809 wurde Wellington, der als untergeordneter Offizier bereits am Sieg gegen Junot beteiligt gewesen war, von der britischen Regierung beauftragt, die englischen Truppen in Portugal und Spanien zur Befreiung der beiden Länder zu führen, was ihm in den fünf Jahren bis 1814 gelang. Wordsworth dokumentiert in seinem umfangreichen Pamphlet sowohl den Widerstandswillen der Portugiesen und Spanier als auch die Unterdrückungspolitik der französischen Besatzungsmacht. Schließlich argumentiert er mit menschen- und völkerrechtlichen Bedenken gegen diesen Vertrag, den abzuschließen der englischen Generalität nicht erlaubt gewesen sei. Wordsworth' Abhandlung ist das beredteste Zeugnis vom Kampf der angelsächsischen Romantiker gegen die Napoleonische Politik. Was Coleridge und Arndt Jahre zuvor prophezeit hatten, nämlich die Unterwerfung der meisten europäischen Völker unter das Diktat des Korsen, war inzwischen Wirklichkeit geworden. Gleichzeitig bedeuten die Jahre 1808/1809 aber auch eine Wende, denn nun wächst, stärker als je zuvor, der Widerstand in Portugal, Spanien (Sturz Godoys), Tirol (Andreas Hofer) und Preußen (Schillsche Aktion). Zur gleichen Zeit wie der Engländer William Wordsworth ruft der Preuße Heinrich von Kleist zur Résistance auf, und zwar mit seinem »Katechismus der Deutschen«, dessen Untertitel bezeichnenderweise »abgefaßt nach dem Spanischen« lautet. Der Kleist der politischen Pamphlete von 1809 war kein verbohrter Nationalist, sondern ein »idealistischer Kosmopolit«.[13] Nicht von ungefähr ist das Recht auf politischen Widerstand ein zentrales Problem in Kleists zwischen 1808 und 1810 entstandener Novelle *Michael Kohlhaas*. Kleists politischer Universalismus spricht z. B. aus seinem Pamphlet »Was gilt es in diesem Kriege?«. Hier imaginiert er die Utopie einer verbrüderten Welt vereinter Nationen. Was er anstrebe sei:

»Eine Gemeinschaft, die unbekannt mit dem Geist der Herrschsucht und der Eroberung, des Daseins und der Duldung so würdig ist, wie irgend eine; die ihren Ruhm nicht einmal denken kann, sie müßte denn den Ruhm zugleich und das Heil aller übrigen denken, die den Erdkreis bewohnen; deren ausgelassenster und ungeheuerster Gedanke noch, von Dichtern und Weisen, auf Flügeln der Einbildung erschwungen, Unterwerfung unter eine Weltregierung ist, die, in freier Wahl, von der Gesamtheit aller Brüdernationen, gesetzt wäre«.[14]

Englandfreundlich und vom Grundsatz des Gleichgewichts der Mächte ausgehend wie Gentzens Buch ist auch die von August Wilhelm Schlegel 1813 in seiner Eigenschaft als Sekretär des schwedischen Kronprinzen verfaßte Schrift gegen Napoleons Kontinentalsperre.[15] Die Akzente sind freilich anders gesetzt. Weniger glänzend in der Rhetorik, benennt er doch präziser die Folgen des bonapartistischen Regimes. Politisch habe Napoleon nicht die Erfüllung, sondern das Ende des Republikanismus bedeutet, und wirtschaftlich führe die Kontinentalsperre zur Verelendung der Ökonomie im nördlichen Deutschland (11,81). Erweist dich Gentzens Schrift als unterschwellig reaktionär, so ist die Schlegels der Tendenz nach zukunftsorientiert. Das macht nicht zuletzt der Hinweis auf das als vorbildlich gepriesene republikanische Amerika[16] deutlich, welches als »neues Europa« apostrophiert wird und dessen »kräftige Jugend« dabei sei, die alte Welt zu beschämen (76). Wie A. W. Schlegel richtet auch Victor Hugo im »Fragment d'Histoire« seinen Blick auf Amerika als dem neuen Europa. Von Amerika, dem Erdteil, in welchem die Emanzipation des Individuums am weitesten fortgeschritten sei, erhofft er sich »Wärme, Leben und Jugend« (304) für das Mutterland Europa. Hugo ist überzeugt, daß die Kultur sich im Laufe der Menschheitsgeschichte von Kontinent zu Kontinent verlagerte: In Asien habe sie ihren Ausgang genommen, dann löste Afrika Asien ab. Europa (Rom) habe Afrika den Rang abgelaufen, und in Amerika schließlich komme die Kultur gegenwärtig zu neuer Blüte.

Wo aber sind die republikanischen Europa-Strategen 1814 nach dem Sturz Napoleons? In Deutschland und Italien, jenen Ländern, die von einer nationalen Einheit noch weit entfernt waren, sind sie schwach vertreten. Immerhin belegt die 1813 von Fichte gelesene *Staatslehre*, daß ihn die Völkererhebung zum europäischen Gemeinschaftsdenken anregte. Fichte ging – wie früher bereits Kleist – so weit, sich den Völkerbund nicht auf Europa beschränkt vorzustellen.[17] Ein Europa-Konzept besitzen vor allem die Vertreter der Pentarchie, die sich unter Metternichs Leitung zum Wiener Kongreß treffen. Es ist das des alten vorrevolutionären Equilibriums der Großmächte. In Frankreich macht Chateaubriand sich zum Vertreter der Legitimation, erschlägt nachträglich den toten Löwen Napoleon und gibt die Lo-

sung »Es lebe der König!« als »Signal des Friedens und des Glük-
kes«[18] aus. Aber in Frankreich knüpfen andererseits auch zwei
Philosophen an die Tradition aufgeklärter Politikwissenschaft
von Saint-Pierre, Rousseau sowie Kant an und entwerfen einen
Plan *Von dem Wiederaufbau der europäischen Staaten-Gesellschaft*.
Saint-Simon und Thierry ließen in diesem programmatischen
Entwurf alles hinter sich, was bisher über die zukünftige Einheit
Europas geschrieben worden war.[19] Die in den folgenden Jahrzehnten verfaßten Europa-Schriften von Leroux, Eichenthal,
Considérant, Mazzini und Pecqueur gehen sämtlich auf jenes
Werk zurück. In ihren Grundzügen – einheitliche europäische
Wirtschaft und Regierung sowie parlamentarische Verfassung –
ist die Arbeit auch heute noch nicht überholt. Saint-Simons Kritik an den Friedensbemühungen des Wiener Kongresses ist so
scharf wie zutreffend: »Von allen Seiten wird das Privat-Interesse als Maßstab des allgemeinen Interesse angegeben. [...] Alles, was ihr thun werdet, wird blos dazu dienen, den Krieg her-
beyzuführen, den Garaus werdet ihr ihm nicht machen.« (30,31)
Als Voraussetzung für einen dauerhaften Frieden betrachtet
Saint-Simon eine Beseitigung des Ancien régime und die Einführung parlamentarischer Systeme in den europäischen Einzelstaaten. Die nationalen Parlamente sollen dann zu einem europäischen Gesamtparlament zusammentreten, das »über das
gemeinschaftliche Interesse der europäischen Gesellschaft
entscheide« (49). Das Europa-Parlament müsse mit der Macht
ausgestattet werden, die Streitigkeiten der Einzelländer zu
schlichten (50). Voraussetzung für die Tragfähigkeit eines europäischen Parlaments sei die Entwicklung eines »europäischen
Patriotism« (51). Beim Entwurf des Modells für eine europäische
Regierung orientieren sich die Verfasser am englischen Modell
mit Könighaus, Oberhaus und Unterhaus. In das Unterhaus
will Saint-Simon durch Korporationen Kaufleute, Gelehrte,
Staatsbeamte und obrigkeitliche Personen entsenden lassen (je
einer pro Million Einwohner). Während die Mitglieder des Un-
terhauses für zehn Jahre gewählt werden, soll die Würde der
Pairs im Oberhaus und die des europäischen Königs erblich sein.
Wie bei seinen Vorgängern Rousseau und Kant schließen sich

auch bei Saint-Simon und Thierry Republikanismus und – hier freilich konstitutioneller – Monarchismus nicht aus. Wichtige Aufgabe des Europaparlaments werde es sein, ein für alle europäischen Staaten gültiges Rechtssystem zu schaffen: »Ein Gesetzbuch, welches sowohl die allgemeine als nationale und individuelle Sittenlehre enthält, wird unter der Aufsicht des großen Parlements abgefaßt werden, damit es ganz Europa zur Lehre diene. [...] Das große Parlement wird gänzliche Gewissensfreyheit und freye Ausübung aller Religionen zulassen.« (56) Saint-Simon und Thierry sind sich bewußt, daß sie einen utopischen, noch nicht realisierbaren Entwurf verfassen. Auch sie betrachten es als Vorbedingung, zunächst die Nationalstaaten und Nationalparlamente zu schaffen: »Die Zeit aber«, so halten die Autoren abschließend fest, »wo alle europäischen Völker durch National-Parlemente regiert seyn werden, ist unstreitig der Zeitpunkt, wo das allgemeine Parlement, ohne Hindernisse zu finden, wird eingeführt werden können. [...] Aber dieser Zeitpunkt ist noch fern von uns, und schreckliche Kriege, vielfältige Revolutionen müssen Europa noch geißeln während dem Zwischenraum, der uns davon trennt.« (57) Den Aufbau der Vereinigten Staaten von Europa dachten sich Saint-Simon und Thierry in Schritten. Die erste Etappe sollte die Union England-Frankreich bilden, da jene Länder bereits Parlamentsregierungen besaßen. Die zweite Etappe könnte deren Assoziation mit Deutschland bringen. Eine nach Wilhelminismus und Hitlerismus kaum noch verständliche Hochachtung besitzen Saint-Simon und Thierry vor dem deutschen Volkscharakter. Eine Stelle wie die in der Folge zitierte bezeugt zum einen den kosmopolitischen Geist jener Epoche, und zum anderen dokumentiert sie – ähnlich wie das Deutschlandbuch der Madame de Staël – eine im frühen 19. Jahrhundert verbreitete deutschlandfreundliche Haltung in den übrigen Staaten des Kontinents. Es heißt dort:

»Die deutsche Nation ist, vermöge ihrer Bevölkerung, die beynahe die Hälfte von Europa ausmacht, durch ihre Lage im Mittelpunkte Europens, und noch mehr durch ihren edeln und großmüthigen Charakter bestimmt, die erste Rolle in Europa zu spielen, sobald sie unter einer freyen Regierung in einen einzigen

Körper vereint seyn wird. Wenn die Zeit gekommen seyn wird, wo die englisch-französische Gesellschaft durch den Zutritt Deutschlands sich vergrößert, wo man ein allen drey Nationen gemeinschaftliches Parlement errichtet, dann wird der Wiederaufbau der übrigen europäischen Staaten schneller und leichter von Statten gehen, denn diejenigen Deutschen, welche man berufen wird, an der gemeinschaftlichen Regierung Theil zu nehmen, werden in ihre Meinungen jene Reinheit der Moral, jenen Seelenadel übertragen, der sie auszeichnet, und durch die Macht des Beyspiels werden sie die Engländer und die Franzosen zu sich erheben, die ihres Handels-Verkehrs wegen mehr an ihre eigne Person denken, und sich nicht so leicht von ihrem Privat-Interesse losmachen können, dann werden die Prinzipe des Parlements freysinniger, ihre Arbeiten uneigennütziger, ihre Politik den übrigen Nationen günstiger seyn.« (84/85)

Obgleich Saint-Simon und Thierry sich des utopischen Charakters ihres Entwurfs bewußt bleiben, sind sie doch überzeugt, daß sie einen Weg weisen, den die europäische Geschichte der kommenden Jahrhunderte beschreiten wird. Diese Zuversicht läßt sie abschließend vermächtnisartig feststellen:

»Es kommt zweifelsohne eine Zeit, wo alle Völker Europens fühlen werden, daß die Punkte des allgemeinen Interesses geordnet werden müssen, bevor man zu dem besondern Interesse jeder Nation übergeht, dann wird das Elend anfangen, sich zu vermindern, die Unruhen werden sich besänftigen, die Kriege erlöschen; das ist das Ziel, wonach wir unaufhörlich streben, dahin treibt uns die Richtung des menschlichen Geistes! [...] Das goldne Zeitalter ist nicht hinter uns, es ist vor uns, in der Vollkommenheit der gesellschaftlichen Ordnung; unsre Väter haben es nicht gesehen, unsre Nachkommen werden einst dazu gelangen; uns kommt es zu, ihnen den Weg dahin zu bahnen.« (87)

Wie Saint-Simon ist auch William Hazlitt, der Freund von Coleridge und Wordsworth, 1814 voller Skepsis gegenüber den Europa-Plänen, welche vom Wiener Kongreß unter Metternichs Leitung diskutiert werden. Die großen Fragen der Zeit (Polen, Norwegen, der Sklavenhandel, Sachsen, Italien, die Vorherrschaft Englands auf den Meeren) würden, so schreibt er in seinem Bericht über den Kongreß, nicht offen genug angegangen, und doch könne nur ihre Lösung zu einer Befriedung des Kontinents führen. Die Gunst der Stunde, die sich nach Brechung der französischen Vorherrschaft in Europa ergeben habe, bliebe von den Siegermächten ungenutzt. Was eintreten werde, sei ein Rückfall in die monarchistische Politik der vor-napoleonischen Ära. Hazlitt ist – wenngleich von Vorurteilen gegenüber Frankreich nicht frei – ein äußerst nüchterner und klarsichtiger Kritiker, aber seiner Analyse fehlt, was die Schrift von Saint-Simon und Thierry auszeichnet: das alternative, zukunftsgerichtete und umfassende Konzept, es fehlt die Utopie des Vereinigten Europas.

II.

Auf den ersten Blick scheint Saint-Simons zukunftsorientierte konkret-politische Utopie der Vereinigten Staaten von Europa wenig gemein zu haben mit Novalis' vergangenheitsverklärender geschichtstheologischer Europa-Rede. Das tertium comparationis ist aber die geschichtsphilosophische Projektion eines durch Europa begründeten »ewigen Friedens« in einem »Goldenen Zeitalter«.[20] Das 1799 zu Beginn der napoleonischen Herrschaft beschworene, unhistorisch gesehene, mythisierte, um Jahrhunderte zurückliegende Mittelalter des Novalis und das nach dem Zusammenbruch des Bonapartismus geschaute, utopische, Jahrhunderte vorausliegende Zeitalter eines befriedeten Kontinents markieren jene Extrempole einer Skala, in deren Bereich sich die visionären Europa-Vorstellungen der europäischen Romantiker bewegen. Während die politischen Programme von Gentz, Fichte, A. W. Schlegel, Wordsworth, Hazlitt und Coleridge sich dem durch Saint-Simon bezeichneten Pol zuordnen lassen, gehören die Traktate Friedrich Schlegels, Chateaubriands, Bonalds, de Maistres, Adam Müllers und von Baaders in den durch Novalis vertretenen Bereich der theologisch akzentuierten Geschichtsphilosophie. Im Zentrum beider Konzepte, des politischen wie des geschichtstheologischen, steht ein selbst nicht mehr hinterfragtes Unitätsdenken. Das Ziel der Einheit bei den politisch

Denkenden soll durch die Schaffung von Verträgen, Statuten oder Institutionen erreicht werden, wohingegen die Geschichtstheologen eine religiöse Einheit als Voraussetzung einer Unifikation auf allen Lebensgebieten – auch den politisch-gesellschaftlichen – betrachten. Die Auffassungen von »Religion« gehen dabei wiederum bei den Vertretern der geschichtstheologischen Richtung weit auseinander. »Katholizität« scheint zunächst der gemeinsame Nenner der romantischen Religionstheoretiker zu sein, denn er wird sowohl bei Novalis als auch Bonald oder de Maistre in den Mittelpunkt des Einheitsdenkens gestellt. Nichts wäre aber falscher, als das Religions-, Christentums- und Katholizitätsverständnis des Novalis gleichzusetzen mit dem römisch-päpstlichen Katholizismus der beiden französischen Philosophen. Bei Novalis nämlich fehlt alles Dogmatische und Moralische.[21] Bonald und de Maistre geht es um eine Fortsetzung antireformatorischer Bestrebungen, Novalis dagegen inauguriert »eine zweite Reformation« (517)[22], die jenen Prozeß der religiösen Zersplitterung, wie er mit der Reformation Luthers begann, beendet. Inhaltlich wird der Begriff der neuen Reformation nicht gefüllt; die neue Religion wird nur formal als neues »Band« (509) beschrieben, das die auseinanderstrebenden Teile der europäischen Kultur universalistisch wieder zur Einheit zusammenfaßt. Die neue Religion soll – vergleichbar dem katholischen Christentum des idealtypisch gesehenen Mittelalters – den gemeinsamen Nenner des europäischen Lebens abgeben und damit alle Sphären des Daseins zu einer Synthese bringen.[23] Nicht im rationalen Gleichgewichtsdenken der Politiker des aufgeklärten Absolutismus, sondern in der Anerkennung einer gemeinsamen religiösen Grundüberzeugung sieht Novalis den Garanten des Friedens in Europa, wenn er schreibt: »Kommt ihm der Staatsumwälzer nicht wie Sisyphus vor? Jetzt hat er die Spitze des Gleichgewichts erreicht und schon rollt die mächtige Last auf der andern Seite wieder herunter. Sie wird nie oben bleiben, wenn nicht eine Anziehung gegen den Himmel sie auf der Höhe schwebend erhält.« (517) Novalis besitzt durchaus einen Blick für die historischen Entwicklungen seiner Zeit sowie für die Mängel der politischen Lösungen, die zur Steuerung der unheilvollen Entwicklungen geboten werden: »Alte und neue Welt«, so heißt es da, »sind in Kampf begriffen, die Mangelhaftigkeit und Bedürftigkeit der bisherigen Staatseinrichtungen sind in furchtbaren Phänomenen offenbar geworden. [...] Unter den streitenden Mächten kann kein Friede geschlossen werden, aller Friede ist nur Illusion, nur Waffenstillstand; auf dem Standpunkt der Kabinetter, des gemeinen Bewußtseyns ist keine Vereinigung denkbar.« (522) Zur Kurierung des kranken Europa verordnet er die Religion: »Nur die Religion kann Europa wieder aufwecken und die Völker sichern.« (523) Die Konturen der neuen Religion zeichnen sich nach Novalis bereits ab. Als pragmatische Sofortlösung politischer Probleme will Novalis sein vage bleibendes, eher als poetisch [24] denn theologisch zu deutendes Religionskonzept freilich nicht verstanden wissen. So endet seine Rede mit dem Hinweis auf ein Irgendwann des Beginns der neuen Religion: »Wann und wann eher? darnach ist nicht zu fragen. Nur Geduld, sie wird, sie muß kommen die heilige Zeit des ewigen Friedens, wo das neue Jerusalem die Hauptstadt der Welt seyn wird.« (524)

Die gleiche eschatologisch-erwartungsvolle Hochstimmung, die Novalis beseelte, erfüllte den jungen Friedrich Schlegel. Auch er ist gefangengenommen von einem universalistisch-synthetischen Ganzheitsdenken, das alle Phänomene von einem Zentrum aus, das Religion genannt wird, verstehen will. [25] Wie Novalis beklagt er, daß ihm die Philosophie der Aufklärung dazu das Instrumentarium nicht liefern kann. Ausgangspunkt der Reflexionen bzw. Betrachtungen sind bei Novalis und Schlegel die zerspaltene, mit sich im Widerstreit liegende Kultur und Geschichte Europas. Indien und Asien sind im Kulturverständnis des Novalis und Friedrich Schlegels – und der Frühromantik ganz allgemein [26] – Metaphern für religiöse Einheit, für Synthese und Universalismus. Den Europa-Asien-Gegensatz definiert Schlegel antithetisch: »Asien, das Land der Naturfülle, des Segens und der Erfindung und Begeisterung, nach allen Traditionen die Geburtsstätte des besseren Menschen und die Wiege aller höheren Kultur, der Sprache, Religion, Künste und Wissenschaften. [...] Europa aber, das Land des Bedürfnisses [...], das Land der Mannigfaltigkeit und Veränderlichkeit, der Bildsamkeit und

Künstlichkeit.«[27] Die Keime eines Indien bzw. Asien sehen Schlegel und Novalis auch in Europa angelegt, und diesem zukünftigen Europa, das die Geburtsstätte einer neuen Religion werden soll, stehe die Entwicklung hin zum asiatischen Frieden mit seiner höheren Kultur noch bevor. Jenes Europa-Asien-Denkschema muß man sich vergegenwärtigen, will man Schlegels Gründung der Zeitschrift *Europa* 1803 in Paris und seine gleichzeitig dort betriebenen Studien in den Anfangsgründen der »Sprache und Weisheit der Indier«[28] verstehen: Schlegel plant ein Organ, dessen Beiträge die religiöse Neugeburt Europas in statu nascendi dokumentiert und befördert, eines Europa, das auf dem Wege sei, ein zweites Indien im Sinne seiner universalistischen Philosophie zu werden. »Europa ist also letztlich als ein Eschaton zu verstehen, als eine geschichtsphilosophische Idee, mit der ein erstrebter Kulminationspunkt der Menschheit bezeichnet werden soll.«[29] »Mit der Religion«, schreibt der junge Schlegel, »ist es uns keineswegs Scherz, sondern der bitterste Ernst, daß es an der Zeit ist, eine zu stiften. Das ist der Zweck aller Zwecke und der Mittelpunkt.«[30] Auch die Wahl des Ortes Paris[31], von dem aus Schlegel sein Journal redigiert, ist bewußt gewählt, wie er 1803 in seinem Essay »Reise nach Frankreich«, der in der *Europa* erschien, deutlich macht: »So liegt auch Paris«, schreibt Schlegel dort, »– welches man hier bisweilen la capitale de l'Univers nennt – recht eigentlich in der Mitte, wenigstens von Europa. [...] Ein solcher Mittelpunkt ist gerade der Ort, der zu den allgemeinsten Reflexionen einlädt, und eben dadurch einen Theil seines Interesses erhält.« (30) Wie bereits in den Athenäums-Fragmenten gebraucht Schlegel auch in der *Europa* den Begriff der »Revolution« im umfassenden, universalistischen Sinne.[32] Gemeint ist jener alle Lebensbereiche umgreifende Umsturz, jene totale Erneuerung des kulturellen Zentrums, das Novalis und Schlegel mit »Religion« bezeichnen. Schlegel bezweifelt, daß Europa aus eigener Kraft eine Religionsrevolution zuwege bringen könne. Er schreibt dazu: »Die Trennung hat nun ihr Äußerstes erreicht; der Charakter Europa's ist ganz zum Vorschein gekommen und vollendet, und eben das ist es, was das Wesen unsers Zeitalters ausmacht. Daher die gänzliche Unfähig-

keit zur Religion.« (35) Und er fährt fort: »Sollte es wirklich
Ernst seyn mit einer Revolution, so müßte sie uns wohl vielmehr
aus Asien kommen. [...] Eine wahre Revolution kann nur aus
dem Mittelpunkte der vereinigten Kraft hervorgehen, sonach ist
das Organ für dieselbe in Europa bei der Menge gar nicht vorhanden.« (36) Das Gebot der Stunde lautet für Schlegel, bei den
Asiaten bzw. Indern in die Schule zu gehen. Dieses Studium soll
sensibilisieren für jene Strömungen, die auf eine universale Revolution hindeuten: »Das eigentliche Europa muß erst noch entstehen. Was wir bisher davon kennen, jenes Phänomen der Trennung, ist nur die erste Äußerung in der die noch zu schwache
Anlage zur Verbindung des Entgegengesetzten eben darum erscheint. Wir sollen der Entwicklung auch nicht bloß unthätig
zusehen, sondern selbst den thätigsten Antheil daran nehmen,
wir selbst sollen mitwirken, die tellurischen Kräfte in Einheit und
Harmonie zu bringen.« (39) Wie des Novalis bleibt auch Schlegels Wunsch eines religiös erneuerten Europas Zukunftsvision.
Gegen Ende der »Reise nach Frankreich« heißt es ähnlich wie am
Schluß von »Die Christenheit oder Europa«: »Die weitere Ausführung dieser Idee bleibt einer andern Zeit vorbehalten. Hier
will ich nur noch erinnern, daß wir die Fortschritte und Annähe-
rungen zu diesem Ziele nicht nach Jahrhunderten, sondern nach
Jahrtausenden zu zählen haben.« (40)

Schon kurze Zeit später ist Schlegel nicht mehr bereit, sich die
Erfüllung seiner Einheits- und Universalismuswünsche nur in
kommenden Jahrmillennien zu imaginieren. 1808 konvertiert er
in Köln zum Katholizismus und stellt sich von Stund an in den
Dienst der konservativ-katholischen Kräfte. In seiner Philosophie
vollzieht sich, was man die Dialektik des romantischen Denkens
zu nennen versucht ist: Die Preisgabe aufklärerisch-kritischer
Rationalität und die Faszination durch Universalitätssysteme
– das eine bedingt das andere – führt die meisten Romantiker
in den Bannkreis jener Mächte, die ihre Kosmologie seit langem
gegen die Angriffe der Aufklärung verteidigten, die ein Organis-
mus- und Einheitsdenken konserviert hatten, das auf Entwick-
lungsstufen des europäischen Denkens angesiedelt ist, über die
die Aufklärung bereits hinweggegangen war. Friedrich Schle-

gel – wie stets Avantgardist der romantischen Bewegung – ist einer der ersten seiner Generation, der diesen Konkretisierungsschritt der Ganzheitsgläubigen von der Utopie in die institutionalisierte katholische Religion unternimmt. Daß dies ein zwar naheliegender, aber keineswegs notwendiger Schritt innerhalb der Entwicklungsmöglichkeiten der europäischen Romantik war, zeigt das Beispiel Saint-Simons, der auch unter den deutschen Romantikern – vor allem in Rahel Varnhagens Berliner Salon –[33] eine Reihe von Anhängern fand. Saint-Simon war Universalist wie die Frühromantiker, aber statt hinter die Aufklärung zurückzufallen, ging er über sie hinaus mit seiner der Intention nach alle Lebensbereiche von der Religion bis zur Technokratie berücksichtigenden Philosophie. Ähnlich wie Schlegel aber verhält sich ein ganzes Heer europäischer Romantiker, von denen Brentano, Adam Müller, Chateaubriand, Hugo, de Maistre und Lamartine nur die bekanntesten sind. Die Bewegungsrichtung der deutschen und französischen katholisierenden Romantiker ist freilich eine entgegengesetzte. Während erstere sich von ihren aufklärerischen Anfängen lösen und in den Dienst konservativ-restaurativer Kräfte begeben, vollzieht sich die Geschichte der französischen Romantik so, daß die meisten ihrer führenden Köpfe sich von dem ursprünglich verfochtenen katholischen Royalismus fort zu einem Liberalismus hin entwickeln, der die Prinzipien der französischen Revolution in gemäßigter Weise wieder aufnimmt.[34] Friedrich Schlegels Weg vom romantischen Europäismus zur katholischen Restauration vollzieht sich in logisch aufeinanderfolgenden Schritten. Am Anfang steht nach 1804 die Wendung von der Indien-Mythologie zur geoffenbarten positiven Religion des Katholizismus. Nach der 1808 in Köln erfolgten Konversion schließen sich die Wiener Vorlesungen *Über die neuere Geschichte* von 1810 an, in denen die entschwundene Herrlichkeit des Papsttums als politischer Institution beklagt wird. Schlegel stilisiert – ähnlich wie Novalis – im Zuge seiner Mittelalterverklärung den Papst zum schiedsrichterlichen Friedensfürsten der mediävalen Christenheit. Anfang der zwanziger Jahre ediert er die Zeitschrift *Konkordia*, die der christlichabendländischen Erneuerung Europas im Sinne Roms dienen sollte. Auch Adam Müller fand in der Propaganda für die kurial-katholische Restauration seine Aufgabe. Ihm schwebte ein religiöses Verhältnis unter den Staaten, eine Art realisierter civitas dei als Ziel der Europapolitik seiner Zeit vor Augen. Adam Müller greift Gedanken des Novalis auf, nicht ohne sie zu vereinfachen. Fast mit den gleichen Worten wie jener wendet er sich gegen die rein rationalistisch begründete Friedenskonstruktion, die auf dem Gleichgewicht der fünf europäischen Mächte basiere. In den *Elementen der Staatskunst* heißt es:

»Treibt nur immer, ihr Staatsverbesserer, euer abgesondertes, hoffnungsloses Geschäft so fort; stützt euch bald auf den Begriff absoluter Freiheit, bald auf den Begriff absoluter Unterwerfung: ihr werdet nichts bauen, als was ihr morgen wieder einreißen müßt. Novalis vergleicht diese unnützen Geschäftigen mit dem Sisyphus, dessen Stein, kaum hinaufgewälzt, von der andern Seite des Berges wieder hinabstürzte.«

Und wie Novalis verlangt er, daß die Religion die Basis und der Garant der europäischen Einheit werden müsse. Während Novalis aber keine inhaltlichen Aussagen über die Religion der Zukunft macht, meint Adam Müller die überlieferte christ-katholische Konfession des Mittelalters, wenn er schreibt: »Wohlan! so bleibt nichts mehr, so drängt alles zurück in die lange versäumte Mitte, in den Mittelpunkt der Familie, des Staates, der Menschheit, der Weltgeschichte, demnach zu Christus.« Christus, »dieser eine im Mittelpunkte der Weltgeschichte stehende Mittler«, ist ihm »der einzige wahre Universalmonarch«.[35] Die Gegenposition sowohl zu Novalis wie zu Adam Müller bezieht Heine später in den *Englischen Fragmenten*. Von einer Glorifizierung von Papst und Kirche im Mittelalter will Heine nichts wissen, vielmehr ist dort die Rede vom »Großpfaffen von Rom«, der »die Geister gekerkert« habe (189). Nicht das Mittelalter fungiert als Modell einer besseren Zukunft, sondern die Französische Revolution – bei Adam Müller der Grund allen Übels – wird als Beginn der neuen Ära Europas, ja der ganzen »Weltepoche« (191) gefeiert. Wie Novalis und Adam Müller betrachtet auch Heine die »neue Religion« als Basis der neuen Zeit. Aber während Novalis diese Religion inhaltlich noch nicht zu

bestimmen vermag, und während Adam Müller auf ein regene-
riertes Christentum seine Hoffnungen setzt, definiert Heine diese
»Religion« als »Freiheit«:

»Die Freyheit ist eine neue Religion, die Religion unserer Zeit.
Wenn Christus auch nicht der Gott dieser Religion ist, so ist er
doch ein hoher Priester derselben, und sein Name strahlt bese-
ligend in die Herzen der Jünger. Die Franzosen sind aber das
auserlesene Volk der neuen Religion, in ihrer Sprache sind die
ersten Evangelien und Dogmen verzeichnet, Paris ist das neue
Jerusalem, und der Rhein ist der Jordan, der das geweihte Land
der Freyheit trennt von dem Lande der Philister.« (194)

Der Einfluß der klerikal-orientierten französischen Philosophen, Schriftsteller und Theologen auf die deutsche Romantik
der Restaurationsepoche kann gar nicht überschätzt werden. Im
nachnapoleonischen Frankreich fand das Papsttum seine begab-
testen Apologeten. Chauteaubriand suchte im *Geist des Christentums* die Leser von der »Wahrheit« zu überzeugen, »daß Europa
dem heiligen Stuhle seine Civilisation, einen Theil seiner besten
Gesetze, und fast alle seine Künste und Wissenschaften schuldig« (349) sei. De Maistre ist in seinem 1819 erschienenen Buch
Du Pape der wortgewaltigste Verfechter der europäischen Einigung unter der Führung des päpstlichen Roms: »Jede europäische Nation«, so heißt es da, »die dem Einfluß des Heiligen Stuh-
les entzogen ist, wird unaufhaltbar zur Knechtschaft oder zur
Revolte getrieben.«[36] Auch Victor Hugo glaubt, daß der Katholizismus die einzige Kraft sei, die Europa regenerieren könne und
wünscht die Vereinigten Staaten von Europa unter der Leitung
des Papstes herbei. Aber anders als Bonald ist Hugo kein Kleri-
kalist.[37] Bonald, der führende Vertreter des französischen Kleri-
kalismus, sieht das Heil Europas und besonders Frankreichs in
der Allianz der alten Mächte von Thron und Altar. Der Kontinent, regiert von einigen hundert großen Familien der »guten
Gesellschaft« ist das Europa, das Bonald als Wunschbild der re-
staurierten heilen Welt vor Augen schwebt.[38]

Mit dem päpstlich-französischen Konzept zur Erneuerung
Europas konkurrierten germanisch-preußische und russisch-sla-
wische geschichtsphilosophische Heilsbotschaften. In Hegels eu-

ropazentrischem Weltbild »geht die Weltgeschichte von Osten nach Westen; denn Europa ist schlechthin das Ende der Weltgeschichte, Asien der Anfang«.[39] Nicht im römischen Katholizismus, sondern im germanischen Protestantismus erfüllt sich ihm die Entwicklung der Menschheitsgeschichte. Im »germanischen Reich« versöhnen sich Staat und Kirche, Individuum und Gemeinschaft, Glauben und Wissen sowie Himmel und Erde.[40] Von de Maistre wird Rußland als großes Hindernis einer abendländischen Regeneration angeprangert. Sein Argument lautet, daß Rußland erst seit Peter dem Großen oberflächlich europäisiert sei, daß ihm das der germanisch-romanischen Welt gemeinsame abendländische Fundament fehle.[41] Franz von Baader dagegen erscheinen die geistigen Kräfte des russisch-orthodoxen Christentums als Quell der Erneuerung des Westens, dessen christliche Kultur durch die Französische Revolution unterhöhlt worden sei.[42] Daß in Rußland bzw. den Zaren Alexander I. messianische Erwartungen gesetzt wurden, kann nur auf dem Hintergrund der Zeitgeschichte erklärt werden. Die Befreiungskriege, in denen Rußland die entscheidende Rolle gespielt hatte, bedeuteten die endgültige Integration des Landes in das europäische Mächtekonzert. Ganz allgemein läßt sich sagen, daß seitdem eine Reihe von Konservativen Rußland als Retter Europas betrachteten.[43] Im Zentrum der Baaderschen Gedankenwelt stand eine irenisch-unionistische Konfessionspolitik, der Plan, die drei großen christlichen Bekenntnisse wieder zu verbrüdern. Durch diese Vorstellungen geriet er zwar mit der Kurie in Konflikt, doch lieh Alexander I. ihm vorübergehend sein Ohr. Durch seinen Kultusminister Fürst Galizin ließ er Baader wissen, daß er ihn zum »Literarischen Korrespondenten« des Zarenreiches ernennen wolle. Romantisches Universalismusdenken beherrscht auch Baader. Beflügelt durch die Resonanz aus Rußland, unterbreitet er das Projekt einer in St. Petersburg zu errichtenden Akademie, deren Ziel er darin sieht, für die Beseitigung der durch die Aufklärung verursachten »Trennung und Opposition der Wissenschaft und Religion« (87) zu arbeiten, wie es in seinem Reisebericht heißt. Die »Reunion der Religion und Wissenschaft« müsse betrieben werden, um »die bereits tief eingedrungene Infection jener falschen Aufklärung« zu bekämpfen (94). Alexander I. verlor aber bald das Interesse an diesen Ideen, und weder erfolgte Baaders Ernennung zum »Literarischen Korrespondenten«, noch fand er in St. Petersburg Gehör für seine Akademiepläne.

Eine »Allgemeine Zeitung von Europa« wünscht Heine sich in den *Französischen Zuständen*[44] als Forum seiner Angriffe gegen die »Heilige Allianz«. Seine Vorrede zu dieser Schrift ist quasi das Gegenstück zu Baaders Beitrag. Die Restauration in Österreich, vor allem aber in Preußen ist die Zielscheibe dieser Kritik, die zu den schärfsten ihrer Zeit zählt.

III.

Einen ideologisch weniger verstellten Blick für die Möglichkeiten der verschiedenen europäischen Länder als Baader besaß Joseph von Görres, wie sein Buch *Europa und die Revolution* zeigt. Görres beschreibt den vorhandenen europäisch-asiatischen kulturellen Dualismus in Rußland. Den Prozeß der Europäisierung dieses Landes hält er für unaufhaltbar, und er vergleicht es mit »einem großen, thauenden Eisfeld in der Strömung« (269) der europäischen Geschichte. Görres' Buch ist keine geringe Bedeutung beizumessen, weil es mit seinen Nationalcharakteristiken der verschiedenen slawischen, romanischen und germanischen Länder Europas zum Abbau der Ressentiments und negativen Klischees, die in Deutschland über die anderen Völker in Umlauf waren, beitragen konnte. »Treue, stolzes Selbstgefühl und Vaterlandsliebe« (249) zeichnen nach Görres die Spanier aus. Dieses Selbstgefühl sei der Grund dafür, daß sich auf der iberischen Halbinsel »die junge Democratie in die alte, kindisch gewordene Monarchie« dränge und »nach Befestigung« strebe (259). Italien charakterisiert er als »vulkanisches Land voll schlafenden Brennstoffs« (204), dessen öffentliches Leben durch einen regen Freiheitssinn bestimmt werde. »Diesen Freyheitssinn«, heißt es, »haben die Italiäner durch ihre ganze Geschichte wohl bewährt, und er ist, nachdem sie Jahrhunderte lang unter willkührlichen Regierungsformen gelebt, noch bis auf diesen Tag untilgbar in ihrer Brust geblieben.« (200) »Religiöser Instinkt«, »feinsinniges Empfindungsvermögen«, eine »brennende Imagination« sowie »ein zartes Naturgefühl für Schönheit und Ebenmaß« machen für Görres das »Vorherrschende des Volkscharakters« Italiens aus. Die »germanischen Völker«, die »in Anlage und Ausbildung beynahe in Allem das Gegentheil« Italiens vorstellten, habe die Geschichte diesem Lande »zu stetem Antagonism« bestimmt (196–198), einem Gegensatz, der sich als starker Motor der europäischen Geschichte erwiesen habe.

Den germanisch-romanischen Gegensatz beschreibt der Italiener Mazzini in seinem Traktat »D'una letteratura Europea« ähnlich wie Görres. In der Fusion und wechselseitigen Durchdringung der beiden Kulturen erkennt Mazzini das spezifisch Europäische überhaupt. Er versucht die Unterschiede nicht mit der Klimatheorie – auf die Arndt noch zurückgriff –, sondern soziologisch zu erklären. Die politischen Bedingungen und gesellschaftlichen Strukturen seien von größerer Bedeutung für die Entfaltung einer Kultur und Literatur als geographisch-meteorologische Gegebenheiten, was man am Beispiel Spartas und Athens studieren könne: Während unter der Diktatur Spartas die Künste sich nicht hätten entwickeln können, seien sie im demokratischen Athen zu höchster Blüte gelangt. Mazzini, der sich in der Folge zum Sprecher des »Jungen Italien« und »Jungen Europa« entwickelte[45], appelliert zum Schluß seiner Studie an die europäischen Schriftsteller, Wahrheit und Freiheit zum Maßstab ihrer Dichtung zu machen, Tugenden, die das gemeinsame Charakteristikum der europäischen Literatur der Zukunft werden müßten. Ein Vierteljahrhundert vor Mazzini hatte bereits Friedrich Schlegel die Einheit der europäischen Literatur herausgestellt. In der Einleitung zu seiner »Geschichte der europäischen Literatur« liest man:

»Die europäische Literatur bildet ein zusammenhängendes Ganzes, wo alle Zweige innigst verwebt sind, eines auf das andere sich gründet, durch dieses erklärt und ergänzt wird. Dies geht durch alle Zeiten und Nationen herab bis auf unsere Zeiten. [...] Sich nur auf die Literatur einer gewissen Zeit oder einer Nation einschränken wollen, geht gar nicht an, weil eine immer auf die andere zurückführt und alle Literatur nicht allein vor- und nacheinander, sondern auch nebeneinander innig zusammenhängend ein großes Ganzes bildet.«[46]

Eine scharfe Attacke gegen Chauvinismus und nationalistische Vorurteile reitet auch der junge Shelley in seiner Schrift »An Address to the Irish People«. Shelley versichert, daß er als Engländer sich einsetze für die Emanzipation der katholischen Iren von der Vorherrschaft der protestantischen Briten, und dies nicht, weil er Anti-Engländer oder Pro-Ire sei, sondern weil er sich für die Befreiung des irischen Volkes wie für die jeder anderen Nation einsetze. Im Zentrum seiner Rede steht die Forderung nach religiöser und nationaler Toleranz, welche Voraussetzung für die Lösung der irischen Frage sei. Die Iren ruft er zum friedlichen Widerstand gegen ihre Unterdrücker auf. Er spricht sich gegen Gewaltmaßnahmen aus, weil er sich der terroristischen Eigendynamik von Revolutionen bewußt ist.

Wie für die mitteleuropäischen und angelsächsischen Romantiker, so schließen sich auch für die – zumeist eine Generation jüngeren – romantischen Dichterkollegen aus Süd-, Ost- und Nordeuropa nationales Engagement und europäischer Patriotismus keineswegs aus. Der Spanier Ángel de Saavedra, Herzog von Rivas, wurde als Liberaler verfolgt und verbrachte die Jahre 1823 bis 1834 im französischen und englischen Exil. Dort lernte er sowohl die zeitgenössischen Literaturen dieser Länder als auch deren fortgeschrittene Staats-Verfassungen kennen und schätzen. Als Schriftsteller und Staatsmann hat er nach der Rückkehr in sein Heimatland diese Eindrücke für die Dichtung und Politik Spaniens fruchtbar gemacht. Das belegen einerseits seine *Romances históricos* (1841) wie andererseits seine Tätigkeiten als Minister, Botschafter und Akademiemitglied. Der Pole Adam Mickiewicz wurde nicht nur für ein ganzes Jahrhundert die Symbolfigur des nationalen polnischen Zusammengehörigkeitsgefühls, er entwickelte sich im Pariser Exil auch zu einem der führenden Europäer seiner Zeit. Mickiewicz schuf mit seinem *Pan Tadeuz* (1834) eines der bedeutendsten Werke der polnischen Nationalliteratur, aber er begründete 1849 auch die republikanische Zeitschrift *La Tribune des Peuples*, welche er als »europäisches

Volksorgan« verstand. Ähnlich wie Mazzini betrachtete er seine publizistische Tätigkeit als Arbeit an der Zukunft Europas. So schreibt er anläßlich der Gründung seiner Zeitschrift: »Das Werk, das wir beginnen, ist von dem Gedanken beeinflußt, der einem neuen Europa voranleuchtet.«[47] Mit seinen verdienstvollen Pariser Vorlesungen *Cours de la littérature slave* (1840–44) machte Mickiewicz den Westen mit der osteuropäischen Literatur vertraut. Ein Mittler zwischen west- und osteuropäischer Kultur war auch Mickiewicz' Freund Alexander Puschkin. Während sich die meisten zeitgenössischen russischen Dichter in die beiden Lager der Slawophilen und der Westlinge (Zapadniki) teilten, war Puschkin bestrebt, die Tendenzen der ausländischen Romantik mit den national-slawischen Zielen zu verbinden. So verarbeitet er in *Eugen Onegin* (1825) und *Boris Godunow* (1825) Themen aus der nationalen russischen Geschichte, doch wird gleichzeitig der Einfluß Byrons sowie der romantischen Shakespeare-Begeisterung deutlich. Kosmopolitismus und vaterländisches Bewußtsein zeichnen schließlich auch das Werk des schwedischen Romantikers Esaias Tegnér aus; man denke an seine bekannte *Frithiofs Saga* (1820–1824).

Ein Schicksal teilen die meisten europäischen Romantiker: das von Verbannung, Flucht oder Emigration. Chateaubriand, Arndt, Shelley, Gentz, Mazzini, Görres, Hugo, Rivas, Heine, Mickiewicz – sie alle fliehen in eines der jeweils liberaleren europäischen Länder. Die interessanteste Emigrantin der romantischen Generation ist Germaine de Staël, und kaum jemand ihrer Leidensgefährten hat sich wie sie eingelassen auf die zeitgenössische Kultur ihres Gastlandes. Was den Abbau von Vorurteilen zwischen Franzosen und Deutschen betrifft, so hat kein anderes Buch in gleichem Maße bahnbrechend gewirkt wie das der Madame de Staël über Deutschland. Robert Minder schreibt dazu:

»Ihr Buch [...] ist die früheste, brillanteste, von warmer Herzlichkeit erfüllte und kongenialste Kulturgeschichte der Goethezeit. Sie hat das Deutschlandbild von Frankreich, England, ja von Amerika, Rußland, Polen entscheidend umgestaltet, indem sie den Vorhang wegzog und den erstaunten Völkern zeigte, welches Dichtungs- und Gedankengebäude Deutschland seit 1750 errichtet hatte. Das Buch war mehr als nur die Leistung einer hohen kritischen Intelligenz: es war eine moralische Tat, die Absage des Geistes an die Gewalt, die spontane Konstituierung einer klassisch-romantischen, europäischen Front gegen die Militärdiktatur Napoleons.«[48]

»Diese Frau ist keine Französin!« wetterte Napoleon, als im Oktober 1810 dieses Werk der Résistance gegen den Bonapartismus in seine Hände gelangte.[49] Unzensiert konnte die Studie in Frankreich nicht erscheinen. Stellen wie diese mit ihrem Affront gegen das polizeistaatliche Frankreich wurden gestrichen: »Denn dahin, will ich hoffen, ist es bei uns nicht gekommen, daß man um das literarische Frankreich die große Mauer von China ziehen wolle, um allen Ideen von außen den Eingang zu verwehren.« (I,5) Daß eine Französin die Sterilität der epigonalen Gegenwartsliteratur Frankreichs beklagte, eines Landes, das dabei war, die politische Führungsrolle in der Welt zu übernehmen; daß sie gegen die sich an den französischen Klassikern orientierende Dichtung eine so dunkle wie unverständliche Literatur des unterworfenen Nachbarlandes ausspielte, ja gar als Vorbild pries, galt bei Napoleon und seinen Anhängern als höchst unpatriotische Tat. Den Ehrentitel einer »von Natur literarischen und philosophischen Nation« (15) verleiht Madame de Staël den Deutschen; und ihre Philosophen und Schriftsteller bezeichnet sie als »die gelehrtesten Männer, die denkendsten Köpfe Europa's«, deren Werken »einige Aufmerksamkeit« (I,5–6) zu schenken durchaus verlohne. »Die Deutschen«, so fährt sie fort, der Nachbarnation ihren Respekt zu zollen, »bilden gleichsam den Vortrab der Armee des menschlichen Geistes, sie schlagen neue Wege ein, versuchen ungekannte Mittel; wie sollte man nicht begierig seyn zu erfahren, was sie bei ihrer Rückkehr von den Reisen in das Unendliche zu erzählen haben?« (II,9) Nichts liegt Madame de Staël aber ferner, als negative Klischees lediglich in positive zu verwandeln. Bei den Vergleichen, die sie zwischen der französischen und der deutschen Kultur zieht, bemüht sie sich, objektive Gründe für die unterschiedlichen Entwicklungen in den beiden Ländern aufzufinden. Während die französische

Kunst jener Tradition angehöre, deren Ziel es stets war, die Literatur der »Alten«, der griechisch-römischen Antike mit ihrer Betonung des Diesseits nachzuahmen, verdanke die deutsch-romantische Kultur ihre Entstehung dem »Geist des Mittelalters«, welcher der »einer wesentlich-spiritualistischen Religion« (I,3) sei. Entsprechend gälten »Klarheit in Frankreich für eins der hauptsächlichsten schriftstellerischen Verdienste«, wohingegen das »Mysterium« es sei, welches das Faszinosum der deutschen Literatur ausmache. Hier setzt freilich auch die Kritik der de Staël an gewissen modischen Tendenzen ein: »Die Deutschen«, schreibt sie, »gefallen sich in Dunkelheiten: oft hüllen sie, was klar am Tage lag, in Nacht, bloß um den geraden Weg zu meiden. [...] Die deutschen Schriftsteller geniren sich nicht mit ihren Lesern; da ihre Werke wie Orakelsprüche aufgenommen und ausgelegt werden, so können sie sie in so viel Wolken hüllen, als ihnen gefällt.« (II,4) An den deutschen Philosophen bemängelt sie das zu geringe gesellschaftliche Engagement: »Die aufgeklärtesten Köpfe in Deutschland streiten lebhaft mit einander«, so beobachtet sie, »um die Herrschaft im Gebiet der Speculation; hier leiden sie keinen Widerspruch; überlassen übrigens gern den Mächtigen der Erden alles Reelle im Leben. [...] Der Geist der Deutschen scheint mit ihrem Charakter in keiner Verbindung zu stehen; jener leidet keine Schranken, dieser unterwirft sich jedem Joche; jener ist unternehmend, dieser blöde; die Aufklärung des ersten giebt selten dem zweiten Kraft.« Die »größte Kühnheit im Denken« verbinde sich »mit dem folgsamsten Character«. (I,25–26) Was in Deutschland ihrer Meinung nach not täte, wäre »Mittelpunct und Gränzen jener hervorstechenden Denkkraft anzuweisen, die sich in den leeren Raum versteigt und verliert, in die Tiefe eindringt und verschwindet, vor gar zu großer Unparteilichkeit zu Nichts, vor gar zu feiner Analyse zum Chaos« werde (I,15). Was Frankreich und Deutschland voneinander lernen könnten, faßt sie so zusammen: »Wenn die vorzüglichen Menschen beider Länder den höchsten Grad der Vollkommenheit erreichen sollten, müßten die Franzosen religiös, die Deutschen ein wenig weltlich werden.« (II,6) Wie sehr Madame de Staël mit ihren Bemerkungen damals ins Schwarze traf, zeigt sich nicht zuletzt an der Selbstkritik auf deutscher Seite, etwa der Jean Pauls. In seiner Aphorismensammlung »Germanismen und Gallizismen« bezeichnet Jean Paul die deutschen Denker als »Schnellsegler« sowie »Luft- und Aether-Springer« (73,70).

Auch August Wilhelm Schlegel räumt in seinem für das englische Publikum geschriebenen »Abriß von den Europäischen Verhältnissen der Deutschen Litteratur« ein, daß der deutsche Gelehrte es nicht verstehe, seinen Gegenstand »zu einer edeln und zierlichen Form [zu] verarbeiten«. Bei dem »unverkennbaren Tiefsinn des Gedankens« vermisse »man nicht selten anschauliche Klarheit der Darstellung«. (5) Dem von ihm als »beredten und geistvollen Werke« (13) bezeichneten Buch der Madame de Staël beipflichtend stellt er fest, daß »der Geist der Deutschen mehr eine speculative als praktische Richtung genommen« (6) habe. An die Adresse der Engländer gewandt fährt er fort: »Vielleicht könnte daher die Bekanntschaft mit unsrer Litteratur für eine Nation, bei welcher gerade das Gegentheil Statt findet, als ein heilsames Gegengewicht betrachtet werden.« (6) August Wilhelm Schlegel gehört zu jenen Romantikern, welche es als das typisch Europäische an der geistigen Arbeit ihrer Zeit ansahen, daß die nationale und europäische Historie im Gesamtzusammenhang der Menschheitsgeschichte untersucht werde. Als Aufgabe des Gelehrten betrachtet er es – und darin ist er Goethe verwandt – »die gegenwärtigen Zustände des Menschengeschlechts in allen Welttheilen aus der Vergangenheit, und zwar so viel möglich aus der entferntesten Vergangenheit zu erklären«. (9) In diesem Sinne ist sein Bekenntnis zu verstehen: »Es war immer mein Bestreben, mich zu einem Europäischen Gesichtspunkte für alle Erscheinungen des Jahrhunderts zu erheben.« (5) Von der Intention und Wirkung her gesehen, kann man August Wilhelm Schlegel als den europäischen Romantiker schlechthin bezeichnen.[50] Er inspirierte Madame de Staël, deren Freund und Reisebegleiter er war, zu ihrem Deutschlandbuch; in Frankreich setzte sich nach seiner Phädra-Schrift[51] die freie, entbundene Dichtungsform zumindest vorübergehend gegen die strengen Regeln des Klassizismus durch, in England propagierte Coleridge seine Ideen, und in Italien verbreitete Manzoni seine

Lehren.[52] Umgekehrt gab es kaum einen lerneifrigeren, weltbür-
gerlicheren Schüler und Vermittler anderer Kulturen als August
Wilhelm Schlegel. »Wir fragen«, so stellt er heraus, »gar wenig
danach, in welchem Lande zuerst eine neue Wahrheit ans Licht
gefördert worden ist; wir werden durch keine Parteilichkeit oder
Beschränktheit gehindert, jeden irgendwo gemachten Fortschritt
in der Wissenschaft sofort anzuerkennen und zu benutzen.« (4)
Der Ehrentitel, mit dem er die Angehörigen seiner zeitgenössischen Bildungsschicht in Deutschland charakterisierte, trifft
ebenfalls auf ihn zu: Auch er zählte zu den »Kosmopoliten der
Europäischen Cultur« (4).

Anmerkungen

1 Vgl. dazu die von Heinz-Otto Sieburg herausgegebene Essay-Sammlung
   Napoleon und Europa, Köln, Berlin 1971. Siehe ferner: Denis de Rougemont, Europa. Vom Mythos zur Wirklichkeit, München 1962, S. 157–220.
2 Vgl. Luigi Salvatorelli, »Napoleon und Europa«, in: H.-O. Sieburg (Hrsg.),
   Napoleon und Europa, a. a. O., S. 171–200.
3 Ebd., S. 177.
4 Vgl. die Texte in: P. M. Lützeler (Hrsg.), Europa. Analysen und Visionen
   der Romantiker, Frankfurt a. M. 1982.
5 Vgl. Karl Heinz Schäfer, Ernst Moritz Arndt als politischer Publizist, Bonn
   1974, S. 182–186.
6 Joseph von Görres, »Resultate meiner Sendung nach Paris im Brumaire des
   achten Jahres« (Koblenz 1800), in: J. v. G., Politische Schriften, Bd. I, München 1854, S. 25–112, besonders S. 42 f. und 86 f. Vgl. dazu: Leo Just, »Joseph Görres und die Friedensidee des 18. Jahrhunderts«, in: Karl Hoebes
   (Hrsg.), Görres-Festschrift, Köln 1926, S. 25–45.
7 Vgl. L. Salvatorelli, »Napoleon und Europa«, a. a. O., S. 197.
8 Vgl. Theodor Schieder, »Das Jahr 1813 und das heutige Europa«, in: H.-O.
   Sieburg (Hrsg.), Napoleon und Europa, a. a. O., S. 358.
9 Vgl. K. H. Schäfer, E. M. Arndt, a. a. O., S. 186.
10 Vgl. das Kapitel »Das europäische Gleichgewicht«, in: Heinz Gollwitzer,
   Europabild und Europagedanke. Beiträge zur deutschen Geistesgeschichte
   des 18. und 19. Jahrhunderts, München ²1964, S. 71–77.
11 Vgl. Friedrich Gentz, Das Continentalsystem und dessen Wirkung auf die
   Handelsverbindung mit England (1814, o. O.) und A[ugust] W[ilhelm]
   S[chlegel], Über das Continentalsystem und den Einfluß desselben auf
   Schweden (1813, o. O.).

12 Vgl. H. Gollwitzer, Europabild, a. a. O., S. 137.

13 Richard Samuel, Heinrich von Kleist's Participation in the Political Movements of the Years 1805–1809, Dissertation (masch.), 1938, zitiert nach: Rudolf Berg, »Intention und Rezeption von Kleists politischen Schriften des Jahres 1809«, in: Text und Kontext. Quellen und Aufsätze zur Rezeptionsgeschichte der Werke Heinrich von Kleists, hrsg. v. Klaus Kanzog, Berlin 1979, S. 219. Vgl. Kleists politische Schriften im Band 5 der dtv-Kleist-Ausgabe, hrsg. v. Helmut Sembdner, München 1964, S. 82–113.

14 Kleist-Ausgabe Bd. 5 (siehe Anmerkung 13), S. 108–109.

15 Vgl. Anmerkung 11.

16 Das Amerikathema spielt in den Schriften der Romantiker eine unverhältnismäßig geringere Rolle als die Europaidee. Vgl. dazu die Studien von: Harold von Hofe, »Novalis and the New World«, Anselm Maler, »Die Entdeckung Amerikas als romantisches Thema. Zu Eichendorffs ›Meerfahrt‹ und ihren Quellen«, in: Alexander Ritter (Hrsg.), Deutschlands literarisches Amerikabild, Hildesheim, New York 1977, S. 218–225 und 226–253. François René Chateaubriands Erzählungen »René« und »Atala« von 1802, die in Amerika spielen bzw. in denen Amerika in den Blickwinkel gerät, sind eher atypisch für ihre Zeit.

17 Vgl. H. Gollwitzer, Europabild, a. a. O., S. 171; ferner: Jacques Droz, Le Romantisme allemand et l'État. Résistance et collaboration dans l'Allemagne napoléonienne, Paris 1966.

18 F. a. de Chateaubriand, Buonaparte und die Bourbons. Oder über die Notwendigkeit, daß sich Frankreich, zu seinem eigenen und ganz Europa's Glück, mit seinen rechtmäßigen Fürsten wieder vereinige, übersetzt von Salomon Ponge, Berlin 1814, S. 95.

19 Vgl. F. H. Hinsley, Power and the Pursuit of Peace. Theory and Practice in the History of Relations between States, Cambridge 1963, S. 102; ferner: Carsten Holbraad, The Concert of Europe, A. Study in German and British International Theory, London 1970.

20 Vgl. Hans-Joachim Mähl, Die Idee des goldenen Zeitalters im Werk des Novalis, Heidelberg 1965, S. 373f. Vgl. ferner: Richard Samuel, Die poetische Staats- und Geschichtsauffassung Friedrich von Hardenbergs (Novalis). Studien zur romantischen Geschichtsphilosophie, Hildesheim 1975, Nachdruck der Ausgabe von 1925; ferner: Hans Wolfgang Kuhn, Der Apokalyptiker und die Politik. Studien zur Staatsphilosophie des Novalis, Freiburg i. Br. 1961; Rolf-Peter Janz: Autonomie und soziale Funktion der Kunst. Studien zur Ästhetik von Schiller und Novalis, Stuttgart 1973, S. 126ff.

21 Vgl. Alfred v. Marin, »Das Wesen der romantischen Religiosität«, in: Deutsche Vierteljahrsschrift für Literaturwissenschaft und Geistesgeschichte, 2. Jg., 1924, S. 378.

22 Vgl. H. Gollwitzer, Europabild, a. a. O., S. 147.

23 Vgl. Wilhelm Emrich, Der Universalismus der deutschen Romantik, Mainz, Wiesbaden 1964, S. 9.

24 Vgl. Wilfried Malsch, »Europa«. Poetische Rede des Novalis: Deutung der Französischen Revolution und Reflexion auf die Poesie in der Geschichte, Stuttgart 1965.

25 Vgl. Hans Joachim Heiner, Das Ganzheitsdenken Friedrich Schlegels. Wissenssoziologische Deutung einer Denkform, Stuttgart 1971, S. 67 u. 84.

26 Vgl. z. B. Karoline von Günderode, »Geschichte eines Braminen«, in: K. v. G., Gesammelte Werke, 2. Bd., Bern 1970, S. 82. In Hölderlins Hyperion wandert Hyperions Lehrer Adamas bezeichnenderweise nach Asien aus. Asien und Indien sind noch in Victor Hugos »Fragment d'Histoire« identisch mit dem Ursprung von Kultur überhaupt.

27 Friedrich Schlegel, »Allgemeine Bemerkungen über Europa«, in: Kritische Friedrich-Schlegel-Ausgabe, 11. Bd., 2. Abteilung. Wissenschaft der Europäischen Literatur, hrsg. v. Ernst Behler, Paderborn, München, Wien 1958, S. 17. Zur Entstehung der Zeitschrift »Europa« vgl. auch Hans Eichners Kommentar in der gleichen Ausgabe, 3. Bd. 1. Abteilung: Charakteristiken und Kritiken II (1802–1829), 1975, S. XIV ff. Zum Europa-Begriff bei Schlegel vgl. Ernst Behlers Kommentar im 11. Band der Ausgabe, S. 277 f.

28 Titel einer 1808 erschienenen Schrift Friedrich Schlegels.

29 Ernst Behler, »Nachwort« in: Europa. Eine Zeitschrift, herausgegeben von Friedrich Schlegel. Mit einem Nachwort zur Neuausgabe von Ernst Behler, Darmstadt 1963, S. 24. Behler weist hier mit Recht darauf hin, daß die Gründung der Zeitschrift »Europa« »den europäischen Wendepunkt der romantischen Bewegung« darstelle (S. 7).

30 Vgl. Friedrich Heer, Europa. Muster der Revolutionen, Stuttgart 1964, S. 110.

31 Vgl. Ernst Robert Curtius, »Friedrich Schlegel und Frankreich«, in: E. R. C., Kritische Essays zur europäischen Literatur, Bern 1950, S. 78 bis 94.

32 Zum Revolutionsbegriff bei F. Schlegel vgl. Ernst Behler, »Die Auffassung der Revolution in der deutschen Frühromantik«, in: Peter Uwe Hohendahl, Herbert Lindenberger, Egon Schwarz (Hrsg.), Essays on European Literature in Honor of Liselotte Dieckmann, St. Louis 1972, S. 191–215; Richard Brinkmann, »Deutsche Frühromantik und Französische Revolution«, in: R. Brinkmann u. a., Deutsche Literatur und Französische Revolution, Göttingen 1974; zum Religionsbegriff bzw. zum Universalismusdenken vgl. auch: Klaus Peter, Idealismus als Kritik. Friedrich Schlegels Philosophie der Unvollendeten Welt, Stuttgart 1973 und die Aufsätze in: Richard Brinkmann (Hrsg.), Romantik in Deutschland, Stuttgart 1978, S. 331–520; zu den politischen Theorien: Jakob Baxa, Einführung in die romantische Staatswissenschaft, Jena 1923; Hans Reiss, Politisches Denken in der deutschen Romantik, Bern, München 1966 sowie: Werner Weiland, »Politische Romantikinterpretation«, in: Dieter Bänsch (Hrsg.), Zur Modernität der Romantik, Stuttgart LiSo 8, 1977, S. 1–59.

33 Vgl. Werner Vordtriede, »Der Berliner Saint-Simonismus«, in: Heine-Jahrbuch, 14, 1975, S. 93–110. Zum Thema Aufklärung und Romantik vgl. Hel-

mut Schanze, Romantik und Aufklärung. Untersuchungen zu Friedrich Schlegel und Novalis, Nürnberg 1966.

34 Vgl. Fritz Strich, »Die Romantik als europäische Bewegung« (1924), in: Helmut Prang (Hrsg.), Begriffsbestimmung der Romantik, Darmstadt 1972, S. 122.

35 Adam Müller, Die Elemente der Staatskunst, Berlin 1968, 12. Vorlesung, S. 144; 34. Vorlesung, S. 410; 33. Vorlesung, S. 398.

36 Zitiert nach F. Heer, Europa, a. a. O., S. 28.

37 Zum Thema des romantisch-französischen Katholizismus vgl. Romantisme et politique 1815–1851. Colloque de l'Ecole Normale Supérieure de Saint-Cloud, 1966, Paris 1969.

38 Vgl. F. Heer, Europa, a. a. O., S. 279 u. 611.

39 G. W. F. Hegel, »Einleitung« zur Philosophie der Geschichte, 11. Bd. der Glockner-Ausgabe, Stuttgart 1949, S. 150.

40 Vgl. F. Heer, Europa, a. a. O., S. 207.

41 Vgl. H. Gollwitzer, Europabild, a. a. O., wo auf den Seiten 27–48 auf den Unterschied zwischen »Abendland« und »Europa« in diesem Sinne eingegangen wird.

42 Vgl. Ernst Benz, Franz von Baader und Kotzebue. Das Rußlandbild der Restaurationszeit, Mainz, Wiesbaden 1957, S. 62.

43 Vgl. Dmitrij Tschizewskij/Dieter Groh (Hrsg.), Europa und Rußland. Texte zum Problem des westeuropäischen und russischen Selbstverständnisses, Darmstadt 1959, S. 12 (Einleitung).

44 Heinrich Heine, »Vorrede zu den Französischen Zuständen«, in: Heinrich Heine, Über Frankreich 1831–1837. Berichte über Kunst und Politik, Band 7 der Säkularausgabe, bearbeitet von Fritz Mende, Berlin: Akademie-Verlag, Paris: Editions du CNRS, 1970, S. 69.

45 Vgl. Giuseppe Mazzini's Schriften, aus dem Italienischen mit einem Vorwort von Ludmilla Assing, 1. Bd., Hamburg 1868. Mazzini gründete 1931 die »Giovine Italia« (Junges Italien), die er drei Jahre später in der Schweizer Emigration mit dem »Jungen Polen« und dem »Jungen Deutschland« zum –freilich kurzlebigen – »Jungen Europa« vereinte. Ziel dieses Geheimbundes war die Förderung der republikanischen Befreiungsbewegungen in den europäischen Ländern. Das zukünftige Europa stellte Mazzini sich vor als einen Bund nationalstaatlicher Republiken.

46 Friedrich Schlegel, »Einleitung« zu »Geschichte der europäischen Literatur (1803/04)«, in: Fr. Schlegel, Wissenschaft der europäischen Literatur, hrsg. v. Ernst Behler, Bd. XI der Kritischen Friedrich-Schlegel-Ausgabe, München, Paderborn, Wien 1958, S. 5, S. 11.

47 Mickiewicz, Ein Lesebuch für unsere Zeit, Weimar 1955, S. 155.

48 Robert Minder, »Madame de Staël entdeckt Deutschland«, in: R. M., Kultur und Literatur in Deutschland und Frankreich. Fünf Essays, Frankfurt/Main 1962, S. 94. Vgl. ferner: Denis de Rougemont, »Madame de Staël et ›l'esprit européen‹«, in: CADMOS, Nr. 10, 1980, S. 5–11.

49 Zitiert nach F. Heer, Europa, a. a. O., S. 216. Madame de Staël schreibt auf

Seite 5 in einer Fußnote: » Ich war erbötig, mich ihrem [der Pariser Censoren] Richterstuhl auf eine negative Art zu unterwerfen; d. h. alles auszustreichen, ohne etwas an die Stelle zu setzen; aber die Gendarmerie, die mir der Polizeiminister über den Hals schickte, censirte mein Werk auf eine etwas handgreiflichere Art: sie zerstörte es.«

50 Das Zerrbild, das Heine von August Wilhelm Schlegel zeichnete, verstellt leider noch immer den Blick für die Größe dieses Gelehrten und Schriftstellers. Vgl. Heinrich Heine, Die romantische Schule, Historisch-kritische Gesamtausgabe, hrsg. v. Manfred Windfuhr, Band 8, Düsseldorf 1979, S. 168 ff.

51 August Wilhelm Schlegel, »Comparaison entre la Phèdre de Racine et celle d'Euripide« (Paris 1807). Vgl. auch Karl S. Guthke, »Benares am Rhein – Rom am Ganges: Orient und Okzident im Denken A. W. Schlegels«, in: K. S. G., Das Abenteuer der Literatur, Bern und München 1981, S. 242–258.

52 Vgl. Fritz Strich, »Die Romantik«, a. a. O., S. 116.

Erstveröffentlichung: Romantik. Ein literaturwissenschaftliches Studienbuch, hrsg. v. Ernst Ribbat, Königstein 1979, S. 213–236, unter dem Titel»Kosmopoliten der europäischen Kultur: Romantiker über Europa« (Kurzfassung).

Napoleon-Legenden von Hölderlin bis Chateaubriand (1798–1848)

> Aber der Heroismus fuselt abscheulich und bekommt das Lazarettfieber und kann ohne Lieutenants und Rekruten nicht bestehen. Pack dich mit deiner Alexanders- und Napoleonromantik!
>
> (Georg Büchner,
> *Leonce und Lena,* 1836)

I.

Die Napoleon-Legenden der europäischen Dichter in der ersten Hälfte des 19. Jahrhunderts sind so alt wie der Buonapartesche Ruhm: An ihrem Anfang stehen Namen wie Hölderlin und Foscolo, und einen vorläufigen – wenn auch nicht letzten – Höhepunkt markieren Äußerungen von Stendhal, Heine, Goethe und Chateaubriand. Auf dichterische Weise warnte Hölderlin seine Schriftstellerkollegen bereits an der Jahrhundertwende davor, den genialen General der italienischen Feldzüge zu besingen. »Der Dichter laß ihn unberührt wie den Geist der Natur,/ An solchem Stoffe wird zum Knaben der Meister« heißt es in Hölderlins Ode »Buonaparte«. Der schnelle Geist des Jünglings, so liest man weiter, lasse sich von keinem Dichter fassen, müsse dessen Vorstellungskraft sprengen. Bewundernd und resigniert hält Hölderlin fest: »Er kann im Gedichte nicht leben und bleiben,/ Er lebt und bleibt in der Welt.«[1] Literarische Verbotstafeln vor dichterischer Arbeit sind paradox, wenig überzeugend, und so wurde Hölderlins Warnung in den Wind geschlagen.

Wenn schon der schwäbische Hauslehrer sich durch die glänzenden Italien-Siege blenden ließ, um wieviel verständlicher ist dies bei dem jungen italienischen Offizier Ugo Foscolo, der 1797 in seiner Ode »Bonarparte liberatore« das zeittypische italienische Mißverständnis von Napoleons Absichten zum Ausdruck bringt. Wie bei Hölderlin wird hier der Korse als großer General des republikanischen Frankreich gefeiert, eines revolutionären Staates, von dem man sich – durch seine Ausstrahlung – eine Veränderung der politischen Verhältnisse des Heimatlandes erwartet. Als den Prometheus seines Landes feiert im gleichen Jahr Foscolos Landsmann Vincenzo Monti den jungen General in seiner Dichtung *Prometeo*. Foscolo ist aber nicht nur Republikaner, sondern auch italienischerPatriot, der die Einheit Italiens herbeisehnt. Als Buonaparte 1797 den Friedensvertrag von Campo Formio abschließt, gibt Foscolo seiner Enttäuschung darüber in seinem – in manchem Goethes *Werther* nachempfundenen – Briefroman *Ultime Lettere di Jacopo Ortis* Ausdruck, ein Buch, das 1802 erschien. Nachdem Venetien, Istrien und Dalmatien an Österreich abgetreten worden sind, zieht sich in diesem Roman der junge Patriot Jacopo Ortis aus dem heimischen Venedig aufs Land in die Nähe von Padua zurück. Der erste seiner Briefe, die er hier schreibt, datiert vom 11. Oktober 1797 und beginnt mit dem verzweifelten Satz: »Il sacrificio della patria nostra è consumato: tutto è perdutto.«[2]

Novalis war von Anfang an nicht sonderlich beeindruckt von dem französischen General. Im Hinblick auf dessen Erfolge und Landnahmen heißt es in der Europa-Rede von 1799: »Alle Eroberungen wollen hier nichts sagen, denn die innerste Hauptstadt jedes Reiches liegt nicht hinter Erdwällen und läßt sich nicht erstürmen.«[3] Hier wird bereits der Same des Widerstandes gegen das spätere napoleonische Europa-Konzept der gewaltsamen Einigung und Unterwerfung des Kontinents gelegt.

Im November 1799 erlebt Joseph Görres in Paris den Sturz des Direktoriums und Napoleons Machtergreifung mit. Görres hatte früh in Buonaparte den künftigen Monarchen und Autokraten erkannt. Aus Paris schrieb er 1799 in einem Brief: »Nehmt euch in bälde den Suetonius zur Hand, denn der neue Augustus ist fertig.«[4] Die ernüchternden Erfahrungen in der französischen Hauptstadt des Brumaire legte Görres in seinem Bericht »Resultate meiner Sendung nach Paris« dar, den er im Jahr darauf publizierte. Da heißt es einleitend: »Meine Reise nach Paris fällt in eine der merkwürdigern Epochen der Revolution. Ein Akt des Dramas hatte ausgespielt, ein neuer begann. Ich sah die Schauspieler entkleidet hinter den Coulissen [...], die Hektik hinter der Larve des Herkules«.[5] Als pseudo-republikanisch erkennen auch zwei englische Romantiker Bonapartes Konsularverfassung: 1802 geben Coleridge und Wordsworth ihrer Skepsis gegenüber der neuen französischen Politik Ausdruck; Wordsworth in seinem Gedicht »I Grieved for Buonaparte« und Coleridge in seinem Situationsbericht aus Paris »Comparison of the Present State of France with that of Rome under Julius and Augustus Caesar«. Wordsworth bezweifelt, daß Buonaparte die Fähigkeiten eines republikanisch orientierten und gerechten Herrschers besitze; dazu fehlten ihm sowohl Ausbildung wie Qualifikation. Er fragt: »What food / Fed his first hopes? what knowledge could *he* gain? / Tis not in battles that from youth we train«.[6] Wie Görres sieht Coleridge[7] in den römisch-republikanischen Formen nichts als Imitation und Fassade; hinter ihnen verberge sich ein politischer Wille, der viel mit cäsaristischem Ehrgeiz und nichts mit Republikanismus zu tun habe. Napoleons Absicht, aus Paris das zweite Rom als Mittelpunkt eines Weltreiches zu machen, so prophezeit Coleridge, werde scheitern. Ähnlich hellsichtig in der Kritik am Ersten Konsul ist Ernst Moritz Arndts Schrift *Germanien und Europa*, die Ende 1802 entstand und 1803 publiziert wurde. Karrieresucht, Verrat an den Idealen der Aufklärung, Militarismus und Rassismus sind die Vorwürfe, die er dem »Diktator« und »Despoten« Buonaparte macht. In *Germanien und Europa* bezeichnet Arndt Napoleon einmal als »Emporgekommenen«[8], und »Der Emporgekommene« lautet der Titel des zentralen Teils im ersten, 1805 erschienenen Band von Arndts *Geist der Zeit*. Inzwischen hat sich der Korse zum Empereur befördert und macht aus seinen europäischen Dominanzansprüchen kein Geheimnis mehr. Den intentional positiven Vergleichen mit Alexander, Cäsar und Karl dem Großen, mit denen seine Verehrer ihm schmeicheln, fügt Arndt die negativen Größen Attila und Dschingis Khan hinzu, die zum späteren Repertoire der Napoleon-Gegner gehören. Wie bereits in *Germanien und Europa* zollt Arndt der Energie und Zielstrebigkeit Napoleons seine Anerkennung, doch ist die Kritik jetzt noch schärfer formuliert. »Furchtbarer ist kein Mann den Fürsten und Völkern. Er ist dem Weltmeer gleich, das ewig hungrig Bäche und Ströme in sich verschlingt und keinen Tropfen zurückgibt«, so geißelt er seinen krankhaften Expansionsehrgeiz. Arndt sieht den Kaiser nicht als integrierende Kraft, sondern als Zerstörer Europas. »Zum Krieger ward er geboren, nicht zum Herrscher«[9], so lautet Arndts Fazit. »Vulkan«, »erhabenes Ungeheuer« und »seltne Naturkraft« sind die gleichzeitig kritisch wie bewundernd gemeinten Bezeichnungen, mit denen er – und nicht nur er – Napoleon belegt. »Geh nach Italien, schlage Livius auf«, so empfiehlt Arndt – ähnlich Görres – seinen deutschen Lesern und wirkt damit entscheidend auf die Napoleon-Vorstellungen seiner Generation ein; »frage die Römergeschichten und versetze das Alte mit neuer Geistigkeit, mit größerem Prunk der Worte, mit etwas politischer Empfindsamkeit, so findest du, was der Mann ist und wohin du ihn stellen sollst. Die ernste Haltung, des Südens tief verstecktes Feuer, das strenge, erbarmungslose Gemüth des korsischen Insulaners, mit Hinterlist gemischt, eiserner Sinn, der furchtbarer sein wird im Unglück, als im Glück, [...] ein Mann, der kein Maß hat«[10]. Der weitsichtige Arndt empfiehlt als einziges probates Mittel gegen den »Fürchterlichen« dessen Verbannung.[11] Schon in diesem ersten Band von *Geist der Zeit* wird an den Verteidigungswillen der übrigen europäischen Völker, besonders der deutschen Länder appelliert.

Den Arndt von 1803 und 1805 wird man besonders zu schätzen wissen, vergleicht man seine Kritik mit einem literarischen Anbiederungsversuch, wie er sich in der ersten Zeit des Rheinbundes bei dem badischen Gymnasialdirektor Johann Peter Hebel findet. In seiner Anekdote des *Rheinländischen Hausfreunds* »Kaiser Napoleon und die Obstfrau in Brienne« wird der gute, menschliche, gerechte Kaiser Napoleon vorgestellt, der eine kleine Schuld, die er aus seiner Militärschul-Zeit bei einer Obstfrau in Brienne hat, begleicht, indem er ihr bei einem Besuch des Ortes den Betrag gleich hundertfach erstattet. Und nicht nur das, der hochherzige Imperator sorgt auch noch dafür, daß die Tochter der Obstfrau »ehrenvoll versorgt« wird, und daß ihr Sohn »auf kaiserliche Kosten in der nämlichen Schule erzogen« wird, »aus welcher der große Held selber ausgegangen ist«.[12] Verständlich werden solche literarische Schmeicheleien nur, wenn man sich vergegenwärtigt, daß das badische Bürgertum die durch Napoleon bescherten Verwaltungs-, Land- und Rechtsreformen willkommen hieß. Vergleichbaren Reformen stand Arndt keineswegs ablehnend gegenüber, im Gegenteil, als Mitarbeiter des Freiherrn vom Stein wird er in den folgenden Jahren den Reformgeist in Preußen stärken. Aber die Erneuerung der deutschen Staaten sollte nach Arndt von innen heraus erfolgen und nicht per Dekret von einer ausländischen Macht verordnet werden.

Wie in den Rheinbundstaaten gab es auch im napoleonischen Königreich Italien Autoren, die devot dem Kaiser zu Paris ihre Reverenz erwiesen. Anders als Foscolo macht Monti unter dem französischen Regime in Italien Karriere: 1800 erhält er eine Professur für Literatur an der Universität Pavia, und 1804 ist er bereits der offizielle Dichter des neuen Herrschers. Vier Jahre später widmet er sein Drama *I Pittagorici* »Alla Maestà di Giuseppe Napoleone Re di Napoli e di Sicilia«. In diesem 1808 erstmals in Neapel aufgeführten Drama liegt ein Beispiel klassischen politischen Kitsches vor: In Blitz und Donner fährt Napoleon wie ein Gott zur Erde herab, um die Welt mit seiner neuen Ordnung zu beglücken.[13] Das Pendant dazu aus der darstellenden Kunst schuf im gleichen Jahr Andrea Appiani mit dem allegorischen Fresko »Apotheose Napoleons« für den Thronsaal im Palazzo Vice-Reale in Mailand. Hier wird Bonaparte als göttlichem Cäsar gehuldigt, womit der Monumentalstil der Napoleon-Bilder von Jacques Louis David noch übersteigert und überhöht wird. Eine Art Gegenstück zu Montis byzantinistischer Verbeugung vor Napoleon ist in Deutschland Zacharias Werners Drama *Attila* von 1808, in dem die Greuel und Frevel des Despoten Attila – der für Napoleon steht – vorgeführt werden.[14]

Schon im ersten Jahrzehnt seiner Herrschaft haben sich die Napoleon-Vorstellungen seiner Bewunderer und Gegner verfestigt: Der Kaiser wird gleichzeitig als hellenischer Heros und orientalischer Despot, als römischer Cäsar und Attila, als strahlender junger Gott und Unterdrücker, als elementare Naturkraft und eitler Diktator gesehen.

II.

Direkt und indirekt ist Napoleon mit seiner Außenpolitik der In-
itiator der nationalen Einigungsbewegungen in Italien und
Deutschland. Die literarische Opposition, die sich an seiner Er-
oberungspolitik entzündet, fördert nicht die Idee eines durch
Frankreich vereinten Europas, sondern stärkt im Gegenteil die
nationalen Bewegungen in den Einzelländern. Nach der Niederlage Preußens, der Errichtung der Kontinentalsperre und der Ersetzung des spanischen Königs durch seinen Bruder Joseph Bonaparte steht Napoleon auf dem Höhepunkt seiner Macht.
Gleichzeitig aber meldet sich der Widerstand gegen ihn in einer
bisher nicht bekannten Schärfe und Entschiedenheit. Der Dos de
Mayo, der 2. Mai 1808 ist der Schicksalstag des französischen
Kaisers, denn mit dem Volksaufstand der Spanier in Madrid, mit
dem gegen die Absetzung ihres Königs protestiert wird, beginnt
die Serie der europäischen Rebellionen und Kriege, deren Elan
Napoleon auf die Dauer unterliegen wird. Der psychologische
Effekt der zahlreichen guerillamäßigen Aktionen gegen die französische Besatzungsmacht ist außerordentlich, sowohl in Spanien selbst wie in allen europäischen Ländern, die unter der
napoleonischen Besatzung leiden. Die Ereignisse von 1808 zwan-
gen fast alle spanischen Schriftsteller zur Stellungnahme, und die
Folge war eine nie gekannte Politisierung der Literatur. Der kleinen Gruppe der Franzosenfreunde (afrancesados) stand die Phalanx der Widerständler entgegen. Leandro Fernández de Mora-
tin und Juan Meléndez Valdéz optierten für das neue Regime,
und Valdés wurde deswegen von José Bonaparte zum Direktor
der königlichen Bibliothek in Madrid ernannt. Gaspar Melchor
Jovellanos, Manuel José Quintana, Antonio de Capmany und der
Duque de Rivas wurden die Wortführer des nationalen Widerstandes in Spanien. Quintana verfaßte 1808 das Gedicht »Al ar-
mamento de las provincias Españolas contra Franceses«.[15] Capmany schrieb den nicht weniger wirkungsvollen *Centinela contra
Franceses*. Darin streitet er gegen »la tirania i la invasió« der Franzosen, gegen die Verdrängung spanischer Gebräuche durch französische Einflüsse sowie »contra l'uniformisme polític i la centra-
lització«.[16] Capmanys Schriften waren über Spanien hinaus be-

kannt, und sie wurden eine der Inspirationsquellen deutscher oppositioneller Schriftsteller. Der Duque de Rivas feierte die Niederlagen Napoleons in den Gedichten »Napoleón, destronado« (1812) und »España triunfante« (1814).[17]

Der Widerstandsfunke sprang von Spanien auch auf Italien über, und Ugo Foscolo, der sich vom Buonaparte-Enthusiasten zum Napoleon-Gegner entwickelt hatte, schrieb 1811 die Tragödie *Aiace*, womit er auf das von französischen Truppen besetzte und bedrängte Italien anspielte. Aiace/Ajax steht hier als Vertreter eines freien und vereinten Hellas, und sein Gegenspieler ist Agamemnon, der das Land seiner persönlichen Herrschaft unterwerfen möchte. Griechenland steht für Europa, und die Ähnlichkeit Agamemnons mit Napoleon ist nicht zu übersehen. Der Intrigant Odysseus in Foscolos Stück trägt Züge des Polizeiministers Fouché. Der durchsichtigen Anspielungen wegen fiel das Stück nach der ersten Aufführung der Zensur zum Opfer und wurde vom Spielplan gestrichen.

England, das Portugal und Spanien gegen Frankreich beistand, hatte auch bei seinen Dichtern engagierte Befürworter der iberischen Bewegung gegen Napoleon. Wordsworth dokumentiert in seinem umfangreichen Pamphlet *The Convention of Cintra* (1809) sowohl den Widerstandswillen der Portugiesen und Spanier als auch die Unterdrückungspolitik der französischen Besatzungsmacht.[18]

Im April 1808 erschien in Achim von Arnims *Zeitschrift für Einsiedler* Jean Pauls »Friedens-Predigt an Deutschland«, eine Schrift, die – schon die Widmung an den Fürstprimas Dalberg scheint es zu bestätigen – als Beleg für die Napoleon-Anhängerschaft und Rheinbundgesinnung des Dichters angeführt worden ist. Aber Jean Paul ist ein zu differenziert denkender und zu ironisch argumentierender Autor, als daß eine solch vereinfachende Interpretation sich rechtfertigen ließe. Hinter jedem »wenn« steht gleichsam ein »aber«, hinter jeder Andeutung einer Sympathie für die Napoleonische Politik der Hinweis auf das Gegenteil. 1807 war Bayreuth, wo Jean Paul wohnte, nicht mehr preußisch und noch nicht bayrisch, sondern unmittelbar unter Napoleons Herrschaft geraten, wodurch die Verklausulierung und Indirektheit der Kritik an den Franzosen zu erklären ist. Jean Paul hat wenig Verständnis dafür, daß der alten Reichsverfassung, die er als »Leichnam« abtut, nachgetrauert wird. Der momentanen »Germanomanie« ist er angesichts der vorhergehenden »Gallo-« und »Anglomanie« gegenüber skeptisch. Anders als vielen anderen Napoleongegnern – etwa Kleist oder Friedrich Schlegel – ist die Auflösung des Heiligen Römischen Reiches Deutscher Nation für ihn kein Grund zum Lamentieren, vielmehr bietet sie ihm die Chance für eine bessere Neuordnung Deutschlands in der Zukunft. Auch fehlt es nicht an ironisch-selbstkritischen Bemerkungen über eine gewisse Weltfremdheit der Deutschen, wenn es heißt: »So wie die Franzosen die Herren des Landes sind, die Engländer die des größern Meeres, [sind] wir die der beide und alles umfassenden Luft«. An die Adresse der französischen Besatzer gerichtet, findet sich aber manches, das aufhorchen läßt und dem zeitgenössischen patriotischen Leser aus der Seele gesprochen war. Jean Paul schreibt zum Beispiel: »Man kann Bücher und Autoren an Ketten legen, aber nicht Mienen und Gedanken. Man kann, wenn man jenes tut, denselben Stoff, der sich als *Licht* mild und still umhergegossen hatte, zu einer *Flamme* verdichten, die brausend fortfrißt und niederreißt«. Und am Schluß heißt es: »Vergeßt über die nähere Vergangenheit nicht die fernere Zukunft. [...] Das Aufsteigen der Sonne [ist] nicht weit. Amen.«[19]

Die selbstherrliche Kaiserkrönung Napoleons und die von ihm betriebene Auflösung des deutschen Kaiserreiches machten aus Friedrich Schlegel einen Gegner der französischen Politik. »Das wahre Kaisertum muß wiederhergestellt werden«, notierte er in seine historischen Hefte von 1807. »Aber es kann und muß dies bei keiner andern Nation als bei der deutschen, also bei Österreich.« Damit war die Laufbahn, die nach Wien wies, vorgezeichnet: Ende März 1809 trat Schlegel als Hofsekretär in habsburgische Dienste. Das war in jenen Tagen, als Kaiser Franz für den Krieg gegen Napoleon optierte. Ermutigt durch die Aufstände in Spanien, durch die schwelende Rebellion in Tirol und Preußen, glaubte der österreichische Monarch das Steuerruder der europäischen, vor allem aber der deutschen Bewegung gegen

Napoleon in die Hand nehmen zu können, hoffte darauf, daß sein großangelegter Krieg das Fanal zur allgemeinen Erhebung sein werde. Jetzt brauchte er wortgewandte Publizisten, die den Feldzug propagandistisch mit patriotischen Parolen und flammenden Aufrufen stützten. Zu den bereits engagierten Gentz, Adam Müller, Hormayr und Pilat gewann er Friedrich Schlegel hinzu, der dem Stab des Erzherzogs Karl, also dem fähigsten der österreichischen Feldherrn, zugewiesen wurde. Der Erzherzog forderte seine Truppen, die Österreicher und die ganze deutsche Nation mit pathetischen Proklamationen zum Kampf gegen Napoleon auf. Das Gerücht hält sich – und entbehrt wohl auch nicht eines wahren Kerns –, daß Schlegel bei der Abfassung dieser zahlreichen Extrablätter Hilfsdienste leistete, wenn er auch (nach der Niederlage) auf alle Urheberrechte an den »vielen mittelmäßigenProklamationen«[20] wohlweislich verzichtete. Als die Franzosen nach der Schlacht von Wagram auch diesen Waffengang für sich entschieden hatten und im Oktober 1809 der Friede von Schönbrunn geschlossen wurde, fand Schlegel Muße, seine historischen Forschungen zum Thema des »wahren Kaisertums« fortzusetzen. Deren Ergebnisse sind die Vorlesungen *Über die neuere Geschichte*,[21] die er zwischen Februar und Mai 1810 in Wien vor einem erlauchten Publikum hielt, das sich zum Teil aus der Hocharistokratie rekrutierte. Sie sind das österreichische Pendant zu Fichtes *Reden an die deutsche Nation*, wenngleich sie dezenter in der Formulierung und abwägender im Urteil sind. Ausführlich wird hier über das mittelalterliche Kaisertum gehandelt, das als »Ideal« verstanden wird, »welches dem europäischen Staaten- und Völkersystem zugrunde« gelegen habe. Indirekt gegen das System der Napoleonischen Universalmonarchie gerichtet heißt es über dieses »wahre« mittelalterliche Kaisertum, es sei »das Ideal eines rechtlichen Bandes, eines freien Vereins, welches alle Nationen und Staaten der gebildeten und gesitteten Welt umschlänge, ohne daß der Einheit die freie und eigentümliche Nationalentwicklung jeder einzelnen Nation geopfert« werde.[22] Dem Prinzip nach ist dieses Kaisertum für Schlegel nicht überholt, es sei vielmehr die Basis der föderalen Ordnung eines zukünftigen europäischen Bundesstaates.

In Preußen waren die Dichter wesentlich entschiedener und aggressiver in der Napoleon-Feindschaft als ihr König Friedrich Wilhelm III. Achim von Arnim bezeichnet in seinem Aufsatz »Was soll geschehen im Glücke« vom Oktober 1806 Napoleon als Verräter am Geist der Französischen Revolution. Nach der Niederlage und in der großen Staatskrise von 1807 schließt sich Arnim in Königsberg dem Kreis der preußischen Reformer an.[23] Mit dem Niedergang Preußens beginnt Ernst Moritz Arndts Aufstieg als Prophet der Widerstandsbewegung gegen Napoleon und als Wortführer der Freiheitskriege. Im 1809 erschienenen Band 2 des *Geist der Zeit* wird der Franzosenherrscher zum Teufel dämonisiert. Das Buch stellt den Höhepunkt von Arndts propagandistischem Feldzug gegen Napoleon dar.

Die historischen und politischen Schriften von Friedrich Schlegel und Arndt verfehlten ihren Eindruck nicht auf Heinrich von Kleist. Das Jahr 1809 bildet den Höhepunkt von Kleists Widerstand gegen Napoleon. In den Aufrufen von Arndt fand er seine eigenen oppositionellen Vorstellungen formuliert. Wie Arndt hatte Kleist die apokalyptische Vision eines Untergangs Deutschlands, und er verglich den Deutschen mit dem »Israelit aus dem Zeitalter des Titus«,[24] wobei er Napoleon den Part des römischen Cäsaren übernehmen sah. Wenige Monate zuvor hatte Kleist den Plan eines Dramas mit dem Titel »Die Zerstörung Jerusalems« erwogen, in dem es um diese historische Parallele gegangen wäre. Mit Nachdruck wies Kleist auf Friedrich Schlegels Studien über das Mittelalter und dessen Kaisertum hin.[25] Die Abneigung gegen das napoleonische Frankreich und seinen Herrscher hat bei Kleist viele Wurzeln. Sie speist sich aus Erlebnissen in Frankreich und mit der französischen Besatzung in Preußen, aus psychologischen Dispositionen des Autors und aus politischen Überzeugungen. Kleist selbst ist oft als eine napoleonische Existenz bezeichnet worden.[26] Liest man seine Korrespondenz, fallen einem immer wieder Vokabeln wie »Ehrgeiz«, »Freiheit« und »Tod« ins Auge. Kleists Charakter ist dem des Empereurs in der Tat nicht unähnlich: sein unbändiges Verlangen nach Anerkennung und unsterblichem Ruhm, seine Rastlosigkeit und Leidenschaft, seine Tendenz zu Alles-oder-Nichts-Lösungen, all dies macht ihn zu einem Verwandten Napoleons, wenn ihm auch die Raffinesse und politische Geschicklichkeit des Korsen abging. Kleists Stellung zu Frankreich und zu Bonaparte läßt sich aus seinen Briefen und Pamphleten rekonstruieren. Das Paris der Konsulatszeit, in dem Kleist sich 1801 aufhält, behagt dem Autor keineswegs. »Stolz, ungezügelt, ungeheuer«[27] nennt er die Hauptstadt. Den revolutionären Jahrestag der Erstürmung der Bastille findet er durch »eine bis zum Ekel gehäufte Menge von Vergnügen« entwürdigt, welche die »Göttergaben Freiheit und Frieden«,[28] an die erinnert werden sollte, vergessen machten. Am 15. August 1801, zufällig also am Tag von Napoleons 32. Geburtstag, äußert Kleist in einem Brief an Wilhelmine von Zenge die Ansicht, daß Frankreich »reifer zum Untergange« sei »als irgend eine andere europäische Nation«.[29] Ein halbes Jahr später wird Napoleon als »Allerwelts-Konsul« bezeichnet, der sich die Schweiz mit einem »Taschenspielerkunstgriff«[30] aneignen wolle. Die geheime, uneingestandene Affinität, die Kleist zu Napoleon dennoch verspürt, scheint in seinem – von außen her betrachtet unverständlichen – Entschluß durch, sich an Bonapartes geplantem Landeunternehmen gegen England im Oktober 1803 zu beteiligen. Dieses selbstmörderische Abenteuer, von dem Napoleon schließlich abließ, weckte die bei Kleist latent vorhandene Tendenz zum Freitod. Zehn Monate später spricht Kleist von einem »rasenden Streich«,[31] den er damit begangen haben würde, und so ließe sich auch Napoleons intendierte Eroberung Englands charakterisieren. Ende 1805 liest man in einem Brief an Rühle: »Warum sich nur nicht einer findet, der diesem bösen Geiste der Welt die Kugel durch den Kopf jagt«. Es scheint, als spiele bei dem Haß auf Napoleon auch ein auf das eigene Ich gerichteter Todestrieb mit. Bei dem Englandabenteuer suchte er offenbar gemeinsam mit Bonaparte den Tod, und die Kugel, die er 1805 durch Napoleons Haupt gejagt haben möchte, schießt er sich sechs Jahre später selbst durch den Kopf. Er, der pechverfolgte Entwurzelte im Reich der Literatur haßt den »glückgekrönten Abenteurer« im Gebiet der Politik. Mit der Hellsichtigkeit desjenigen, der die Absichten eines gleichgestimmten Charakters durchschaut, prophezeit Kleist 1805, was sich in den nächsten sieben Jahren in Europa machtpolitisch verändern wird: »Es wird sich aus dem ganzen kultivierten Teil von Europa ein einziges, großes System von Reichen bilden, und die Throne mit neuen, von Frankreich abhängigen, Fürstendynastien besetzt werden.«[32] Zehn Tage nach der Schlacht bei Jena schreibt Kleist an seine Schwester Ulrike aus Königsberg: »Es wäre schrecklich, wenn dieser Wüterich sein Reich gründete«.[33] »Wüterich« wird später während der Befreiungskriege ein häufig gebrauchtes Schimpfwort für den Franzosenkaiser. Im Herbst 1807 vollzieht Kleist plötzlich eine eigenartige Wendung: Im Dresden des rheinbündischen Sachsen verkehrt Kleist beim französischen Gesandten, und in seiner geplanten, jedoch nicht zustandegekommenen Verlagsbuchhandlung will er die offiziellen Publikationen der französischen Regierung in Deutschland verbreiten.[34] Anderthalb Jahre später ist an die Veröffentlichung französischer Regierungsedikte kein Denken mehr. Im Gegenteil: Jetzt wünscht er sich »eine Stimme von Erz« und verfaßt deutsch-patriotische Gedichte und Pamphlete, die er, »vom Harz herab, den Deutschen« vortragen möchte. Vielleicht hatte sich Kleist 1807 nach dem Frieden von Tilsit auf eine lange Herrschaft Napoleons in Europa eingerichtet. Die Erfolge der Aufständischen in Spanien aber hatten das kaum eingedämmte Feuer der Empörungslust in Kleist wieder angefacht. »Vorderhand sind wir der Franzosen hier los«, heißt es in Kleists Lagebericht aus Dresden wenige Tage nach Eröffnung des österreichisch-französischen Krieges, »vielleicht erhalten wir einen Pendant zur Geschichte in Spanien«. Seitdem am 9. April 1809 die Österreicher in den Rheinbundstaat Bayern einmarschiert sind, zündet eine patriotische Äußerung bei Kleist die andere, ja er pilgert sogar nach Wien, um dort seine schriftstellerischen Kräfte in den Dienst der Propaganda gegen Napoleon zu stellen, ein Plan, der sich – wie so viele andere in Kleists Leben – zerschlägt. Die rebellische Emphase steigert sich aufs Höchste nach dem österreichischen Sieg von Aspern, und sie macht ihn blind für die politischen Realitäten. »Nun zweifle ich keinen Augenblick mehr«, schreibt er am 25. Mai 1809, als er das Schlachtfeld von Aspern besichtigt, »daß der König v. Preußen und mit ihm das ganze Norddeutschland losbricht, und so ein Krieg entsteht, wie er der großen Sache, die es gilt, würdig ist«.[35] Von Prag aus sucht Kleist in Wien um die Genehmigung an, seine patriotische Zeitschrift *Germania* herausgeben zu dürfen, und er bittet Friedrich Schlegel um Vermittlungsdienste. 1809 erreicht Kleists Napoleonhaß eine neue Qualitätsstufe. Was er bisher nur in Briefen Freunden und Verwandten anvertraute, wird nun zu einer öffentlichen Angelegenheit. Allerdings nur seiner Intention nach, denn letztlich schreibt er – was ihn zermürbt – alles für die Schublade: die vielen patriotischen Gedichte, die *Germania*-Einleitungen, den »Katechismus der Deutschen«, die Proklamation »Über die Rettung von Österreich«, das Pamphlet »Was gilt es in diesem Kriege?«, das satirische »Lehrbuch der französischen Journalistik« sowie das Drama *Die Hermannsschlacht*. Der Kampf gegen Napoleon wird hier mit Argumenten geführt, in denen sich Kosmopolitismus und Nationalismus eigenartig mischen. Verklausuliert taucht das Thema des Widerstands in den 1810 und 1811 veröffentlichten Erzählungen »Michael Kohlhaas« und »Die Verlobung in St. Domingo« auf. Im »Michael Kohlhaas« ist das Problem des Rechts auf Widerstand gegen die Willkür der Herrscher das zentrale Thema, und in der »Verlobung in St. Domingo« wird an den Aufstand gegen das napoleonische Frankreich auf Haiti erinnert. Den Rebellengeneral Toussaint L'Ouverture hatte Napoleon 1802 in das Fort de Joux werfen lassen, wo er 1803 starb, in jene Festung also, in der auch Kleist im Frühjahr 1807 unter dem Verdacht aufrührerischer Umtriebe einen Monat lang gefangen gehalten wurde. Viele Romantiker betrachteten die schändliche Behandlung Toussaint L'Ouvertures als eine Aktion, die Napoleon endgültig als Unterdrücker jener Freiheiten hinstellte, für die Frankreich seit der Revolution gekämpft hatte. 1810 und 1811 waren Jahre der striktesten Zensur, die in Preußen alle direkten Angriffe auf Napoleon unmöglich machten. Die Erwähnung des Namens Toussaint L'Ouverture aber war unter den Napoleon-Gegnern ein unmißverständliches Oppositionssignal. Arndt klagt Bonaparte wegen der Verhaftung Toussaints an sowohl in *Germanien und Europa*[36] wie auch im Kapitel »Der Emporgekommene« von *Geist der Zeit*.[37] Ähnliche Vorwürfe finden sich in Chateaubriands Bourbonen-Schrift von 1814[38] und in seiner späteren Napoleon-Biographie.[39]

Ein erstrangiges Dokument indirekten Widerstandes gegen Napoleon war auch Madame de Staëls Buch *De l'Allemagne* von 1810. Auch Kleist wußte, daß der französische Kaiser die Autorin bereits 1803 aus Paris verbannt hatte, und daß ihm die Emigrantin zutiefst verhaßt war. Gerade deswegen zeigt Kleist im November 1810 in seinen *Berliner Abendblättern* Madame de Staëls Schrift *Lettres sur l'Allemagne* an, die aus Zensurgründen erst vier Jahre später erscheinen konnte.[40]

Noch bei der Begründung seines Selbstmords spielte Kleists Haß auf Napoleon eine Rolle. »Die Allianz, die der König jetzt mit den Franzosen schließt«, heißt es elf Tage vor seinem Freitod im Brief an Marie von Kleist, »ist auch nicht eben gemacht mich im Leben festzuhalten«.[41]

III.

Nachdem die Franzosen Arndt von seiner Greifswalder Professur vertrieben hatten, berief der Freiherr vom Stein ihn zur Unterstützung der anti-napoleonischen Bewegung 1812 nach St. Petersburg. Dort verfaßte Arndt im gleichen Jahr seine aggressivste politische Schrift, den *Kurzen Katechismus für teutsche Soldaten, nebst einem Anhang von Liedern*, worin Napoleon als Antichrist hingestellt wird. Kleists Dämonisierung des französischen Herrschers wird hier noch übersteigert, und es liegt in der Logik dieser Propaganda, die Bekämpfung Napoleons zu einer religiösen Aufgabe, zu einem Gottesauftrag zu stilisieren. Das ist bei Arndt so, bei Max von Schenkendorf und vor allem bei Theodor Körner, in dessen Gedicht »Aufruf« die Zeilen stehen: »Es ist kein Krieg, von dem die Kronen wissen; / Es ist ein Kreuzzug, 's ist ein heilger Krieg!«.[42] Körner traf Kleist im Mai 1808,[43] und offenbar übertrug sich nicht nur der Geist des Widerstandes auf ihn, sondern auch jene eigenartige Kleistsche Kombination von religiösbrünstiger Todessehnsucht und Vernichtungswillen. Es sind immer die gleichen Vokabeln, die in Körners Sammlung *Leier und Schwert* auftauchen: Der »Wüthrich« Napoleon muß erschlagen, die »Freyheit« errungen, die »Tyrannei« beseitigt, die »Ehre« gerettet und die »Sklaverei« beendet werden. Wie bei Fichte, Arndt und Kleist ist auch bei Körner mit der Steigerung des antinapoleonischen Kampfgeistes eine Primitivisierung in der Argumentation verbunden. Sei es im Rausch einer Autosuggestion oder sei es tatsächlich zur Anfeuerung preußischer Reiterscharen dichtet Körner wenige Stunden vor seinem Tod das »Schwertlied«, in dem das »herzinnig« geliebte Schwert zur »lieben Braut«[44] verklärt wird. Mit solch verqueren Vergleichen ist auch Körners Freiheitsdrama *Zriny* durchsetzt, wo sich nackte Aggression und Todesverfallenheit nur mühsam unter dem Mantel des Patriotismus verhüllen. Die Napoleon-Figur in *Zriny* ist Soliman, Beherrscher des Osmanischen Reiches, und ihm sind Wendungen in den Mund gelegt, wie sie damals über Napoleon im Umlauf waren: »Mit Millionen Leben« ist er bereit, die Erstürmung einer einzigen Festung zu bezahlen (III,4). Damit niemand die Anspielungen auf Napoleon übersieht, wird der Sultan Suliman ständig mit »Kaiser« angesprochen, und wie Napoleon es gern zu tun pflegte, vergleicht der Sultan sich mit Alexander, Cäsar und Karl dem Großen (I,2). Zriny, Gegenspieler des Despoten, stärkt seine Mannen beim aussichtslosen Kampf mit patriotischen Sprüchen wie »Das Vaterland darf jedes Opfer fordern« (II,6) oder: »Daß wir für Gott, für Vaterland und Freyheit, / Den Tod nicht achten, wie es Helden ziemt« (II, 11). Chateaubriand hat in den *Mémoires d'outre-tombe* die Befreiungskriege in Deutschland den Feldzug der Dichter genannt: Hier sei die Intelligenz gegen die rohe Gewalt aufgetreten. Die Autoren sind aber der Dialektik der Gewalt gegen die Gewalt nicht entgangen, und die Inhumanität, gegen die man sich wendet, färbt auf ihre Dichtungen ab. Einseitige politische Parteinahmen sind der Literatur nur selten gut bekommen. Ist die Ursache einer politischen Krankheit beseitigt, vergeht auch das Interesse an jenen dichterischen Produkten, die zu ihrer Beseitigung gedacht waren. Das gilt auch für Kotzebues »Freudenspiel« *Flußgott Niemen*, das 1812 in Reval erschien, und in dem effekthascherisch Napoleon als Verlierer des russischen Feldzugs verspottet wird. Der französische Kaiser taucht hier unter dem Namen »Noch Jemand« auf. Napoleon bekennt seine »großen Rechenfehler« ein, die er im Krieg gegen Rußland begangen habe.[45]

Chateaubriand hatte zunächst zu den Anhängern Napoleons gehört. 1802 widmete er ihm sein Hauptwerk *Génie du christianisme*, und 1803 ging er als Gesandter nach Rom. Dieses Amt legte er schon ein Jahr später wegen des Justizmordes an dem Herzog von Enghien nieder. Seit 1811 gehörte er zu den ausgesprochenen Gegnern Napoleons. Noch ist Napoleon nicht geschlagen, arbeitet er an seiner Schimpfrede auf den Tyrannen, der er den Titel *De Buonaparte et des Bourbons* gibt. Hier fordert er die Restauration des alten Königtums, die Rückkehr der Bourbonen, und er überschüttet den künftigen König Ludwig XVIII. mit Lob. Die Schrift erscheint sofort bei Napoleons Sturz 1814, und ihr Einfluß auf die öffentliche Meinung in Frankreich, besonders in Paris, ist nicht zu unterschätzen. Bonaparte, so liest man dort, werde sich nie ändern; von ihm seien nichts als immer absurdere und kriminellere Dekrete zu erwarten. Besonders streicht Chateaubriand heraus, daß Napoleon Ausländer, Italiener, sei. Demgegenüber wird betont, daß die Bourbonen nicht nur die seit Jahrhunderten legitimen Herrscher Frankreichs gewesen wären, sondern vor allem auch Franzosen seien. Es fehlt auch nicht der bei fast allen Napoleon-Feinden parate Vergleich mit Attila und Nero. Napoleon habe ganz Europa gegen Frankreich aufgebracht, und das Resultat sei das Einströmen feindlicher Mächte nach Frankreich und Paris. »Les Russes sont à Paris«, heißt es voll Entsetzen. Ein weiterer Makel ist für den antirevolutionär gesonnenen Chateaubriand die Tatsache, daß Bonaparte ein Produkt des Umsturzes, ein »enfant de notre révolution« sei.[46] Dieses Pamphlet Chateaubriands ist wohl das bemerkenswerteste propagandistische Dokument des Übergangs von der Napoleonischen Epoche zur Restaurationszeit.

IV.

Als Napoleon 1814 ins Exil geschickt wurde und seine Macht auf den winzigen Bereich der Insel Elba reduziert worden war, veröffentlichte Joseph Görres in seinem *Rheinischen Merkur* die fiktive Schrift *Napoleons Proklamation an die Völker Europas vor seinem Abzug auf die Insel Elba.* Sie wurde bei ihrem Erscheinen für authentisch gehalten und erregte großes Aufsehen. Wie Arndt, Kleist und Körner dämonisiert auch Görres den Politiker zum fleischgewordenen Bösen, zum Satan. Sein Selbstverständnis, seinen Auftrag, formuliert der fiktive Napoleon bei Görres so: »Nur wenn ich rathlos euch unglücklich weiß, und alle Welt wieder in Verwirrung und Unheil sich gelöst, dann erst ist meine Sendung zu ihrem End gekommen. [...] Ist das erst zu seinem Schluß gediehen, dann werd ich mit grimmiger Hohnlache von dannen fahren, und wieder kehren, von wo ich hergekommen.« Der Banalität des Bösen war man zu Görres Zeiten noch nicht auf die Spur gekommen, und so unterstellt er dem korsischen Glücksritter einen ausgeklügelt-raffinierten Satanismus, dessen Kern das Programm des Antichrist ausmache: »Daß auf Lug und Trug ein Werk sich gründen möge, wollt ich beweisen«. Die Niederlage in Rußland wird als von ihm selbst geplant geschildert. Der Görressche Napoleon bekennt: »Als ich vom Kremlin ins Feuermeer von Moskau niedersah, da bewegte sich mein Herz zuerst in froher Lust [...]. Was Nero in verrücktem Spiele sich erkünstelt, das und mehr war als eine ernste Geschichte mir geworden. In der Mitte dieser Feuerfluten hätt' ich auf ehernem Throne sitzen mögen. [...] Dort wo diese Flammen schlugen, fühlt ich war meiner Herrschaft Sitz, es war als seien die Pforten meines Reiches zum ersten Male aufgegangen und in seine Herrlichkeit die Aussicht mir eröffnet«. Nacheinander charakterisiert Napoleon die europäischen Länder, und dabei trifft der ärgste Hohn die Deutschen: »Ein Volk ohne Vaterland, eine Verfassung ohne Einheit, Fürsten ohne Charakter und Gesinnung, ein Adel ohne Stolz und Kraft, das Alles mußte leichte Beute mir versprechen. [...] Als ich sie mit Peitschen schlug, und ihr Land zum Tummelplatz des ewigen Krieges gemacht, haben ihre Dichter als den Friedensstifter mich besungen«.[47]

Achim von Arnim war Anfang 1803 in Paris dem Ersten Konsul persönlich vorgestellt worden. Er berichtete darüber Bettine im Oktober 1807: »Von grimmen Haß gegen Napoleon raffte mich sein Anblick fast zu einer Art Gottesfurcht gegen ihn hin, ich kenne Ihr Gefühl und habe es geteilt, es ist etwas Übermächtiges in ihm, was mich besiegt hat, nicht sein Glück oder seine Macht, es ist eine Atmosphäre«. Nichtsdestoweniger blieb Arnim ein entschiedener Gegner des französischen Kaisers. Das wird nicht nur in seinem Aufruf vom Dezember 1808 »An die Pommern und Märker« deutlich, wo er zur Erhebung gegen die Franzosen aufruft, sondern auch noch in seinem 1817 erschienenen Roman *Die Kronenwächter*. Im »Hausmärchen«, das im Mittelpunkt des Buches steht, dringt Attila – womit Napoleon gemeint ist – nach Deutschland vor, wo der Königsthron vakant ist.[48]

Im gleichen Jahr 1817 veröffentlicht Adolf Müllner die Tragödie *König Yngurd*.[49] Obwohl die Handlung in das Norwegen der Zeit um 1000 vor Christus zurückverlegt worden ist, sind die Anspielungen auf Napoleon nicht zu übersehen. Yngurd besitzt die Tüchtigkeit des ›geborenen‹ Herrschers, aber gleichzeitig trägt er die Anlage eines Zerstörers in sich, der von Sieg zu Sieg hetzt und durch den Schlachtenruhm den Mangel angestammter Königsrechte auszugleichen sucht. Eine Tragödie mit ähnlicher Tendenz legte Eichendorff 1828 mit seinem *Ezelin von Romano* vor.[50] Hier geht es um den Kampf der Guelfen gegen die Ghibellinen nach dem Tod Friedrich II. Ezelin – eine napoleonische Figur – ist der Heerführer der Ghibellinen, der sich an die Stelle des Kaisers setzt. Ezelins Hybris hat seinen Untergang zur Folge. Mit mittelalterlichen Schicksalen konstruiert auch Grillparzer eine Analogie zum Herrscher Napoleons in seinem Drama *König Ottokars Glück und Ende* von 1823: Ein mit Rechtsbruch und Krieg erkaufter und äußerlich glänzender Aufstieg wird mit dem Untergang des maßlosen Herrschers beschlossen.[51]

In ihrem Erlebnisbuch *Dix Années d'Exil*, das 1818 erschien, wird Napoleon von Madame de Staël als Renegat, Immoralist, als Attila und Tamerlan bezeichnet.[52] Kritisch ablehnend stehen in der Restaurationszeit auch andere französische Schriftsteller dem ehemaligen Kaiser gegenüber. Der Royalist Henri Auguste Barbier verspottet in seinem Gedicht »L'Idole« von 1831 die neue Napoleonverehrung.[53] Vom antimilitaristischen Standpunkt aus kritisiert Alfred de Vigny die alte wie neue Napoleonbegeisterung in seiner Novelle *La vie et la mort du capitaine Renoud ou La canne de jonc* von 1835.[54] Während seiner Gymnasialzeit war Vigny mit der für die Napoleonische Zeit typischen Begeisterung für den Waffendienst aufgewachsen, und in dieser Erzählung läßt er seinen Helden Renoud die Unmenschlichkeit des Krieges erkennen und die Scharlatanerie Napoleons durchschauen. Bonaparte wird als gefühllos, größenwahnsinnig und tyrannisch geschildert.

In Chateaubriands bereits 1833 abgeschlossenem (aber erst ab 1848 erschienenem) vielbändigen Werk *Mémoires d'outre-tombe* finden sich differenziertere Urteile über Napoleon als in der Polemik von 1814. Immer noch ist Napoleon Attila, aber gleichzeitig wird er schon als Heros gesehen. Das Tatgenie Napoleon wird gepriesen, der Politiker dagegen abgelehnt. Zuweilen wirken die Ausführungen widersprüchlich. Zum einen sieht er in Napoleon – im Sinne der positiven Legende – den Prometheus, aber andererseits behauptet er, daß ihm jeder Seelenadel gefehlt habe. Die ständige Verstellung, seine andauernden Täuschungsmanöver hätten seinen Charakter verdorben. Ähnlich wie Heine beobachtet Chateaubriand die Mythisierung Napoleons: Er sei mittlerweile (wie Alexander oder Karl der Große) eine Figur der Sage geworden, zusammengesetzt aus den Phantasien der Dichter und den Märchen des Volkes. Napoleons Geschichte sei beendigt, und seine Epos-Existenz beginne.[55]

Zwischen Tyrannenhaß und Genieverehrung schwankt auch das Napoleon-Bild Lord Byrons. Ausgesprochen negativ gefärbt ist das Porträt, das Byron in seiner 1814 geschriebenen »Ode to Napoleon Buonaparte« vermittelt. Ein Schuldenregister wird dem »dark spirit« vorgehalten: »Thine only gift hath been the grave«, heißt es da bzw. »Thine evil deeds are writ in gore«. Napoleon habe das Zeug zu einem europäischen Washington in sich gehabt, aber dieser Aufgabe sei er nicht gewachsen gewesen. Im gleichen Jahr veröffentlichte Byron die Verserzählung *The Corsair*.

Schon der Titel läßt eine Assoziation mit »Corse/Corsica« zu, und in der Tat hat der Titelheld Conrad eine Ähnlichkeit mit Napoleon: Er ist zu einem misanthropischen Piratenführer geworden, der der ganzen Welt den Krieg erklärt hat. Im 1816 erschienenen »Canto 3« von *Childe Harold's Pilgrimage* ruft Byron den »Eve of Waterloo« in Erinnerung zurück. In die zum Ausdruck gebrachten Empfindungen mischt sich eine Bewunderung für die dämonische Gestalt Napoleons, und man kann sich – wie im Fall von Kleist – des Eindrucks nicht erwehren, daß der Dichter eine Charakterverwandtschaft zum Politiker andeuten will.[56]

Im Gedicht »The Age of Bronze« von 1823 läßt Byron die Stationen von Napoleons Leben Revue passieren. Derselbe Kaiser, »who bursts the chains of millions« sei der gleiche gewesen, der »the very fetters which his arm broke through« erneuert habe. Zuerst in Spanien, dann in Rußland seien die Grenzen seiner Macht deutlich geworden. Erneut vergleicht Byron Napoleon mit George Washington: »Washington's a watchword, such as ne'er / Shall sink while ther's an echo left to air«. Das Urteil fällt jedoch nicht mehr in jener Härte aus, wie Byron es 1814 ausgesprochen hatte. Im Sinne der Napoleon-Legende sieht er in dem Gefangenen auf Saint Helena einen »Prometheus«.[57]

1827 begann Walter Scotts mehrbändiges historisches Werk *The Life of Napoleon Buonaparte*[58] zu erscheinen. Wenn Scott Napoleons Lebensleistung auch gerecht zu werden versucht, ist es doch aus der in England verbreiteten antinapoleonischen Perspektive geschrieben. Es ist mehr ein Werk über die Französische Revolution und die Napoleonische Ära insgesamt als nur über das Leben Bonapartes im engeren Sinne.

V.

Gegen Scotts Napoleonbuch geschrieben ist das historiographische Buch Hazlitts *The Life of Napoleon Buonaparte*,[59] das zwischen 1828 und 1830 erschien. Dieses Spätwerk Hazlitts zeigt einen Politiker, der die Freiheitshoffnungen verkörperte, wie sie durch die Französische Revolution verkündet worden waren, und deren Ideen der Autor ein Leben lang vertreten hatte. Besonders hoch rechnet Hazlitt es Napoleon an, daß er einige Königsthrone stürzte und in der Krise des Direktoriums verhinderte, daß die Bourbonen wieder zur Macht gelangten. Die vier Bände stellen Hazlitts umfangreichstes Werk dar, und er selbst hielt es für sein wichtigstes. Die Studie ist bereits repräsentativ für die neue Aufwertung Napoleons. Sein Sterbedatum, der 5. Mai 1821, ist gleichzeitig der Tag von Bonapartes Wiedergeburt in Legende und Mythos. Er war gerade zwei Monate tot, als Alessandro Manzoni die Ode »Il Cinque Maggio« schrieb.[60] Hier wird hervorgehoben, daß das ›Tatengenie‹ Napoleon in der Todesstunde – gleichsam durch göttliche Gnade – zum christlichen Erlösungsglauben zurückfindet. Goethe hatte nie zu den Gegnern Napoleons gehört; für ihn war es auch auf dem Höhepunkt der Gegenpropaganda während der Befreiungskriege unmöglich, in ihm nur einen Dämon verkörpert zu sehen. Goethe war von Manzonis Ode so berührt, daß er sie übersetzte. In der dritten und vierten Strophe fand er seine eigene Meinung über den Franzosenkaiser bestätigt. In seiner Übertragung heißt es:

> Ihn wetterstrahlend auf dem Thron
> Erblickte die Muse schweigend,
> Sodann im Wechsel immerfort
> Ihn fallen, steigen, liegen;
> Zu tausend Stimmen Klang und Ruf
> Vermischte sie nicht die ihre.

> Jungfräulich, keiner Schmeichelei
> Noch frevler Schmähung schuldig,
> Erhebt sie sich plötzlich aufgeregt,
> Da solche Strahlen schwinden,
> Die Urne kränzend mit Gesang,
> Der wohl nicht sterben möchte.[61]

Hans Blumenberg hat ausführlich die Affinität, die Goethe zu Napoleon empfand, geschildert. Seine Lieblingsideen vom produktiven, künstlerisch begabten, prometheischen Menschen projizierte Goethe in den Korsen. Er, der ›Dichter des Wortes‹, verglich sich gerne mit dem ›Dichter der Tat‹. Damit traf Goethe Napoleons Selbstverständnis, denn er pflegte sein Können als Feldherr mit dem eines Dichters bzw. eines Künstlers zu vergleichen.[62] Blumenberg[63] weist darauf hin, wie sehr das Erscheinen Napoleons die Konzipierung der Faust-Figur des zweiten Teils der Tragödie mit den Vorstellungen vom Tatengenie und dem Prometheischen beeinflußt habe. Vielleicht steht die letzte Strophe der Manzonischen bzw. Goetheischen Odenstrophe aus dem »Fünften Mai« mit ihrer Betonung des christlichen Todes in einer Beziehung zum Schluß des Faust-Dramas, wo ebenfalls eine religiöse Lösung gestaltet wird. Die Chronologie spräche auch dafür: *Faust II* stellte Goethe zwischen 1825 und 1831 fertig, und Manzonis Ode übersetzte er 1824.

1827 verfaßte Adelbert von Chamisso ein Gedicht mit dem Titel »Der Tod Napoleons. Nach Alessandro Manzoni«.[64] Chamisso schreibt kritischer und distanzierter über den sterbenden Kaiser als Manzoni und Goethe. Wie vier Jahre zuvor Byron mißt er die Taten des französischen Herrschers an den Leistungen von Washington und Franklin, den Helden der amerikanischen Revolution. Statt wie diese Staatsmänner eine neue Verfassung zu schaffen, habe Napoleon nur an der Erweiterung seiner persönlichen Macht gearbeitet: »Du Franklin nicht, nicht Washington, du hast gebaut / Vergänglich für die trunkne Lust des Augenblicks [...]. O hättest Freiheit du geschafft nach deiner Macht, / Noch ständen aufrecht deine Bilder, unentweiht«. Chamisso läßt allegorische Figuren wie »Geschichte« und »Poesie« auftreten, und letztere verheißt ihm am Sterbebett: »Zu schmähn, zu schmeicheln haben Knechte nur vermocht; / Jungfräulich deines Namens ist annoch mein Mund, / Hinfort geweiht zu ewigem Gesang, mein Held!«

1821 schrieben auch Lamartine, Grillparzer und Puschkin Gedichte über den gerade verstorbenen Kaiser. Lamartine weicht in seinem Gedicht »Bonaparte«[65] von seiner alten Gegnerschaft nicht ab; für ihn bleibt Napoleon der große Kriminelle unter den Politikern der Epoche. Puschkin dagegen zeigt, daß er bei aller Antipathie gegenüber dem Feind Rußlands vom Tod des »majestätischen Mannes« und von seinem »wunderlichen Schicksal«

berührt wird. Den Napoleonischen Krieg gegen sein Heimatland hat der Dichter nicht vergessen, und er erinnert daran, daß »der Fluch einer ganzen Nation wie ein Donner / den fliehenden Feind verfolgte«.[66] Grillparzer versucht, zu einem gerechten Urteil zu gelangen, indem er den Kaiser als Vertreter und Exponenten seiner Zeit sieht. Er wird hier als Sündenbock und Dulder bzw. – wie später vorübergehend auch bei Heine – als irdischer Erlöser gedeutet: »Das Fieber warst du einer kranken Zeit, / Bestimmt vielleicht des Übels Sitz zu heben, / [...] Was sie gesündiget ohn' Unterlaß, / Was sie gefrevelt seit den frühsten Tagen, / Ward all zusammen auf dein Haupt getragen, / Du duldetest für alle aller Haß«. Den Napoleon-Gegnern stellt Grillparzer die kritische Frage: »Ward Tyrannei entfernt mit dem Tyrannen? / Ist auf der freien Erde, seit du fort, / Nun wieder frei Gedanke, Meinung, Wort?«. Mit der Einschätzung Napoleons als Sündenbock hat Grillparzer[67] eine These vorweggenommen, die vor wenigen Jahren von dem Sozialhistoriker Jean Tulard aufgestellt worden ist: Nach ihm findet und erfindet das französische Bürgertum immer wieder seinen politischen ›Erlöser‹, der, sobald er seine Aufgabe der Überwindung einer Krise gelöst habe, zugunsten neuer Entwicklungen geopfert werde. Die Reihe dieser ›Erlöser‹ als Sündenböcke reiche von Napoleon über Louis-Napoleon und Pétain bis zu de Gaulle.[68]

Als zwei Jahre nach Napoleons Tod 1823 das *Mémorial de Sainte-Hélène*[69] von Emmanuel de Las Cases erschien, erhielt die Napoleonlegende eine volkstümliche Richtung. Napoleon hatte in den ersten Jahren der Verbannung Las Cases seine Erinnerungen und Gedanken vorgetragen bzw. diktiert. Wie Bonaparte als Feldherr und Herrscher um die Selbststilisierung als Cäsar bemüht war, so ging es ihm jetzt um eine Darstellung des Empire als organischer Fortsetzung der Revolution. Der anti-liberale Cäsar-Mythos wurde zugunsten der Legende vom demokratisch-volkstümlichen Kaiser aufgegeben; der Exponent der Bourgeoisie mutierte zum pater patriae. Während des Kaiserreiches hatte es eine populäre Loyalität dem Herrscher gegenüber gegeben; besonders die Soldaten, die sich meist aus dem einfachen Volk und nicht aus dem reichen Bürgertum rekrutierten, hingen an ihrem erfolgreichen

Strategen. Die letzte – vielleicht sogar erfolgreichste – Schlacht, die Napoleon wagte und gewann, war die um seinen Nachruhm. Er schlug sie, als er dem getreuen Las Cases sein Leben interpretierte. Das *Mémorial* wurde der größte Bestseller des 19. Jahrhunderts. Die Unzufriedenheit mit dem reaktionären Bourbonensystem wuchs in Frankreich, und das Empire vergoldete sich in der Erinnerung zu einer Zeit des Wohlstands und des Ruhms. Dem Liberalismus war die Botschaft aus dem Grab von St. Helena hochwillkommen, und das nicht nur in Frankreich. Die ›Beglükkungen‹ der Restauration – in Grillparzers Gedicht klang das schon an – entsprachen nicht den Erwartungen breiter Volksschichten, die sich nach den Opfern der Befreiungskriege eine Partizipation an der politischen Macht erhofft hatten.

Alte Napoleon-Gegner wie Victor Hugo wurden plötzlich milde gestimmt, wenn sie auf den Kaiser zu sprechen kamen. Der junge Legitimist Hugo hatte Bonaparte als Tyrannen bekämpft. In seinem Gedicht »Lui«[70] von 1827 jedoch vergleicht er Napoleon mit einem Vulkan, einem Riesen, dessen Größe und »gloire« unbestreitbar sei. So wirkt Hugo gegen seinen Willen mit an einer Legende, die in den vierziger Jahren Louis-Napoleon zugute kommen wird. Ihn aber wird Hugo in seiner Schrift *Napoleon le petit*[71] von 1852 in aller Schärfe bekämpfen, wie Karl Marx in *Der 18te Brumaire des Louis Napoleon*[72] vom gleichen Jahr. (Seine Bewunderung für Bonaparte bringt Hugo erneut zum Ausdruck in seinem 1862 erschienenen Roman *Les Misérables*, wo er ihn in die Galerie der Genies von Tacitus und Mohammed bis Pascal und Newton einreiht.) Hugo war – wie Lamartine, Vigny, Balzac und Heine – noch ein Kind, als der Bourbonen-Kult nach 1814 den napoleonischen verdrängte. Im Lauf der Zeit gewann er ein eigenständiges und positiveres Bild von Napoleon. Ähnlich liegen die Dinge bei Balzac. In seinem Frühwerk, dem Roman *Le Dernier Chouan ou la Bretagne en 1800* von 1829 und in der ein Jahr später geschriebenen Skizze *La dernière revue de Napoléon* (mit der er zwölf Jahre später den Roman *La femme de trente ans* eröffnet), greift er zentrale Themen der neuen ›légende napoléonienne‹ auf: Nostalgisch wird an die heroischen Zeiten des Empire, an die großen Taten des Kaisers und die glorreichen

Schlachten der Grande Armée erinnert. Mit seiner Verherrlichung der Napoleonischen Epoche ließ Balzac sich am Ende der Restaurationszeit in Frankreich von einer allgemeinen Zeitstimmung tragen. Das war nicht anders bei Stendhal, der zur gleichen Zeit (1830) seinen Roman *Le rouge et le noir. Chronique de XIXe siècle* veröffentlichte. Julien Sorel, der Held des Romans, fühlt sich im Bewußtsein seiner Besonderheit, in seinem ehrgeizigen Streben nach Macht und gesellschaftlichem Ansehen und mit seiner Aufstiegsmentalität Napoleon verwandt. Der Kaiser wird ihm zu einem Idol, und die *Bulletins de la Grande Armée* sowie das *Mémorial de Sainte-Hélène* bestimmen (neben den *Confessions* von Rousseau) sein Weltbild. Wie Napoleon selbst lernt er früh die Kunst der Verstellung. Zur Mimikri fühlt er sich gezwungen, da er in der nach-napoleonischen Zeit sich nicht zur Verehrung des Kaisers bekennen darf.

Wie Chateaubriand, Scott und Hazlitt, so versuchte sich auch Stendhal mit seinem Buch *Vie de Napoléon* (1816–1837)[73] an einer biographischen Studie des Kaisers. Am Anfang des Buches bekennt Stendhal, daß ihn eine Art religiösen Gefühls überkomme, da er den ersten Satz dieser Geschichte niederschreibe, denn es handle sich bei Napoleon um den größten Menschen, den die Welt seit Julius Cäsar gesehen habe. Ausführlich geht Stendhal nur auf die italienischen Feldzüge Bonapartes ein. Für ihn nämlich endet mit dem 16. Mai 1797, mit der Besetzung Venedigs, der ›poetische‹ Abschnitt, die ›heroische‹ Phase in Napoleons Leben. Bis dahin aber sei alles an diesem jugendlichen Helden von vollendetem Adel gewesen. Die weiteren Skizzen Stendhals über das Konsulat und das Empire sind eher kritisch. Stendhal bemängelt, daß Napoleon eine gründliche Kenntnis der geschichtlichen Entwicklung Europas gefehlt habe. Auch er vergleicht den französischen Herrscher mit Washington und stellt fest, daß ersterem die Vernunft des letzteren gefehlt habe. Scharf verurteilt er auch die unter Napoleon praktizierte Zensur der Presse. Den Niedergang Napoleons datiert Stendhal mit der Kaiserkrönung im Jahre 1804: Erstens habe er von jetzt an zu viele mittelmäßige Mitarbeiter gefördert, und zweitens sei er dem Doppelberuf von Kaiser und Feldherr nicht gewachsen gewesen. Romanhaft hat

Stendhal die napoleonische Ära als Hintergrund des Geschehens in seinem Roman *La chartreuse de Parme* von 1839 geschildert. Als Napoleon die Welt in Atem hält, wächst Fabrice als Sohn eines Marquis in Oberitalien auf. Früh distanziert er sich von seiner konservativ gesonnenen, an Österreich orientierten Familie und schließt sich seiner jungen Tante an, der Witwe eines französischen Offiziers. Als Fabrice an der Schlacht von Waterloo auf der napoleonischen Seite teilnimmt, kommt es zum endgültigen Bruch mit seiner Familie. Zu Beginn des Romans ironisiert Stendhal zwar die Begeisterung des jungen Fabrice für den Franzosenkaiser, aber aus der Langeweile der dreißiger Jahre heraus zeigt er seine Sympathie für die Sehnsucht nach heroischer Größe. Die Schlacht von Waterloo nimmt Fabrice nur aus der Randperspektive wahr, und Napoleon selbst wird beim Vorüberreiten von Fabrice nicht erkannt.

Hugo und Stendhal hatten eine zu differenzierte Sicht von dem Geschehen während des Konsulats und des Empire, als daß sie zu naiven Vertretern der Napoleon-Legende geworden wären. Die Propagandisten dieser Legende sind Béranger, Barthélemy und Méry, Nerval, Delavigne und Quinet. Deren lyrische Erzeugnisse sind heute ungenießbar, hatten seinerzeit aber wegen des bewußt volkstümlichen Tons eine breite Wirkung. In ihren Gedichten reimt sich nichts so häufig wie »histoire« auf »gloire« und »victoire«. Als eigentlichen Schöpfer der volkstümlichen Napoleon-Legende kann man Jean-Pierre de Béranger betrachten. Er erfreute sich der Protektion Lucien Bonapartes und erhielt, was nicht verwundert, durch Napoleon III. ein Staatsbegräbnis. Er war wohl der populärste französische Liederdichter im 19. Jahrhundert. Béranger erfand den patriotischen Mythos vom kleinen Mann im grauen Überrock, der ständig von seinen getreuen Grenadieren umgeben ist. Erwähnt seien zwei typische Beispiele: »Les deux Grenadiers«[74] und »Sainte-Hélène«, in denen die große Zeit von Italien bis zur Abdankung in Fontainebleau (inklusive der Stationen Berlin und Moskau) rekapituliert wird, bzw. an den »volcan«, »colosse« und »César« Napoleon erinnert wird. Diese Gedichte wurden Vorbilder für zahllose andere Grenadier- und Sankt-Helena-Gedichte in Frankreich und

Deutschland, in denen die ergebenen Soldaten immer weitermarschieren. Béranger wirkte mit seinen Liedern bis in die Tagespolitik hinein, und sein Einfluß auf gleichgesinnte Poeten wie Barthélemy/Méry, Nerval, Hauff, Zedlitz und Gaudy ist nicht zu unterschätzen. Daß Béranger auch ein Gedicht mit dem Titel »Le Cinq Mai« verfaßte, versteht sich fast von selbst.[75]

Als *Napoléon en Égypte. Poème en huit chants* von Barthélemy und Méry 1828 erschien, wurde es von Gustav Schwab gleich ins Deutsche übersetzt und erschien zweisprachig ein Jahr später bei Cotta in Stuttgart.[76] Die Realität des Ägyptenfeldzugs, so behaupten die Autoren, könne durch keine poetische Imagination übertroffen werden, und so hätten sie sich bei ihrem lyrischen Report nur an die Fakten zu halten brauchen. Die werden allerdings nicht nur selektiv berichtet, sondern auch entschlossen romantisiert: Napoleons zweifelhaftes Abenteuer wird in menschheitsgeschichtlich bedeutende Dimensionen gehoben. Aus einer vergleichbaren Verehrerstimmung heraus ist Gérard de Nervals Gedicht »Adieu de Napoléon à la France«[77] geschrieben.

Von fast so großem Einfluß auf die populäre Napoleon-Legende wie Béranger war Jean François Casimir Delavigne. In seiner schon im Juli 1815 geschriebenen »La Bataille de Waterloo«[78] gibt er der Trauer über die Niederlage seines großen Helden Ausdruck. Bei seinen *Les Messéniennes* von 1818 handelt es sich um patriotische Elegien, in denen der Schmerz über den Sturz Napoleons thematisiert wird. »Le Passage du Mont Saint-Bernard«, »A Napoléon« und »La Napoléenne« sind sämtlich pro-bonapartistisch, und letzteres Gedicht drückt unverhohlen die Hoffnung auf einen neuen Napoleon aus.[79] Edgar Quinet dichtete 1836 das Versepos *Napoléon*, in dem der Titelheld als »demidieu«, »heros« und »génie divin et immortel« gefeiert wird.[80] Die Napoleon-Legende bereitete das politische Klima vor, in dem Louis-Napoleon 1840 einen Staatsstreich versuchen konnte. Der scheiterte damals zwar, aber im gleichen Jahr sah sich der Bürgerkönig Louis Philippe gezwungen, die feierliche Überführung des toten Napoleon in den Invalidendom in Paris zu genehmigen. Auch in Deutschland wurde kräftig am napoleonischen Le-

gendenteppich gewoben. Herausragender Vertreter der Napoleon-Legende in Deutschland war – zumindest vorübergehend –
Heinrich Heine. In der Gegenwart der glanzlos-kleinlichen bour-
bonischen bzw. gesamteuropäischen Restauration erscheint
Heine die napoleonische Zeit als heroisch-geniale Epoche. In
dem Gedicht »Die Grenadiere«[81] von 1819 vergöttert er wie Béranger den Soldatenkaiser. Die beiden letzten Strophen lassen
Napoleon als eine Mischung von Barbarossa und Christus
erscheinen, auf dessen Wiedergeburt die loyale Gefolgschaft
wartet:

> So will ich liegen und horchen still,
> Wie eine Schildwach, im Grabe,
> Bis einst ich höre Kanonengebrüll,
> Und wiehernder Rosse Getrabe.
>
> Dann reitet mein Kaiser wohl über mein Grab,
> Viel Schwerter klirren und blitzen;
> Dann steig ich gewaffnet hervor aus dem Grab –
> Den Kaiser, den Kaiser zu schützen.

Wie unterschiedlich die Auswirkungen der Napoleonischen Politik in Deutschland waren, läßt sich an den ganz entgegengesetzten Reaktionen eines Kleist und eines Heine ablesen. Während
Napoleon für Kleist der Zerstörer des Heiligen Römisches Reiches Deutscher Nation sowie seiner organisch gewachsenen Gesetze und Ordnungen war, begrüßte Heine gerade die Auflösung
dieses in seinen Augen überholten Gebildes. Für Heine zählte vor
allem, daß Bonaparte den Juden seiner rheinischen Heimat die
Gleichberechtigung als Bürger garantierte. Begeistert hat sich
Heine in den *Ideen. Das Buch Le Grand* von 1826 über Napoleon
geäußert. Allerdings darf man bei der Bewertung dieser enthu-
siastischen Stellen nicht außer acht lassen, daß Heine sich hier in
ein Kindheitserlebnis – den Besuch Napoleons in Düsseldorf –
zurückversetzt, und daß die kindliche Perspektive bei dem Bericht darüber ständig durchscheint. Das wird deutlich, wenn es
heißt: »Aber, wie ward mir erst, als ich ihn selber sah, mit hoch-

begnadigten, eignen Augen, ihn selber, Hosianna! den Kaiser. Es war eben in der Allee des Hofgartens zu Düsseldorf. [...] Am blauen Himmel oben schwamm sichtbar ein goldner Stern«. Infantile Allmachtsphantasien spielen offenbar eine Rolle bei der Einschätzung der politischen Potenz Napoleons: »Diese Lippen brauchten nur zu pfeifen – et la Prusse n'existait plus – diese Lippen brauchten nur zu pfeifen – und die ganze Klerisei hatte ausgeklingelt«. Als Heine diese Zeilen zu Papier brachte, war Preußen längst wieder ein mächtiger Staat, und auf festeren Beinen als zur Restaurationszeit hat der Heilige Stuhl in Rom selten gestanden. So ist auch der Vergleich Bonapartes mit dem Heiland eher in ironischem Licht zu sehen, wie die parodistischen Anspielungen auf die Pilgerfahrten zum Heiligen Grab in Palästina und auf das Katholische Glaubensbekenntnis sowie der satirische Hinweis auf das *Mémorial* des Las Cases verdeutlichen. Heine spricht von Sankt Helena als dem »heiligen Grab, wohin die Völker des Orients und Okzidents wallfahrten in buntbewimpelten Schiffen, und ihr Herz stärken durch große Erinnerungen an die Taten des weltlichen Heilands, der gelitten unter Hudson Lowe, wie es geschrieben steht in den Evangelien Las Cases«.[82]

Wilhelm Hauff lebte im ehemals rheinbündischen Württemberg, das seine Erhöhung zum Königtum Napoleon verdankte. Katharina, Prinzessin von Württemberg, hatte Jérôme, den ›König Lustig‹ von Westfalen, geheiratet. Hauff war ein konservativer Status-quo-Vertreter. Bewußt schaltet er sich in die Verbreitung der Napoleon-Legende ein. In Württemberg besteht ihre Funktion darin, die Bonapartisten (Hocharistokratie und Bürgertum) mit den anti-napoleonischen Kräften (dem mittleren Adel) zu versöhnen. Das Herrscherhaus und das Bürgertum hatten von der Außenpolitik Napoleons bzw. von seinen Reformen profitiert, während der Adel mediatisiert und entmachtet worden war. Wie der rheinbündisch-badische Johann Peter Hebel schon zwei Jahrzehnte zuvor, bringt Hauff 1827 mit der »Geschichte Almansors«[83] die Sage von der außerordentlichen Menschlichkeit und Gerechtigkeitsliebe des Franzosenkaisers unters Volk. In der Herrlichkeit seiner imperialen Machtfülle erinnert sich Napoleon eines armen, unglücklichen ägyptischen

Kriegsgefangenen, dem er hilft. Die ein Jahr später erschienene Novelle *Das Bild des Kaisers* berichtet von einem mediatisierten Reichsfreiherrn, der Napoleon über dessen Tod hinaus haßt, weil er ihm bei der Integration Württembergs in den Rheinbund seine Rechte als Adligen genommen hat. Die Vertreter der jüngeren Generation hingegen – seine Tochter Anna von Thierberg und deren Verehrer Robert von Willi – sind Bonapartisten. Robert sieht in Napoleon den »Cäsar«, und Anna »singt nichts als kaiserliche Lieder von Béranger und Delavigne. [...] Sie liebt eben jenen Mann mit Enthusiasmus, der den Glanz ihrer vierundsechzig Ahnen in den Staub geworfen«. Am Ende der Geschichte finden sich alle mit dem durch Napoleon herbeigeführten Status quo ab: Robert von Willi ist nicht mehr der mit den Burschenschaften kooperierende revolutionäre junge Mann, und der alte Thierberg, der bisher Napoleon mit »Attila« gleichsetzte, entdeckt, daß dieser ihm vor dreißig Jahren am Sankt Bernhard das Leben gerettet hat. Das Bild, dem er diese Offenbarung verdankt, ist eine Kopie des bekannten Bonaparte-Gemäldes von Jacques Louis David. Die Geschichte schließt mit dem Ruf »Vive l'Empereur«,[84] in den alle begeistert einstimmen.

Unabhängig von den jeweiligen politischen Konstellationen dichtete der schlesische Freiherr von Zedlitz aus einem naiven Napoleon-Enthusiasmus heraus seine Verehrerlyrik. Ob in den *Todtenkränzen* von 1828 oder in *Die nächtliche Heerschau* von 1832 – ihm geht es immer um die Erinnerung an den »Titanen« und »Cäsar«. Inspiriert durch das frühe Heine-Gedicht heißt es in der *Nächtlichen Heerschau*: »Und um die zwölfte Stunde / Verläßt der Feldherr sein Grab, / Kommt langsam hergeritten, / Umgeben von seinem Stab. [...] / Dieß ist die große Parade / Im elyseischen Feld, / Die um die zwölfte Stunde / Der todte Cäsar hält.«[85] Als ›deutscher Béranger‹ machte sich der preußische Freiherr von Gaudy einen Namen. Dessen – für einen preußischen Offizier etwas ungewöhnliches – Napoleon-Faible hat vielleicht mit Gaudys Besuch des Französischen Gymnasiums in Berlin zu tun. Seine *Kaiser-Lieder* von 1835 wurden außerordentlich populär. Es handelt sich um eine glorifizierende

Biographie als Liederzyklus. Von der Militärschule in Brienne über Italien, Ägypten bis Moskau, und von Fontainebleau bis Elba werden die Stationen des napoleonischen Lebens poetisch-verklärend geschildert. Gaudys Napoleon ist ein einsamer Träumer und Schwärmer, der sich früh seiner ›Sendung‹ bewußt wird. Auch in seinen größten Siegen aber bleibe Napoleon letztlich unglücklich. In den Motti, die der Darstellung eines jeden Lebensabschnitts vorangesetzt sind, werden die einschlägigen Zitate der Napoleon-Legende von Heine bis Barthélemy / Méry zitiert. In ihrer Todesstunde rufen Gaudys Napoleon-Grenadiere nicht Gott, sondern ihren Kaiser an: »Und wenn in Blut getaucht die Lorbeerreiser, / Wenn sich die Brust zum Letztenmale hebt, / Und bleich die Lippe todesschauernd bebt, / Wen ruft dein letzter Seufzer leis' und leiser? – / ›Den Kaiser!‹«. In »Reiters Tod« heißt es ähnlich: »Gespannt sind zwanzig Büchsen – Da ruft mit vollem Ton / Der sterbende Dragoner: Hoch! hoch Napoleon!«[86]

In die Romanfolge *Der Invalide* (1831) hat Carl Spitteler einen Abschnitt mit der Überschrift »Fontainebleau« eingebaut. Hier wird geschildert, wie Napoleon das Dokument seiner Abdankung unterzeichnet. Bewunderung des Erzählers und Kritik an Napoleon halten einander die Waage. Die Rede ist von der »dumpfen Hingebung des Prometheus«, des »mächtigen Genius«. Auch hier wird bedauert, daß Napoleon »nicht selbst ein Washington sein konnte«. Der Marschall Ney drängt den Kaiser zum Machtverzicht mit den Worten: »Sie [ist] aus, Deine kaiserliche Komödie. Der geborgte Purpurmantel wird von Deinen Schultern gerissen, wenn Du nicht vorziehst, ihn anständig selbst abzulegen«. Er hält ihm »Raserei« und einen »Wahnsinn« vor, der »ganz Europa über unser Vaterland herwarf«.[87]

Grabbe legte 1831 das Drama *Napoleon oder Die hundert Tage* vor, in dem es um den gescheiterten Versuch der Rückgewinnung der Macht des entthronten Kaisers zwischen Elba und Sankt Helena geht. Napoleon ist hier weniger prometheischer Gestalter und cäsaristischer Lenker seiner Zeit als vielmehr selbst nur ein Stein am großen Bau der Revolution. Grabbe versucht, sich von den Einflüssen der zeitgenössischen Napoleon-Legende freizuhalten.

Er konzidiert seinem Protagonisten eine geniale Tatkraft, eine unbegreifliche Willensstärke sowie eine außergewöhnliche Entschlußkraft, aber nicht Napoleon, sondern die Volksmasse ist der eigentliche Held seines Stückes. In dem von Grabbe aufgewiesenem Widerspiel von großer Einzelpersönlichkeit und historisch ausschlaggebender Masse gibt der Autor seiner pessimistischen geschichtsphilosophischen Überzeugung Ausdruck, daß auch Napoleon nur teilhatte an dem ewig sinnlosen Kreislauf von Restauration und Revolution. Auf der Folie der Masse hebt sich Napoleon jedoch als einzelner in seinem Titanismus ab. Als ihn während der Verbannung auf Elba ein Vertrauter drängt, zu seiner alten Größe zurückzufinden und entsprechende Aktionen einzuleiten, antwortet Napoleon: »Ist die Canaille es wert? Ist sie nicht zu klein, um Größe zu fassen? Weil sie so niedrig war, ward ich so riesenhaft«.[88] Hier macht Grabbe eine Anleihe bei Grillparzer, dessen Napoleon-Gedicht mit den Worten schloß: »Er war zu groß, weil seine Zeit zu klein«.[89]

Napoleon stand wie kaum ein anderer Politiker derart im Mittelpunkt der literarischen Diskussion sowohl jener Ära, die nach ihm benannt wurde, als auch der Restaurationszeit, die eine Legende um ihn wob. Der Korse war nicht nur ein großer Stratege auf dem Feld des Militärischen und der Politik, sondern auch auf dem Gebiet der »public relations«. Je nach historischer Konstellation suggerierte er den Massen ein Bild von sich selbst als revolutionärem Republikaner, römischem Cäsar, mittelalterlichem Kaiser oder volkstümlichem Herrscher. Nicht nur die Dichter, auch Maler (wie Jacques Louis David), Philosophen (wie Hegel) und Musiker (wie Beethoven) ließen sich – zumindest vorübergehend – blenden oder projizierten ihre jeweiligen Lieblingsvorstellungen und Hoffnungen in den französischen Politiker. Es ist eine eindrucksvolle Galerie von Napoleon-Enthusiasten, wie sie sich uns von Hölderlin über Hugo und Hazlitt bis Goethe und Heine darbietet. Nicht minder prominent sind mit Kleist, Arndt, Byron, Wordsworth und Chateaubriand die Namen seiner Gegner. Napoleon war alles andere als eine historisch fixierbare Größe. Je nach politischer Situation, je nach Standpunkt und Herkunft der Autoren zeigte sich ihnen Bonaparte in einem anderen Licht, und oft hat man den Eindruck, daß es hier nicht um ein und dieselbe historische Persönlichkeit geht. In den *Reisebildern* (II.1,2–8) hatte Heine im Hinblick auf das Napoleon-Bild der Zukunft vorausgesagt: »Die Zeit [...] wird es in sagenhafte Nebel zu hüllen suchen, und seine ungeheure Geschichte wird endlich ein Mythos«. So ist es geschehen. Doch wo Mythen gebraut werden, läßt die Entmythologisierung nicht lange auf sich warten.[90]

Anmerkungen

1 Stuttgarter Hölderlin-Ausgabe, hrsg. von Friedrich Beissner. Band I. Gedichte bis 1800. Erste Hälfte: Text, Stuttgart 1946, S. 239.

2 Ugo Foscolo, Opere, hrsg. v. Mario Puppo, Milano 1966, S. 1149–1156 (Bonaparte liberatore) und S. 299 (Ultime Lettere). – Vincenzo Monti, Canti e Poemi, Firenze 1891, S. 367–487.

3 Novalis. Schriften. Kritische Neuausgabe auf Grund des handschriftlichen Nachlasses von Ernst Heilborn. Zweyter Theil. Zweyte Hälfte, Berlin 1901, S. 418.

4 Zitiert nach Friedrich Stählin, Napoleons Glanz und Fall im deutschen Urteil, Braunschweig 1952, S. 56.

5 Joseph von Görres, Politische Schriften, hrsg. v. Marie Görres. Erster Band, München 1854, S. 25–112.

6 William Wordsworth, The Complete Poetical Works, London 1930, S. 177.

7 Samuel Taylor Coleridge, The Collected Works, London 1978, S. 311–339.

8 Ernst Moritz Arndt, »Germanien und Europa«. Teilabdruck in: Europa. Analysen und Visionen der Romantiker, hrsg. v. Paul Michael Lützeler, Frankfurt am Main 1982, S. 159.

9 Ernst Moritz Arndt, Geist der Zeit, Altona 1877, S. 284.

10 Ebd., S. 282, 283.

11 Ebd., S. 257.

12 J. P. Hebel, Werke. Dritter Band. Erzählungen des rheinländischen Hausfreundes, Karlsruhe 1843, S. 173.

13 Vincenzo Monti, Tragedie Drammi e Cantate, Firenze 1889, S. 515–568.

14 Zacharias Werner, Sämmtliche Werke. Achter Band, Grimma.

15 Manuel José Quintana, Obras Completas, Madrid 1898, S. 10–11.

16 Ideari D'Antoni de Capmany per Emili Giralt i Raventós, Barcelona edicions 62, 1965, S. 63–66. (Aus den Centinela contra franceses).

17 Duque de Rivas, Obras Completas. I. Poesias, Madrid 1957, S. 25–27 und S. 41–43. Dort findet sich auch das 1808 geschriebene Gedicht »A la declaración de España contra los franceses«, S. 18–19.

18 Siehe Anmerkung 2, S. 147–221. – William Wordsworth, The Prose Works. Vol. I, Oxford 1974, S. 224–249.

19 Jean Paul, »Friedens-Predigt an Deutschland«. In: Jean Paul Werke. Fünfter Band, München 1963, S. 877–916.

20 Ernst Behler, Friedrich Schlegel in Selbstzeugnissen und Bilddokumenten, Reinbek bei Hamburg 1966, S. 107, S. 110.

21 Friedrich Schlegel, Studien zur Geschichte und Politik, hrsg. v. Ernst Behler, München, Paderborn, Wien 1966, S. 125–407.

22 Wie Anmerkung 20, S. 113, 114.

23 Achim von Arnim 1781–1831. Ausstellung des Freien Deutschen Hochstifts. Katalog. Bearbeitet von Renate Moering und Hartwig Schultz. Hrsg. v. Detlev Lüders, Stuttgart 1983, S. 38.

24 Heinrich von Kleist, »Politische Schriften des Jahres 1809«, in: H. v. K., Anekdoten. Kleine Schriften, hrsg. v. Helmut Sembdner, München 1964, S. 108.

25 Ebd., S. 149.

26 Wie Anmerkung 4, S. 54, 55.

27 Heinrich von Kleist, Briefe 1793–1804 (wie Anm. 24), S. 187.

28 Ebd., S. 191.

29 Ebd., S. 207.

30 Ebd., S. 242.

31 Ebd., S. 266.

32 Heinrich von Kleist, Briefe 1805–1811 (wie Anm.. 27), S. 16.

33 Ebd., S. 26.

34 Ebd., S. 45.

35 Ebd., S. 74–77.

36 Wie Anmerkung 8, S. 158f.

37 Wie Anmerkung 9, S. 273.

38 Francois René de Chateaubriand, Oeuvres Complètes. Tome Vingt-Sixième. Mélanges Politiques. Tome I, Paris 1837, S. 55.

39 Chateaubriand, Napoleon, München 1920, S. 84.

40 Wie Anmerkung 24, S. 148.

41 Wie Anmerkung 32, S. 129.

42 Theodor Körner, Gedichte und Erzählungen, Carlsruhe 1823, S. 25. (Arndts Kurzer Katechismus erschien anonym.)

43 Heinrich von Kleist, Gedichte. Dramen (wie Anm. 24), S. 51.

44 Wie Anmerkung 42, S. 58.

45 Kotzebue, Der Flußgott Niemen und Noch Jemand, Reval 1810, S. 5.

46 Wie Anmerkung 38, S. 47, 11, 43.

47 Wie Anmerkung 5, S. 408, 405, 397, 398, 391.

48 Wie Anmerkung 23, S. 39. – Achim von Arnim, Die Kronenwächter, Stuttgart 1983.

49 Adolf Müllner, König Yngurd, Leipzig 1817.

50 Joseph Freiherr von Eichendorff, Gedichte. Epen. Dramen, hrsg. v. Gerhard Baumann und Siegfried Grosse, Stuttgart 1957, S. 649–800.

51 Franz Grillparzer, Sämtliche Werke, hrsg. v. August Sauer. Sechster Band, Stuttgart, S. 5–145.

52 Mme. La Baronne de Staël, Oeuvres complètes, Paris 1821.

53 Auguste Barbier, Iambes et Poèmes, Paris 1852, S. 33–44.

54 Alfred de Vigny, La vie et la mort du capitaine Renaud ou La canne de jonc. Souvenir de Grandeur Militaire, Pairs 1867.

55 François René de Chateaubriand, Mémoires d'outre-tombe, Paris 1848.

56 Lord Byron, The Complete Poetical Works. Vol. III, ed. by Jerome J. M. Gann, Oxford 1981, S. 260, 262. – Lord Byron, The Works, ed. by Thomas Moore. Vol. III, New York 1837, S. 317–371.

57 Lord Byron, The Poetical Works, ed. by Robert F. Gleckner, Boston 1975, S. 301.

58 Walter Scott, The Life of Napoleon Buonaparte, Emperor of the French. With a Preliminary View of the French Revolution, Edinburgh 1827.

59 William Hazlitt, The Life of Napoleon Buonaparte, London 1892.

60 Alessandro Manzoni, Opere, Bologna 1967, S. 843–847.

61 Johann Wolfgang von Goethe, »Der fünfte Mai«, in: Goethes Sämtliche Werke, 35. Band, 1821–1822, Berlin, S. 206–209.

62 Wie Anm. 4, S. 28. – Johanna Kahr, »Die Schlacht bei Waterloo. Zur Interferenz von Historiographie und Roman in der ersten Hälfte des französischen 19. Jahrhunderts. in: Poetica 9/3–4, 1977, S. 302.

63 Hans Blumenberg, »Prometheus wird Napoleon, Napoleon Prometheus«. In: H. B., Arbeit am Mythos, Frankfurt am Main 1979, S. 504–566.

64 Adelbert von Chamisso, Sämtliche Werke. Band I, München 1975, S. 497–499.

65 Alphonse Marie Louis de Lamartine, Nouvelles méditations poétiques, Paris 1924, S. 39–44.

66 Alexander Pushkin, »Napoleon«, in: A. P., Collected Narrative and Lyrical Poetry, translated by Walter Arndt, Ann Arbor 1984, S. 45, 46.

67 Wie Anmerkung 51, »Napoleon«, Zweiter Band: Gedichte II, S. 89–90.

68 Jean Tulard, Napoleon. The Myth of the Saviour, London 1984.

69 Emmanuel Comte de Las Cases, Mémorial de Sainte-Hélène, Paris 1823.

70 Victor Hugo, Les Orientales, Paris 1954, S. 180–191.

71 Victor Hugo, Napoléon le Petit, Paris 1870.

72 Karl Marx, »Der 18te Brumaire des Louis Napoleon«, in: Die Revolution, Erstes Heft, New York 1852.

73 Stendhal, Napoléon. I. Vie de Napoléon, Genève 1970.

74 P. J. de Béranger, Oeuvres Deuxième Chansons, Paris, S. 158–160. – P. J. de Béranger, Dernières Chansons 1834 à 1851, Paris, S. 58–60.

75 J. P. de Béranger, Oeuvres. Tome Premier. Chansons, Paris, S. 348–350 (»Le Cinq Mai«).

76 Napoléon en Égypte. Poème en huit chants par Barthélemy et Méry. Napoleon in Ägypten. Gedicht in acht Gesängen von Barthélemy und Méry. Metrisch übersetzt von Gustav Schwab. Mit dem Original zur Seite, Stuttgart und Tübingen 1828.

77 Gérard de Nerval, Poésies, hrsg. v. G. Antoine, Paris 1947, S. 13–14.
78 Casimir Delavigne, Oeuvres Complètes, Poésies, Paris, S. 7–10.
79 Ebd., S. 286–288, 40–44, 100–102.
80 Edgar Quinet, Napoléon; poème, Paris 1836.
81 Heinrich Heine, Sämtliche Werke. Band I. Gedichte, München 1969, S. 78–79.
82 Ebd., Band II. Dichterische Prosa, S. 102–159.
83 Wilhelm Hauff, Sämtliche Werke, hrsg. v. Hermann Fischer. Sechster Band: Märchen, Stuttgart, S. 176–189.
84 Ebd., Zweiter Band: Novellen II, S. 78, 48, 79.
85 J. Ch. Freiherr von Zedlitz, Gedichte, Stuttgart 1859, S. 23, 24.
86 Franz Freiherr Gaudy, Kaiser-Lieder, Leipzig 1835, S. 137, 73.
87 Carl Spindler, Der Invalide. Historisch-romantische Bilder neuerer Zeit. Vierter Band, Stuttgart 1876, S. 208, 198, 199.
88 Christian Dietrich Grabbe, Sämtliche Werke, hrsg. v. Eduard Grisebach. Dritter Band, Berlin 1902, S. 1–179.
89 Wie Anmerkung 67, S. 90.
90 Vergleiche folgende Studien: Maurice Descotes, La légende de Napoléon et les écrivains français du XIXe siècle, Paris 1967. – Milian Schömann, Napoleon in der deutschen Literatur, Berlin und Leipzig 1930. – Fr. Stählin (wie Anmerkung 4). – J. Tulard (wie Anmerkung 68).

Friedrich Hebbel
AGNES BERNAUER (1852)

I.

Über Hebbels [1] nicht von Widersprüchen freien Selbstinterpreta-
tionen, wie sie in zahlreichen Briefkommentaren vorliegen, ist
der Zugang zum Trauerspiel *Agnes Bernauer* kaum zu finden. [2]
Entweder neigt der Autor dazu, sich allzuweit der Meinung
seines Korrespondenzpartners anzupassen, oder er stellt dem
Briefempfänger – aus welchen Gründen auch immer – Züge des
Dramas als zentral hin, die sich als peripher erweisen. Seine
Schwächen als Selbstkritiker hat Hebbel durchaus erkannt. »Na-
geln Sie mich nicht an diese meine Worte«, schreibt er einmal,
»ich bin nicht der Mann der Definitionen, [...] und den Com-
mentar meines Gedankens bildet mein Gedicht.«[3] Weniger die
nachträglichen Äußerungen über das Stück als die Dramen-
pläne, welche in den Jahren zwischen 1845 und 1851 der Niederschrift der *Agnes Bernauer* vorausgingen, helfen, einen Einblick in
Aussage und Intention des Trauerspiels zu gewinnen. Geht man
Hebbels Tagebücher aus jenen Jahren durch, so fällt auf, daß ihn
zwei Projekte besonders beschäftigten: erstens die Idee einer Tragödie der Schönheit und zum zweiten ein politisches Stück, das
die Wandlung eines absoluten Regenten zum konstitutionellen
Monarchen zum Thema hat.[4] Als Negativfolien zu diesen geplanten Tragödien dienten ihm Kleists *Käthchen von Heilbronn* und
Lessings *Emilia Galotti*. Den Agnes-Bernauer-Stoff griff Hebbel
auf, weil sich hier beide Themenkreise miteinander verbinden
ließen. Während ihm Lessings Drama nur Ansporn zu einem politischen Stück ist, das im Sinne bürgerlicher Emanzipation progressiver (nämlich mit der Verkündung einer Verfassung) enden
soll, kann man im Falle des Kleistschen Werkes von einem über
das bloß Mittelbare hinausgehenden Einfluß auf *Agnes Bernauer*
sprechen.[5]

Das Thema der »Liebe, die Alles opfert«[6] sieht er in Kleists
Schauspiel nur mangelhaft gestaltet und will es in seiner Tragödie

gültiger darstellen. Käthchen siegt nach Hebbel nämlich nicht lediglich durch ihre Liebe, sondern »durch eine Pergamentrolle, durch den kaiserlichen Brief«, der sie zur Prinzessin von Schwaben erhebt. Sein sarkastischer Kommentar dazu: »Daß kaiserliche Briefe dieser Art und Princeßinnen-Titel unwiderstehlich sind, hat die Welt nie bezweifelt.«[7] Als direkter Hinweis auf die Zusammenhänge zwischen seiner Tragödie und Kleists Ritterschauspiel ist in *Agnes Bernauer* eine Bemerkung Albrechts zu werten. Er erklärt – scheinbar scherzhaft – seine Geliebte zur »Tochter des Kaisers« aus dem »Märchen« (II, 9).[8] Weitere Parallelen zwischen den zwei Dramen sind ebenfalls nicht zu übersehen. In beiden resultiert die potentielle bzw. tatsächliche Tragik aus der Liebe eines hohen Adligen zu einer Bürgerlichen, deren Schönheit, Tugend und Treue von geradezu überirdischer Beschaffenheit sind. Graf vom Strahl wie Herzog Albrecht vergleichen die nicht-adlige Geliebte mit ihrer aristokratischen Mutter bzw. mit der Mutter ihres Adelsgeschlechts und sind von der Ranggleichheit, ja Überlegenheit ihrer Geliebten überzeugt. Strahl sinniert: »Ob die Mutter meines Geschlechts war, wie diese: von jeder frommen Tugend strahlender, makeloser an Leib und Seele, mit jedem Liebreiz geschmückter, als sie?« (II, 1)[9] Albrecht gilt sein »Engel von Augsburg« genau so als »Muster eines Weibes« (II, 2) wie seine Mutter und will – wie Strahl – nicht einsehen, warum dies nicht ausreicht, um seine Heirat zu legitimieren. Während aber Strahl sich an die seiner Gesellschaftsschicht vorgeschriebenen Konventionen zu halten gedenkt und hofft, daß die »Wunde vernarben« (II, 1) werde, welche der Verzicht auf Käthchen reißt, läßt Albrecht die Vorurteile seines Standes hinter sich und geht eine sogenannte Mesalliance mit Agnes ein. Der Liebesrausch, der Albrecht erfaßt, steht an Intensität und Expressivität dem Strahls in nichts nach. Strahl röhrt seine Brunst gleichsam aus sich heraus:

> Daß ich durch Liebe dir, unsäglich, ewig,
> Durch alle meine Sinne zugetan.
> Der Hirsch, der von der Mittagsglut gequält,
> Den Grund zerwühlt, mit spitzigem Geweih,

Er sehnt sich so begierig nicht,
Vom Felsen in den Waldstrom sich zu stürzen,
Den reißenden, als ich, jetzt, da du mein bist,
In alle deine jungen Reize mich.   (V, 12)

In ähnliche Wollust-Geständnisse bricht Albrecht aus:

Als ob sich Millionen Lippen in euch auftäten, und
alle saugen wollten – wenn ihr nicht mehr wißt, ob's
Lust oder Schmerz ist, was euch die Seele im Wirbel
herumjagt – wenn euch die Brust zerspringen will und
ihr, von Frost und Hitze zugleich geschüttelt, zwei-
felnd ausruft: Doch wohl Lust, ja, wohl Lust, Wollust!
und dies dunkle Wort, wie ich, nun auf einmal begreift.

(II, 2)

Es gibt noch mehr übereinstimmende Motive in beiden Stücken: Käthchen wird mit himmlischen Mächten, mit Christus assoziiert, mit Gold und mit einer Rose verglichen (I, 1). Man reicht ihr »Perlen und Smaragden« (V, 12) dar; sie ist zum Liebesopfer bereit und gewillt, ins Kloster zu gehen (III, 1). Sogar solche Details wie das Feme-Gericht und die Anklage wegen Zauberei (die hier allerdings den Liebenden und nicht die Geliebte trifft) kommen vor (I, 1). Auch den Namen Theobald für eine der Nebenfiguren scheint Hebbel von Kleist übernommen zu haben. Daß der psycho-physische Wert der adligen Vorgängerin bzw. Konkurrentin der bürgerlichen Geliebten des Helden in beiden Dramen heruntergesetzt wird, versteht sich. Man vergleiche die Auslassungen über Kunigunde von Thurneck im *Käthchen* (V, 3) bzw. über Elisabeth von Württemberg in *Agnes Bernauer* (I, 14). Während sich aber in Kleists »Märchen«-Schauspiel das nur scheinbare Bürgerkind als Kaisertochter entpuppt, so daß dem gräflichen Eheglück nichts mehr im Wege steht, entbrennt in Hebbels Trauerspiel ein Kampf der gegensätzlichen Standes- und Staatsauffassungen, dem die bürgerliche Geliebte zum Opfer fällt.
     Durch das tragische Geschehen ist Hebbels Stück verbunden mit einem der bekanntesten Dramen der Weltliteratur, mit

Shakespeares *Romeo und Julia*. Diese Verwandtschaft deutet Hebbel versteckt an, wenn Albrecht über die Vohburg, ihr Liebesnest, schwärmt: »Da gibt's mehr Lerchen wie anderswo Spatzen, und in jedem Baum fast sitzt eine Nachtigall« (II, 10). Mit der Nennung von Lerche und Nachtigall klingt jene berühmte Zeile »Es war die Nachtigall, und nicht die Lerche« (III, 5) aus *Romeo und Julia* an. Auch zu Shakespeares Tragödie lassen sich eine Reihe von Parallelen aufweisen: Der Liebe zu Julia bzw. zu Agnes geht das Abbrechen der Verbindung zu Rosalinde bzw. Elisabeth von Württemberg voraus; Romeo und Albrecht gehen geheime Heiraten mit Julia bzw. Agnes ein; der Feindschaft zwischen den adligen Häusern Montague und Capulet entsprechen die Klassentrennungen zwischen Adel und Bürgertum; wie Romeo die Verbannung, so trifft Albrecht der Ausschluß vom Erbe des Herzogamtes, und der Versöhnung der verfeindeten Adelshäuser über den Leichen ihrer Kinder entspricht die Aussöhnung des jungen mit dem alten Herzog nach Agnes' Tod. Freilich sind diese Ähnlichkeiten eher zufälliger Natur, denn Hebbel waren jene Motive nicht durch Shakespeares Drama, sondern durch die historischen Quellen vorgegeben. Trotzdem stellt er den Konnex zu *Romeo und Julia* her, um den literarischen Rahmen anzudeuten, in dem er sein eigenes Trauerspiel gesehen wissen will: In beiden Fällen handelt es sich um Tragödien der Schönheit und Liebe, bei denen das tragische Moment in ursächlichem Zusammenhang mit politischen Konflikten steht.

Der Gegensatz zwischen Liebesgebot und Staatsgesetz ist es, den Hebbels Drama mit Sophokles Tragödie *Antigone* gemeinsam hat. Auf diese Parallele wies Hebbel selbst hin. Er ging in seiner Korrespondenz so weit, *Agnes Bernauer* zur »Antigone der modernen Zeit«[10] zu erklären. Den Grundkonflikt zwischen dem in Antigone verkörperten absolut-göttlichen Liebesgebot und dem durch Kreon vertretenen irdischen Staatswillen teilt das antike Stück mit Hebbels Tragödie. Antigone erfüllt freilich ein Gebot der Geschwisterliebe, indem sie ihren Bruder beerdigt; um die Durchsetzung der Gattenliebe gegenüber Standesvorurteilen und Staatsvorstellungen jedoch geht es Agnes. Antigone, nicht Kreon, ist bei Sophokles im Recht, und auch Hebbel ging es offensichtlich nicht um den tragischen Konflikt gleichberechtigter Ansprüche, wie die Interpretation noch zeigen wird. Es ist unwahrscheinlich, daß Hebbel die *Antigone* mit Hegels Augen gelesen hat. Mit seinem Faible für den starken Staat und in Anwendung seiner eigenen Tragödientheorie hatte Hegel das Kunststück fertiggebracht, in Antigone und Kreon gleichwertige Prinzipien verkörpert zu sehen.[11]

II.

Hebbel verdeutlicht den Adel, die Reinheit, ja Heiligkeit von Agnes' Denken, Empfinden und Handeln durch literarische Anspielungen und Techniken besonderer Art: Er stilisiert sie einerseits durch die Kontrafaktur der Passion Jesu mit einer Art Christusfigur[12] und durchwirkt andererseits die Bilder der Agnes-Szenen mit Metaphernketten, welche die Heldin mit einem fast überirdischen Glanz umgeben. Auf die offensichtlichen, fast wörtlichen Bibelzitate ist in der Sekundärliteratur bereits hingewiesen worden,[13] doch gehen die Evangelienbezüge darüber noch weit hinaus. Von Anfang an wird Agnes als »Heilige« (I, 5) charakterisiert, und die Liebe, die sie empfindet, wird als eine Sache der »Ewigkeit« (V, 2) bezeichnet. Wie sich an Christus die Geister in gläubige Anhänger und tödliche Feinde scheiden, so begegnen schon zu Beginn des Dramas Agnes sowohl Liebe und Verehrung als auch extremer Haß (I, 1–7). Anklänge an alle Stationen der Passion finden sich wieder, beginnend mit der – noch vor dem Leidensweg stattfindenden – Verklärung, über den feindlichen Einzug in Jerusalem, die verschiedenen Leidensankündigungen, den Verrat Judas', die Todesangst, die Festnahme, die Anklage mit den falschen Zeugenaussagen und die Verurteilung durch den Herrscher bis zum gewaltsamen Tod, der Auferstehung und Himmelfahrt sowie der eschatologischen Deutung des Opfertodes.

Wie Gottvater auf einem Berge Christus verklärt, so hat auf ihrer ehemaligen Burg eine ähnliche Verherrlichung die »im Himmel« (III, 8) weilende Elisabeth für ihre Tochter vorgesehen. Die Verklärung Jesu schildert der Evangelist mit den Worten: »Sein Angesicht glänzte wie die Sonne, seine Kleider aber wurden hell-leuchtend wie das Licht« (Matth. 17,2). Und als Albrecht Agnes mit den von Elisabeth hinterlassenen Perlen, Edelsteinen und dem Diadem schmückt, leuchtet sie wie »Schnee«, »Alabaster«, »Kristall«, »Gold« und »Sonnenstrahlen« (III, 8). Im Anschluß an die Verklärung (während der Elias erschienen war) macht Jesus seinen Jüngern klar, daß sie nicht mehr auf Elias als den Wegbereiter des Sohnes Gottes[14] zu warten brauchen, weil dieser als Johannes der Täufer bereits gekommen und gestorben sei. Auch Albrecht sieht in Elias einen Mittler, dessen er nicht mehr bedarf, da er in Agnes einer himmlischen Erscheinung begegnet ist. Er bekennt: »Agnes – wenn auf dem Wege zu dir ein Himmelswagen flammend vor mir niedergefahren wäre, jeder Radnagel ein Stern, ich wäre nicht eingestiegen« (II, 9). Der bibelfeste Hebbel setzt bei seinen Lesern bzw. Zuschauern die Kenntnis voraus, daß mit dem flammenden Himmelswagen Elias assoziiert wird (2. Könige 2,11). Für Albrecht verwischen sich während der verklärenden Schmükkungs- bzw. Krönungsszene die Unterschiede zwischen Irdischem und Himmlischem. Er spricht direkt aus, daß er in Agnes ein göttliches Wesen sieht:

»Jetzt ist meine Mutter nicht mehr im Himmel, sondern wieder auf Erden und hier bei uns, aber ihre Seligkeit ist gleich groß! [...] Ja, Agnes, wenn ich bei Gott aufhören soll, muß ich bei *dir* anfangen, es gibt für mich keinen anderen Weg zu ihm! [...] All unsere Wollust mündet in Gott, was unsre enge Brust nicht faßt, das flutet in die seinige hinüber, er ist nur glücklich, wenn wir selig sind, soll er nicht glücklich sein?« (III, 8–9)

Requisiten, die uns aus dem Neuen Testament über Jesu feierlichen Einzug in Jerusalem bekannt sind, tauchen auch am Anfang von Hebbels Tragödie auf: Die »Zweige«, die man »von den Bäumen hieb« und auf »den Weg streute« (Matth. 21,8), kehren wieder als »grüner Zweig, vom nächsten Busch gebrochen« (I, 18) bzw. als »Blumen« (I, 1 ff.), die Albrecht vor Agnes »ausstreuen« (I, 14) will. Sogar die Eselin, welche Jesu Jünger für seinen Einzug als Reittier besorgen, wird – wenn auch nur in einer sprichwörtlichen Wendung – von Albrechts Ritter Nothhafft von Wernberg beschafft, der den Befehl seines Herzogs »Blumen her!« mit einem verständnislosen »Damit belad ich meinen Esel« kommentiert. Bezeichnenderweise nennt er Albrecht an der gleichen Stelle den »neuen Adam« (I, 14).

Die drei Leidensankündigungen Christi, wie sie uns aus den Evangelien überliefert sind, entsprechen Agnes' Todesahnungen. »Böse Ahnungen« (IV, 7) und die »Furcht des Todes« (V, 6) überkommen Agnes, bevor sie ihr »Opfer« (V, 2) bringt. Wie Petrus seinem Herrn Vorhaltungen wegen des freiwilligen Opfertodes macht, so warnt auch Preising Agnes vor der Konsequenz ihrer absoluten Liebe. Wenn Agnes darauf entgegnet: »Hebe dich von mir, Versucher!« (V, 3), so legt dieses wörtliche Matthäus-Zitat nahe, den Kontext dieser Bibelstelle zu vergegenwärtigen. Die vollständige Entgegnung Jesu auf Petrus' Einwände lautet: »Hebe dich, Satan, von mir! du bist mir ärgerlich; denn du meinst nicht, was göttlich, sondern was menschlich ist« (Matth. 16,23). Weder fehlen in Hebbels Drama Anspielungen auf Judas' Verrat noch auf die Verleugnung des Petrus. Die Rolle des Judas Ischariot (Matth. 21,14–15) übernimmt Emeran Nusperger zu Kalmperg (V, 3). Als Theobald seine Neigung zu Agnes vor deren Vater zu verbergen sucht, ist von einem krähenden Hahn die Rede (I, 7 bzw. Matth. 26,75). Auch während der Verhaftungssszene übernimmt Theobald wieder die Petrusrolle. Petrus geht mit dem Schwert auf den Knecht des Hohenpriesters ein, um Jesus zu verteidigen (Joh. 18,10), und Theobald zieht das Schwert gegen Pappenheim, einen Ritter Herzog Ernsts (IV, 12). Wie Petrus den Märtyrertod für die Sache des Evangeliums auf sich nimmt, so zeigt auch Theobald, daß er die Liebe zu Agnes über sein Leben stellt. In der Verhaftungsszene richtet Agnes die gleiche Frage an die Verfolger wie Christus: »Wen sucht ihr?« (IV, 12 bzw. Joh. 18,4). Während der zweiten Leidensankündigung prophezeit Christus, daß er »am dritten Tag« nach seinem Tode wieder »auferweckt werde« (Matth. 17,23). Auch Agnes wünscht, daß nach der auf sie zukommenden »Nacht« in »dreimal vierundzwanzig Stunden wieder Tag« sei (IV, 9).

Der Prozeß gegen Jesus kann nur eröffnet werden, indem die

Hohenpriester »falsches Zeugnis« (Matth. 24,69) gegen ihn zu geben suchen. In Hebbels Drama ist es ein »hochwürdiger Pater Franziskaner«, der Agnes als Hexe verleumdet, sie »von der Kanzel herab verflucht« (IV, 2) und ihren Tod fordert. In der Passionsgeschichte stimmt das »ganze Volk« (Matth. 27,25) in den Ruf nach Christi Kreuzigung ein, und »alle« wollen Agnes Bernauer auf dem »Scheiterhaufen« (IV, 2) sehen. Um einen politischen Prozeß handelt es sich in beiden Fällen. Ein versteckter Hinweis auf den Zusammenhang des Prozesses Jesu mit dem der Agnes Bernauer findet sich schon in der Mitte des Dramas. Dort äußert Herzog Ernst den Wunsch, daß man das Grabdenkmal für seine verstorbene Gattin Elisabeth folgendermaßen gestalte: »Den Heiland, unsern allbarmherzigen Erlöser, mit ausgebreiteten Armen, die Abgeschiedene zu seinen Füßen, wie man die heilige Martha malt« (III, 4). Die Rede ist von jener Szene, als Martha von Bethanien Jesus bittet, ihren verstorbenen Bruder Lazarus von den Toten aufzuerwecken (Joh. 11,17ff.). Gerade die Auferstehung des Lazarus aber rief – dem Bericht des Johannes zufolge – die Gegenspieler Jesu, die »Hohenpriester und Pharisäer«, auf den Plan, welche »von jenem Tag an [...] entschlossen waren, ihn zu töten« (Joh. 11,53). Und bei diesem Treffen der Feinde Christi begründet der Hohepriester Kaiphas die Ermordung Jesu mit der berüchtigten Losung: Es ist besser für Euch, es stirbt ein einziger Mensch, als daß zugrunde geht das ganze Volk« (Joh. 11,50). Genau dieses Argument wird auch von Agnes' Feinden vorgetragen. Sie sind der Überzeugung, ihr Tod sei notwendig, »um den allgemeinen Untergang« (V, 2), »schweres Unheil« (IV, 3) bzw. »Krieg« (IV, 4) abzuwenden. Aufgrund der Wünsche der Priester und des Volkes allein kann weder Christus noch Agnes der Prozeß gemacht werden. Die letzte Urteilsentscheidung liegt bei der höchsten politischen Instanz: im Falle Jesu bei dem Prokurator Pilatus, im Falle Agnes Bernauer bei Herzog Ernst. Pilatus und Ernst sind von der Unschuld der Angeklagten überzeugt (vgl. Luk. 23,13 bzw. IV, 4), und sie sind sich darüber klar, daß sie mit ihren Verdikten Schuld auf sich laden. Beide Urteile werden mit dem Argument der Staatsraison zu rechtfertigen versucht:

Pilatus erinnert man an den Willen des Kaisers (Joh. 19,12–16), und Ernst weist auf die notwendige Verhinderung des Bürgerkrieges hin (IV, 4). In beiden Prozessen besteht auch die Möglichkeit, zwischen einem Unschuldigen und einem Schuldigen zu wählen, und in beiden Fällen werden die wirklichen Volksaufwiegler Barabbas und Albrecht freigesprochen.

Eine Beziehung von Agnes' Schicksal zur »Kreuzigung unseres Herrn« (I, 9) klingt vorausdeutend schon zu Beginn der Tragödie an. Ihre vor dem Tod geäußerten Worte »Herr, mein Gott, so kannst du mich nicht verlassen!« (V, 1) sind eine Paraphrase des von Jesus in seiner Todesstunde gesprochenen Psalms 22,2: »Mein Gott, warum hast du mich verlassen?« (Matth. 27,46) Früh wird im Drama auch ein Hinweis gegeben auf den Konnex von Tod und Auferstehung: Die heimliche Hochzeit von Albrecht und Agnes findet wie bei einem »Totendienst« in »der Kapelle der heiligen Maria Magdalena« (II, 10) statt. Maria Magdalena aber war die erste Person, welcher der wiederauferstandene Christus erschien, wie alle Evangelien übereinstimmend berichten. Daß es bei der Nennung der Maria-Magdalena-Kapelle in Hebbels Drama um die Assoziation mit dem Auferstehungsthema geht, wird noch dadurch unterstrichen, daß Albrecht in der gleichen Szene eben dieses Thema anspricht, wenn er von seiner Mutter sagt: »sie ruhe sanft und stehe fröhlich auf« (II, 10). Und schließlich klingt beiläufig auch das Himmelfahrtsmotiv an, wenn eines der mit Agnes um die Gunst der Verehrer konkurrierenden Bürgermädchen die prophetischen Worte äußert: »Wenn der Herzog sie mitnimmt, steht sie uns ebensowenig mehr im Wege, als wenn sie gen Himmel fährt.« (I, 18)

Daß Hebbel Agnes eine Christusrolle übernehmen läßt, wird auch deutlich durch Aussagen Dritter über sie. Albrecht hält seinem Vater, der sich ständig auf den göttlichen Willen beruft, entgegen: »Die göttliche Ordnung rief sie ins Leben [...], damit sie wieder erhöhe, was sich selbst erniedrigt, und erniedrige, was sich selbst erhöht hatte.« (V, 9) Damit nimmt Albrecht Bezug auf Jesu Strafrede gegen die Schriftgelehrten und Pharisäer, in der es heißt: »Wer sich selbst erhöht, wird niedrig werden; und wer sich selbst erniedrigt, wird erhöht werden.« (Matth. 23,12)

Vollends – geradezu im biblischen Wortsinne – »offenbar« wird Agnes' Christusähnlichkeit, wenn man die auf Jesus bezogene Metaphorik in der Apokalypse des Johannes neben die Bilder hält, welche Hebbel zur Charakterisierung seiner Heldin verwendet. Preising vergleicht Agnes mit einem »Edelstein [...], kostbarer wie sie alle zusammen, die in den Kronen der Könige funkeln und in den Schachten der Berge ruhen« (V, 2). Johannes schaut in seinen Visionen den im Himmel thronenden Christus als jemanden, der leuchte »wie der Jaspis- und Sardisstein«, umgeben von einem smaragdenen Strahlenkranz (Offenb. 4,2). Und wenn er Jesus als neues Jerusalem schildert, geschieht dies in der gleichen Weise: »Ihr Lichtglanz ist gleich einem ganz kostbaren Stein, wie kristallheller Jaspis.« (Offenb. 21,11) Auf diese Stelle in der Offenbarung des Johannes spielt auch Albrecht in der Verklärungs- bzw. Krönungsszene an, wenn er zu Agnes sagt: »Setz dich auf den ersten Thron der Welt, und in tausend Jahren wird nicht kommen, die sagen darf: Erhebe dich!« In der Apokalypse (20,4) nämlich steht die Prophezeiung, daß jene die »Throne« besteigen werden und die »Herrschaft antreten mit Christus für tausend Jahre«, die »hingerichtet worden waren wegen des Zeugnisses für Jesus und wegen des Wortes Gottes«. Deutlicher als an keiner anderen Stelle des Dramas wird hier Agnes also in die Nähe Christi gerückt, ja gewissermaßen als wiedergekommener Christus bezeichnet. Denn Albrecht bezieht sich auf den urchristlich-chiliastischen Glauben, daß nach Christi Wiederkunft ein tausendjähriges Gottesreich auf Erden beginne.

In demselben Zusammenhang nennt Johannes Christus auch das »Lamm, das geschlachtet wurde« (Offenb. 5,11). Der Name »Agnes« leitet sich her von lateinisch »agnus« (das Lamm). Entsprechend ist das Sinnbild der Heiligen Agnes, einer Märtyrerin, ein Lamm. Daß Hebbel das Todesurteil über Agnes Bernauer als Dokument mit »sieben Siegeln« und dem Zeichen »eines Kreuzes« (IV, 1) versehen beschreibt, stellt einen weiteren Hinweis auf die hier zitierten Stellen der Apokalypse dar. Denn dort nimmt das Opferlamm eine »Buchrolle«, versiegelt »mit sieben Siegeln«, aus der Hand des himmlischen Herrschers entgegen und wird als Erlöser gepriesen (Offenb. 5,1–14). Wenn

Herzog Ernst am Schluß der Tragödie Agnes als »das reinste Opfer, das der Notwendigkeit im Lauf aller Jahrhunderte gefallen ist« (V, 10) bezeichnet, so wird vollends deutlich, wie bewußt Hebbel seine Tragödie als Passions-Analogie verstanden hat.

Der Gebrauch bestimmter Metaphernketten in *Agnes Bernauer* unterstützt unsere Vermutung, daß Hebbel eine ans Metyphysische grenzende Dimension ins Spiel bringen will. Zwei Metaphernbereiche dominieren: einerseits der des Hellen und Leuchtenden, gipfelnd im Überirdisch-Heiligen, und andererseits der des Dunklen und Toten. Die Metaphernketten des ersten Bereichs sind vor allem den Agnes-, die des zweiten primär den Herzog-Ernst-Szenen zugeordnet, wobei der Tod als vorausdeutendes Motiv allerdings auch häufig in den Agnes-Szenen vorkommt. Letztere flimmern gleichsam in einem ständigen Metaphernglanz, in denen Licht, Feuer, Edelmetalle sowie Pretiosen die zentralen Paradigmen abgeben, und in denen Begriffe aus überirdischen Sphären eine wichtige Rolle spielen. Dem »Licht«-Bereich gehören Worte an wie: weiß, Lilien, Schnee, Alabaster, hindurchleuchten, Kristall, Sonnenstrahl, schimmernd, Strahl, Sterne, Ampel, hervorleuchten, abspiegeln, buntes Glasfenster, Scheiben und die oft genannten Augen. »Feuer« ist der gemeinsame Nenner von: feurig, erhitzt, verbrannt, Brand, angezündet, brennen, Ofen, Feuersbrünste, glühend, Kohle, Fieber, Johannisfeuer, lodern, flammend, Glut, nachbrennen, Brandfackel, funkeln, Flammen, Kerze und Flammenschwert. Dem Metaphernkreis der Edelmetalle und Edelsteine gehören an: Gold, Gulden, golden, vergoldet, Krone, Ring, Armband, Kettlein, gekrönt; ferner: Perlen, Edelstein, Kleinodien und Schmuck. Der Bezirk des Metaphysisch-Überirdischen ist durch Vokabeln vertreten wie: Cherub, Paradies, Himmel, Gott, ewig, Herr, göttlich, Engel, Jüngstes Gericht, Herrgott, Sakrament, selig, Ewigkeit, Benediktion, Altar, Mutter Gottes, Jesus Christus, Glaube, Erzengel Michael, Mutter aller Gnaden, Vater im Himmel und Himmelswagen. Dabei muß man sich vergegenwärtigen, daß die meisten dieser Begriffe mehrfach und Worte wie »leuchten«, »Gold«, »heilig« und besonders »Gott« ausgesprochen häufig vorkommen. Damit Agnes nicht nur als »lichte« und »heilige« Seele erscheine,

hat Hebbel einige Metaphernketten des Lebendigen und Organischen in den ansonsten geradezu überirdisch-astralen Bildteppich eingeflochten. Das Paradigma gibt hier die Farbe »rot« ab
(rot, dunkelrot, Purpur, schamrot, erröten), die dann auftaucht
in dem ständig erwähnten Blut (mit seinen Varianten Blutstropfen, blutig, Wunde etc.), dem vielfach zitierten Herzen sowie den
Lippen, dem Mund, den Rosen und Kirschen. Diese letzten Vokabeln bringen gemeinsam mit der nicht selten genannten
»Brust« einen Hauch von Erotik in dieses Stück, von dem Hebbel
selbst sagt, daß in ihm »in erotischer Beziehung [...] nichts vorkommt, was nicht in einer Pension vorgelesen werden könnte.«[15]

Dem ganzen Komplex des Lebendigen, Lichten und Heiligen
steht der große Metaphernbereich des Toten gegenüber. Ständig
begegnet man Wörtern wie: Dunkles, schwarze Nacht, Totenkopf, Tote, Verstorbene, Tod, Sarg, Henker, Todesstich, Erstikkungstod, Totendienst, Totenkapelle, Staub, Gräber, Schwert,
Lanze, Todbett, Sterbebett, Todesurteil, Mord, Totengruft, Beil,
Schuß, gestorben, Totenschein, Totenhemd, Leichenbegängnis,
Klinge, Trauernde, Totschlag, Untergang, Totengräber, sterben,
gesteinigt, Leichnam, umbringen, niederhauen, ersticken, abschlachten, zerschmettern und zerfetzen. Auch hier gilt, daß
viele dieser Vokabeln mehrfach vorkommen, besonders das Paradigma »Tod« selbst.

III.

Bevor wir nach diesen Feststellungen vorschnell auf einen metaphysischen Gehalt der Tragödie schließen, wollen wir uns in
Erinnerung rufen, daß die Analogie zur Leidensgeschichte Jesu
nicht den einzigen Handlungsstrang des Stückes ausmacht. Hebbels Agnes Bernauer ist ja kein Passions- oder Mysterienspiel,
sondern ein politisches Drama. Es schildert Konflikte zwischen
Bürgern und Adligen sowie zwischen einem rebellischen jungen
und einem konservativen alten Monarchen.

Mit Caspar Bernauer führt der Autor einen standesbewußten
Bürger vor, der sich seiner Würde und Stellung als Einwohner
einer reichsfreien Stadt bewußt ist, einer Gemeinde, in der die

Zünfte ein wichtiges Wort bei politischen Entscheidungen mitzureden haben. Daß Bernauer zu den etablierten und angesehenen Bürgern Augsburgs zählt, wird deutlich durch seine Zugehörigkeit zur Feme. Denn in die Feme, den »Bund der Wissenden«, wurden nur Bürger aufgenommen, die ein allgemeines Vertrauen genossen. So gehörten 1436, also auf dem Höhepunkt der mittelalterlichen Feme-Justiz in Deutschland, nur 23 Bürger Augsburgs dem heimlichen Gericht an.[16] Die Aufnahme in die Feme wurde auch von Fürsten angestrebt, und 1429 trat ihr gar Kaiser Sigismund bei. Es ist also falsch, wenn in der Sekundärliteratur verschiedentlich behauptet wird, daß Bernauers Feme-Mitgliedschaft ein Indiz für sein Außenseitertum in der Gemeinde sei.[17] Hebbel hat sich mit der Geschichte der Feme offenbar genauer beschäftigt, denn seine Angaben dazu zeugen von Detailkenntnissen: Er ist informiert über den Ursprung der Feme in Westfalen, kennt den Begriff der »roten Erde« (ein Ausdruck, der sich auf den Blutbann bezieht) sowie das Zeichen der Feme (Dolch bzw. Schwert und Strick) und weiß von ihrem Eingreifen nur bei schweren Delikten (vgl. II, 3 und II, 8). Die Tatsache, daß Bernauer sich in der Weise des 15. Jahrhunderts »wissenschaftlich« betätigt, d. h. als Bader Bücher der antiken Heilkunst – etwa den Hippokrates – studiert und sich mit Magie beschäftigt (I, 8, 9), stempelt ihn keineswegs zum »verschrobenen Einzelgänger«[18] und auch nicht zu einem Zeitgenossen, der »dem Kreis der Augsburger Bürger innerlich nicht angehört«.[19] Diese Tätigkeiten sind für den Bader in einer damals so aufstrebenden und aufgeschlossenen Stadt wie Augsburg zunächst eher typisch. Freilich hat der Hang zur Magie bei Bernauer in den Jahren nach der Hochzeit seiner Tochter offenbar zugenommen, so daß er bereits in den Ruf eines »Hexenmeisters« (IV, 10) zu geraten droht. Aber in den Anfangsszenen steht der Bernauer als durchaus repräsentativer Bürger vor uns. Selbstbewußt tritt er dem Ritter Törring und dessen Herzog Albrecht gegenüber. Angesichts der Unhöflichkeiten, die Törring sich erlaubt (II, 7), droht er dem Ritter Prügel an und läßt durchblicken, daß er bei der Verführung seiner Tochter durch den Herzog das Feme-Gericht einschalten werde (II, 8), dessen judikative und exekutive Gewalt nicht durch die Macht von »Kaiser und Reich« (II, 8) begrenzt werde. Bernauer weiß auch, wie sträflich es in der Ständegesellschaft ist, die Schranken zwischen Bürgertum und Adel zu durchbrechen. Eine Verbindung von »Barbierbecken« und »Krone« kann seiner Meinung nach »nimmermehr gut« gehen, und ihm »graust« bei dem Gedanken an Agnes' Heirat mit Herzog Albrecht (II, 5). Er sieht also das Schicksal seiner Tochter voraus, und vielleicht hat seine spätere intensive Beschäftigung mit Geheimwissenschaften damit zu tun, daß er sich eine Macht- und Einflußsphäre jenseits der Gesetze der Ständegesellschaft sichern will, mit der er – ähnlich der Feme – Agnes eventuell zu Hilfe kommen könnte. Bürgerlicher Stolz ist es ferner, der ihn davon abhält, seine Tochter als Gattin des Herzogs in Straubing zu besuchen (IV, 7). Auch die Gesetze der Religion, d. h. »Gottes Gebot« (II, 10), betrachtet er als den Regeln der Ständegesellschaft übergeordnet. Nachdem sein Vorschlag an Agnes, den Bürgerlichen Theobald zu heiraten, von ihr zurückgewiesen wurde, willigt er bezeichnenderweise mit einem Bibelzitat in die Heirat seiner Tochter mit Herzog Albrecht ein: »Sie sollen Vater und Mutter verlassen und an einander hangen!« (II, 10; Gen. II, 24; Matth. 19,5–6) So führt Hebbel mit Caspar Bernauer einen Bürger vor, der sich zwar an die Gesetze der Ständegesellschaft hält, der sich aber in der Rechtspflege und Wissenschaft (bzw. Magie) Gebieten widmet, in denen er die ständischen Grenzen zu überschreiten vermag. Vom Standpunkt seiner christlichen Religion sind ihm die Menschen zudem gleich, als Ebenbilder Gottes an derselben Menschenwürde partizipierend. Diese religiöse Auffassung vertritt er mit Nachdruck, wenn er dem Ritter Törring entgegenhält: »Auch mich hat Gott gemacht!« (II, 9) Das gleiche Argument wiederholt Agnes wörtlich gegenüber Albrecht in derselben Szene, doch schwingt in ihrem Biblizismus bereits ein revolutionärer Ton mit, wenn sie fortfährt: »Auch aus mir kann er mehr machen, wenn es sein heiliger Wille ist, auch aus Euch weniger, denn alles auf Erden ist nur zur Probe, und Hoch und Niedrig müssen einmal wechseln, wenn sie nicht vor ihm bestehen!« (II, 9) Die hier deutlich werdende Nähe zum Revolutionären hat Agnes, wie sich zeigen wird, mit dem jungen Herzog gemein.

Ganz unrebellisch und keineswegs auf Abgrenzung vom Hof in München bedacht, gibt sich das Augsburger Patriziat, der alte Stadtadel, dem die Emanzipation der in den Zünften organisierten Bürger ein Greuel ist. Prominenter Vertreter des Patriziats im Stück ist der Bürgermeister Nördlinger. Er sehnt »die Rückkehr der guten alten Zeit« herbei, als man den»Pöbel« noch nicht »in den Rat aufnehmen mußte« (I, 15). In Anwesenheit eines herzoglichen Ritters beklagt er die Illoyalität von »Kaiser und Reich« dem Stadtadel gegenüber: »Was nötigte die Majestät«, so wettert er, »den vermaledeiten Zunftbrief, der uns abgezwungen wurde, hinterher mit ihrem Siegel zu versehen?« (I, 15) Ganz anders als Bernauer befleißigt sich Nördlinger im Umgang mit dem jungen Herzog einer an Unterwürfigkeit grenzenden Höflichkeit. So »bedankt« er sich dafür, daß Albrecht die »Patrizier einer Lanze gewürdigt« hat (I, 13). Auch ist es dem Bürgermeister äußerst peinlich, ihm mitteilen zu müssen, daß zum abendlichen Tanz nicht nur die Patrizier-Geschlechter, sondern auch die Zünfte, also »Perlen und Erbsen in einem Sack«, erscheinen werden (I, 15).[20]

Der junge Herzog repräsentiert die dritte und (vom Standpunkt der Ständegesellschaft aus gesehen) höchste Gesellschaftsschicht, die im Drama geschildert wird. Albrecht teilt die Ressentiments des Stadtadels gegenüber den Bürgern der Zünfte keineswegs. Er wünscht sich die gesamte Bevölkerung beim abendlichen Fest vertreten und entgegnet Nördlinger: »Ich wollte, die ganze Stadt wäre da!« (I, 13) Was ist Albrechts politische Überzeugung, so weit man sie aus seinen hingeworfenen Bemerkungen synthetisieren kann? Offenbar strebt er eine Herrschaft der Edelsten an, wobei sich diese Aristokraten aus allen Volksschichten rekrutieren könnten. Indem er die Bürgerliche Agnes Bernauer heiratet, will er für ein »Beispiel sorgen«, daß in den kommenden Generationen – »nach fünfzig Jahren« – »jeder Engel, der ihr gleicht, auf Erden einen Thron finden« soll (I, 18). Seine ritterliche Begleitung weist ihn darauf hin, wie sehr er sich mit diesen Ideen in den Bereich von Irreal-Utopien begibt, weil er selbst »Bayerns Thron nie besteigen« würde, wäre er nicht der Sohn adliger Eltern. Albrecht widerspricht dieser im ständischen Denken befangenen Auffassung. Er stellt sich vor, er sei ein Bastard, der Sohn einer bürgerlichen Mutter und eines adligen Vaters. Dann, so klärt er seine Ritter auf, würde er sich direkt ans Volk wenden, um sich von ihm durch allgemeine Zustimmung die Herrschafts-Legitimation zu holen. Er führt aus:

»Wer weiß, was geschähe, wenn ich mein Volk zum Spruch aufriefe, wenn ich sagte: Seht, ich soll nicht würdig sein, euch zu beherrschen, weil mein Vater eine eurer Töchter zu sich erhoben hat, eine, die ihm am besten ins Ohr sagen konnte, was euch fehlt! Ich soll nicht würdig sein, euch zu beherrschen, weil die Teilnahme für euch mir von der Mutter her angeboren ist, weil ich euch versteh, ehe ihr noch den Mund auftut, weil mir's im Blut liegt, euch beizuspringen! Ich soll nicht würdig sein, euch zu beherrschen, weil ich euer Bruder bin!« (II, 2).

Nun ist Albrecht selbst kein Bastard, aber sein Sohn aus der Ehe mit Agnes Bernauer wäre einer. Ihn sieht der junge Herzog bereits als Revolutionär, als Neubegründer eines Reiches, in welchem die seit den Zeiten Karls des Großen geltende alte Adelsherrschaft im Zuge einer Nivellierung der Stände abgeschafft wird. Ein Bürgerkrieg soll dabei offenbar in Kauf genommen werden. Albrecht fährt nämlich fort:

»Wer weiß, was sie tun werden, die alten treuen Bavaren, wenn mein Sohn sie dereinst nach Urväterweise in einem Eichenhain zusammenruft und so zu ihnen spricht; wer weiß, ob sich dann nicht der letzte Bauer in einen Ritter verwandelt und ob die Sense nicht gegen das Schwert schlägt, daß das ganze deutsche Reich zu wackeln anfängt, und der große Karl zu Aachen in seinem Sarg erschrocken nach der Krone greift!« (II, 2)

Albrecht hat Zukunftspläne, die weit über die Neugestaltung des Herzogtums Bayern-München hinausgehen. Konnte man anfangs die Erklärung Agnes zur Kaisertochter noch als scherzhaft deuten, so wird in der Verklärungs- bzw. Krönungsszene klar, wie hoch die Ziele sind, die er sich gesteckt hat. An dieser sehr ernsten Stelle sagt er zu Agnes, nachdem er sie mit Diadem und Ring geschmückt hat: »Die Kaiserin ist fertig! Denn, das ahntest du nicht, eine Kaiserin wollt' ich machen, und sie steht da.« (III, 9) Dann fügt er den oben bereits zitierten, chiliastisch anmutenden

Satz hinzu: »Setz dich auf den ersten Thron der Welt, und in tausend Jahren wird nicht kommen, die sagen darf: Erhebe dich!« (III, 9) Albrecht koppelt also seine politischen Pläne von der Erneuerung des Reiches an quasi-religiöse Erwartungen. Deutlich wird, daß seine Zukunftsvorstellungen auf eine radikale Umwälzung der Ordnungen hinauslaufen; er will »von vorn anfangen« (II, 9). Seine politische Vision läßt sich wohl am treffendsten mit dem Begriff der konstitutionellen Monarchie umschreiben: Es geht Albrecht um die direkte Verbindung und Zusammenarbeit von Volk und Monarch. Diese Einstellung scheint erneut durch, wenn Agnes die Möglichkeit erwägt, daß sein Volk sich selbst gegen ihre Heirat erklären könnte. Sollte es dabei zu einer Volksempörung kommen, würde Albrecht »statt eines Heeres« Agnes' Bild schicken, und er ist sicher, daß die Untertanen wieder »zum Pflug zurückkehrten!« (II, 9) Ausgelöst werden die sozialrevolutionären Bekenntnisse durch seine Liebe zu Agnes. Nicht die tradierte politische Ordnung sieht er als göttlich und absolut an – wie es sein Vater tut –, sondern die Liebe zwischen Mann und Frau. »Worauf sollte Gott die Welt gebaut haben, wenn nicht auf das Gefühl, was mich zu dir zieht und dich zu mir?« (II, 9) fragt er Agnes, und auch für sie hat die Gattenliebe »in Ewigkeit« über den »Tod« hinaus Gültigkeit (V, 2). Dem absoluten Liebesgesetz gegenüber werden bei Albrecht und Agnes alle Ordnungen als irdisch, relativ und veränderbar abgewertet. Diese Liebe ist aber nicht die Agape der christlichen Religion. Bei aller äußeren Parallelität zwischen Agnes' Schicksal und der Passion Christi hat ihre erotische, auf die Geschlechterbeziehung zentrierte Liebe wenig gemein mit einer Imitation Christi. Ihre Liebe ist säkularisiert, hat mit der heiliggesprochenen »absoluten Liebe« zu tun, wie wir sie aus der Literatur von Abélard über Dante, Petrarca, Shakespeare (*Romeo und Julia*, Rousseau (*Nouvelle Héloise*), Goethe (*Werther*), Schiller (*Kabale und Liebe*) bis Kleist (*Käthchen von Heilbronn*) etc. kennen.[21] Die Anspielungen auf die bereits erwähnten Dramen Shakespeares und Kleists dürften u. a. die Funktion haben, die Art der Liebe zwischen Albrecht und Agnes zu charakterisieren.

Daß es Albrecht mit seiner Liebe zu Agnes ernst ist, und wie sehr er bereit ist, seine politischen Pläne in die Tat umzusetzen, zeigt sich daran, daß er die von der Konvention verbotene Ehe mit Agnes eingeht und bei dem dadurch verursachten Konflikt mit seinem Vater das Volk zur Revolte auffordert. Mit bloßer Spontaneität hat seine Einstellung nichts zu tun.[22] Albrecht ist eine kämpferische Natur, wie auch aus seiner Leidenschaft für Turniere hervorgeht. Die wichtigsten Ereignisse des Dramas finden jeweils während eines Turniers statt: Bei dem in Augsburg verliebt Albrecht sich in Agnes, in Regensburg kommt es zum Bruch und in Ingolstadt wieder zur Versöhnung mit dem Vater. In Regensburg erklärt Herzog Ernst aus Zorn über den gegen die Heiratsregeln ihres Standes verstoßenden Sohn seinen Neffen zum Nachfolger. Diesen Beschluß kann Albrecht nicht hinnehmen, und als er sieht, daß die Ritterschaft sich hinter den regierenden Herzog stellt, ruft er: »Die Ritterschaft verläßt mich! Bürger und Bauern, heran!« (III, 13) Dieser Aufruf entspricht seiner utopischen Vorstellung vom Bündnis zwischen Fürst und Volk, aber nach geltendem Recht ist der Tatbestand des »offenen Aufruhrs« (IV, 6), des Landfriedensbruchs gegeben, der mit der Todesstrafe geahndet werden müßte. Nur die Intervention Herzog Ernsts beim Kaiser verhindert den Prozeß. Das Verfahren ruht aber lediglich, und am Schluß des Dramas läßt Ernst es wieder eröffnen, damit er ein Druckmittel hat, um Albrecht seinen politischen Willen aufzwingen zu können.

Vom alten Herzog Ernst entwirft Hebbel ein facettenreiches Porträt, das sich nicht – wie es in der Sekundärliteratur oft geschieht – reduzieren läßt auf das Bild vom selbstlosen Landesvater, der nichts anderes als das Wohl seiner Staatsbürger im Auge habe. Wie sein Sohn hängt Ernst großen politischen Träumen nach; auch sein staatsmännisches Über-Ich ist ausgefüllt vom Idol eines Kaisers. Während Albrecht seine imperialen Träume quasi chiliastisch in die nächsten tausend Jahre projiziert, trauert Ernst dem vergangenen Jahrhundert nach, als sein Vorfahre Ludwig der Bayer Kaiser des Heiligen römischen Reiches war. Den Nachfolgern Ludwigs wirft Ernst im Eröffnungsmonolog des 3. Aktes vor, daß sie Bayern heruntergewirtschaftet haben vom ersten und mächtigsten zu einem kleinen und schwachen

Land des Reiches. Neben Ludwig dem Bayern lernen wir Rudolph von Habsburg als weiteres Vorbild Herzog Ernsts kennen. Rudolph legt den Grundstein zur Habsburgischen Hausmacht, der nunmehr stärksten des Reiches, die in wenigen Jahren wieder den deutschen Herrscher stellen wird. Die Expansionswünsche Ernsts setzt Hebbel plastisch ins Bild, wenn er sich den Anachronismus erlaubt, den Bayernherzog vor zwei Landkarten – solche gab es im frühen 15. Jahrhundert noch nicht – meditieren zu lassen: »Das war Bayern einst, und das ist Bayern jetzt! Wie Vollmond und Neumond hängen sie da nebeneinander!« (III, 1) Die »Vollmond«-Karte zeigt Bayern auf dem Höhepunkt der Wittelsbachschen Macht; die jetzige »Neumond«-Landschaft das Herzogtum nach den Verlusten von »Tirol und Brandenburg und dem fetten Holland« (III, 1). Zudem ist das Rumpf-Bayern in drei unabhängige Herzogtümer gespalten, und eines davon (Bayern-München) regiert Ernst, doch muß er sich auch diese Herrschaft noch mit seinem Bruder Wilhelm teilen. Schritt für Schritt will Ernst daran gehen, die alte Herrlichkeit wieder herzustellen. Als Nahziel – das sein Haus freilich erst in zweihundert Jahren erreichen wird – hat er sich den Wiedererwerb der Kurfürstenwürde vorgenommen. Zur Erlangung des Kurhutes ist er auch bereit, einen Krieg vom Zaun zu brechen, den er aber erst wagen kann, wenn die beiden anderen bayrischen Herzogtümer (Landshut und Ingolstadt) mit ihm gemeinsam vorgehen. Daran ist, wie Ernst einsieht, im Augenblick nicht zu denken (III, 6). Das Opportunste für ihn ist momentan Heiratspolitik; zumindest darin, so scheint es, will er den Habsburgern nicht nachstehen. Albrechts Ehe mit der Tochter des Grafen Eberhard von Württemberg hätte eine wesentliche Machtverstärkung bedeutet. Der Plan zerschlägt sich am Widerstand der gräflichen Tochter Elisabeth, die von sich aus das Verlöbnis bricht. Die Württemberger müssen nun ein hohes Bußgeld zahlen, und um sich einen zukünftigen Verbündeten zu sichern bzw. einen alten Feind weniger zu haben, verfügt Ernst die Ehe seines Sohnes mit Anna von Braunschweig, also einem Mitglied des bisher gegnerischen welfischen Hauses (III, 10). Daß es sich bei Anna – in Hebbels Drama – um eine reichsbekannte Aristokraten-Hure

handelt, spielt keine Rolle (III, 6). Das Porträt eines Landesherrn, der in erster Linie die Expansion der Hausmacht betreibt,[23] auch wenn sie auf Kosten der Untertanen geht, berei-
chert Hebbel noch um ein wichtiges Detail, über das in der
wissenschaftlichen Literatur fast immer hinweginterpretiert
wird. Ernsts Kanzler Preising ist um das Leben der in Pogromen
verfolgten jüdischen Bürger besorgt. »In Nürnberg schlägt man
sie schon tot wie die Hunde, und böse Beispiele stecken eher an
als gute!« berichtet er seinem Herzog. Doch dieser geht mit einer
kalten, man kann nur sagen opportunistischen Bemerkung zur
Tagesordnung über: »Meine Juden sollen's so treiben, daß sie
das Totschlagen nicht verdienen, dann wird's wohl unterbleiben.
Ich mische mich in diese Händel nicht hinein.« (III, 6) Überhaupt scheint Ernst in keinem sonderlich guten Verhältnis zu
seinen Untertanen zu stehen. Zwar gilt am Hof die Regel, daß
man »mit den gemeinen Leuten nicht unsanft verfahren dürfe«
(IV, 2), aber sie ist von durchaus sekundärer Bedeutung gegenüber den Hausmachtdevisen. Denn als in der Nachfolgekrise ein
Bauer dem Herzog voll Stolz eine besonders große Ähre zeigen
will, läßt man »ihn stehen, bis er von selbst geht« (IV, 2). Und
wenn Ernst auf dem Weg nach Ingolstadt nebenbei in eine Bau-
ernhütte hineinschaut, um »einmal [zu] sehen, wie die Leute leben!«, klopft er an verschlossene Türen und muß sich fragen, ob
er »sie schon verjagt« (V, 5) habe.

Seine langfristigen dynastischen Pläne gibt Ernst auch nicht
bei der Neuregelung seiner Nachfolge auf. Wie jedermann weiß
er, daß der Neffe Adolf nicht mehr lange leben wird, denn dieser
ist »schwach und siech«, ein »Jammerbild« (II, 1), mit dem »alle
Gebresten Fangball« (III, 6) spielen. So kann Ernst ihn risikolos
statt seines Sohnes zum Nachfolger erklären und damit Albrecht
eine Lektion in Staatsraison erteilen. Ernsts Behauptung, er habe
Gott die Entscheidung über die Thronfolge anheimgestellt (IV,
4), hat also einen Zug ins Blasphemische. Der Herzog kann gar
nicht daran gedacht haben, seinem schwächlichen Neffen das
Amt zu übertragen, denn Adolf hätte niemals an der Verwirklichung der großen, fast übermenschliche Anstrengungen fordern-
den Expansionspläne arbeiten können. Törring sieht den Sach-

verhalt wohl richtig, wenn er vermutet: »Das schwache Kind in München ist nicht dadurch stark geworden, daß der alte Herzog ihm die Krone aufsetzte. Ja, er hat's vielleicht nur getan, weil er sich darauf verließ, daß sie schon von selbst wieder herunterfallen würde!« (IV, 6) Der Erwartung gemäß stirbt Adolf nach wenigen Jahren, doch die Ehe zwischen Agnes und Albrecht erweist sich als von Dauer.

Für diesen Fall hat Ernst seit langem vorgesorgt: Agnes muß getötet werden, und diesen Mord hat er sich in einem Urteil von Juristen legitimieren lassen (IV, 1 ff.). Die Anklage lautet auf »verbrecherische Verleitung des jungen Herzogs Albrecht zu unrechtmäßiger Ehe« (IV, 3). Daß es sich dabei um eine falsche Anschuldigung handelt, weiß Ernst; er bezeichnet sie selbst als »töricht« (V, 7). Trotzdem läßt er Agnes in vollem Bewußtsein ihrer Unschuld hinrichten, womit der Tatbestand des Justizmordes einwandfrei gegeben ist.[24] Wie begründet Ernst diesen Schritt? Gleich Albrecht hat Ernst vor allem die Nachfahren im Auge, die Sicherung der Herrschaft seiner Dynastie auch in der Zukunft. Während Albrecht einen Sohn aus der Ehe mit Agnes bereits als vom Volk gewählten Kaiser in einer nicht-ständischen Gesellschaft sieht, erkennt der Pragmatiker Ernst die Probleme, die ein Bastard als Thronanwärter in der Adelsgesellschaft des 15. Jahrhunderts haben wird. Albrechts Sohn hätte, wie Törring richtig feststellt, nicht einmal die Rechte eines Ritters (II, 1). Da aber Agnes' Kinder sich werden behaupten wollen – das sehen sowohl Albrechts Begleiter wie Herzog Ernst voraus –, wird um die Thronfolge »gezankt und gerauft« (II, 1) werden, d. h. der »Bürgerkrieg mit allen seinen Schrecken« (IV, 4) wäre unvermeidlich. Der Krieg entbrennt aber auch, wenn die Ehe kinderlos bleibt. Denn dann würden sich die beiden anderen bayrischen Herzogtümer um die Beute Bayern-München streiten. Nothhafft prophezeit für diesen Fall, daß – unter dem Vorwand der Sicherung des Landfriedens – »der Kaiser zugreife, denn während die Bären sich zerreißen, schnappt der Adler die Beute weg« (II, 1). Ein solcher Krieg würde also Ernsts große Zukunftspläne zunichte machen. Seinem human gesonnenen Kanzler Preising[25] gegenüber argumentiert Ernst nicht mit den Hausmacht-Ambitionen, sondern führt das Interesse der Bevölkerung an: »Im Namen der Witwen und Waisen, die der Krieg machen würde, im Namen der Städte, die er in Asche legte, der Dörfer, die er zerstörte: Agnes Bernauer, fahr hin!« (IV, 5) Die meisten Interpreten glauben Ernst hier aufs Wort.[26] Daß die Vermeidung des Bürgerkrieges aber nur ein vorgeschützter Grund für den Mord an Agnes ist, wird bald klar. Ernst weiß nämlich, daß Albrecht, wenn er vom gewaltsamen Tod seiner Frau erfährt, den Kampf eröffnen wird. Die Vermutung bestätigt sich, und Albrecht überzieht das Land mit einem Bürgerkrieg. Beim Anblick eines »Dorfes in Flammen« ruft Ernst begeistert aus: »Nur zu, mein Sohn, nur zu! Je ärger, je besser!« (V, 7) Als dem irritierten Preising dabei die Bemerkung entfährt: »Aber das wolltet Ihr ja eben verhüten!«, muß er zu seinem Erstaunen von Ernst hören: »Ei, jetzt ist's an Tag. Was in dem zerstört wird, bau ich morgen wieder auf!« (V, 7) Plötzlich sind die Witwen und Waisen sowie die zerstörten Dörfer vergessen. Der Krieg wird bejaht, denn Ernst glaubt, daß Albrecht in ihm die momentane Wut abreagieren werde, um danach desto bereitwilliger seinen Vorschlägen Gehör zu schenken. Der Bürgerkrieg, wie Albrecht ihn jetzt vereint mit Ludwig von Ingolstadt gegen Ernst beginnt, ist dazu angetan, das ganze Herzogtum zu zerstören. »Ich will«, so gibt er Weisung, »die Donau, die sie erstickt, mit Leichen wieder ersticken! [...] Rasten wollen wir erst, wenn sein München in Flammen steht!« (V, 8–9) Das Kriegsrisiko ist also durch den Mord an Agnes keineswegs gebannt, es ist sogar dadurch erhöht, daß Albrecht im Kampf fallen könnte, womit dann alle Hausmachtpläne zunichte wären. Ernst weiß um den hohen Einsatz, mit dem er spielt, wenn er Preising anvertraut: »Der Ausgang ist Gottes. Ich setz ihn daran, wie Abraham den Isaak, geht er in der ersten Verzweiflung unter, und es ist sehr möglich, daß er's tut, so lasse ich ihn begraben.« (IV, 4)

Andererseits hat der taktisch kluge Ernst alles so angelegt, daß das Risiko so klein wie möglich bleibt. Er leiht sich nämlich den starken Arm Kaiser Sigismunds, welcher die alte, auf Landfriedensbruch lautende Anklage gegen Albrecht erneut vorbringen läßt. Der Herold des Kaisers unterbricht den Kampf zwischen

FRIEDRICH HEBBEL

den Herzögen und droht mit Acht und Bann, wenn Albrecht jetzt den zweiten Landfriedensbruch begeht. Der kaiserliche Befehl lautet: »Du [sollst] [...] dein Schwert auf der Stelle zu den Füßen deines Herrn und Vaters niederlegen und als sein freiwilliger Gefangener Unseren letzten Spruch in Demut abwarten.« (V, 10) Bei Zuwiderhandeln werde er ihn für vogelfrei erklären. Albrecht erweist sich aber als unbeugsamer Revolutionär, der eher den Tod erleidet, als sich ohne Überzeugung einem in seinen Augen ungerechten Urteilsspruch zu unterwerfen. So antwortet er dem Herold: »Ich wußte nicht, daß der Tod darauf steht, eine Perle aufzuheben, statt sie zu zertreten, aber ich hab's getan und will's büßen.« (V, 10) Kein Ohr hat er auch für die langen, von seinem Vater vorgetragenen staatsphilosophischen Erörterungen, in denen die Rede ist von der göttlichen und menschlichen Ordnung, die es aufrechtzuerhalten gelte. Sie können höchstens Albrechts eigene – aber andere – Vorstellungen von der überirdisch-irdischen Ordnung bestätigen. Denn wenn Ernst behauptet: »Wir müssen das an sich Wertlose stempeln und ihm einen Wert beilegen, wir müssen den Staub über den Staub erhöhen, bis wir wieder vor dem stehen, der nicht Könige und Bettler [...] kennt« (V, 10), so formuliert er nur, was Albrechts eigener Auffassung entspricht, und was er mit Agnes – in der Verklärungs- und Krönungsszene auch sehr konkret – getan hat. Als Ernst mit Gesten der Versöhnung auf ihn zukommt, zieht Albrecht das Schwert. In diesem Augenblick spielt Ernst die letzte ihm verbliebene Karte aus: den Thronverzicht. Aber auch jetzt noch verlangt Albrecht, der den Herzogsstab nur »unwillkürlich« gefaßt hat, von seinem Vater, daß er dieses Zeichen herrscherlicher Macht wieder zurücknehme. Erst als Ernst bekannt gibt, daß er in ein Kloster eintreten werde, also nun, da Albrecht eine Geste der Reue bei seinem Vater wahrnimmt, ist er bereit, das Herzogsamt zu übernehmen. Die Begründung läßt freilich aufhorchen: »Vater, nicht vor Kaiser und Reich, aber vor dir!« (V, 10) Der junge Herzog erkennt somit die Anklage des Kaisers nicht an, und mit keinem Wort gibt er den Mördern seiner Frau recht. Klar wird ferner, daß die staatsphilosophischen Argumente seines Vaters ohne Eindruck auf ihn geblieben sind. Hier spricht nicht der Poli-

322

tiker und Staatsmann, sondern der Sohn zum Vater. Albrecht vollzieht also keine Wende vom jungen, revolutionär gesonnenen, aber unerfahrenen Thronanwärter zum konservativen Pragmatiker der Macht, sondern wandelt sich vom hassenden, auf tödliche Rache sinnenden Gatten zum verzeihenden Sohn. Dieser Umschwung ist keineswegs unverständlich, sondern von Hebbel im Drama vorbereitet worden. Nicht auf der Ebene der Staatsauffassung, wohl aber in der rein menschlichen Vater-Sohn-Beziehung stehen sich Ernst und Albrecht nahe. Ernst selbst unterscheidet zwischen seinen Rollen als »Vater« und als »Herzog«. Der Vater in ihm nämlich ist von Albrechts unkonventioneller Heirat spontan begeistert, denn als er zuerst von ihr (im dritten Akt) erfährt, entschlüpft ihm ein zustimmendes »Preising! Das ist ja zum – Wiederjungwerden!« (III, 12) Aber dann ruft der Herzog in Ernst den Vater zur Ordnung, und es folgt die vorläufige Ausschließung Albrechts von der Thronfolge. Während des bürgerkriegsmäßigen Kampfes zwischen den Truppen des jungen und des alten Herzogs wird Ernst gefangengenommen. Als Albrecht davon hört, befiehlt er seinen Rittern sogleich, ihn freizulassen: »Gleich! sage ich. Mensch, fühlst du's denn nicht auch?« (V, 8) herrscht er Nothhafft an. Ernst rettete nämlich in der Schlacht von Alling seinem Sohn das Leben, und Albrecht bekennt: »Ich bin ihm Dank schuldig, unendlichen Dank, wie irgendein anderer Sohn dem seinigen!« (I, 2) Dieser »unendliche Dank« wird in der Schlußszene abgestattet; nur von ihm aus wird die Versöhnung ganz verständlich. Aufschlußreich ist in diesem Zusammenhang auch, wie am Ende des Dramas der biblische Topos vom »verlorenen Sohn« umgewandelt wird zum Gleichnis vom verlorenen Vater. Ernst sieht sich zunächst in der konventionellen Rolle des zum Verzeihen bereiten Vaters, der seinen verirrten Sprößling – vorausgesetzt dieser bezeige Reue – in die Arme schließen will. Er fordert den Sohn auf, in sich zu gehen mit den Worten: »So greife dann endlich auch in deine Brust, sprich: Vater, ich habe gesündigt im Himmel und vor dir, aber ich will's büßen.« (V, 10) Dieser Bibelvers (Luk. 15,21) bleibt jedoch ohne Wirkung auf Albrecht. Erst als Ernst mit seinem Entschluß, ins Kloster zu gehen, seine eigene Reue und

Bußwilligkeit kundtut, akzeptiert der Sohn den Herzog wieder als Vater.

All dies verdeutlicht, daß am Schluß der Tragödie nicht der Vertreter des alten Regimes sich durchsetzt, sondern mit Albrecht der Repräsentant einer neuen Zeit auf den Thron gelangt, dessen Interesse nicht auf die Befestigung der Standesschranken, sondern auf ihre Auflösung gerichtet ist, dessen Staatsvorstellungen nicht mehr befangen sind in einem so vorzeitlichen wie barbarischen Opferdenken[27] im Sinne des Abraham-Isaak-Topos, dessen Zukunftsvision eines neuen Reiches vielmehr von der Idee der Vervollkommnung einer innerweltlichen Menschenliebe geprägt ist. Es stehen also nicht – wie öfters behauptet wird[28] – das Recht des Individuums und der subjektive Wille gegen das universale Staatsrecht an sich und das Wohl der Gemeinschaft überhaupt; hier liegen hingegen zwei grundverschiedene Staats- und Gesellschaftsauffassungen im Konflikt miteinander. Ernst räumt zwar den Thron in der Hoffnung, daß Albrecht in seine Fußstapfen treten werde – und der Suggestionskraft dieses Wunschdenkens unterliegen die meisten Interpreten[29] –, aber keine Zeile des Textes und keine Äußerung Albrechts lassen eine solche Schlußfolgerung zu.[30]

IV.

Drei Fragenbereiche gilt es vor allem zu klären bei unserer Untersuchung des Zusammenhanges der literarischen mit den historischen Reihen: Handelt es sich bei diesem Geschichtsdrama um ein Porträt der Gesellschaft des 15. Jahrhunderts? Oder wird die Zeit der Entstehung des Stückes, also die Epoche von 1848 im historischen Modell dargestellt? Und schließlich: Was ist die geschichtsphilosophische Perspektive der Tragödie?

Mit der historischen Literatur zum Fall Agnes Bernauer hat Hebbel sich eingehend beschäftigt.[31] Der Autor behauptet, er folge »treu und schlicht« der Handlung, »wie der Chronist sie überliefert« habe.[32] Das trifft freilich nicht zu. *Agnes Bernauer* ist kein Stück Dokumentarliteratur. Das Bild, welches Hebbel von Agnes entwirft, ist hoch stilisiert, literarisiert, ja metaphysiziert.

Die gravierendsten Abweichungen des Dramas von den Chroniken seien kurz genannt: Vermutlich lernte Albrecht Agnes während des Faschings 1428 in einer Augsburger Badestube kennen. Richtig ist, daß sie von außergewöhnlicher Schönheit gewesen sein soll, sich auch weigerte, die Rolle der Mätresse auf Zeit zu spielen, und daß Albrecht sie heimlich ehelichte. Agnes' Vater war wohl eher ein Badeknecht als Bader und Chirurg. Wichtige historische Details fehlen in Hebbels Stück: 1433 brachte Agnes eine Tochter Sibylla zur Welt, die von Albrecht als leibliches Kind anerkannt wurde. Auch eine Schwester Albrechts, welche die höfische Intrige gegen Agnes mitbetrieb, erwähnt Hebbel nicht. Ganz anders schildert er das Verhältnis des Münchner Bürgertums zu Agnes. Während nämlich der Münchner Stadtadel sich mit dem Herzog verbündete, drangen die Zünfte auf Demokratisierung und rissen Ende des 14. Jahrhunderts das Stadtregiment an sich, welches dann zu Beginn des 15. Jahrhunderts von Herzog Ernst und seinem Bruder Wilhelm mit Hilfe des Patriziats wieder zurückgewonnen wurde. Beim Volk war Agnes beliebt, denn man versprach sich von ihr, daß sie als zukünftige Landesmutter ein Gegengewicht zum Patriziat bilden und den Einfluß der Zünfte wieder verstärken werde. Bei Hebbel dagegen erfahren wir von dem Verhältnis des Volkes zu Agnes nur, daß es die Bernauerin als Hexe diffamiere (IV, 2). Die historischen Quellen berichten ferner von einer Münchner Bürgerin, die eine Unterschriftensammlung zugunsten Agnes Bernauers begonnen hatte und daraufhin verhaftet wurde, weil man revolutionäre Bestrebungen dahinter vermutete. Immerhin ignorierte Hebbel diesen revolutionären Aspekt nicht ganz, doch hat er ihn – historisch unrichtig – mit Albrecht in Verbindung gebracht. Aus den geschichtlichen Quellen hat Hebbel nur solche Züge der Agnes übernommen, welche er für eine Figur mit Christusähnlichkeit benutzen konnte: etwa die Todesahnungen, die Agnes tatsächlich gehabt hat. Einen Anachronismus begeht Hebbel, wenn er das schriftliche Todesurteil – ein solches liegt übrigens nicht vor – von Juristen aus dem 17. und 18. Jahrhundert unterzeichnen läßt. Auch war die historische Konstellation, die dem Münchner Herzog ein Vorgehen gegen Agnes ermöglichte, eine andere.

Nicht sein Neffe Adolf war gestorben (der lebte noch bis 1441), sondern sein Bruder Wilhelm, der als Ko-Regent einen mäßigenden Einfluß auf Ernst ausgeübt hatte. Ferner hat der historische Albrecht mit dem literarischen nicht viel gemein. Einige äußere biographische Daten sind korrekt berichtet: Die Kindheit am Hofe Wenzels in Böhmen, die Rettung durch Ernst bei der Schlacht von Alling, der Bruch des Verlöbnisses seitens Elisabeth von Württemberg, die Übernahme der Vohburg und des Straubinger Ländchens, das Zurückweisen Albrechts beim Regensburger Turnier wegen seiner Verbindung mit Agnes sowie das Rachebündnis mit Ludwig von Ingolstadt gegen Herzog Ernst. Doch sagt man dem wirklichen Albrecht Charakter- und Skrupellosigkeit nach, während Hebbels junger Herzog ein mit edlen Gefühlen und großen gesellschaftspolitischen Perspektiven ausgestatteter Held ist. Die Versöhnung zwischen Vater und Sohn fand unter anderen Umständen und aus anderen Gründen statt. Relativ nahe kommt Hebbel mit der Schilderung Herzog Ernsts an das historische Original heran. Ob dieser aber sein dynastisches Interesse und seine Expansionsgelüste mit soviel humanen Witwen- und Waisen-Argumenten und unter ständiger Berufung auf die göttliche Weltordnung abstützte, ist mehr als fraglich. Selbstverständlich ging er wegen des Mordes an Agnes nicht ins Kloster, vielmehr stiftete er eine ewige Messe für die Bernauerin, was er zur Beruhigung des Volkes schlecht unterlassen konnte. Zwar begründete Ernst sein Todesurteil gegen Agnes in einem Schreiben an Kaiser Sigismund (mit dem Argument, sie hätte seinen Neffen Adolf vergiften wollen) und bittet ihn um Vermittlung zwischen ihm und Albrecht, doch sind die Androhung von Acht und Bann sowie das Auftauchen des Herolds eine Erfindung.

Aus all dem geht hervor, daß Hebbel weit entfernt ist vom historischen Standpunkt seines Zeitgenossen Ranke, der zu berichten trachtet, »wie es eigentlich gewesen«.[33] Hebbel hat keine musealen Absichten; ihn interessiert an dem Fall Bernauer jene analoge Konfliktkonstellation, die Aufschluß gibt über historische Gegebenheiten in Hebbels Gegenwart.

Hebbels politischer Standort in den Jahren um 1848 dürfte mit

»fortschrittlich-liberal« im Sinne des 19. Jahrhunderts zu umschreiben sein. Er kritisiert die Mißstände der Gesellschaft
scharf, ist aber auf die Erhaltung staatlicher Ordnung bedacht.
Hebbel war ein Mann der Mitte, der sich sowohl gegen den
Gottesgnaden-Absolutismus der Rechten wie gegen kommuni-
stisch-revolutionäre Vorstellungen der Linken aussprach. Was
er anstrebte, war die konstitutionelle Monarchie, also der Ver-
fassungsstaat mit einem aufgeklärten Monarchen als Regie-
rungschef.[34] Wäre Hebbel 1848 tatsächlich zu einem der österreichischen Abgeordneten der Paulskirchen-Versammlung in
Frankfurt gewählt worden, er hätte sicher zur Mitte des Parlaments gehört. Denn wie die Gemäßigten der Paulskirche strebte
er zwei Dinge vor allem an: als nationales Ziel die Einheit
Deutschlands und als gesellschaftspolitisches die Schaffung der
konstitutionellen Monarchie. Wie viele Liberale hält er während
der Revolutionszeit Ausschau nach dem Politiker, der es fertig-
bringt, diese Ziele zu realisieren. Die »große Persönlichkeit«, der
»deutsche Messias«, ist es, den er herbeisehnt, den Mann, »der
sich nur selbst Maß ist und den anderen zum Maßstab dient, der
die alte Form zerbricht und durch sich selbst eine neue bildet«.[35]
So sehr Hebbel in den Jahren nach 1848 beklagt, daß die Vereinigung Deutschlands nicht zustandekommt, so sehr bewundert
und besingt er noch vierzehn Jahre nach der Revolution den jungen – objektiv wohl recht unheldischen – österreichischen Kaiser
Franz Joseph I., der seinem Land die Verfassung von 1861 be-
scherte. Zum Verfassungstag von 1862 schrieb Hebbel einen
»Prolog«, der vorgetragen wurde in Anwesenheit von Kaiser und
Parlament. Darin heißt es:

> Nein, frei und nur vom eig'nen Geist bewegt,
> Erhebt der Kaiser selbst sich und zerschlägt
> Die altersstarre Form, die, einmal recht,
> Sich überlebt um mehr als ein Geschlecht, [...]
> Ein Kaiser schließt, zum Opfer fromm bereit,
> Den festen Bund mit einer neuen Zeit.[36]

Daß Hebbel mit seinem Bernauer-Drama wichtige Fragen der deutschen Geschichte (also Einheit und Staatsverfassung) ansprechen wollte, hat er durch den Untertitel »ein deutsches Trauerspiel« angedeutet. Von hier aus sind Albrechts Pläne, wie er sie im Stück darlegt, zu verstehen: Seine revolutionären Absichten zielen erstens auf die Errichtung eines einheitlichen Kaiserreiches und zweitens auf die Beteiligung des Volkes an der politischen Willensbildung, d. h. auf eine konstitutionelle Monarchie. Selbstverständlich formuliert Albrecht seine Ziele nicht in der Sprache der 48er Revolutionäre, sondern nimmt in seiner Rhetorik bezug auf demokratische Traditionen der Vergangenheit. Herzog Ernst ruft die kaiserliche Zentralmacht an, um mit ihrer Hilfe seine eigenen, rückschrittlichen Dynastie-Interessen zu verteidigen; Albrecht dagegen will, ausgehend von seinem Herzogtum, das gesamte Reich verändern. Der junge Herzog ist also nicht in Zusammenhang zu bringen mit den »Ultrademokraten«[37] von 1848; er will vielmehr das realisieren, was sich die gemäßigt-bürgerliche Mehrheit der Paulskirche wünscht. Man denke an das Angebot Heinrich von Gagerns an den Preußenkönig Friedrich Wilhelm IV. Albrecht nimmt sich vor, was Hebbel seinerseits von einem der beiden mächtigsten Landesfürsten erwartete: von sich aus die Kaiserwürde anzustreben, für die Einheit Deutschlands zu arbeiten und die konstitutionelle Monarchie zum innenpolitischen Ziel zu erklären.

Deutlich wird nun auch der Verweisungs- und Repräsentationscharakter der übrigen Figuren des Dramas. Agnes wirkt wie das Edelste und Schönste, welches das Volk hervorbringt. Während der zukünftige Herrscher sie verehrt und sich mit ihr verbindet, ist es der abtretende Herzog, der sie vernichtet. In Caspar Bernauer wird der Vertreter eines selbstbewußten Bürgertums vorgeführt, das sich mit den Mitteln des Rechtes und der Wissenschaft einen gleichwertigen oder gar überlegenen Rang gegenüber dem Adel zu sichern trachtet. Die Ritter Albrechts stehen zunächst – wie aus ihren Argumenten gegen die Liaison mit Agnes zu entnehmen ist – auf der Seite von Ernst, werden aber durch die Erscheinung Agnes' zu ihren Getreuen, d. h. zu Verteidigern des neuen Bündnisses zwischen Bürgertum und Monarchie. Albrechts Ritter bilden aber Ausnahmen, denn als Stand befindet sich der vom Hof abhängige Adel auf der Seite des alten Herzogs, wie die Vorfälle beim Regensburger Turnier deutlich machen. Das Bündnis zwischen Fürst und Volk, wie es bei diesem Turnier spontan zustandekommt, bleibt Albrecht als Aufgabe,[38] eine Aufgabe, wie sie sich auch dem jungen österreichischen Kaiser nach dem Thronverzicht seines Vaters in den post-revolutionären Jahren um 1850 stellte. Es ist wahrscheinlich, daß der in Wien lebende Hebbel seine österreichischen Erfahrungen der 48er Revolution in diesem Drama verarbeitete. Die Abdankung des Herrschers am Ende des Stücks wich ja von den historischen Quellen ab, hatte aber sein Vorbild im Wien (und auch im München) der Revolutionszeit. Eine »grundsätzliche Abkehr vom Geiste des Jahres 1848«[39] und die »Restauration gesellschaftlicher Zustände«[40] dokumentiert die Tragödie keineswegs. Hebbel die »Koketterie des enttäuschten Liberalen mit der Dämonie der Macht«[41] zu unterstellen, scheint mir ungerechtfertigt zu sein.

Von unserer Interpretation aus lassen sich auch die Vorfälle während und nach der Münchner Uraufführung vom März 1852 verstehen. Man könnte sagen, daß ein indirektes Plädoyer für die konstitutionelle Monarchie in München nichts sonderlich Brisantes an sich hatte. Denn in Bayern (aber auch in Österreich und Preußen) hatten die Fürsten inzwischen »ihren Völkern« Verfassungen zugestanden. Das Selbstverständnis der monarchischen Regenten war längst nicht mehr das des Absolutismus, geschweige denn des Mittelalters. Die patriarchalische Herrschaftsidee, die Vorstellung vom »Landesvater«[42] hatte sich durchgesetzt und bestimmte das »Image«, welches die Monarchen in der zweiten Hälfte des vorigen Jahrhunderts gerne gepflegt sahen. So ist es verständlich, daß der Münchner Hof sich vom Bild des barbarischen Ernst abgestoßen fühlte[43] und das Stück nicht mehr gespielt werden durfte. Aber auch die ehrgeizigen Reichsideen, wie sie im rückschrittlichen Sinne vom alten und in progressiver Absicht vom jungen Herzog geäußert werden, konnten den Beifall des auf bajuvarische Unabhängigkeit bzw. auf die Trias-Politik (Zusammenschluß der deutschen Mittelstaaten unter bayrischer Führung) bedachten Herrscherhauses in München nicht finden. Und die delikate Frage, welcher deutsche Monarch nach der verwaisten Kaiserkrone greifen dürfe oder solle, überließ man zur Beantwortung einsichtigerweise Preußen und Österreich, den stärkeren Nachbarn im Norden und Süden. Auch die Erinnerung an die erst vier Jahre zurückliegende Revolution, wie sie mit dem von Albrecht geführten Volksaufstand wachgerufen wurde, war den an »Ruhe und Ordnung« interessierten Mächtigen unangenehm. Tatsächlich ging ja, dem Bericht des verantwortlichen Theaterdirektors Dingelstedt zufolge, während der Uraufführung am Ende des dritten Aktes (Bruch zwischen jungem und altem Herzog) »ein Schauer des Entsetzens durch das Publicum, der nach dem Fallen des Vorhangs in wüthenden Applaus von oben, aus den Logen in einen giftig zischenden Eumeniden-Chor sich entlud«.[44] König Maximilian II. Joseph fackelte nicht lange und machte mit dem Theaterstück *Agnes Bernauer* ähnlich kurzen Prozeß wie sein Vorfahre auf dem Thron der Wittelsbacher im 15. Jahrhundert mit dem historischen Vorbild. Freilich war er nicht nur ein größerer Diplomat als sein Ahn, sondern auch gebildet und feinsinnig. Für die Absetzung des Dramas vom Spielplan werden nämlich keine politischen Argumente genannt, vielmehr führt der ästhetisch sensible Monarch den »Mangel an einer Katastrophe, die tragisch abschloß, was tragisch begonnen«[45] als Grund für die Ablehnung an. Auch wenn es nur vorgeschützt war, kann man sich in der Tat diesem Argument nicht verschließen, denn das Stück als Tragödie ist mit dem Tode Agnes Bernauers beendet. Der Schluß ist nicht tragisch, sondern trägt Züge des Optimistischen: Der Zuschauer weiß, daß eine neue politische Ära beginnt. Freilich verstößt Hebbel hier nicht gegen ästhetische Gesetze, wenn man die Tragödie in der Tradition der Herrscherdramen sieht. Shakespeares *Richard III.* endet z. B. auch nicht mit dem Tode Richards, sondern mit der Erklärung Richmonds zum König, was den Beginn einer neuen Epoche in der Geschichte Englands bedeutet.

Agnes Bernauer ist zwar durchaus ein Staatsdrama,[46] aber es hat auch eine geschichtsphilosophische oder gar eschatologische Dimension, welche über das Politische hinausgeht. In nur-politischen Kategorien ist das Phänomen Agnes schwer faßbar. Hebbel ist Mitglied der intellektuellen Avantgarde des 19. Jahrhunderts, und von christlicher Glaubensgewißheit oder dem Vertrauen in eine göttliche Weltordnung ist – besonders nach dem Feuerbach-Studium – bei ihm nicht mehr viel vorhanden. Trotzdem scheint in Hebbels Werk das Verlangen nach einem sinngebenden Absoluten durch.[47] Es geht Hebbel um das »Überschreiten der bedingten Wirklichkeit in Richtung auf ein wesenhaftes Sein«.[48] Mit der Verurteilung des Menschen zur Sinnlosigkeit, zum »bloßen, blinden Objekt des Weltprozesses«,[49] vermochte er sich nicht abzufinden. Hebbel wollte das Individuum wieder in einen metaphysischen und sinnvollen Zusammenhang mit der Lebenstotalität bringen. Im Kontext des hier diskutierten Dramas gilt es, den Einfluß Solgers auf Hebbel in Erinnerung zu rufen. Bei Solger kann sich das Absolute, das Göttliche in der Welt nicht mehr positiv verwirklichen; es wird vielmehr in der Erscheinungswelt auf tragische Weise vernichtet.[50] Schon 1841 hatte Hebbel in dem Poem »Der Mensch und die Geschichte« behauptet: »Die Weltgeschichte sucht aus spröden Stoffen / Ein reines Bild der Menschheit zu gestalten.«[51] Ein »reines Bild der Menschheit«, die »äußerste Möglichkeit des Menschlichen«,[52] d. h. ein welt-immanentes, nicht transzendentes Absolutes stellt Agnes Bernauer dar.

Dem Drama kommt nach Hebbel im »welthistorischen Verwandlungsprozeß«[53] eine aktive Aufgabe zu, nämlich den notwendig tragischen Verlauf dieses Prozesses zu gestalten und zu versinnbildlichen, denn die Geschichte spitze sich »in allen großen Krisen immer zur Tragödie zu«.[54] Kunst ist also insofern für Hebbel »höchste Geschichtsschreibung«, als sie »die entscheidenden historischen Krisen«[55] zum Vorwurf nimmt, in denen der Verwandlungsprozeß der Menschheit durch den tragischen Tod eines quasi-göttlichen Menschen sinnfällig wird. Von hier aus gesehen erklärt sich, warum Hebbel Agnes Bernauer Christus-Züge verlieh, warum er ihr Leben als Passion gestaltete.

Stellen wir zum Schluß noch die Frage nach dem gegenwärtigen Interesse an Hebbels *Agnes Bernauer*. Ein Blick auf die Spielpläne der deutschen Bühnen zeigt, daß es gleich Null ist. Zur Schullektüre gehört das Stück auch nicht, und so kann von einer nicht-akademischen, nicht-archivarischen, nicht-musealen Rezeption der Tragödie in diesen Jahren kaum die Rede sein. Und das kommt nicht von ungefähr. Das Werk ist zu sehr für das Publikum in den Jahren nach der 48er Revolution geschrieben, als daß es uns heute noch unmittelbar ansprechen könnte. Machtprobleme der Duodezfürsten, Kaiserreich-Pläne, Menschenopfer aus Staatsräson – all dies liegt weit ab von den Problemen, welche heute die Gemüter bewegen. Und christusähnliche Heroinen auf der Bühne sind auch nicht gefragt. Gerade die Stilisierung, fast Allegorisierung der Hauptfigur, nach der das Drama benannt ist, macht es für den Zuschauer der Gegenwart schwer zugänglich. Das Pathos vom göttlichen Staat schließlich, wie es in den Reden des Herzogs dröhnt, sicherte dem Trauerspiel eine – gewiß auf Mißverständnissen beruhende – Popularität während des Dritten Reiches,[56] trägt dagegen jetzt dazu bei, es eher als obsolet erscheinen zu lassen. Für diejenigen aber, welche die Überzeugung teilen, daß eine Beschäftigung mit dem Verlauf der nicht gänzlich, aber in vieler Hinsicht gescheiterten bürgerlichen Revolution von 1848 zum Verständnis unserer heutigen geschichtlichen Situation beiträgt, und für alle, die Literatur auch als Erkenntnismittel der Historie gelten lassen und ernstnehmen, verlohnt sich die kritische Auseinandersetzung mit *Agnes Bernauer* immer noch.

Anmerkungen

1 Es handelt sich um die erweiterte Fassung eines Vortrags, den ich 1981 an der Universität München gehalten habe.
2 Dieser Meinung sind auch Hansgünther Heyme und Peter Kleinschmidt: Hebbel und das heutige Theater, in: Handbuch des deutschen Dramas. Hrsg. Walter Hinck, Düsseldorf 1980, S. 252.
3 B. V, 205. In der Folge werden die Briefe und Tagebücher zitiert nach: Friedrich Hebbel. Historisch-kritische Ausgabe. Hrsg. R. M. Werner, Ber-

lin 1901 ff. (W.: Werke, B.: Briefe mit römischer Band- und arabischer Seitenzählung; T.: Tagebücher mit fortlaufender Numerierung der Notate.)

4 Vgl. das Kapitel »Dokumente zur Entstehungsgeschichte« bei Karl Pörnbacher (Hrsg.): Friedrich Hebbel. Agnes Bernauer. Erläuterungen und Dokumente, Stuttgart 1974, S. 66 ff. (In der Folge abgekürzt als: Pörnbacher: Erläuterungen.)

5 Zu Hebbels Kritik an Kleists Käthchen von Heilbronn vgl. Karl Schultze-Jahde: Motivanalyse von Hebbels ›Agnes Bernauer‹, Leipzig 1925, S. 24 ff.

6 T. 4269.

7 T. 3323.

8 Zitiert wird in der Folge nach: Friedrich Hebbel: Agnes Bernauer. Ein deutsches Trauerspiel in fünf Aufzügen, Stuttgart 1965.

9 Zitiert nach: Heinrich von Kleist: Das Käthchen von Heilbronn oder Die Feuerprobe. Ein großes historisches Ritterschauspiel, München 1964.

10 B. IV, 350.

11 Daß Hebbel den Antigone-Vergleich im Sinne der Hegelschen Interpretation versteht, meint Helmut Kreuzer: Hebbels ›Agnes Bernauer‹ (und andere Dramen der Staatsraison oder des politischen Notstandsmordes) in: Hebbel in neuer Sicht. Hrsg. Helmut Kreuzer, Stuttgart 1963. S. 286. Daß der Einfluß Hegels auf Hebbel ganz allgemein überschätzt worden ist, wird nachgewiesen von George Torrey: Friedrich Hebbel's Dependence on Hegel's Philosophy: A Revaluation. Dissertation University of Connecticut 1968. – Mit Grillparzers »historischem Trauerspiel« *Die Jüdin von Toledo* (1848) kann man Hebbels Stück kaum vergleichen. Denn bei Grillparzer begeht König Alfonso einen Ehebruch, den er bereut, und er vernachlässigt seine Pflichten als Herrscher aufs Sträflichste, wofür er Buße leisten will. Zudem handelt es sich bei seiner Neigung zu Rahel nicht um Liebe, sondern um eine rein körperliche Leidenschaft. Die unreife, leichtsinnige Rahel hat schließlich, bis auf ihre Schönheit, nichts mit Hebbels Agnes gemein. Vgl. dazu Benno von Wiese: Grillparzers Die Jüdin von Toledo und Hebbels Agnes Bernauer, in: Ders.: Perspektiven I, Berlin 1978, S. 175–187.

12 So sieht es auch Paul Gerhard Klussmann. Agnes Bernauer, in: Das deutsche Drama vom Barock bis zur Gegenwart. Interpretationen. Hrsg. Benno von Wiese, Düsseldorf 1960, S. 148.

13 H. Kreuzer: Hebbels Agnes Bernauer, S. 281 f. Für den Hinweis auf die Apokalypse des Johannes danke ich meinem Kollegen James F. Poag.

14 Vgl. dazu Maleachi 3, 23–24.

15 B. IV, 341.

16 Vgl. Pörnbacher. Erläuterungen. S. 15.

17 Herbert Kraft: Agnes Bernauer, in: *Ders.*: Poesie der Idee. Die tragische Dichtung Friedrich Hebbels, Tübingen 1971, S. 203. – P. G. Klussmann: Agnes Bernauer, S. 150.

18 Manfred Durzak: Politisches oder politisiertes Drama? Bemerkungen zu Hebbels ›Agnes Bernauer‹, in: Hebbel-Jahrbuch 1973, S. 25.

19 P. G. Klussmann, a. a. O., S. 149.

20 M. Durzak: Politisches oder politisiertes Drama? sieht eigenartigerweise keinen Unterschied zwischen Patriziat und Bürgertum.

21 Vgl. dazu Karl S. Guthke. Kabale und Liebe, in: Schillers Dramen. Neue Interpretationen. Hrsg. Walter Hinderer, Stuttgart 1979, S. 58–86.

22 Die Spontaneitäts-These wird von M. Durzak: Politisches oder politisiertes Drama?, S. 27, vertreten.

23 So sieht es auch Martin E. Smith: Das Zeitbewußtsein und seine symbolische Gestaltung in Hebbels ›Agnes Bernauer‹, in: Hebbel-Jahrbuch 1971 / 72, S. 112.

24 Hier stimme ich überein mit K. Schultze-Jahde: Motivanalyse von Hebbels Agnes Bernauer, S. 86 ff.

25 Preising ist einer der gerechten Hofbeamten, wie wir sie aus der Literatur bei Lessing (Camillo Rota in *Emilia Galotti*) und Kleist (Graf Wrede im *Michael Kohlhaas*) kennen. Preising, Rota und Wrede versuchen bezeichnenderweise ungerechte Todesurteile ihrer Fürsten zu verhindern.

26 So etwa Wolfgang Wittkowski: Menschenbild und Tragik in Hebbels ›Agnes Bernauer‹, in: Germanisch-Romanische Monatsschrift, N. F, Bd. 8, Heft 3, 1958, S. 240. H. Kreuzer: Hebbels ›Agnes Bernauer‹, S. 279, H. Kraft: Agnes Bernauer, S. 205.

27 Ähnlich auch Gerhard Fricke: Hebbels ›Agnes Bernauer‹, in: G. F.: Studien und Interpretationen, Frankfurt 1956, S. 330.

28 H. Kreuzer: Hebbels ›Agnes Bernauer‹, S. 284; M. E. Smith: Das Zeitbewußtsein…, S. 107.

29 Hans M. Wolff: Die Doppelstellung Herzog Albrechts in Hebbels ›Agnes Bernauer‹, in: Monatshefte, 31. Jg., Heft 5, 1939, S. 219. – M. Durzak, a. a. O., S. 29. Friedrich Sengle: Der Antiidylliker von Paris bis München. Hebbels Metaphysik und geschichtliche Erfahrung im bewegtesten Jahrzehnt seines Lebens (1843–1852), in: Jahrbuch der Grillparzer-Gesellschaft, 3. Folge, 12. Band, 1976, S. 312.

30 So sehen es auch H. Kraft: Agnes Bernauer, S. 209 ff., M. E. Smith: Das Zeitbewußtsein…, S. 120, P. G. Klussmann: Agnes Bernauer, S. 144.

31 Vgl. dazu Pörnbacher: Erläuterungen, S. 40 ff. Ferner: Hermann Glaser, Friedrich Hebbel, Agnes Bernauer. Dichtung und Wirklichkeit. Berlin 1964, S. 86 ff. Hebbel kannte auch das aus dem Jahre 1790 stammende Bernauer-Drama des Grafen Törring gut; vgl. das Kapitel »Agnes Bernauer in Geschichte und Dichtung« bei Heinrich Meyer-Benfey: Hebbels Agnes Bernauer, Weimar 1931, S. 106 ff.

32 B. IV, 337.

33 Leopold von Ranke: Geschichten der romanischen und germanischen Völker von 1494 bis 1514. Leipzig 1874. Vorrede der ersten Ausgabe. S. VII.

34 Dieser Ansicht sind auch H. Kraft. Agnes Bernauer, S. 217; Fritz Martini. Deutsche Literatur im bürgerlichen Realismus 1848–1898, Stuttgart 1962, S. 168; Wolfdietrich Rasch: Hebbels ›Agnes Bernauer‹. Die Tragödie als politische Dichtung, in: DVjs 18 / 4, 1940, S. 395 ff.; H. Kreuzer: Hebbels ›Agnes Bernauer‹, S. 270.

35 Zitiert nach Norbert Müller: Der Rechtsdenker Friedrich Hebbel, Bonn 1974, S. 82. Zu Hebbels Klagen über die nationale Zerrissenheit Deutschlands vgl. S. 34.

36 W. VI, 419. Vgl. auch H. Kraft: Agnes Bernauer, S. 211.

37 H. M. Wolff: Die Doppelstellung..., S. 217.

38 So auch H. Kraft: Agnes Bernauer, S. 202.

39 M. E. Smith: Das Zeitbewußtsein..., S. 116.

40 M. Durzak: Politisches oder politisiertes Drama?, S. 30. Gegen die Restaurationsthese wendet sich auch Hartmut Reinhardt: Hebbels Dramatik, in: Handbuch des deutschen Dramas, S. 251.

41 H. Glaser: Friedrich Hebbel, S. 145.

42 Vgl. F. Sengle: Der Antiidylliker, S. 315.

43 Vgl. F. Sengle: Der Antiidylliker, S. 314.

44 Zitiert nach Pörnbacher: Erläuterungen, S. 87.

45 Zitiert nach Pörnbacher: Erläuterungen, S. 88.

46 Das leugnet Joachim Müller: Das Weltbild Friedrich Hebbels, Halle 1955, S. 195. Als Staatsdrama bezeichnet das Stück auch Benno von Wiese: Die deutsche Tragödie von Lessing bis Hebbel, Hamburg 1961, S. 619. Vgl. ferner Elise Dosenheimer: Friedrich Hebbels Auffassung von Staat und sein Trauerspiel ›Agnes Bernauer‹, Leipzig 1912.

47 Vgl. dazu Klaus Ziegler: Mensch und Welt in der Tragödie Friedrich Hebbels, Berlin 1938, S. 112 ff.

48 P. G. Klussmann: Agnes Bernauer, S. 145.

49 G. Fricke: Hebbels ›Agnes Bernauer‹, S. 331.

50 Horst Siebert: Die dualistischen Weltdeutungen Hebbels und Solgers im Gegensatz zu Hegels dialektischer Philosophie, in: Hebbel-Jahrbuch 1965, S. 160.

51 W. VI, 320.

52 H. Kraft: Agnes Bernauer, S. 198.

53 F. Martini: Deutsche Literatur, S. 167.

54 W. XIII, 329.

55 Hebbel in: Mein Wort über das Drama! (W. XI, 5).

56 Vgl. H. Glaser: Friedrich Hebbel, S. 137.

Erstveröffentlichung: Friedrich Hebbel. Neue Studien zu Werk und Wirkung, hrsg. v. Hilmar Grundmann, Heide 1982, S. 63–84, unter dem Titel »Friedrich Hebbels ›Agnes Bernauer‹: Ein Geschichtsdrama zwischen Politik und Metaphysik«.